普通高等教育自动化与仪器类专业规划教材

U0643324

运动控制系统

主　编　陈　霞

副主编　张开如　王　毅

参　编　王晓飞　李一然

主　审　陈德传

中国电力出版社
CHINA ELECTRIC POWER PRESS

内 容 提 要

本书共分为 11 章,主要内容有:直流调速系统概述,单闭环直流调速系统,转速、电流双闭环直流调速系统,自动控制系统调节器工程设计方法,可逆直流调速系统,伺服系统,交流调压调速系统,交流异步电动机变频调速的一般知识,基于稳态模型的恒压频比控制变频调速系统,基于动态模型的异步电动机变频调速系统,同步电动机变压变频调速系统。

本书涉及知识面较广,涵盖电力电子技术、电动机拖动、计算机控制技术、自动检测技术等多方面知识,可供高等工科院校自动化与仪器类专业师生使用,也可供相关方向的研究和工程技术人员参考使用。

图书在版编目(CIP)数据

运动控制系统/陈霞主编. —北京:中国电力出版社,2016.3
普通高等教育自动化与仪器类专业规划教材
ISBN 978-7-5123-9181-9

Ⅰ.①运… Ⅱ.①陈… Ⅲ.①自动控制系统-高等学校-教材
Ⅳ.①TP273

中国版本图书馆 CIP 数据核字(2016)第 071550 号

中国电力出版社出版、发行
(北京市东城区北京站西街 19 号 100005 http://www.cepp.sgcc.com.cn)
北京市同江印刷厂印刷
各地新华书店经售

＊

2016 年 3 月第一版 2016 年 3 月北京第一次印刷
787 毫米×1092 毫米 16 开本 15.25 印张 369 千字
定价 32.00 元

敬 告 读 者

前　言

　　运动控制技术是高等工科院校自动化方向的一门重要的专业课程，涉及知识面非常广，涵盖电力电子技术、电动机拖动、计算机控制技术、自动检测技术等多方面的知识。

　　运动控制系统的设备由电动机拖动，因此运动控制系统主要对交直流电动机的启动、停止以及运行过程中对速度的控制做研究，所涉及技术领域十分广泛。随着科学技术的发展，与运动控制有关的新技术不断涌现，如何在有限的教学时间内，把丰富的专业内容组织起来，便于学生理解，做到真正的"学以致用"，是本教材努力的重点。

　　本书按直流电动机调速系统和交流电动机调速系统来分类，主要特点如下：①将电力电子、电力拖动和相应的自动检测方面的知识与交、直流调速系统相融合；②将常用的技术内容和先进的技术内容相结合，增加微机控制调速系统和仿真方面的内容，适应学科和应用技术的发展；③理论与实践相结合，自动控制系统基础理论性和工程实用性都很强，本书在阐述理论的基础上，也适量列举工程设计和应用实例，有利于学生学习理论并了解应用方面的问题；④本书在内容编排上注重循序渐进，先原理后设计，便于读者掌握分析与设计自动控制系统的基本原理及方法，为今后的工作打下坚实的基础。

　　本书共分11章，前6章讲述直流电动机调速系统，后5章讲述交流调速系统。第1章为直流调速系统概述，主要讲述运动控制系统的基本组成及相关基础知识；第2、3章讲述单、双闭环直流调速系统基本工作原理，并对调速系统的静、动态特性进行分析；第4章包括自动控制系统工程设计与仿真，重点介绍直流调速系统工程设计方法，进行实例分析设计并仿真验证；第5章介绍可逆直流调速系统及微机控制系统；第6章讲述直流伺服系统，包括数学模型建立及系统分析与设计；第7章介绍交流调压调速系统，包括调压调速系统的组成、工作原理和软启动；第8章讲述交流异步电动机变频调速的基本知识；第9章介绍基于稳态模型的恒压频比控制变频调速系统，主要包括转速开环恒压频比控制调速系统和转速闭环转差频率控制的变压变频调速系统；第10章讲述基于动态模型的异步电动机变频调速系统以及直接转矩变频调速系统基本原理；第11章介绍同步电动机变压变频调速系统。

　　本书第1～9章主要由陈霞副教授编写，其中仿真部分的编写工作及部分图表公式的录入由王晓飞、李一然完成，第10章由张开如教授编写，第11章由王毅老师编写。全书由陈霞副教授、张开如教授统稿，由杭州电子科技大学陈德传教授主审，在此谨向陈教授致以诚挚的感谢。

　　限于作者水平及编写时间仓促，书中难免存在不足之处，敬请读者批评指正。

编　者

2016 年 1 月于山东科技大学

目　　录

第 1 章　直 流 调 速 系 统 概 述

应用各种原动机使工作机械产生运动，完成设定的任务，称为拖动。若原动机是电动机，这种拖动方式称作电力拖动。具备自动控制工作机械的位移、速度等能力的电力拖动系统统称为"电力拖动自动控制系统"。

电力拖动系统的基本组成如图 1-1 所示，主要分为电源、电动机、生产机械 3 部分。

对于电力拖动系统电源一般可分为直流电源和交流电源 2 种，利用直流电源驱动直流电动机的系统，称为直流拖动系统；利用交流电源驱动交流电动机的系统，称为交流拖动系统。

电动机与生产机械的关系相辅相成，生产机械在生产过程中会根据需要对电动机运行状态提出要求，以电梯拖动控制系统为例；在启动时需要电动机加速运转，带动电梯快速启动；达到一定速度后，电动机在人体感到较为舒适的某一转速下运转，电梯匀速运行；接近目的地时，电动机减速运转，带动电梯减速运行直至停止。电动机电路原理图如图 1-2 所示。

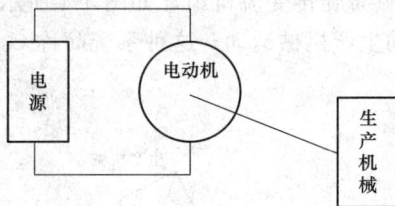

图 1-1　开环拖动系统示意图　　　　图 1-2　电动机电路原理图

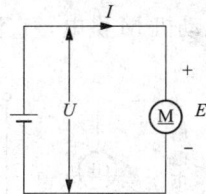

由图可知，直流电动机转速与电源之间的关系可表示为

$$U - IR = E \tag{1-1}$$

$$E = C_e \Phi n \tag{1-2}$$

式中　U——电源电压，V；

　　　I——电路电流，A；

　　　R——电动机电枢回路总电阻，Ω；

　　　E——电动机感应电动势，V；

　　　C_e——电动机结构决定的电动势常数；

　　　Φ——电动机励磁磁通，Wb；

　　　n——电动机转速，r/min。

由式 (1-1)、式 (1-2) 可知

$$n = \frac{U - IR}{C_e \Phi} \tag{1-3}$$

式中　C_e——常数。

转速大小与电源电压 U、回路串联电阻 R、励磁磁通 Φ 有关，因此调节电动机转速的方法有 3 种：

（1）调节电枢供电电压。对要求一定范围内无级平滑调速的系统来说，此种方式最好，只需要调节电源电压。

（2）改变电枢回路电阻。可实现电动机的有级调速，但所串电阻本身消耗电能，目前已很少

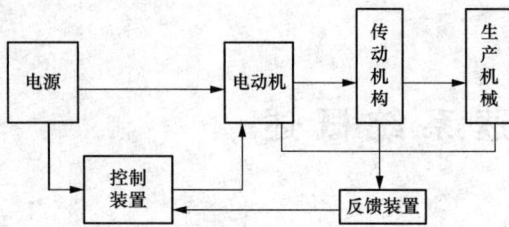

图1-3　电力拖动自动控制系统示意图

采用。

（3）调节励磁磁通。此种调速方法能平滑调速，调速范围不大但有特点，一般用于配合调速方案，升速弱磁，在额定转速以上进行小范围的调速。直流拖动调速系统一般通过调节直流电源电压，达到调节电动机转速的目的。电力拖动自动控制系统一般由电源、控制装置、电动机、传动机构、生产机械等部分组成，如图1-3所示。

1.1　直流电力拖动系统的电源及相应的调速系统

直流电力拖动系统的传统电源为蓄电池，因其在使用时需定期充电，使用范围受到很大限制。随着电力电子技术的发展，变压调速已成为当今直流电力拖动系统常用的调速方法，而改变电压需要可控的直流电源。

可控直流电源常用的主要有旋转变流机组、晶闸管可控整流器、直流斩波器等。

1.1.1　旋转变流机组

20世纪60年代以前广泛使用的可控直流电源为旋转变流机组，如图1-4所示，直流发电机G作为电源为直流电动机M供电，直流电动机拖动生产机械运动，这种系统简称G-M系统。

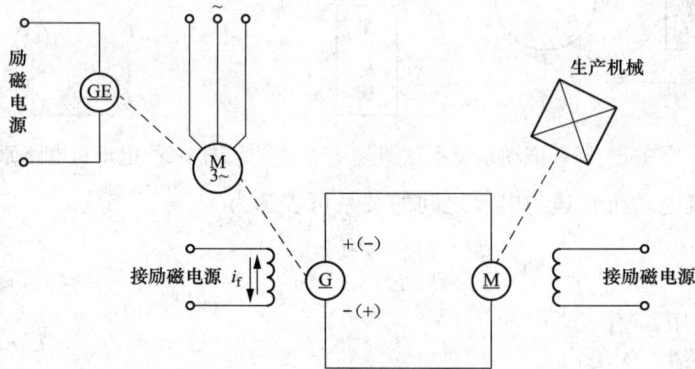

图1-4　施转变流机组和由它供电的直流调速系统（G-M）原理图

G-M系统由交流电动机拖动直流发电机G、直流励磁发电机GE运行，直流励磁发电机GE作为励磁回路电源产生励磁电流，供给直流发电机G和直流电动机M，通过调节直流发电机励磁电流i_f的大小，改变直流发电机的输出电压的大小，达到改变直流电动机转速大小的目的；通过改变励磁电流i_f的方向，改变发电机的输出电压极性，改变直流电动机的转速方向，从而方便地实现电动机的可逆运行，因此G-M系统在允许的转矩范围内可实现四象限运行。

G-M系统的主要缺点是至少要2台与调速电动机容量相当的旋转电机和1台励磁发电机，设备多，占地面积大，安装时必须打地基，运行费用较高，效率低，噪声较大，维护不方便，所以此系统逐渐被可控直流电源所代替。

1.1.2　晶闸管可控整流器

采用水银整流器的电力拖动系统于20世纪50年代问世，此系统是最早应用静止变流装置供电的直流调速系统。采用水银整流器的可控电源克服了旋转变流机组许多缺点，缩短了系统的响应时间，但是水银整流器造价较高，维护麻烦，而且水银如果泄漏，会污染环境，因而在 20 世纪 50 年代末被另一种静止可控直流电源—晶闸管变流装置所代替。

从 1957 年晶闸管问世，到 60 年代生产出成套晶闸管变流装置，变流技术发生了革命性的变化，进入晶闸管时代。

由晶闸管装置为直流电动机供电的调速系统称为晶闸管-电动机调速系统，简称 V-M 系统，这是现今直流调速系统的一种主要形式。V-M 调速系统原理图如图 1-5 所示。

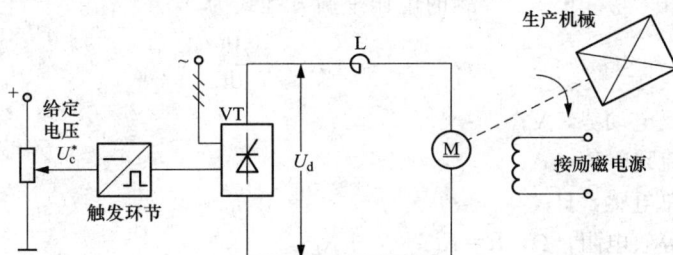

图 1-5　晶闸管-电动机（V-M）调速系统原理图

图中 VT 是晶闸管可控整流器，根据现场需要（既可以是单相也可以是三相，可以是半波、全波或半控、全控等多种类型电路），通过调节晶闸管触发脉冲的相位，改变晶闸管整流装置输出电压 U_d 大小，从而实现直流电动机的平滑调速。和旋转变流机组相比，晶闸管整流装置不仅在经济性和可靠性上有很大提高，在技术性能上也显示出较大的优越性，主要表现在以下几个方面：

（1）晶闸管变流装置的功率放大倍数在 10^4 以上，因此门极所需控制功率很小，可直接用电子装置控制。

（2）在控制的快速性方面，变流机组是秒级，晶闸管整流器是毫秒级，大大提高了系统的动态性能。

（3）晶闸管整流器的效率高，设备投资运行费用较低。

（4）晶闸管整流器无噪音、无磨损、体积小、重量轻，维护方便，可靠性高。

当然晶闸管整流装置也有缺点，主要表现在以下几个方面：

（1）由于晶闸管的单向导电性，不允许电流反向，给系统的可逆运行造成困难，因而必须对电路改进后才可实现可逆运行。

（2）晶闸管对过电压、过电流、过高电压变化率、过高电流变化率以及温度变化都十分敏感，其中任何指标超过允许值都可能在很短时间内损坏元件，因此在选择元件时需留有足够的余量。

（3）需要可靠的保护装置，符合散热要求的散热条件，安装相应的水冷、风冷等散热装置。

（4）功率因数低，有较大的谐波，造成"电力公害"。当系统在较低速运行时，晶闸管的导通角很小，系统的功率因数很低，产生较大的谐波电流，引起电网电压波形畸变，殃及附近的用电设备，这种情况下，必须增设无功补偿和谐波滤波装置。

总体来说，V-M 系统只要元件质量过关、装置设计合理、保护设施齐备，拖动系统就能可靠运行。

1. 晶闸管—电动机调速系统存在的问题

晶闸管—电动机调速系统本质上是带 RLE 负载的晶闸管可控整流电路，下面从分析、设计直流调速系统的角度出发，归纳晶闸管—电动机调速系统需注意的几个问题。

（1）触发脉冲的相位控制。图 1-5 所示的 V-M 系统中，通过调节触发装置的控制电压 U_c，调

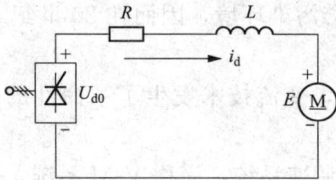

图 1-6　V-M 系统主电路的
　　　　等效电路图

节触发装置输出脉冲的相位，可方便地调节晶闸管整流装置输出的瞬时电压波形，以及输出平均电压 U_{d0} 的数值。如果把整流装置内阻和电动机的内阻和电枢电感都移到装置外边，看成是其负载电路电阻、电感的一部分，那么负载部分就可以看成是 RLE 负载（电动机环节相当于反电动势负载），可用图 1-6 的等效电路描绘 V-M 整流电路。

瞬时电压平衡方程式为

$$u_{d0} = E + i_d R + L \frac{\mathrm{d}i_d}{\mathrm{d}t} \tag{1-4}$$

式中　E——电动机反电动势，V；

　　　i_d——整流电流瞬时值，A；

　　　L——主电路总电感，H；

　　　R——主电路等效电阻，Ω，$R = R_{rec} + R_a + R_L$；

　　R_{rec}——整流装置内阻；

　　　R_a——电动机电枢电阻；

　　　R_L——平波电抗器电阻。

理想空载整流电压平均值 U_{d0} 与触发脉冲相位角 α 的关系因采用不同的整流电路形式而不同，对于常见的全控整流电路，当电流波形连续时，$U_{d0} = f(\alpha)$ 可用下式表示

$$U_{d0} = \frac{m}{\pi} U_m \sin \frac{\pi}{m} \cos\alpha \tag{1-5}$$

式中　α——从自然换相点算起的触发脉冲控制角；

　　U_m——$\alpha = 0$ 时的整流电压波形峰值；

　　　m——交流电源一周内的整流电压脉波数。

表 1-1 给出不同整流电路的整流电压波形峰值、波头数及整流平均电压值（其中，U_2 为整流变压器二次侧额定相电压的有效值）。

表 1-1　　　　　不同整流电路的整流电压波形值、波头数及整流平均电压值

整流电路	单相全波	三相半波	三相全波	六相半波
U_m	$\sqrt{2}U_2$	$\sqrt{2}U_2$	$\sqrt{6}U_2$	$\sqrt{2}U_2$
m	2	3	6	6
U_{d0}	$0.9U_2\cos\alpha$	$1.17U_2\cos\alpha$	$2.34U_2\cos\alpha$	$1.35U_2\cos\alpha$

整流电路形式有多种，不同形式的整流电路每周内电流脉动的波头数也不相同，但总为有限的数值，如 2、3、6 等，这种脉动使得交流侧电流含有较多的谐波分量，对电网不利，同时脉动电流会使电机产生脉动转矩，对负载机械不利，因此应设法避免或减少电流脉动。

由式（1-5）可知，当 $0 < \alpha < \pi/2$ 时，整流电压平均值 $U_{d0} > 0$，晶闸管整流装置处于整流状态，电功率从交流侧输往直流侧供给现场负载；当 $\pi/2 < \alpha < \alpha_{max}$ 时，整流电压平均值 $U_{d0} < 0$，整流装置处于有源逆变状态，电功率反向送往交流侧。为避免逆变失败的发生，需对最大的控制角 α_{max} 进行限制，也就是说需限制 V-M 系统晶闸管触发电路的控制电压范围。

（2）电流脉动及其抑制措施。整流电路电压、电流波形脉波数 $m = 2，3，6\cdots$，其数目总是有限值，与直流电动机每对极下换向片的数目相比要少得多，因此输出电压波形就不可能像直流发

电机输出的波形那样平直，除非主电路的电感 $L=\infty$，否则，主电路的电流总是有脉动的。

为避免电流脉动的影响，需采用抑制电流脉动的措施，常用方法如下：

1）采用多重化整流技术或增加整流电路相数。

2）主回路设置平波电抗器。

多重化整流是将整流电路多重联结，以减少交流侧输入电流的谐波。设置平波电抗器抑制电流波动，电抗器的电感量选择一般按低速轻载时能够保证电流连续的原则来进行选择。计算平波电抗器的电感量，通常先计算或测量出回路最小电流 I_{dmin}，再利用它计算所需的总电感量（以 mH 为单位）。总电感量 L 包括整流变压器漏电感、电枢电感、平波电抗器电感，用总电感量减去变压器漏感和电枢电感，即得平波电抗器应有的电感值。

以下是几种常见整流电路，保证电流连续的总电感量计算公式：

$$\text{单相桥式全控整流电路}\quad L=2.87\frac{U_2}{I_{dmin}} \tag{1-6}$$

$$\text{三相半波全控整流电路}\quad L=1.46\frac{U_2}{I_{dmin}} \tag{1-7}$$

$$\text{三相桥式全控整流电路}\quad L=0.693\frac{U_2}{I_{dmin}} \tag{1-8}$$

对于最小电流 I_{dmin}，若不便测量，一般可取为电动机额定电流的 $5\%\sim10\%$。

当 V-M 系统主电路串接有足够大电感量的电抗器，电动机负载电流也足够大时，整流电流便可具有连续的脉动波形。回路电流连续时，整流电压瞬时值由控制角 α 决定；回路电感量较小或负载较轻时，在某一相导通时电流升高的阶段里电感储存的能量较少，在下一相尚未被触发以前，回路电流已经衰减到 0，造成电流波形断续的情况，此时整流电压瞬时值在电流不为 0 时由控制角 α 决定，在电流为 0 期间与电动机反电势有关，这将引起电动机机械特性的非线性，影响系统的运行性能，因此在实际应用中应尽量避免电流断续的发生。电流存在连续和断续这 2 种情况，是 V-M 系统不同于 G-M 系统的另一个特点。

2. 晶闸管—电动机调速系统机械特性

（1）电流连续时晶闸管—电动机调速系统机械特性。电流连续时，主回路电压平衡方程为

$$U_{d0}-E=I_dR$$

而 $E=C_e\phi n$，则 V-M 系统的机械特性方程式为

$$n=\frac{1}{C_e\Phi}(U_{d0}-I_dR)=\frac{1}{C_e\Phi}\left(\frac{m}{\pi}U_m\sin\frac{\pi}{m}\cos\alpha-I_dR\right) \tag{1-9}$$

由式（1-9）可知，改变控制角 α，可改变整流电压值，此时 V-M 系统相当于调压调速，如图 1-7 所示，改变控制角 α 可得一簇相互平行直线，此时晶闸管可控整流装置可以看成是一个线性的可控电压源。

图 1-7 中电流较小的部分画成虚线，为电流连续时机械特性的延长线，此部分电流波形有可能不连续，因此其机械特性不同于实线部分，此时公式（1-9）已经不适用。

（2）电流断续时晶闸管—电动机调速系统机械特性。电流断续时，由于非线性因素的存在机械特性方程很复杂，下面的式子根据电力电子技术的知识得出，推导从略。

对于由三相半波整流电路构成的 V-M 系统，可知其反电动势特性方程

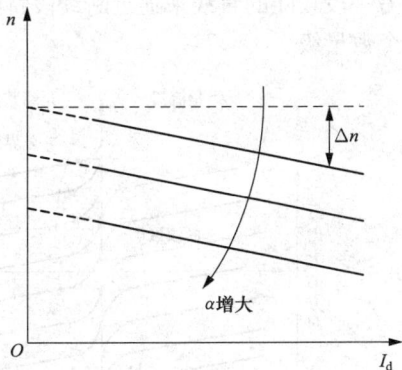

图 1-7　电流连续时 V-M 系统的机械特性

$$E = \frac{\sqrt{2}U_2\cos\varphi\left[\sin\left(\frac{\pi}{6}+\alpha+\theta-\varphi\right)-\sin\left(\frac{\pi}{6}+\alpha-\varphi\right)e^{-\theta\mathrm{ctg}\varphi}\right]}{1-e^{-\theta\mathrm{ctg}\varphi}} \tag{1-10}$$

当阻抗角 φ 值已知时，对于不同的控制角 α，可用数值解法求出一组电流断续时的机械特性。三相半波整流电路构成的 V-M 系统，在电流断续时机械特性方程为

$$n = \frac{\sqrt{2}U_2\cos\varphi\left[\sin\left(\frac{\pi}{6}+\alpha+\theta-\varphi\right)-\sin\left(\frac{\pi}{6}+\alpha-\varphi\right)e^{-\theta\mathrm{ctg}\varphi}\right]}{C_e\phi(1-e^{-\theta\mathrm{ctg}\varphi})} \tag{1-11}$$

其电流表达式为

$$I_d = \frac{3\sqrt{2}U_2}{2\pi R}\left[\cos\left(\frac{\pi}{6}+\alpha\right)-\cos\left(\frac{\pi}{6}+\alpha+\theta\right)-\frac{C_e\phi}{\sqrt{2}U_2}\theta n\right] \tag{1-12}$$

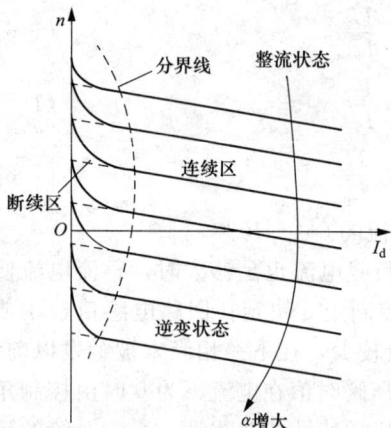

图 1-8　V-M 系统机械特性曲线

式中　φ——阻抗角 $\left(\varphi=\mathrm{arctg}\dfrac{WL}{R}\right)$；

　　　θ——导通角。

以上 3 式均为超越方程，采用迭代法求解，在导通角从 $0\sim2\pi/3$ 变化的范围内，可求出相应的 n 和 I_d，从而做出断续区的机械特性曲线，如图 1-8 所示，断续区上翘的实线为断续区的机械特性曲线，对于不同的 R、L 和 α，其特性各异。

图 1-8 绘出了完整的 V-M 系统机械特性，其中包含了 $\alpha<90°$ 的整流状态和 $\alpha>90°$ 逆变状态，以及电流连续区和电流断续区，如图 1-8 所示可看出①电流连续时，机械特性较硬，断续段机械特性则很软，而且呈显著的非线性，理想空载转速翘得很高；②对应于 $\theta=2\pi/3$ 的曲线是电流断续区与连续区的分界线，θ 角小于 $2\pi/3$，回路电流断续。

图 1-9 所示为电动机在四个象限运行的机械特性曲线。图中第一、四象限为正组整流器工作电动机的机械特性，第二、三象限为反组整流器电动机的机械特性，对分析直流可逆拖动系统有很大用处。

在分析 V-M 调速系统时，一般情况下只要主电路电感足够大，就可只考虑电流连续段，按线性系统来处理，即用连续特性及其延长线（如图 1-8 中虚线段）作为系统的特性。对于断续特性比较明显，如低速轻载情况，则需要特殊考虑，由于断续区电动机机械特性呈现显著非线性，可改用另一段较陡的直线来逼近断续段特性，如图 1-10 所示，这样处理后的等效电阻比实际电阻要大一个数量级。

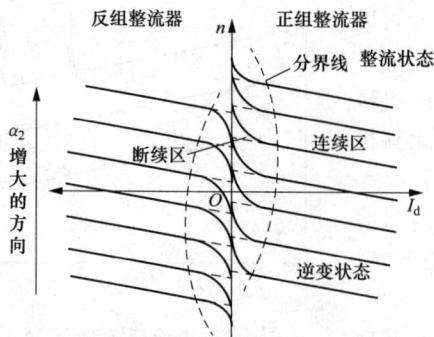

图 1-9　V-M 系统四象限运行机械特性曲线

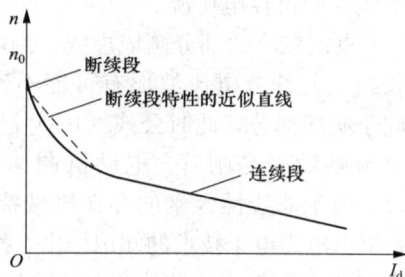

图 1-10　断续段特性的近似计算

3. 晶闸管—电动机调速系统电力电子变换装置数学模型

进行调速系统的分析和设计时，可以把电力电子变换装置当做系统中的一个环节来看待，为了应用线性控制理论分析调速系统，需求出晶闸管触发和整流装置的放大系数和传递函数。

晶闸管触发和整流装置的放大系数 K_s 的选取。实际调速系统的触发电路和整流电路都是非线性的，只能在一定工作范围内把它近似地看成线性环节。因此最好先用实验方法测出该环节的输入—输出特性，即 $U_d = f(U_c)$ 曲线，图 1-11 所示是采用锯齿波触发器移相时的特性。在设计时，希望整个调速工作范围（U_{dmin} 到 U_{dmax}）的工作点都落在如图 1-11 所示的近似线性范围之中，并具有一定的调节余量。这时，晶闸管触发和整流装置的放大系数 K_s 可由工作范围内特性曲线的斜率决定，计算方法是

$$K_s = \frac{\Delta U_d}{\Delta U_c}$$

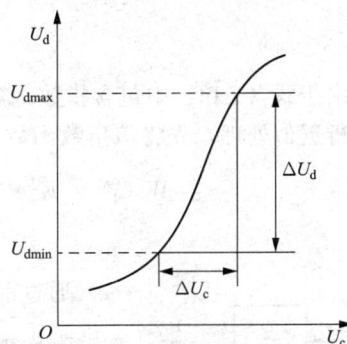

图 1-11　晶闸管触发与整流装置的输入—输出特性和 K_s 的测定

若不具有实测特性的条件，只能根据装置的参数估算。例如，触发电路控制电压 U_c 的调节范围是 $0\sim5\mathrm{V}$，对应的整流电压 U_d 的变化范围为 $0\sim110\mathrm{V}$，可取

$$K_s = \frac{110}{5} = 22$$

4. 晶闸管触发和整流装置的传递函数

晶闸管导通后，控制电压的变化在该器件关断以前不再起作用，也就是说控制电压的控制作用一般是滞后的，直到下一相触发脉冲来到时，才能使输出整流电压发生变化。

从控制电压发生变化的时刻，到整流电压响应变化的时刻，这段时间称为失控时间 T_s。虽然使用的整流电路中一般都有电感的存在，能够使电流连续，但失控时间仍然存在，并且失控时间 T_s 的大小是随机的，大小随 U_c 发生变化的时刻的变化而变化，与所使用交流电源频率和整流电路具体形式有关，最大可能的失控时间就是 2 个相邻自然换相点之间的时间，可由下式确定

$$T_{smax} = \frac{1}{mf} \tag{1-13}$$

式中　f——交流电流频率，Hz；

m——一周内整流电压的脉冲波数。

失控时间 T_s 的选取可分为 2 种情况：一般情况下相对于整个系统的响应时间来说，T_s 可取其统计平均值 $T_s = 1/2 T_{smax}$；特殊时可按最严重的情况，取 $T_s = T_{smax}$。表 1-2 列出了不同整流电路的失控时间。

表 1-2　　　　　　　各种可控整流电路的失控时间（$f=50\mathrm{Hz}$）

整流电路形式	最大失控时间 T_{smax}（ms）	平均失控时间 T_s（ms）
单相半波	20	10
单相桥式（全波）	10	5
三相半波	6.67	3.33
三相桥式、六相半波	3.33	1.67

由于失控时间的存在，出现整流电压变化滞后于控制电压的状况，因此在动态过程中，可把晶闸管触发与整流装置看成是一个纯滞后环节，其滞后效应是由晶闸管的失控时间引起的。

若用单位阶跃函数表示滞后，则晶闸管触发与整流装置的输入—输出关系为

$$U_{d0} = K_s U_c \cdot 1(t - T_s)$$

利用拉氏变换的位移定理，则晶闸管装置的传递函数为

$$W_s(s) = \frac{U_{d0}(s)}{U_c(s)} = K_s e^{-T_s s} \tag{1-14}$$

由于式（1-14）中包含指数函数 $e^{-T_s s}$，使系统成为非最小相位系统，分析和设计都比较麻烦。可进行近似处理，先将该指数函数按台劳级数展开

$$W_s(s) = K_s e^{-T_s s} = \frac{K_s}{e^{T_s s}} = \frac{K_s}{1 + T_s s + \frac{1}{2!} T_s^2 s^2 + \frac{1}{3!} T_s^3 s^3 + \cdots} \tag{1-15}$$

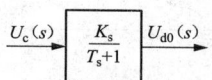

通过前面分析知道失控时间 T_s 很小，满足近似条件 $\frac{1}{2} T_s^2 \omega^2 \ll 1$ 时，可忽略高次项，则晶闸管触发与整流装置传递函数便近似成一阶惯性环节

图 1-12　晶闸管触发与整流装置动态结构图

$$W_s(s) \approx \frac{K_s}{1 + T_s s} \tag{1-16}$$

其动态结构框图，如图 1-12 所示。

1.1.3　直流斩波器

直流斩波器是将恒定的直流电压斩波为一定宽度的脉冲电压，加在负载两端的装置，通过改变脉冲宽度来改变负载两端的电压，也称为脉宽调制变换器。若负载为直流电动机，则构成了由直流斩波器供电的直流脉宽调速系统（简称 PWM-电动机系统），如图 1-13 所示。

当 VT 导通时，直流电源电压 U 加在电动机上，VT 接通时间为 t_{on}；VT 关断时，电源与电动机之间断开，电动机靠电感储能经续流管 VD 释放续流维持工作，此时续流管 VD 两端电压接近为 0，VT 关断时间为 t_{off}。显然 VT 位于恒定直流电压与负载之间，用于改变负载直流平均电压 U_d 的器件，t_{on} 期间被接上，t_{off} 期间被斩断，故称为"斩波"。其电压波形示意图如图 1-14 所示。

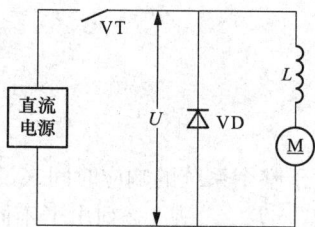

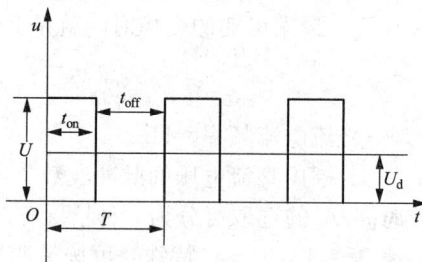

图 1-13　单象限直流斩波器—电动机系统原理图　　　　图 1-14　直流斩波器—电动机系统电压波形图

VT—用开关符号表示的电力电子开关器件；VD—续流管

电动机得到的平均电压大小为

$$U_d = \frac{t_{on}}{T} U_s = \rho U_s \tag{1-17}$$

式中　T——开关器件的开关周期；

$\quad\quad t_{on}$——开关器件开通的时间；

$\quad\quad \rho$——占空比，$\rho = \frac{t_{on}}{T}$。

由工作原理可知，加在负载两端的电压平均值一定小于等于恒定直流电源电压值。

若令 $\gamma = \dfrac{U_d}{U_s}$ 为 PWM 电压系数，则在此 PWM 变换器中

$$\gamma = \rho$$

为改变输出电压 U_d 的大小，需改变脉冲的宽度，根据对输出电压调制的不同，斩波电路一般常用 3 种控制方式：

（1）器件开关周期 T 不变，改变开关器件开通的时间 T_{on}，即改变脉冲宽度，称为脉冲宽度调制（简称 PWM）。

（2）开关器件开通的时间 T_{on} 保持不变，改变器件开关周期 T，称为脉冲频率调制（PFM）。

（3）器件开关周期 T、开关器件开通的时间 T_{on} 都改变，称为混合型。

日常应用中第 1 种控制方式使用最多，第 3 种控制方式不好实现，应用较少。

与前面所讲晶闸管—电动机调速系统相比，直流脉宽调速系统主要优点为：

（1）主电路简单，需用的功率器件少，损耗少效率高。

（2）由于 PWM 的开关频率较高，仅靠电动机电枢电感就容易使回路电流连续并且脉动小，谐波较少，因此电动机发热和损耗都较小。

（3）系统低速性能好，稳态精度高，调速范围宽。

（4）直流电源侧可采用不控整流电路，因此电网功率因数比相控整流电路高。

（5）功率开关器件工作在开关状态，导通损耗小，装置效率高。

（6）可与快速电动机配合，系统的频带宽，动态响应快，动态抗扰能力强。

1. 直流斩波器的基本类型

直流斩波器主要有可逆和不可逆 2 种类型，可逆型又有单极式和双极式之分。各种直流斩波器的基本类型如表 1-3 所示。

表 1-3　　　　　　　　　　　直流斩波器的基本类型

型式	直流斩波器结构	所在象限	功能
第一象限	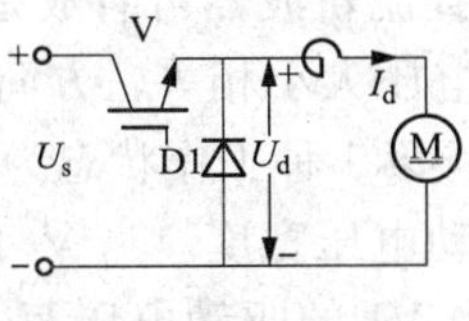	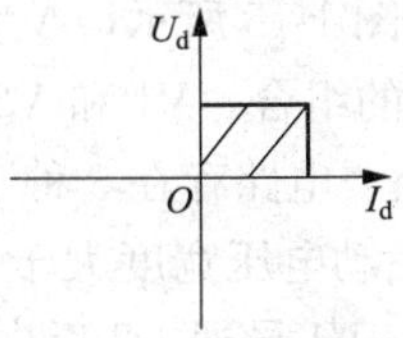	负载电压 U_d 和电流 I_d 都为正，功率从电源流向负载，直流电动机负载正向电动运行
第二象限	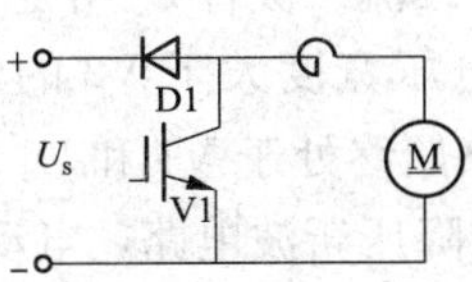	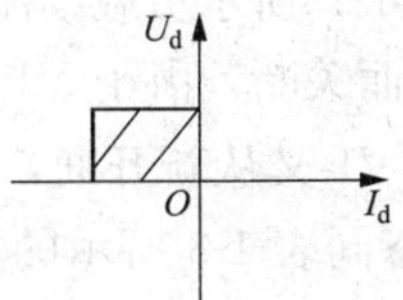	负载电压 U_d 为正，负载电流 I_d 为负，功率从负载回馈电源，直流电动机再生制动
两象限 A 型	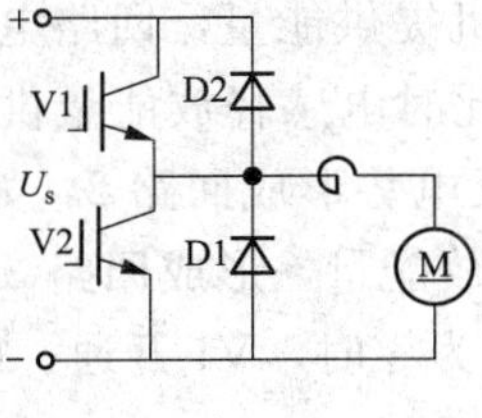	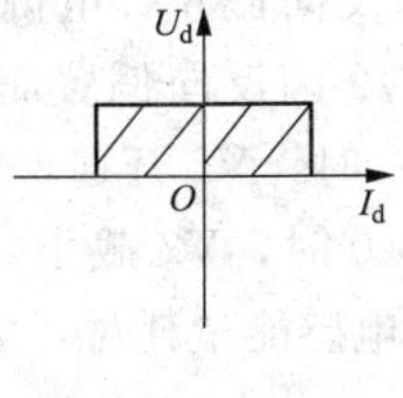	负载电压 U_d 为正，负载电流 I_d 可正可负，功率流向可逆，一般用于直流电动机不可逆电动运行和再生制动

型式	直流斩波器结构	所在象限	功能
两象限 B 型			负载电压 U_d 可正、可负，取决于可控元件的导通时间，负载电流 I_d 为正，功率流向可逆
四象限			负载电压 U_d、负载电流 I_d 都可正、可负，功率流向可逆

其中 A 型两象限直流斩波器和四象限直流斩波器应用最为广泛，下面主要对这 2 种类型的直流斩波器做进一步分析。

2. 脉宽调制变换器的工作原理

PWM 变换器的工作原理是把恒定的直流电源电压调制成频率一定、宽度可调的脉冲电压序列，以此来改变平均输出电压的大小，调节电动机转速。

当 PWM 变换器用于拖动直流电动机时，现场一般要求电动机既可电动运行，又可再生制动运行。而在简单的不可逆电路中，电流不能反向，因而没有制动能力，只能单象限运行，如图 1-13 所示电路。若需要制动时，必须为反向电流提供通路，从电动运行到再生制动的切换可通过电路本身的控制来实现。

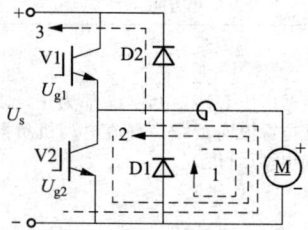

图 1-15　A 型两象限直流斩波器

（1）A 型两象限直流斩波器。

如图 1-15 所示，A 型两象限直流斩波器可看成是 2 个单象限斩波电路的组合，V1 和 V2 的驱动电压大小相等，方向相反，$U_{g1} = -U_{g2}$ 互补，电路存在 3 种工作状态。第 1 种工作状态为电动运行状态，V1 的驱动电压宽度大于 V2 的驱动电压宽度。当 V_1 的驱动电压 $U_{g1} > 0$ 时，V1 导通 D2 反向截止；当 V1 的驱动电压 $U_{g1} < 0$ 时，V1 关断，图 1-15 所示负载续流回路 1，续流二极管 D1 导通，导致 V2 因反向偏置而关断，由于 V1 的驱动电压宽度大于 V2 的驱动电压宽度，此段续流回路的电流还没有下降到 0，V1 又从新开通，因此电路始终处于 V1 和 D1 交替导通状态，V2 和 D2 始终截止状态。这种工作状态同表 1-3 所示的第一象限降压斩波电路，电动机处于正向电动运行阶段，机械特性曲线位于第一象限，电压、电流波形如图 1-16 所示。

第 2 种工作状态为轻载电动状态。4 个器件 V1、D1、V2、D2 交替处于导通状态。可分为 4 个阶段：①当 $U_{g1} > 0$ 时，V1 导通，D2 反向截止，电源向电动机提供能量，回路电感储能；②当 $U_{g2} > 0$ 时，V1 截止，D1 导通续流，V2 因反向偏置而关断，此时电感释放能量供电动机回路消耗；③当电感能量耗尽，电流衰减为 0 时，V2 开通，电动机反电势形成回路 2，如图 1-15 所示，产生能耗制动，电感储能；④当 $U_{g1} > 0$ 时，V2 截止，电感释放能量，形成回路 3，如图 1-15 所示，D2 导通，形成再生制动回路；当电感能量耗尽，电流衰减为零时，V1 开通，如此循环工作，电流波形如图 1-17 所示。

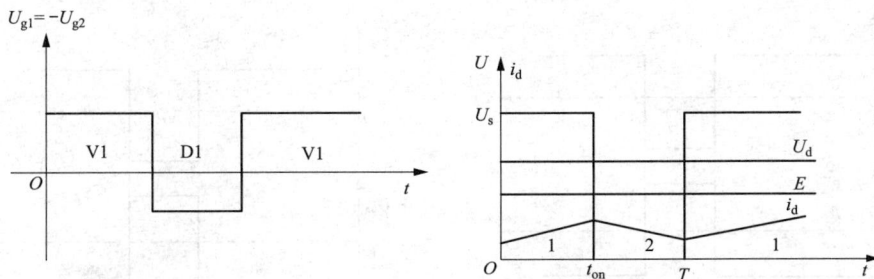

图 1-16　A 型两象限直流斩波器电动状态电压、电流波形

第 3 种工作状态为制动工作状态。V1 的驱动电压宽度小于 V2 的驱动电压宽度。电路始终处于 V2 和 D2 交替处于导通状态，V1 和 D1 始终截止，输出电流始终小于 0，这种工作状态同表 1-3 所示的第二象限升压斩波电路，电动机处于再生制动状态，其机械特性曲线处于第二象限，电压、电流波形如图 1-18 所示。

（2）第四象限直流斩波器。

A 型两象限直流斩波器只能使电动机工作于单一极性的平均工作电压，只可实现两象限运行，采用第四象限直流斩波器可以实现电动机四象限运转。

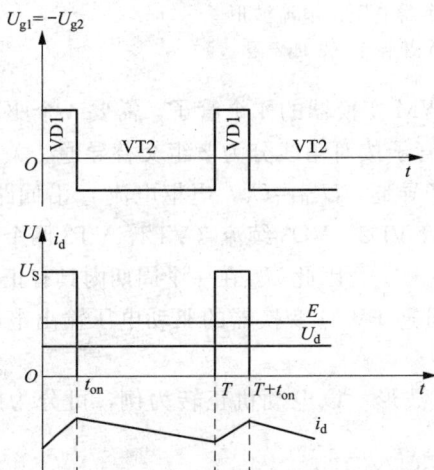

图 1-17　A 型两象限直流斩波器轻载电动状态电流波形

如图 1-19 所示，从电路结构上可看成由 2 个 A 型两象限直流斩波器组合而成桥式电路，因此也称为桥式可逆斩波电路或 H 型变换器。功率开关器件的控制方式常用的有单极式、双极式 2 种方式。

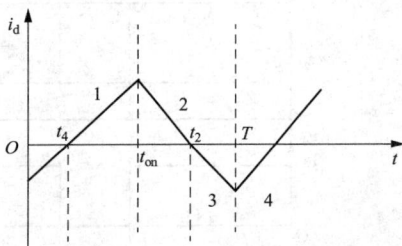

图 1-18　A 型两象限直流斩波器制动状态电压、电流波形

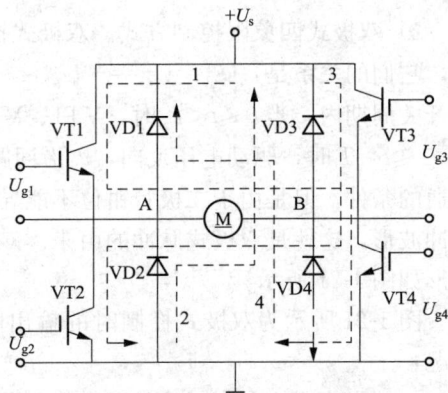

图 1-19　桥式可逆 PWM 变换器

1）单极式两象限控制方式。单极式控制的特点是：在一个导通周期内，一个阶段输出单一极性的脉冲电压，另一个阶段输出电压为 0，电动机 M 两端电压 U_{AB} 的极性不随开关器件驱动电压极性的变化而改变，只在某值与 0 之间变化。如图 1-20（a）所示为工作于第一、二象限的控制方式的工作过程，首先使 VT1、VT2 两个管子的驱动脉冲互补，VT3 截止、VT4 常通，与 A 型两象限直流斩波器情况完全相同；图 1-20（b）所示为工作于三、四象限的有关波形，在此不再详细讨论。

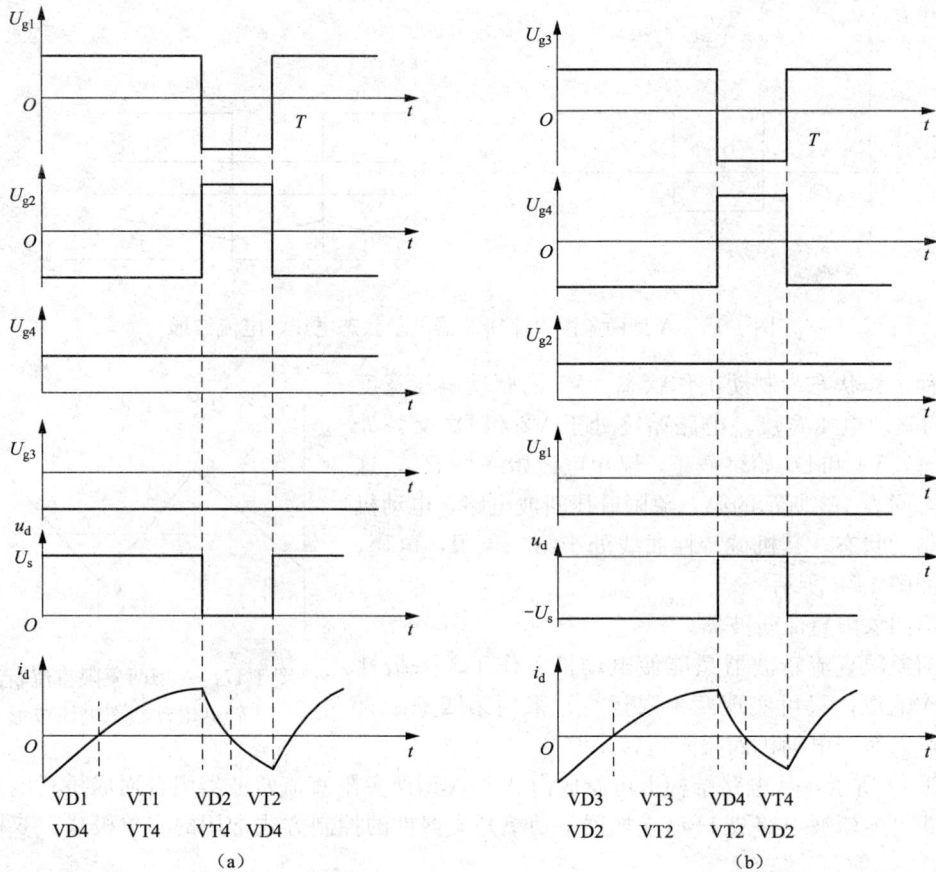

图 1-20 单极式 PWM 变换器电压、电流波形

（a）工作于一、二象限；（b）工作于三、四象限

2）双极式四象限控制方式。双极式控制可逆 PWM 变换器的 4 个管子，需要 4 个驱动电压波形，它们的关系是：$U_{g1}=U_{g4}=-U_{g2}=-U_{g3}$，4 个管子按对角线分为 2 组交替导通、关断。在一个开关周期内，当 $0 \leqslant t < t_{on}$ 时，VT1、VT4 两个管子导通，$U_{AB}=U_s$，电枢电流 i_d 沿回路 1 流通；当 $t_{on} \leqslant t < T$ 时，驱动电压反向，i_d 沿回路 2 经二极管 VD2、VD3 续流（VT2、VT3 两个管子具备导通的条件，但是由于二极管钳位不能导通），$U_{AB}=-U_s$。因此 U_{AB} 在一个周期内具有正负相间的脉冲波形，这就是双极式脉冲的由来。双极式控制可逆 PWM 变换器的驱动电压输出电压和电流波形如图 1-21 所示。

图 1-21 所示为双极式控制时的输出电压和电流波形，以电动机正转为例，可分为以下 2 种情况：

a. 一般负载，i_{d1} 脉动电流的方向始终为正。第 1 段为电动机正向电动状态，VT1、VT4 两个管子导通；第 2 段二极管续流，VD2、VD3 两个管子导通，电流能够维持到下一个周期的到来。

b. 轻载情况，i_{d2} 电流可在正负方向之间脉动，但平均值仍为正。第 1 段为电动机正向电动状态，VT1、VT4 两个管子导通；第 2 段二极管续流，VD2、VD3 两个管子导通，但未到下一周期电流就已经衰减为零；第 3 段反向电动状态，VT2、VT3 两个管子导通，产生局部制动作用；第 4 段二极管续流，VD1、VD4 2 个管子导通，直到电流为零，进入下一循环。

由以上分析可知，电动机的正、反转体现在驱动电压正、负脉冲宽度上。当正脉冲较宽时，

$t_{on} > T/2$，则 U_{AB} 的平均值为正，电动机正转，反之则反转；如果正负脉冲相等，$t_{on} = T/2$，平均输出电压为 0，则电动机停止。需注意电动机停止时，电枢电压并不等于 0，而是正负脉冲相等的交变脉冲电压，因而电流也是交变的，只是交变电流的平均值为 0，不产生平均转矩，但是增大电动机的损耗，这是双极式控制的缺点，不过从另一个角度看也有好处，在电动机停止时仍有高频微振电流存在，从而消除了正、反向时的静摩擦死区，起着"动力润滑"的作用。

双极式控制可逆 PWM 变换器的输出平均电压为

$$U_d = \frac{t_{on}}{T}U_s - \frac{T - t_{on}}{T}U_s = \left(\frac{2t_{on}}{T} - 1\right)U_s \quad (1\text{-}18)$$

在双极式控制的可逆变换器中，电压系数 $\gamma = 2\rho - 1$。电动机调速时，ρ 的可调范围为 $0 \sim 1$，对应 γ 为 $-1 \sim +1$。当 $\rho > 1/2$ 时，γ 为正，电动机正转；当 $\rho < 1/2$ 时，γ 为负，电动机反转；当 $\rho = 1/2$ 时，$\gamma = 0$，电动机停止。

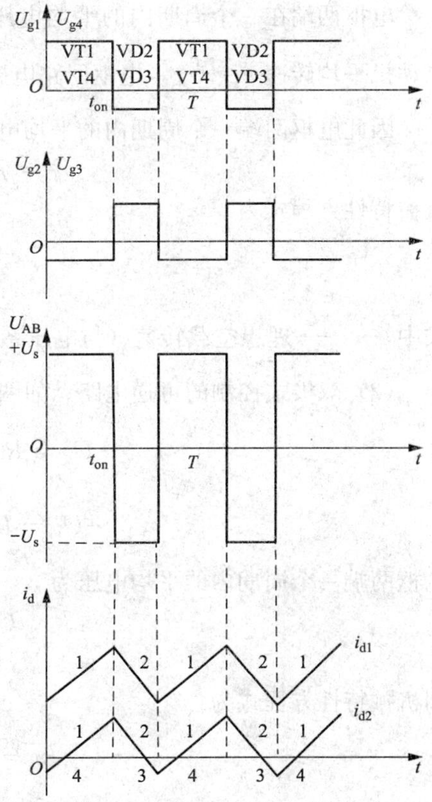

双极式控制可逆 PWM 变换器的主要优点如下：①电流一定连续，低速平稳性好；②电动机停止时有微振电流，消除静摩擦死区；③可使电动机在第四象限运行；④低速时，每个开关器件的驱动脉冲仍较宽，有利于保证器件的可靠导通。

双极式控制方式的主要缺点：①在工作过程中，双极式控制 4 个开关器件都处于开关状态，开关损耗大，因此若可能尽量采用单极式控制，使部分器件处于常通或常断状态，以减少开关次数或开关损耗，提高可靠性；②在切换时，可能发生上、下桥臂直通的事故，因此为了防止直通，在上、下桥臂的驱动脉冲之间，需设置逻辑延时装置。

图 1-21　双极式控制可逆 PWM 变换器的驱动电压、输出电压和电流波形

3. 直流脉宽调速系统的机械特性

稳态情况下直流脉宽调速系统的电源由于采用了脉冲宽度调制，使电动机承受的电压为脉冲电压，尽管有电感的平波作用，严格意义上说电动机的转矩和转速还都是脉动的。关于这一点，对于中小容量的脉宽调速系统来说，功率开关器件的频率一般在 10kHz 左右，因此最大电流脉动量可控制在额定电流的 5% 以下，转速脉动量控制在额定空载转速的万分之一，脉动部分可忽略不计。

带制动电流通路的不可逆电路和双极式控制的可逆电路，电路中具有反向电流通路，电动机在同一转动方向下电流即可正向也可反向，因此无论是重载还是轻载的情况，电流波形都是连续的，这就使得机械特性的关系式简单许多。

（1）A 型两象限直流斩波器。如图 1-13 所示，为带制动电流通路的不可逆电路，电压平衡方程式为

$$U_s = Ri_d + L\frac{di_d}{dt} + E \quad (0 \leqslant t < t_{on}) \quad (1\text{-}19)$$

$$0 = Ri_d + L\frac{di_d}{dt} + E \quad (t_{on} \leqslant t < T) \quad (1\text{-}20)$$

式中　R、L——电枢电路的电阻和电感。

电枢两端在一个周期内的平均电压为 $U_d = \gamma U_s = \rho U_s$，平均电流和转矩分别用 I_d 和 T_e 表示，电动机平均转速 $n = \dfrac{E}{C_e \Phi}$，电枢回路电感两端电压 $L \dfrac{\mathrm{d}i_d}{\mathrm{d}t}$ 的平均值在稳态时为 0。

因此电枢两端一个周期内的平均电压为

$$U_d = \gamma U_s = RI_d + E = RI_d + C_e \phi n$$

机械特性方程式为

$$n = \frac{\gamma U_s}{C_e \varphi} - \frac{R}{C_e \Phi} I_d = n_0 - \frac{I_d R}{C_e \Phi} \tag{1-21}$$

式中　n_0——理想空载转速（与电压系数 γ 成正比），$n_0 = \dfrac{\gamma U_s}{C_e \Phi}$。

（2）双极式控制的可逆电路。如图 1-19 所示，电压平衡方程式为

$$U_s = Ri_d + L \frac{\mathrm{d}i_d}{\mathrm{d}t} + E \quad (0 \leqslant t < t_{on}) \tag{1-22}$$

$$-U_s = Ri_d + L \frac{\mathrm{d}i_d}{\mathrm{d}t} + E \quad (t_{on} \leqslant t < T) \tag{1-23}$$

电枢两端一个周期内的平均电压为

$$U_d = (2\rho - 1)U_s = \gamma U_s$$

$$U_d = RI_d + E = RI_d + C_e \phi n \tag{1-24}$$

则机械特性方程式为

$$n = \frac{\gamma U_s}{C_e \Phi} - \frac{R}{C_e \Phi} I_d = n_0 - \frac{I_d R}{C_e \Phi} \tag{1-25}$$

从式（1-21）、式（1-25）可以发现 2 种机械特性方程式表现形式是一样的。

转速与转矩的关系为

$$n = \frac{\gamma U_s}{C_e \Phi} - \frac{R}{C_e \Phi K_m} T_e = n_0 - \frac{R}{C_e C_m \Phi^2} T_e \tag{1-26}$$

式中　K_m——电动机在额定磁通下的转矩系数，$K_m = C_m \Phi$。

4. 直流脉宽调速系统变换装置数学模型

直流脉宽调速系统变换装置的框图如图 1-22 所示。

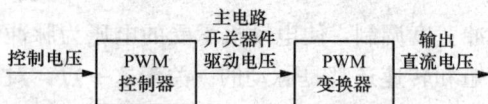

根据前面对直流脉宽变换装置工作原理和波形的分析，可看出当控制电压变化时，PWM 变换器输出平均电压 U_d 按线性规律变化，响应会有延迟，最大的时间延迟可以是一个开关周期 T。因此，PWM 控制与变换装置可以看成是一个滞后环节，

图 1-22　直流脉宽调速系统变换装置框图

其传递函数可以写成

$$W_s(s) = \frac{U_d(s)}{U_c(s)} = K_s \mathrm{e}^{-T_s s} \tag{1-27}$$

式中　K_s——PWM 控制与变换装置的放大系数；

　　　T_s——PWM 控制与变换装置的延迟时间，$T_s \leqslant T$。

由于直流脉宽调速系统常用器件的开关频率一般为 10kHz 左右，$T = 0.1$ms。在一般的电力拖动控制系统中，时间常数这么小的滞后环节完全可以近似看成是一阶惯性环节，因此式（1-27）可近似为

$$W_s(s) \approx \frac{K_s}{T_s s + 1} \tag{1-28}$$

式（1-28）只是直流脉宽调速系统控制与变换装置的近似传递函数，在实际工作现场 PWM 变换器的工作特性不是一个线性环节，由于其脉冲工作原理，使其成为具有继电特性的非线性环节。而继电控制系统在一定条件下会产生自激震荡，这是采用线性控制理论的传递函数不能分析出来的。在实际系统中遇到这类问题，一般有 2 种简单的解决办法：（1）改变调节器或控制器的结构和参数。（2）在系统某一处施加高频的周期信号，造成高频强制震荡，抑制系统中的自激震荡，并使继电环节的特性线性化。

5. 直流脉宽调速系统存在的问题

直流脉宽调速系统的直流电源一般是交流电网经过不可控的二极管整流装置产生的，为获得效果比较好的恒定直流电压，滤波环节一般使用大电容，由于电容容量较大，在突加电源时相当于短路，产生很大的充电电流，进而损坏整流器件，因此为限制启动过程的充电电流，在整流装置和滤波电容之间串入限流电阻，启动完成后再将电阻切除，以减少运行过程附加损耗，如图 1-23 所示电阻 R_0。除上述作用之外，串接滤波电容同时可对感性负载的无功功率储能起缓冲作用，由于直流电源靠二极管整流装置供电，电流不可能反向，也就不能对电源回馈电能，电动机制动时只好对滤波电容充电，这将使滤波电容两端电压升高，称作"泵升电压"。

电力电子器件所能承受的电压值限制着最高泵升电压的数值，因此为使调速系统具有足够的储存电能的能力，电容量就不可能选的很小，一般几千瓦的调速系统所需的电容量达到数千微法。

一般按制动储能要求选择电容，所储存能量为

$$A_D = \frac{1}{2}CU_{sm}^2 - \frac{1}{2}CU_s^2$$

则电容值为

$$C = \frac{2A_D}{U_{sm}^2 - U_s^2} \tag{1-29}$$

式中　U_{sm}——电容最高电压的数值；

　　　U_s——电容正常工作电压；

　　　A_D——调速系统制动时释放的全部动能。

在大容量或负载具有较大惯量的调速系统中，只靠电容器来限制泵升电压显然是不够的，这时可以采用外接消耗电路的方式释放能量，在泵升电压达到一定数值时接通电路。如图 1-23 中所示，分流电路靠开关器件 VT_b 控制，在泵升电压达到一定数值时开关器件 VT_b 接通，利用镇流电阻 R_b 来消耗掉部分动能。当然也可以利用输出端并接逆变器，把多余的能量逆变后送回电网，此处不再多加讨论。桥式可逆直流脉宽调速系统主电路原理图如图 1-23 所示。

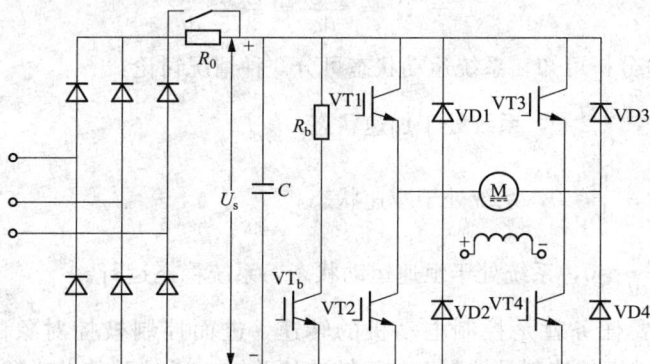

图 1-23　桥式可逆直流脉宽调系统主电路原理图

1. 2　运动控制系统的基本运动方程式

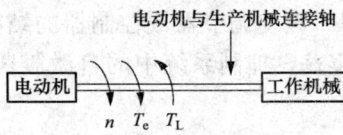

电动机与生产机械连接轴

电动机 —— 工作机械

n　T_e　T_L

图 1-24　电气传动系统

由电动机带动工作机械运动的电气传动系统，电磁转矩与负载转矩关系示意图如图 1-24 所示。

根据牛顿第二定律，得直线运动方程式如下

$$F - F_L = ma = m\frac{\mathrm{d}v}{\mathrm{d}t}$$

式中　F——拖动力；

F_L——阻力；

m——物体质量（kg）；

a——物体加速度（m/s²）；

v——物体运动的线速度（m/s）。

应用到运动控制系统中，对于旋转运动，其运动方程式为

$$T_e - T_L = \frac{\mathrm{d}(J\omega)}{\mathrm{d}t} = \frac{J\mathrm{d}\omega}{\mathrm{d}t} \tag{1-30}$$

式中　T_e——电动机的拖动转矩（电磁转矩）（N·m）；

T_L——为生产机械的阻力矩（负载转矩）（N·m）；

J——拖动系统折算到电动机轴上的总转动惯量（大多数情况下可认为是常数）；

ω——电动机的角速度。

工程计算中一般不习惯于用转动惯量 J 和角速度 ω，而是采用用飞轮惯量 GD^2 和转速来表示，它们之间关系为

$$J = m\rho^2 = mD^2/4 = GD^2/4g \tag{1-31}$$

式中　ρ、D——惯性半径、直径；

m——旋转部分质量；

G——旋转部分的重量；

g——重力加速度，$g = 9.81\mathrm{m/s}^2$。

$$\omega = 2\pi n/60 \tag{1-32}$$

将式（1-31）、式（1-32）带入式（1-30）可得出工程实用表达式

$$T_e - T_L = \frac{J\mathrm{d}\omega}{\mathrm{d}t} = \frac{GD^2}{375}\frac{\mathrm{d}n}{\mathrm{d}t} \tag{1-33}$$

通过对式（1-33）分析可知，系统运动状态可分 3 种情况讨论：

（1）当 $T_e > T_L$ 时，$\frac{\mathrm{d}n}{\mathrm{d}t} > 0$，系统处于加速状态。

（2）当 $T_e < T_L$ 时，$\frac{\mathrm{d}n}{\mathrm{d}t} < 0$，系统处于减速状态。

（3）$T_e = T_L$ 时，$\frac{\mathrm{d}n}{\mathrm{d}t} = 0$，系统处于恒速运动状态，系统稳态运行。

运动控制系统主要任务就是控制电动机的转速，进而控制被控对象的转角和位移。由式（1-33）可知，对电磁转矩的控制是控制电动机转速的关键，通过调节电磁转矩的大小达到控制转速的目的。

1.3　生产机械的负载转矩特性

生产机械运行时常用负载转矩来标志所带负载的大小。对于我们研究的运动控制系统来说，负载转矩是一个必然存在的不可控的扰动输入，它的特性直接影响了运动控制系统控制方案的选择以及系统的性能，因此我们有必要对它进行研究。

负载转矩特性表征的是生产机械的转速与负载转矩之间的关系，下面归纳出几种典型的生产机械负载转矩特性。

1. 恒转矩负载特性

恒转矩负载是指生产机械的负载转矩的大小不随转速变化而变化，始终为常数。

$$T_L = 常数 \tag{1-34}$$

恒转矩负载根据负载转矩的方向特点，可分为反抗性负载和位能性负载 2 种。

（1）反抗性恒转矩负载。反抗性恒转矩负载的特点是负载转矩的大小不变，但方向始终与生产机械运动的方向相反，总是起阻碍电动机运转作用。

反抗性恒转矩负载特性如图 1-25 所示，一般轧钢机、机床的平移机构等属于这种类型的负载。

（2）位能性恒转矩负载。位能性恒转矩负载的特点是无论生产机械运动方向如何变化，负载转矩大小和方向始终不变。

位能性恒转矩负载特性如图 1-26 所示，生活中起重机、电梯等属于这种类型的负载。

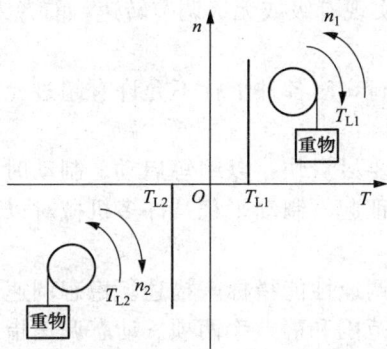

图 1-25　反抗性恒转矩负载特性　　　　图 1-26　位能性恒转矩负载特性

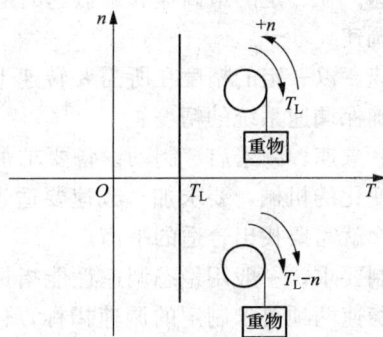

2. 恒功率负载特性

恒功率负载属于反抗性负载，它的主要特点是当转速变化时，负载从电动机吸收的功率为恒定值，即负载转矩与转速成反比，关系如下

$$T_L = \frac{常数}{n} \tag{1-35}$$

恒功率负载特性如图 1-27 所示，切削机床等属于这种类型的负载。

3. 通风机型负载特性

通风机型负载属于反抗性负载，主要特点是负载转矩的大小与转速的平方成正比，二者关系如下

$$T_L \infty n^2 \tag{1-36}$$

通风机型负载特性如图 1-28 所示，通风机、水泵、油泵等都属于这种类型的负载。

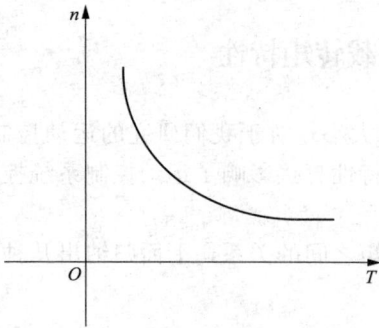

图 1-27　恒功率负载特性　　　　　　　图 1-28　通风机型负载特性

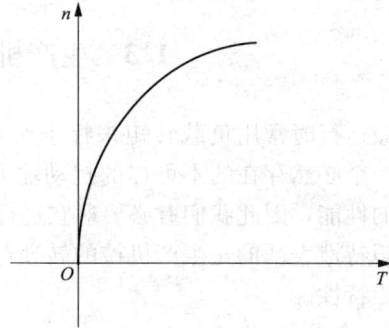

以上是几种比较典型的负载形式，在实际负载中也有可能是多种典型负载的组合，应根据具体问题具体分析。

1.4　转速控制要求和调速性能指标

生产过程中许多需要调速的生产机械，对调速性能都有一定的要求。例如：要求调速系统能在允许的最高转速与最低转速之间调节转速，要求在不同的转速下系统都能稳定工作，负载变化时转速的波动应在允许的范围内等。归纳起来，对转速控制的要求主要有以下几个方面：

（1）调速。在一定的最高速和最低速的范围内，实现有级或无级调节转速，前者为有级调速，后者为无级调速。

（2）稳速。以一定的精度在所需要转速上稳定运行，对各种干扰不允许有超过允许范围的转速波动，以确保调速系统的精度。

（3）加、减速。频繁启、制动设备要求加、减速要尽量快，以缩短启动、制动时间；不宜经受剧烈速度变化的机械，要求加、减速要适当，以保证起、制动平稳；许多机械对以上两方面都有要求，那么就需要找出合适的平衡点。

以上控制要求，一般用稳态调速性能指标和动态调速性能指标来描述。稳态调速性能指标是针对调速和稳速两项要求制定的调速指标，包括调速范围和静差率两项。动态调速指标是指系统在给定信号和扰动信号的作用下，系统动态过程的调速指标，将在稍后的章节介绍。

1. 调速范围

额定负载时，生产机械要求电动机提供的最高转速 n_{max} 和最低转速 n_{min} 之比称为调速范围，用字母 D 来表示，即

$$D = \frac{n_{max}}{n_{min}} \tag{1-37}$$

许多生产机械都对调速范围有较高的要求，例如额定负载下的重型铣床，快速移动时最高转速可达 600mm/min，而精加工时，最低转速只有 2mm/min，调速范围可达 300mm/min。

2. 静差率

当系统在某一转速下稳定运行时，负载由 0（理想空载）增加到额定值时所对应的转速降落 Δn_N，与理想空载转速 n_0 之比，称为静差率 s，即

$$s = \frac{n_0 - n}{n_0} = \frac{\Delta n_N}{n_0} \tag{1-38}$$

静差率用来衡量调速系统运行时转速的相对稳定程度，同机械特性的硬度 Δn_N 有关。在同一理想空载转速下，调速系统的静态速降 Δn_N 越小，系统的机械特性越硬，静差率越小，转速的稳定度就越高。

然而静差率与机械特性硬度又有区别，同一调速系统同一硬度，对应不同的理想空载转速 n_0，会得到不同的静差率。如图 1-29 所示，曲线 1 和 2 转速降落相同，空载转速 $n_{01} > n_{02}$，根据定义，$s_1 < s_2$。这也就是说，对于同样的硬度，理想空载转速越低，静差率越大，转速的相对稳定性越差。

综上所述，如果一个系统最大静差率（即最小空载转速 n_0 所对应的静差率）能满足设计对稳态精度的要求，则高速时的静差率（对应最小静差率）就更能满足设计要求，因此，设计系统时要求静差率是指最大静差率，应以最低理想空载转速对应的静差率为准。

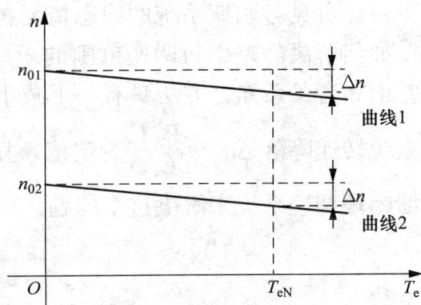

图 1-29　不同空载转速下的静差率

静差率所表达的系统稳态精度是相对于理想空载转速的稳态精度，不能简单地通过静差率的大小来断定一个调速系统稳态性能的好坏，要与调速范围结合起来分析才有意义。

静差率与调速范围之间的关系推导如下

$$s = \frac{\Delta n_N}{n_0} = \frac{\Delta n_N}{n_{min} + \Delta n_N}$$

得

$$n_{min} = \frac{(1-s)\Delta n_N}{s} \tag{1-39}$$

将式（1-39）代入式（1-37）得

$$D = \frac{n_{max}}{n_{min}} = \frac{n_N}{n_{min}} = \frac{n_N s}{\Delta n_N (1-s)} \tag{1-40}$$

（在直流电动机变压调速系统中，一般以电动机额定转速 n_N 作为最高转速 n_{max}）

由式（1-40）可看出调速范围、静差率和额定速降之间的关系。对于同一个系统，调速范围与静差率两项性能指标互相制约。可从两方面来说明：①当 Δn_N 值一定，希望静差率小时，系统允许的调速范围也变小，因此一个调速系统的调速范围，是指在最低速时还能满足所需静差率的转速可调范围；②在静差率一定的情况下，要想扩大调速范围 D，只有设法减小额定速降 Δn_N。

负载一定时，额定速降 Δn_N 是由电枢回路总电阻 R_Σ 决定的，即

$$\Delta n_N = \frac{R_\Sigma I_N}{C_e \Phi} \tag{1-41}$$

系统一旦组成，电枢回路总电阻 R_Σ 无法改变，因此在额定状态下，开环系统额定速降值已定。

例题 1-1　某开环控制晶闸管—电动机调速系统，直流电动机的额定转速 $n_N = 1400\text{r/min}$，额定速降 $\Delta n_N = 120\text{r/min}$。①工艺要求静差率 $s = 0.3$，允许的调速范围应多大？②若工艺要求静差率 $s = 0.2$，允许的调速范围应多大？③若需要调速范围达到 10，静差率应为多大？

解：① 要求静差率 $s = 0.3$ 时，调速范围为

$$D = \frac{n_N s}{\Delta n_N (1-s)} = \frac{1400 \times 0.3}{120(1-0.3)} = 5$$

② 要求静差率 $s = 0.2$ 时，调速范围为

$$D = \frac{n_N s}{\Delta n_N (1-s)} = \frac{1400 \times 0.2}{120(1-0.2)} = 2.9$$

③ 若需要调速范围达到 10，静差率应为

$$s = \frac{D\Delta n_N}{n_N + D\Delta n_N} = \frac{10 \times 120}{1400 + 10 \times 120} = 0.46$$

由此可见，调速系统的稳态精度越高，要求的静差率 s 值越小，开环系统的调速范围 D 越小。

如何解决静差率与调速范围的矛盾（即怎样才能在静差率小时，使系统的调速范围足够大）呢？由 3 者关系知，方法只有一个减小额定速降 Δn_N，使机械特性变硬，但是通过前面分析已知开环系统转速降落 $\Delta n_N = \frac{R_\Sigma I_N}{C_e \Phi}$ 为定值，显然开环系统是办不到的，只有根据反馈控制原理构成转速反馈闭环调速系统来解决这个问题。

习　题

1-1　直流电动机有哪几种调速方法？简述它们的特点。

1-2　为什么直流 PWM 变换器—电动机系统比晶闸管整流器—电动机系统能够获得更好的动态性能？

1-3　直流 PWM 变换器主电路中反并联二极管的作用是什么？如果二极管出现断路故障会产生什么后果？

1-4　泵升电压产生的原因是什么？对系统有何影响？如何抑制？

1-5　静差率与调速范围的定义是什么？静差率与机械特性硬度有何区别？

1-6　调速范围与静态速降和最小静差率之间关系是什么？为什么说"脱离了调速范围，要满足给定静差率就容易的多了"？

1-7　调速系统的调速范围是 $100 \sim 1000 \text{r/min}$，要求静差率 $s = 2\%$，系统允许的稳态速降是多少？

1-8　某晶闸管—电动机调速系统，直流电动机 $P_N = 74\text{kW}$，$U_N = 220\text{V}$，$I_N = 378\text{A}$，$n_N = 1430\text{r/min}$，$R_a = 0.023\Omega$，晶闸管整流器内阻 $R_s = 0.022\Omega$。采用降压调速，当生产机械要求 $s = 20\%$ 时，求系统的调速范围？如果 $s = 30\%$ 时，则系统的调速范围又是多少？

1-9　某晶闸管—电动机调速系统，已知直流电动机 $P_N = 60\text{kW}$，$U_N = 220\text{V}$，$I_N = 305\text{A}$，$n_N = 1000\text{r/min}$，主电路总电阻 $R = 0.18\Omega$，$C_e = 0.2\text{V} \cdot \text{min/r}$，求：

（1）电流连续时，在额定负载下的转速降落 Δn_N 为多少？

（2）开环系统机械特性连续段，额定转速时的静差率 s_N 为多少？

（3）额定负载下满足 $D = 20$，$s \leqslant 5\%$ 的要求，转速降落 Δn_N 应为多少？

第 2 章　单闭环直流调速系统

开环调速系统性能不能满足高性能工作机械的要求，主要是因为负载变化引起额定速降变化，导致速度变化太大。根据反馈控制原理，要稳定哪一个参数，就要引入那个参数的负反馈，构成闭环控制系统，因此要想在负载变化时稳定转速，调速系统需引入转速负反馈，构成转速负反馈闭环直流调速系统。

2.1　转速负反馈直流调速系统的组成

转速负反馈直流调速系统原理框图如图 2-1 所示，在开环调速系统的基础上，按照反馈控制原理，增加了转速检测环节——测速发电机，与电动机安装在同一个轴上，引出了与转速成正比的负反馈电压 U_n，与给定电压 U_n^* 相比较，得到偏差电压 ΔU_n，经过调节器产生触发装置的控制电压 U_c，控制触发装置输出脉冲的位置，通过调节控制角控制整流电压，进而达到控制电动机转速的目的，使转速大小稳定在某个数值上。若想改变电动机转速，只需改变转速给定电压 U_n^* 的大小，实现电动机的平滑无级调速。

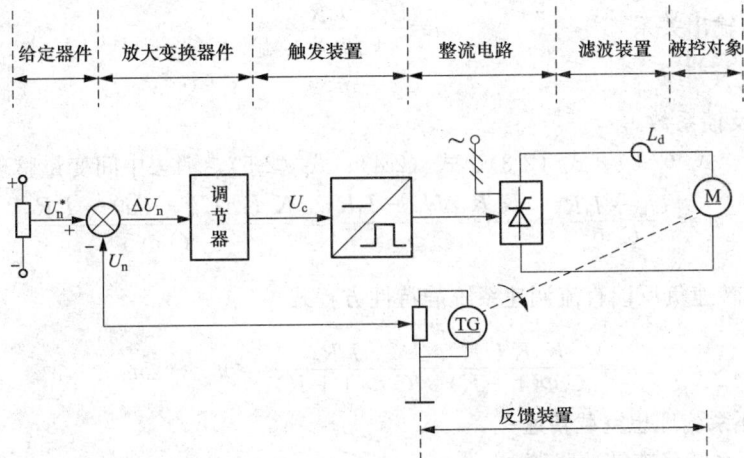

图 2-1　转速负反馈直流调速系统原理框图

下面分析该系统如何实现稳速，假设直流电动机因为负载增加，使电动机转速 n 降低，调节过程如下：

$$负载增加 \longrightarrow 转速\ n\downarrow \longrightarrow 反馈电压\ U_n\downarrow \xrightarrow{\Delta U_n = U_n^* - U_n} \Delta U_n\uparrow \longrightarrow U_c\uparrow \longrightarrow U_d\uparrow \longrightarrow n\uparrow$$

可见当给定电压 U_n^* 不变时，直流电动机转速由于某种原因变化，通过转速负反馈，可自动调节直流电动机的转速，使它稳定在与给定电压相对应的某个转速附近，只有调节给定电压，才能改变直流电动机转速的稳态值。

2.2　转速负反馈直流调速系统的静特性

转速负反馈直流调速系统结构框图如图 2-2 所示。

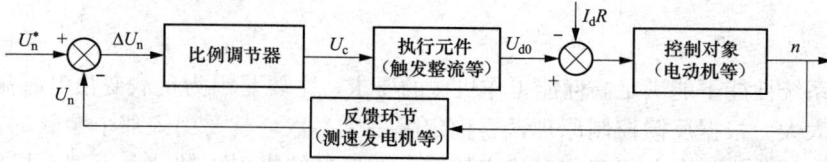

图 2-2　转速负反馈直流调速系统结构框图

2.2.1　闭环调速系统的组成及静特性

转速负反馈直流调速系统由一些典型环节组成，要首先确定系统各环节输入、输出之间静态关系，图 2-2 所示为转速负反馈直流调速系统结构框图。利用各环节输入输出关系可建立系统静特性方程。

各环节的关系如下：

比较环节 $\qquad\qquad\qquad\qquad\qquad\quad \Delta U_n = U_n^* - U_n$ （2-1）

比例调节器 $\qquad\qquad\qquad\qquad\qquad U_c = K_P \Delta U_n$ （2-2）

式中　K_p——比例调节器的比例放大系数。

晶闸管触发装置与可控整流桥间关系 $\quad U_{do} = K_s U_c$ （2-3）

式中　K_s——晶闸管整流装置放大系数。

电动机输入与输出关系 $\qquad\qquad\qquad n = \dfrac{U_d - I_d R}{C_e \Phi}$ （2-4）

转速反馈环节 $\qquad\qquad\qquad\qquad\quad U_n = \alpha n$ （2-5）

式中　α——转速反馈系数。

利用式（2-1）、式（2-2）、式（2-3）、式（2-4）、式（2-5），消去中间变量整理得

$$n = \frac{U_d - I_d R}{C_e \Phi} = \frac{K_p K_s \Delta U_n - I_d R}{C_e \Phi} = \frac{K_p K_s (U_n^* - \alpha n) - I_d R}{C_e \Phi}$$

令 $K = \dfrac{K_p K_s \alpha}{C_e \Phi}$，得转速负反馈直流调速系统静特性方程式

$$n = \frac{K_P K_s U_n^*}{C_e \Phi (1 + K)} - \frac{I_d R}{C_e \Phi (1 + K)} = n_{0cl} - \Delta n_{cl} \tag{2-6}$$

式中　n_{0cl}——闭环系统理想空载转速；

$\qquad n_{cl}$——闭环系统稳态转速降落；

$\qquad K$——闭环系统的开环放大倍数。

其中 K 相当于从反馈环节输出端把反馈回路断开后，从调节器的输入起到反馈输出为止总的电压放大系数，是各环节单独的放大系数的乘积，这里将 $\dfrac{1}{C_e \Phi} = \dfrac{n}{E}$ 作为电动机环节的放大倍数。

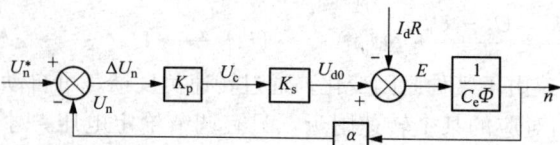

图 2-3　转速负反馈直流调速系统稳态结构框图

通过输入、输出关系可画出该系统的稳态结构框图，如图 2-3 所示。

由式（2-6）可看出闭环系统静特性表示闭环系统电动机转速与负载电流之间的关系，在形式上与开环机械特性相似，但本质上却

有极大的不同。

图 2-3 所示的稳态结构图不仅能把系统各组成部分的内在关系用直观的方法表达出来，而且可以运用结构图运算的一般法则，对系统进行分析和计算，推导出闭环系统的静特性方程。

如何运用静态结构图求系统静特性方程呢？为便于分析，突出主要矛盾，忽略各种非线性因素，认为系统的各环节都是线性的，V-M 系统工作于连续段，直流电源的内阻等忽略不计，这样就可用叠加法进行分析计算。

第 1 步，计算调速系统在给定信号单独作用下的输出。此时的转速负反馈直流调速系统稳态结构图如图 2-4 所示，给定信号为 U_n^*。

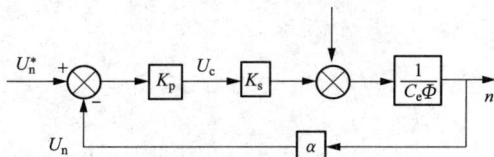

根据结构框图运算法则

图 2-4　转速负反馈直流调速系统只考虑给定作用的稳态结构框图

$$\frac{n}{U_n^*} = \frac{K_p K_s \dfrac{1}{C_e \Phi}}{1 + K_p K_s \alpha \dfrac{1}{C_e \Phi}}$$

得

$$n = \frac{K_p K_s U_n^*}{C_e \Phi \left(1 + K\right)} \tag{2-7}$$

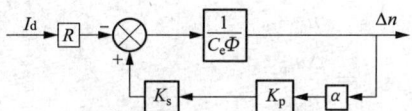

图 2-5　转速负反馈直流调速系统在负载扰动作用下稳态结构框图

式中　K——为闭环系统的开环放大倍数，$K = \dfrac{K_p K_s \alpha}{C_e \Phi}$。

第 2 步，计算负载扰动输入信号单独作用下的输出。负载扰动输入信号单独作用下稳态结构图如图 2-5 所示，因为只考虑负载扰动，所以输出为 Δn。

由

$$\frac{\Delta n}{-I_d} = R \frac{\dfrac{1}{C_e \Phi}}{1 + K_p K_s \alpha \dfrac{1}{C_e \Phi}}$$

得

$$\Delta n = -\frac{I_d R}{C_e \Phi \left(1 + K\right)} \tag{2-8}$$

由式（2-7）和（2-8）可得静特性方程为

$$n = \frac{K_P K_s U_n^*}{C_e \Phi(1 + K)} - \frac{I_d R}{C_e \Phi(1 + K)} = n_{0cl} - n_{cl} \tag{2-9}$$

与式（2-6）静特性方程完全一样，用此法求解静特性方程，输入、输出关系更加清楚明了。

2.2.2　开环系统机械特性与闭环系统静特性之间的关系

比较闭环调速系统静特性方程与开环系统机械特性方程，就能看出闭环调速系统相比开环调速系统的优点。

将图 2-3 所示闭环调速系统的反馈回路断开，如图 2-6 所示。

图 2-6　断开转速负反馈闭环直流调速系统稳态结构框图

根据图 2-6 可知给定电压与电源电压之间的关系　$U_d = U_n^* K_P K_s$

可写出开环系统的机械特性方程式

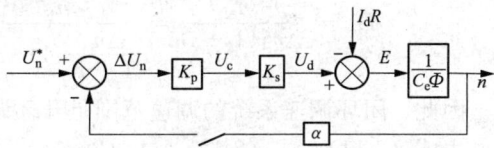

$$n = \frac{U_d - I_d R}{C_e \Phi} = \frac{U_n^* K_P K_S - I_d R}{C_e \Phi} = \frac{U_n^* K_P K_S}{C_e \Phi} - \frac{I_d R}{C_e \Phi} = n_{0op} - \Delta n_{op} \tag{2-10}$$

比较式（2-6）与式（2-10）可以看出两者形式相似，但是含义却有本质的不同。下面从特性曲线硬度、静差率、调速范围等方面来比较它们性质的优劣。

1. 闭环系统静特性比开环系统机械特性硬得多

若使闭环系统的理想空载转速 n_{0cl} 与开环系统的理想空载转速 n_{0op} 相等，同样的负载条件下

$$\Delta n_{op} = \frac{I_d R}{C_e \Phi}$$

$$\Delta n_{cl} = \frac{I_d R}{(1+K)C_e \Phi}$$

则

$$\Delta n_{cl} = \frac{\Delta n_{op}}{(1+K)} \tag{2-11}$$

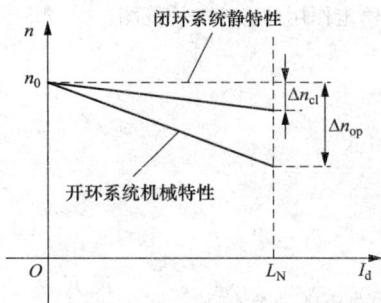

图 2-7　开环系统机械特性与闭环
　　　　系统静特性的比较

闭环系统的转速降落只有开环系统转速降落的 $\frac{1}{1+K}$，所以当 K 值较大时，闭环系统静特性比开环系统机械特性硬得多，如图 2-7 所示。

2. 闭环系调速统的静差率要比开环调速系统的静差率小得多

$$s_{cl} = \frac{\Delta n_{cl}}{n_{0cl}}$$

$$s_{op} = \frac{\Delta n_{op}}{n_{0op}}$$

同样按闭环调速系统的理想空载转速 n_{0cl} 与开环调速系统的理想空载转速 n_{0op} 完全相等进行比较，则

$$s_{cl} = \frac{s_{op}}{1+K} \tag{2-12}$$

可见，闭环系统静差率只有开环系统静差率的 $\frac{1}{1+K}$。

3. 闭环系统的调速范围比开环系统的调速范围大的多

无论是开环还是闭环调速系统，如果电动机的最高转速都是它的额定转速 n_N，对静差率的要求同为 s，则

开环调速系统的调速范围为 $\qquad D_{op} = \frac{s n_N}{\Delta n_{op}(1-s)} \tag{2-13}$

闭环调速系统的调速范围为

$$D_{cl} = \frac{s n_N}{\Delta n_{cl}(1-s)} = \frac{s n_N}{\frac{\Delta n_{op}}{1+K}(1-s)} = (1+K)\frac{s n_N}{\Delta n_{op}(1-s)} = (1+K)\Delta D_{op} \tag{2-14}$$

因此，闭环调速系统的调速范围是开环调速系统的调速范围的 $1+K$ 倍。

由式（2-11）、式（2-12）、式（2—14）可以看出以上优点的形成都与 K 的取值有关，要使 K 值足够大，则必须使控制器具有放大功能，即闭环控制系统需要设置放大器。由此可得出结论，要使闭环调速系统获得比开环调速系统优越的稳态特性，在保证静差率的要求下，扩大调速范围，必须要有反馈检测装置和电压放大器。

例题 2-1　某直流调速系统，主电路是晶闸管可控整流供电的 V-M 系统，电动机的额定功率为 10kW，额定电压 220V，额定电流 55A，额定转速为 1000r/min，电枢电阻为 $R_a = 0.5\Omega$，V-M 系统电枢回路总电阻 $R = 1\Omega$，要求 $D = 10$，$s \leqslant 5\%$，采用什么样的系统才能满足此要求？

解：先计算电动机的电动势系数

$$C_e\Phi = \frac{U_N - I_N R_a}{n_N} = \frac{220 - 55 \times 0.5}{1000} = 0.1925\,\text{V} \cdot \text{min}/r$$

当电流连续时，若采用开环调速系统，额定速降为

$$\Delta n_{op} = \frac{I_N R_\Sigma}{C_e\Phi} = \frac{55 \times 1}{0.1925} = 285.71\,\text{r/min}$$

而要使系统满足 $D=10$，$s\leqslant5\%$ 的要求，额定速降只能为

$$\Delta n = \frac{ns}{D(1-s)} \leqslant \frac{1000 \times 0.05}{10 \times (1-0.05)} = 5.26\,\text{r/min}$$

因此采用开环调速系统不能够完成系统要求的任务。

只能采用闭环调速系统，才有可能使 $\Delta n_{cl}=5.26\,\text{r/min}$。

此时闭环调速系统的开环放大倍数应为

$$K = \frac{\Delta n_{op}}{\Delta n_{cl}} - 1 \geqslant \frac{285.7}{5.26} - 1 \approx 54$$

即只要闭环调速系统的开环放大倍数不小于 54，该闭环调速系统就能满足系统稳态性能指标的要求。

前面已推导出来闭环调速系统的静特性比开环调速系统的机械特性要硬，从原理上讲为什么闭环调速系统静特性比开环调速系统的机械特性要硬呢？比较式（2-9）与式（2-10），可发现调速系统的稳态速降是由电枢回路的电阻压降决定的，难道闭环系统电枢回路电阻减小了吗？显然这是不可能的。

对于开环调速系统来说，给定电压一旦确定，其整流电源输出电压就恒定，对应的机械特性曲线就固定下来，当负载电流由 I_{d1} 增加为 I_{d2} 时，电枢压降增加，转速只能降下来，转速降落由 Δn_1 变为 Δn_2，如图 2-8 所示，因此开环调速系统的特性较软。

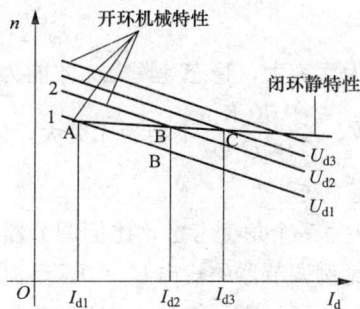

对于闭环调速系统，当负载电流由 I_{d1} 增加为 I_{d2} 时，转速的直接反应也是下降，但是闭环调速系统装具有反馈装置，转速下降的信息立即反应到调节器的输入端，偏差电压 ΔU_n 增加，使触发装置控制电压增大，提高整流电源的输出电压 U_d，当整流电源的输出电压 U_d 发生变化，调速系统工作于新的机械特性上，即转速变化对应于新的机械特性曲线。

如图 2-9 所示，原始工作点为 A，当负载电流由 I_{d1} 增加为 I_{d2} 时，若为开环调速系统，系统的转速应降低到同一机械特性曲线的 B' 点对应的数值；而对于闭环调速系统，由于反馈控制的调节作用，当负载电流由 I_{d1} 增加为 I_{d2} 时，电源电压也由 U_{d1} 提升到 U_{d2}，调速系统的机械特性曲线由原来的 1 换为新的机械特性曲线 2，此时负载电流 I_{d2} 对应于新的机械特性曲线 B 点，因此闭环系统稳态速降比开环系统速降小的多。

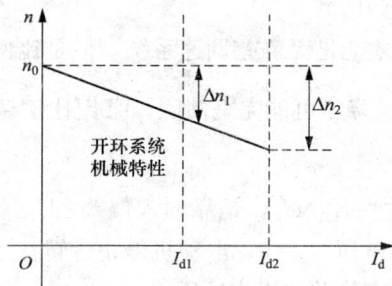

图 2-8 开环调速系统机械特性　　图 2-9 闭环调速系统静特性与开环机械特性关系示意图

对于闭环调速系统，当负载发生变化，系统就调节电源电压使系统工作于新的机械特性曲线，因此闭环调速系统的静特性曲线实际上是在每条开环机械特性上取一个相应的工作点，再将这些点连接起来就是闭环系统静特性。由此可见，闭环调速系统能够减小稳态转速降落的实质是它的自动调节作用，是负反馈使电动机的电压自动适应负载变化的结果。

2.2.3　闭环调速系统的基本性质

转速反馈闭环调速系统属于基本的反馈控制系统，符合反馈控制的基本规律，具有以下特征。

1. 闭环调速系统对给定信号的绝对服从

闭环调速系统表现为对给定信号的紧紧跟随，给定信号的任何微小变化都会直接引起输出量的变化。因此在闭环直流调速系统中，改变给定信号的给定值就是在调节转速。

2. 闭环调速系统具有良好的抗扰能力

闭环调速系统表现为对扰动信号具有良好的抵抗能力，能够有效地抑制一切被负反馈环所包围的前向主通道上的扰动，使闭环直流调速系统服从给定信号的作用。

3. 系统的精度依赖给定信号和反馈检测的精度

闭环调速系统对于给定信号变化引起的被调量波动无能为力，所以给定信号必须是高品质信号。同样反馈检测装置误差引起的输出量波动，如反馈装置的自身精度、制造不良、安装不当造成的任何变化都会影响系统的输出，对此反馈控制系统不仅无法克服，反而可能会增加被调量的误差，因此高品质的控制系统必须要有高品质的反馈检测元件做保障。

4. 具有比例放大器的反馈控制系统是有静差控制系统

从前面的分析可知采用比例放大器的控制系统，K 值越大，闭环系统稳态性能越好。闭环系统的稳态速降为

$$\Delta n_{cl} = \frac{I_d R}{(1+K)C_e \Phi}$$

若系统采用比例调节器，K 值为常数不可能无穷大，因此稳态转速偏差只能减小不可能完全消除，这样的调速系统只能是有静差调速系统。

2.3　单闭环有静差调速系统与单闭环无静差调速系统

2.3.1　单闭环有静差调速系统

单闭环调速系统在稳态时，反馈量与给定量之间存在偏差的系统是有静差调速系统，如图 2-3 所示的系统，调节器采用比例调节器，此闭环系统的稳态速降为

$$\Delta n_{cl} = \frac{I_d R}{(1+K)C_e \Phi}$$

只有 K 为无穷大，稳态速降 Δn_{cl} 才能为 0，系统才能是无静差调速系统，但是比例调节器的放大倍数是常数，$K = \dfrac{K_p K_s \alpha}{C_e \Phi}$ 不会为无穷大，因此稳态速降不可能完全消除，采用比例调节器的系统是有静差调速系统。

也可以从另一个角度考虑，比例调节器的输出 $U_c = K_P \Delta U_n$，是靠输入偏差 ΔU_n 来维持的，若 $\Delta U_n = 0$，则比例调节器的输出 $U_c = 0$，整流电路输出电压 $U_d = 0$，电动机停止运转，因此比例调节器的输入量偏差 ΔU_n 不可能为 0，这是此类调速系统有静差的根本原因。

有偏差就会影响系统的精度，对于采用比例调节器的系统来说，受工作原理的限制，是没有办法彻底去除偏差的，要消除偏差只能考虑采用其他的方法。

2.3.2　单闭环无静差调速系统

从有静差调速系统的分析可看出，系统存在静差的关键是，若系统无静差比例调节器的输出为 0，系统无法工作，那么就要找到一个方法，使无静差时调节器依旧有输出。在自动控制原理中还学习积分调节器，积分调节器的输出等于输入量的累积，当输入量等于 0 时，输出量能够维持在某一个值，因此积分调节器解决了无静差系统的关键问题，稳态时的输出可以靠输入历史的积累来完成。

积分调节器输入与输出关系的特点如图 2-10 所示，只要积分调节器的输入量 U_{in} 不为 0，那么输出量 U_{out} 就会不断地积累增加；当输入量为 0 时，输出量保持偏差 U_{in} 为 0 前的输出值，并且保持不变，具有记忆功能。

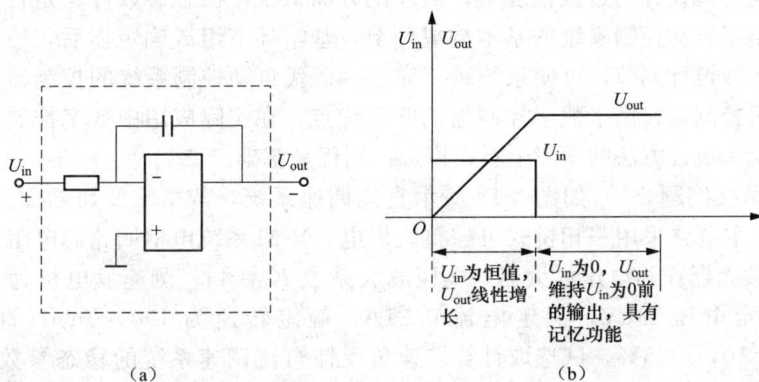

图 2-10　积分调节器
（a）积分调节器原理图；（b）积分调节器输入输出关系图

将图 2-3 所示系统的比例调节器改换为积分调节器，以负载增大为例，分析其调节过程：

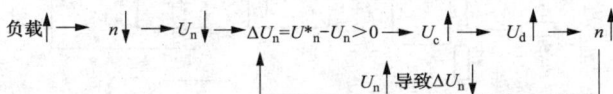

上述调节工作直到 $\Delta U_n = 0$ 时停止，因为是采用的积分调节器，输出保持偏差 ΔU_n 为 0 前的输出值，所以输入 $\Delta U_n = 0$ 时，输出 U_c 不为 0。

上述系统采用积分调节器解决了系统稳态无静差的问题，但是动态响应由于积累作用变慢，由图 2-10 所示积分调节器的原理可知，当突加信号时，由于电容的存在，其输出电压只能随着电容充电而逐渐增加，直到稳态为止，控制作用能随时间的增长逐渐显现出来；而采用比例调节器的控制系统，当突加信号时，其输出电压 $K_p U_{in}$ 立即响应，因此将两者结合起来，组成比例积分调节器，就可以两者兼顾。

如图 2-11 所示，比例积分调节器由比例和积分两部分相加而成，当突加信号 U_{in} 时，由于电容 C 两端的电压不能突变，突加信号的瞬间，电容 C 两端相当于短路，调节器此时变成了比例调节器，在输出端立即呈现 U_{out}（若此时比例调节器的放大系数为 K_p，则 $U_{out} = K_p U_{in}$），实现了比例调节器快速控制的长处；此后，随着电容 C 被充电，输出电压 U_{out} 开始积分，其数值线性增长，只要输入电压 U_{in} 一直存在，电容 C 就不断被充电，不断积分，直到输出电压 U_{out} 达到运算放大器的限幅值 U_{outm} 为止，运算放大器饱和；若输入电压 $U_{in} = 0$，积分过程停止，U_{out} 保持 U_{in} 为 0 前的输出值，比例积分调节器输入、输出关系图如图 2-12 所示。

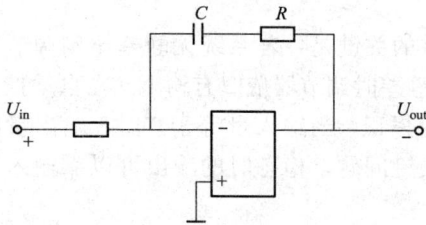

图 2-11   比例积分调节器原理图   图 2-12   比例积分调节器输入输出关系图

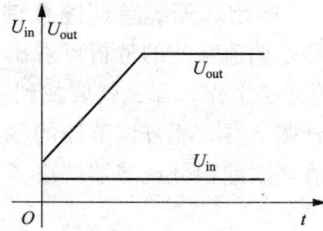

2.3.3   闭环直流调速系统设计与稳态参数计算

闭环直流调速系统设计的过程很复杂，从理论方面来说，稳态参数计算是自动控制系统设计的第一步，它决定了自动控制系统的基本构成环节，基本环节组成确定以后，还需要动态方面的设计，通过动态参数设计调节，可使系统臻于完善。近代自动控制系统的控制器主要是模拟电子控制器和数字电子控制器，由于数字控制器的明显优点，在实际应用中数字控制系统已占主要地位，但从物理概念和设计方法的学习上看，模拟控制仍是基础。

例题 2-2 （承接例题 2-1）如图 2-13 所示直流调速系统，若整流变压器 Y/Y 联结，二次线电压 $U_{21}=230\text{V}$，主电路采用三相桥式可控整流供电，V-M 系统电枢回路总电阻 $R=1\Omega$，线性集成电路比例运算放大器作为电压放大器，电压放大系数 $K_s=44$；测速发电机为永磁式，额定功率为 23.1W，额定电压 110V，额定电流 0.21A，额定转速为 1900r/min；直流稳压电源为 $\pm15\text{V}$，要求 $D=10$，$s\leqslant5\%$，试选取计算转速负反馈直流调速系统的稳态参数。（暂时不考虑启动问题）

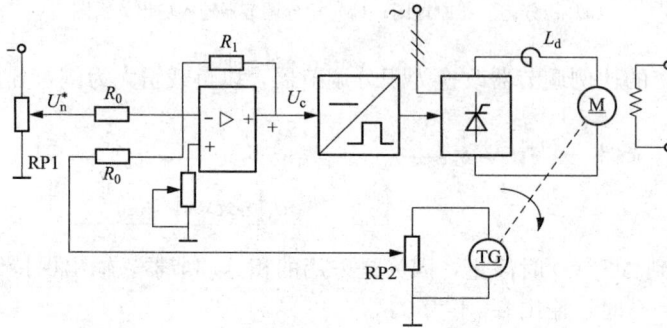

图 2-13   转速负反馈有静差直流调速系统原理图

解：（1）计算转速反馈环节的反馈系数和参数。令测速发电机的电动势系数 $K_{\text{efd}}=C_{\text{efd}}\phi_{\text{fd}}$

$$K_{\text{efd}}=\frac{110}{1900}=0.0579\text{V}\cdot\text{min/r}$$

假设测速发电机与电动机的主轴直接连接，所以电动机在最高转速 1000r/min 时，对应的发电机电压为

$$U_{\text{fd}}=K_{\text{efd}}n=0.0579\times1000=57.9\text{V}$$

设其输出所接电位器 RP2 的分压系数为 α_1，即反馈电压为

$$U_n=\alpha_1U_{\text{fd}}=57.9\alpha_1$$

现有直流稳压电源为 $\pm15\text{V}$，由于稳态时 ΔU_n 很小，U_n^* 只要略大于 U_n 即可，因此先试取 $\alpha_1=0.2$，检验是否合适。

$$U_n = \alpha_1 U_{fd} = 57.9 \times 0.2 = 11.58\text{V}$$

因此，取 $\alpha_1 = 0.2$ 能够满足给定电压的需要，则转速反馈系数为

$$\alpha = \frac{U_n}{n} = \alpha_1 K_{dfe} = 0.2 \times 0.0579 = 0.01158\text{V} \cdot \text{min/r}$$

选择电位器 RP_2 主要是选取较好的线性段，为使测速发电机的电枢压降对转速检测信号的线性度没有显著影响，取测速发电机输出最高电压时，电流约为额定值的 20%，这时线性度比较好，则

$$R_{RP2} \approx \frac{K_{efd} n_N}{0.2 I_{Nfd}} = \frac{0.0579 \times 1000}{0.2 \times 0.21} = 1379\Omega$$

对应电位器的功率为

$$W_{RP2} = K_{etg} n_N \times 0.2 I_{Nfd} = 0.0579 \times 1000 \times 0.2 \times 0.21 = 2.4\text{W}$$

为了使电位器温度变化不大，实选瓦数应为所消耗功率的一倍以上，故可为选用 10W，1.5kΩ 可调电位器。

（2）由例 2-1 知，转速负反馈直流调速系统的开环放大系数为

$$K = \frac{\Delta n_{op}}{\Delta n_{cl}} - 1 \geqslant \frac{285.7}{5.26} - 1 \approx 53.3$$

才能满足 $D=10$，$s \leqslant 5\%$ 的要求。

（3）计算运算放大器的放大系数和参数。运算放大器的放大系数 K_p 应为

$$K_p = \frac{K}{\dfrac{\alpha K_s}{C_e \Phi}} \geqslant \frac{53.3}{\dfrac{0.01158 \times 44}{0.1925}} = 20.14$$

实际中可取为整数 $K_p = 21$。

如图 2-12 所示，根据所用运算放大器的型号，取 $R_0 = 40\text{k}\Omega$，
则

$$R_1 = K_p R_0 = 21 \times 40 = 840\text{k}\Omega$$

2.4 转速负反馈闭环系统的动态抗扰性能

除给定信号外，作用在控制系统上能够引起被调量变化的量，都称为扰动。前面所学的控制系统，在负载变化、交流电源电压波动（引起 K_s 变化）、电动机励磁电流变化（引起 C_e 的变化）、放大器放大倍数漂移（引起 K_p 变化）、温度变化引起电阻变化等情况下，都会引起被调量 n 的变化，因此这些量都属于扰动，对系统有扰动作用。

如图 2-14 所示，由于扰动作用点不同，对系统稳态转速的影响程度也不一样，但是作用在闭环直流调速系统前向通道上的任一种扰动对电动机转速产生的影响，都会被测速发电机检测出来，通过转速负反馈的作用，减小对稳态转速的影响，所以在设计时一般只需要考虑主要扰动对系统的影响即可。

对调速系统来说，主要的扰动为负载扰动和交流电源电压扰动，设计时可只针对负载扰动的要求去设计，其他的扰动也可得到有效的抑制。

下面以抗负载扰动为例，说明系统受扰动作用后的动态调节过程。

以图 2-3 所示系统为例。

1. 有静差调速系统抗扰动态调节过程

采用比例调节器的有静差调速系统的动态调节过程如下所示。

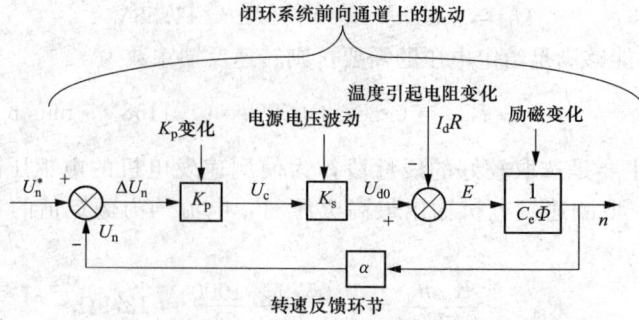

图 2-14　转速负反馈直流调速系统稳态扰动作用框图

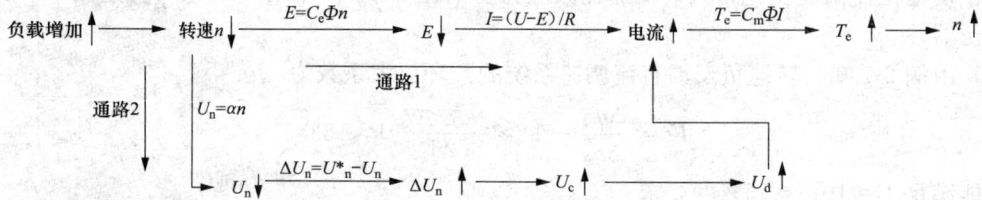

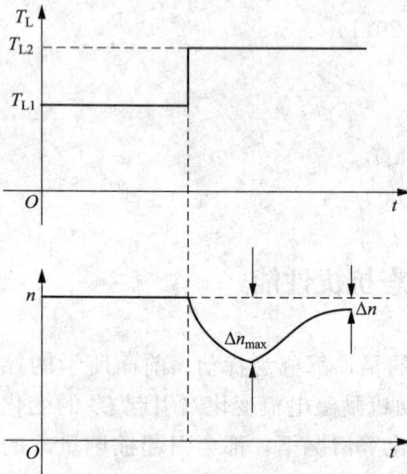

图 2-15　有静差闭环系统负载
阶跃扰动动态调节图

显然当负载增加时，有 2 个调节通路，一个是电动机自身特性决定的自我调节过程，另一个是反馈控制的调节过程，直到 ΔU_n 很小，$T_e = T_L$ 为止，转速达到新的平衡点。

因为是采用比例调节器的有静差闭环调速系统，因而转速不能回升到原来的值，其静差值为

$$\Delta n = \frac{(I_{L2} - I_{L1})R}{C_e \Phi(1 + K)}$$

整个有静差闭环系统负载阶跃扰动动态调节过程也可以用图 2-15 来描述。

2. 无静差调速系统抗扰动态调节过程

无静差调速系统突加负载时的动态过程，如图 2-16 所示，（1）阶段为无静差系统稳定运行阶段，PI 调节器的输入电压 $\Delta U_n = U_n^* - U_n = 0$；（2）阶段负载加大，$T_e < T_{L2}$，负载扰动使电动机转矩失去平衡，电动机转速 n 下降，使调节器的输入电压 $\Delta U_n = U_n^* - U_n > 0$，开始比例积分调节

过程，因为是比例积分调节器，只要有输入电压，PI 调节器的比例部分立即起作用，输出电压为 $\Delta U_{op} = K_{pI} \Delta U_n$，使整流电压迅速产生一个增量，阻止转速进一步下降，比例部分越大增量就越大，最大动态速降 Δn_{max} 就越小，由于 ΔU_{op} 与 ΔU_n 成正比，所以 2 者波形相似，如图 2-16 曲线 1 所示。对于积分部分，在调节过程的初期，由于 ΔU_n 较小 ΔU_{cl} 增长缓慢，在 ΔU_n 最大值附近 ΔU_{cl} 增长最快，只要 ΔU_n 不为 0，ΔU_{cl} 就不断积累，如图 2-16 曲线 2 所示。图 2-16 曲线 3 为比例和积分共同作用的结果，随着转速的升高，ΔU_n 值减小，此时调节器比例部分作用逐渐减小，积分部分起主要作用，保证转速恢复到原稳态转速，偏差 $\Delta U_n = 0$，由于 PI 调节器具有记忆功能，控制电压由 U_{cl} 增长为 U_{c2}，对应的整流电压也由 U_{dl} 增长为 U_{d2}，如图 2-16 所示。（3）阶段系统到达新的平衡

点，实现了无静差控制。

　　需要强调的是，所谓"无静差"系统只是从理论上来讲，采用比例积分调节器的闭环直流调速系统，稳态时电容两端的电压不变，相当于断开，这时调节器的放大系数是放大器本身的开环放大系数，当认为开环放大系数无穷大时，就可以认为放大器的输入为 0，为无静差系统。但实际情况是开环放大系数不可能无穷大，这样其输入端就会有一定的输入，对应此系统就会有很小的 ΔU_n，也就有很小的静差 Δn，因为此值很小，一般精度要求下，就可认为是"无静差"，忽略不计。在实际系统中为避免放大器长期工作产生零点漂移，常在 RC 两端并联一个几兆欧的电阻，以便把放大系数压低一些，称为"准 PI 调节器"。

　　从以上分析可看出，反馈闭环控制具有良好的抗扰性能，对于被负反馈环包围的前向通道上的一切扰动都能有效地抑制，只对给定唯命是从。同时系统对给定的误差和反馈系统的误差是无能为力的，因此系统需要高精度的给定稳压电源和足够的反馈检测精度。

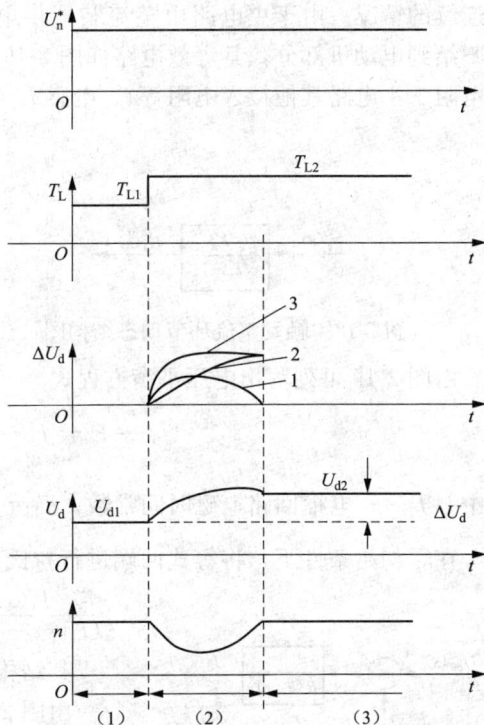

图 2-16　单闭环无静差系统突加负载时动态过程

2.5　闭环直流调速系统的动态模型及系统稳定性分析

2.5.1　闭环直流调速系统的动态数学模型及结构框图

1. 系统动态数学模型

建立系统的动态数学模型的步骤一般如下：

(1) 根据系统中各环节的物理规律，列写出描述该环节动态过程的微分方程。

(2) 根据微分方程，求出各环节传递函数。

(3) 各环节联合起来，组成系统的动态结构框图，求出整个系统的传递函数。

2. 闭环调速系统各环节的微分方程和传递函数

(1) 比例调节器。比例调节器的响应可认为是瞬时的，该环节动态过程的微分方程为

$$U_c = K_P \Delta U_n \tag{2-15}$$

将式 (2-15) 两端取拉氏变化，求得传递函数为

$$U_c(s) = K_P \Delta U_n(s) \tag{2-16}$$

比例调节器动态结构框图如图 2-17 所示。

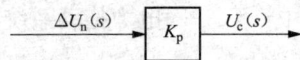

图 2-17　比例调节器动态结构框图

(2) 触发整流装置。在第 1 章已得出触发整流装置的传递函数可近似为一阶惯性环节

$$W(s) = K_s e^{-T_s s} \approx \frac{K_s}{1 + T_s s} \tag{2-17}$$

其动态结构框图如图 2-18 所示。

(3) 电动机的传递函数。电动机传递函数分为电流连续和电流断续 2 种情况，在此只讨论电

流连续的情况。由于主电路由整流装置供电，电动机为负载，因此可以把整流电路以外的部分，都归结到电动机部分，其等效电路如图 2-19 所示，由电枢回路总电阻 R（包括整流装置内阻、电枢电阻、主电路其他接入电阻等）、电感 L（包括电动机电感和其他接入电感）、电动机组成。

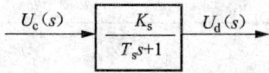

图 2-18　触发整流环节动态结构图　　图 2-19　他励直流电动机在额定励磁下的等效电路

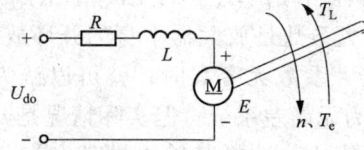

由图 2-19 可列写出电压平衡方程式

$$U_{d0} - E = I_d R + L\frac{\mathrm{d}I_d}{\mathrm{d}t} = R\Big(I_d + T_1\frac{\mathrm{d}I_d}{\mathrm{d}t}\Big) \tag{2-18}$$

式中　T_1——电枢回路电磁时间常数，$T_1 = \dfrac{L}{R}$。

在零初始条件下，将等式两端进行拉氏变换，得电压与电流之间的传递函数

$$\frac{I_d(s)}{U_d(s) - E(s)} = \frac{1}{R(T_1 s + 1)} \tag{2-19}$$

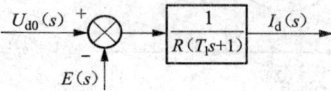

其结构框图如图 2-20 所示。

由图 2-18 可列写出电动机轴上动力学方程式

$$T_e - T_L = \frac{GD^2}{375}\frac{\mathrm{d}n}{\mathrm{d}t} \tag{2-20}$$

图 2-20　电压电流间结构框图

式中　T_e——电动机电磁转矩（N·m）；

　　　T_L——包括电动机空载转矩在内的负载转矩（N·m）；

　　　GD^2——电动机轴上的飞轮惯量（N·m²）。

电动机反电动势为　　　　　　　　　　$E = C_e \Phi n \tag{2-21}$

电动机电磁转矩为　　　　　　　　　　$T_e = K_m I_d \tag{2-22}$

负载转矩为　　　　　　　　　　　　　$T_e = K_m I_{dL} \tag{2-23}$

式中　K_m——额定励磁下电动机的转矩系数（N·m/A），$K_m = \dfrac{30C_e\Phi}{\pi}$，

　　　I_{dL}——负载电流。

将式（2-20）～式（2-23）整理得

$$I_d - I_{dL} = \frac{GD^2}{375K_m}\frac{\mathrm{d}n}{\mathrm{d}t} = \frac{GD^2 R}{375K_m C_e\Phi}\frac{1}{R}\frac{\mathrm{d}E}{\mathrm{d}t} = \frac{T_m}{R}\frac{\mathrm{d}E}{\mathrm{d}t} \tag{2-24}$$

式中　T_m——电力拖动系统机电时间常数，$T_m = \dfrac{GD^2 R}{375K_m C_e\Phi}$。

对式（2-24）两端取拉氏变换，得电动势与电流之间的传递函数

$$\frac{E(s)}{I_d(s) - I_{dL}(s)} = \frac{R}{T_m s} \tag{2-25}$$

其结构框图如图 2-21 所示。

将图 2-20 与图 2-21 结合起来，并考虑 $E = C_e\phi n$，可得直流电动机的动态结构框图，如图 2-22 所示。

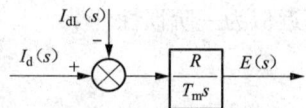

（4）转速检测反馈环节。转速检测环节的响应可认为是瞬时的，$U_n = \alpha n$，因此传递函数为

图 2-21　电动势与电流间
结构框图

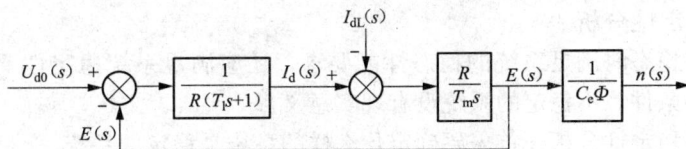

图 2-22　直流电动机的动态结构图

$$U_n(s) = \alpha n(s) \tag{2-26}$$

其结构框图如图 2-23 所示。

图 2-23　反馈环节动态结构框图

将以上 4 个环节的结构框图连接起来，得到转速负反馈直流调速系统的动态结构框图，如图 2-24 所示。

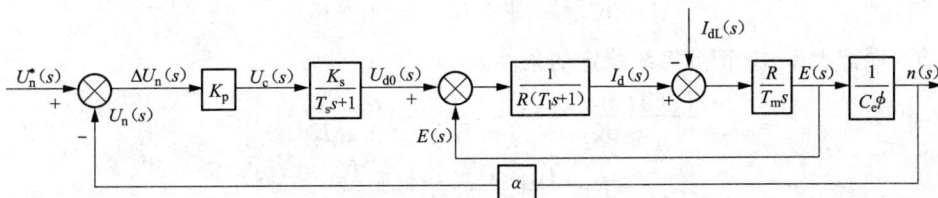

图 2-24　转速负反馈直流调速系统的动态结构图

若将图 2-24 电动机环节简化处理得等效动态结构图，如图 2-25 所示。

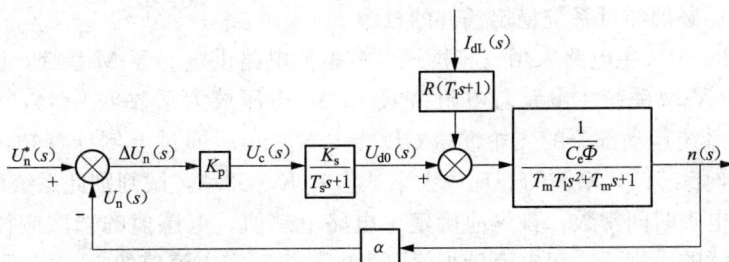

图 2-25　转速负反馈直流调速系统的等效动态结构图

由图 2-25 可知转速负反馈闭环直流调速系统的开环传递函数是

$$W(s) = \frac{K_p K_s \alpha \dfrac{1}{C_e \Phi}}{(T_s s + 1)(T_m T_1 s^2 + T_m s + 1)} = \frac{K}{(T_s s + 1)(T_m T_1 s^2 + T_m s + 1)} \tag{2-27}$$

其中

$$K = K_p K_s \alpha \frac{1}{C_e \Phi}$$

转速负反馈闭环直流调速系统的闭环传递函数为

$$W_{cl}(s) = \frac{\dfrac{K_p K_s \dfrac{1}{C_e \Phi}}{(T_s s + 1)(T_m T_1 s^2 + T_m s + 1)}}{1 + \dfrac{K_p K_s \alpha \dfrac{1}{C_e \Phi}}{(T_s s + 1)(T_m T_1 s^2 + T_m s + 1)}} = \frac{K_p K_s \dfrac{1}{C_e \Phi}}{(T_s s + 1)(T_m T_1 s^2 + T_m s + 1) + K}$$

$$= \frac{K_p K_s \dfrac{1}{C_e \Phi(1 + K)}}{\dfrac{T_m T_1 T_s s^3}{1 + K} + \dfrac{T_m(T_1 + T_S) s^2}{1 + K} + \dfrac{(T_m + T_s) s}{1 + K} + 1} \tag{2-28}$$

2.5.2　系统稳定性分析

调速系统除了在稳态时满足系统的稳态性能要求，还应满足系统稳定性要求，稳定性是系统能否正常工作的首要条件，不稳定的系统没有现实意义。

下面对系统进行稳定性分析，首先要确定什么样的系统是稳定的系统。

前面已知系统的闭环传递函数，由式 2-27 可写出负反馈直流调速系统的特征方程

$$\frac{T_m T_1 T_s s^3}{1+K} + \frac{T_m(T_1+T_s)s^2}{1+K} + \frac{(T_m+T_s)s}{1+K} + 1 = 0$$

这是一个三阶系统，根据劳斯—古尔维茨稳定判据可知，系统稳定的充分必要条件是

$$\frac{T_m T_1 T_s}{1+K} > 0, \frac{T_m(T_1+T_s)}{1+K} > 0, \frac{(T_m+T_s)}{1+K} > 0$$

$$\frac{T_m(T_1+T_s)}{1+K} \frac{(T_m+T_s)}{1+K} - \frac{T_m T_1 T_s}{1+K} > 0$$

显然前 3 项都大于 0，因此系统稳定的条件为

$$\frac{T_m(T_1+T_s)}{1+K} \frac{(T_m+T_s)}{1+K} - \frac{T_m T_1 T_s}{1+K} > 0$$

即

$$K < \frac{T_m(T_1+T_s)+T_s^2}{T_1 T_s} \tag{2-29}$$

对一个自动控制系统来说，系统参数 T_m、T_1、T_s 已经确定的条件下，闭环调速系统的开环放大倍数不能随意增加，必须满足式（2-29）所要求的稳定性条件，也就是说由静特性计算所确定的开环放大倍数 K，还必须经过系统稳定条件的校验。

例 2-3　在例 2-2 中，主电路采用三相桥式可控整流电路供电的 V-M 系统，已知整流装置二次线电压 U_{21}＝230V，V-M 系统主电路总电阻为 R＝1Ω，电压放大系数 K_s＝44，电动势系数 $C_e\phi$＝0.1925V·min/r，系统运动部分的飞轮惯量 GD^2＝10N·m²。通过上例计算知：当要求系统稳态性能指标为 D＝10，$s \leqslant 5\%$，系统的开环放大系数应有 $K \geqslant 53.3$，试判别此系统稳定性如何？

解：为了计算电磁时间常数，首先应确定主电路电感值。电感值的选取应按低速轻载时能够保证主电路电流连续的原则，一般电流最小值取为电动机额定电流值的 10%，即 I_{dmin}＝10% I_N。

电源采用三相桥式电路，所以电枢回路总电感量为

$$L = 0.693 \frac{U_2}{I_{dmin}} = 0.693 \frac{230/\sqrt{3}}{55 \times 10\%} = 16.73 \text{mH}$$

取

$$L = 0.017 \text{H}。$$

电磁时间常数

$$T_1 = \frac{L}{R} = \frac{0.017 \text{H}}{1\Omega} = 0.017 \text{s}$$

机电时间常数为

$$T_m = \frac{GD^2 R}{375 K_m C_e \Phi} = \frac{GD^2 R}{375 \frac{30 C_e \Phi}{\pi} C_e \Phi} = \frac{10 \times 1}{375 \times \frac{30 \times 0.1925}{\pi} \times 0.1925} = 0.075 \text{s}$$

三相桥式整流电路，晶闸管装置的滞后时间常数可查表 1-2 得：T_s＝0.00167s。

因为

$$\frac{T_m(T_1+T_s)+T_s^2}{T_1 T_s} = \frac{0.075 \times (0.017+0.00167)+0.00167^2}{0.017 \times 0.00167} = 49.4$$

则为保证系统稳定，开环放大系数应满足的稳定条件是

$$K < 49.4$$

通过例 2-2，已知系统符合稳态性能指标 D＝20，$s \leqslant 5\%$ 时，系统的开环放大系数应为 $K \geqslant$

53.3，而稳定性要求 $K < 49.4$，显然两者矛盾，该闭环调速系统不稳定。

其仿真波形如图 4-52 所示，仿真结果显示系统不稳定。

此闭环调速系统采用晶闸管三相桥式整流电路，得出结论系统不稳定。通过电力电子技术的学习知道，直流电源还可以采用不控整流后，再利用直流斩波电路调压。由于直流斩波电路采用全控器件，具有开关速度快，导通电阻小的特点，只需很小电感就可使电流连续。因此把该闭环直流调速系统的整流电源替换为使用 IGBT 的直流斩波电路应该更容易稳定。

例题 2-4 在例题 2-3 的基础上，电动机参数不变，只将 V-M 系统改为脉宽调速系统，使用 IGBT 直流斩波电路替换晶闸管三相桥式整流电路，电枢回路参数为：$R = 0.6\Omega$，$L = 5\text{mH}$，$T_s = 0.1\text{ms}$（开关频率为 10kHz），同样要求系统稳态性能指标为 $D = 10$，$s \leqslant 5\%$，试判别此系统稳定性如何？

解：（1）求取闭环调速系统满足 $D = 10$，$s \leqslant 5\%$ 稳态性能指标，应有的闭环系统开环放大系数。

采用脉宽调速系统时，其开环额定速降为

$$\Delta n_{\text{op}} = \frac{R \sum I_N}{C_e \Phi} = \frac{55 \times 0.6}{0.1925} = 171.4 \text{r/min}$$

要使系统满足 $D = 10$，$s \leqslant 5\%$，其闭环速降只能为

$$\Delta n_{\text{cl}} = \frac{ns}{D(1-s)} \leqslant \frac{1000 \times 0.05}{10 \times (1 - 0.05)} = 5.26 \text{r/min}$$

因此闭环系统的开环放大倍数应为

$$K = \frac{\Delta n_{\text{op}}}{\Delta n_{\text{cl}}} - 1 \geqslant \frac{171.4}{5.26} - 1 = 31.6$$

（2）判断闭环调速系统的稳定性。首先要知道各环节时间常数。

电磁时间常数
$$T_1 = \frac{L}{R} = \frac{0.005\text{H}}{0.6\Omega} = 0.00833\text{s}$$

机电时间常数

$$T_m = \frac{GD^2 R}{375 K_m C_e \Phi} = \frac{GD^2 R}{375 \dfrac{30 C_e \Phi}{\pi} C_e \Phi} = \frac{10 \times 0.6}{375 \times \dfrac{30 \times 0.1925}{\pi} \times 0.1925} = 0.045\text{s}$$

滞后时间常数为
$$T_s = 0.0001\text{s}$$

$$\frac{T_m(T_1 + T_s) + T_s^2}{T_1 T_s} = \frac{0.045 \times (0.00833 + 0.0001) + 0.0001^2}{0.00833 \times 0.0001} = 455.4$$

因此当 $K < 455.4$ 时，系统稳定。

很显然，系统能在满足稳态性能的条件下稳定运行。

从这个例题可看出，采用开关频率高的新型全控电力电子器件，由于滞后时间常数 T_s 非常小，主电路不需串接平波电抗器，仅靠微小的电枢电感即可使电流连续，电磁时间常数 T_1 不大，因此采用直流斩波电路做电源的脉宽调速系统比晶闸管调速系统更易稳定，在保证稳定的前提下，脉宽调速系统的稳态性能指标可大大提高。

2.6 动态校正

由例 2-3 可知，在设计闭环直流调速系统时，会遇到由稳态性能指标所确定的开环放大倍数 K 过大，不能满足动态稳定性条件的情况，这时须在系统中增设合适的动态校正装置，以解决稳态性能指标与动态稳定性之间的矛盾。

2.6.1　闭环控制系统设计的基本步骤

设计闭环调速系统时，所做的工作一般分为以下几步：

（1）总体设计，包括主电路、基本部件选择等，并根据稳态性能指标得出稳态参数，做出一个基本的闭环控制系统框架，此系统也可称为原始系统。

（2）建立原始系统的动态数学模型，画出动态结构框图。

（3）检查系统稳态性能与稳定性之间是否有矛盾，以及动态性能好坏，若不合适，根据需要配置合适的校正装置，使校正后系统能够满足系统要求的各项性能指标。

对前 2 步及第 3 步的前半部分，前面的章节已进行了相关的研究，动态性能的问题将在后面的章节中探讨。

2.6.2　校正方式

按照动态校正装置在系统中连接方式可分为：串联校正、反馈校正、前馈校正和复合校正，其中常用的校正方式为串联校正和反馈校正，一般来说串联校正比反馈校正设计简单，因此可优先考虑采用串联校正。

用运算放大器实现串联校正的装置一般有比例积分（PI）调节器、比例微分（PD）调节器、比例积分微分（PID）调节器 3 种类型，各有优缺点。其中比例积分（PI）调节器，属于相位滞后校正，可以保证稳态精度，但是以牺牲系统的快速性为代价；比例微分（PD）调节器属于相位超前校正，可以提供系统的稳定裕度并获得足够的快速性，但稳态精度受到影响；比例积分微分（PID）调节器属于相位超前-滞后校正，具有以上两者的优点，可以全面提供系统的控制性能，但线路的实现及调试都较复杂。

在设计校正装置时，对于一般的调速系统，以"稳"（动态稳定性）和"准"（稳态精度）为主，对快速性要求不太高，所以可以选用比例积分（PI）调节器；对于伺服系统，对快速性要求较高，因此常选用比例微分（PD）调节器或比例积分微分（PID）调节器。

2.6.3　控制系统对开环对数频率特性的要求

在设计校正装置时，采用频域分析法来进行研究设计，主要研究工具是自动控制原理中所学的伯德图，即开环对数频率特性的渐近线，它低频段的幅值和斜率能直接体现控制系统的稳态精度，相角裕量 $\gamma(\omega_c)$ 及闭环频率特性的谐振峰值 M_p 与控制系统的稳定性直接相关，一般来说 $\gamma(\omega_c)$ 越大或谐振峰值 M_p 越小，则控制系统的稳定性越好，控制系统的超调量越小，因此伯德图是电力拖动控制系统设计和应用中普遍使用的方法。

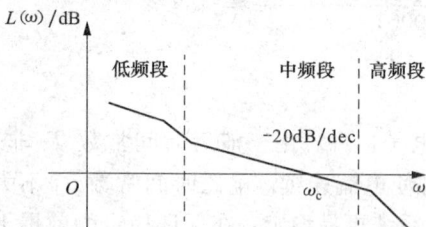

图 2-26　自动控制系统典型伯德图

定性分析控制系统性能时，通常将伯德图分为高、中、低 3 个频段，频段的分割界限只是大致的，不同文献的分割方法不尽相同，这并不影响对系统性能的定性分析。图 2-26 所示为自动控制系统典型伯德图。

首先看低频段，它的斜率反映了系统积分环节的个数，低频段斜率为 0dB/dec，系统中没有积分环节；低频段斜率为 $-20dB/dec$，系统中有一个积分环节；低频段斜率为 $-40dB/dec$，则系统中有 3 个积分环节。由自动控制系统理论可知开环系统的积分环节数量不宜多于 2 个，因此低频段斜率一般为 $-20dB/dec$ 或 $-40dB/dec$。

再看中频段，中频段一般是指系统开环对数频率特性截止频率 ω_c 附近的区域，由自动控制原理知：中频段越宽，$\gamma(\omega_c)$ 越大，控制系统的超调量越小。为保证系统相角裕量 $\gamma(\omega_c)$ 足够大，中频段应以 $-20dB/dec$ 的斜率穿越 0dB 线。为提高系统的快速性，应使系统的截止频率 ω_c 尽量大一些。

最后看高频段，高频段的斜率与系统的抗扰性能有关，希望它衰减得快一些，抗干扰能力强。

综上所述，从 3 个频段的特征可以判断出自动控制系统的性能：

（1）低频段的幅值和斜率能表明系统的稳态精度。斜率陡、增益高，说明系统的稳态精度好。

（2）中频段主要反映系统的稳定性。中频段以 $-20\mathrm{dB/dec}$ 的斜率穿越零分贝线，而且这一斜率能覆盖足够的频带宽度，则系统的稳定性好。

（3）截止频率 ω_c 反映了系统的快速性。截止频率 ω_c 越高，系统快速性越好，因此截止频率 ω_c 应适当地加大一些。但是截止频率 ω_c 过大又会引入高频干扰，使系统不易稳定，因此截止频率的取值要视系统的固有时间常数的大小而定。

（4）高频段主要反映系统抗高频干扰信号的能力。高频段斜率越陡，衰减越快，说明系统抗高频干扰能力越强。

以上几个方面在设计中常常是互相矛盾的，例如要提高系统的稳态精度，需要提高放大器的放大系数，而此举可能使系统变得不稳定，因此需要添加校正装置使其稳定，系统稳定了，可能又牺牲了系统快速性，那么再提高系统截止频率，此举又可能引入高频干扰，如此等等，因此在设计时往往要用多种手段，反复试凑，以经典控制理论为依据的系统的校正就是建立在"试探"的基础上，在系统的稳、准、快和抗干扰这 4 个矛盾的方面之间择中选择，才能获得比较满意的结果。

这个方法显然比较麻烦，有一定的局限性，但在工程实际中却很有用。随着微机控制技术的发展，控制器不一定采用线性的，可采用变结构控制器，采用多种控制策略，这样矛盾就容易解决多了。

2.6.4　PI 调节器设计

1. 比例积分调节器

比例积分调节器如图 2-27 所示。

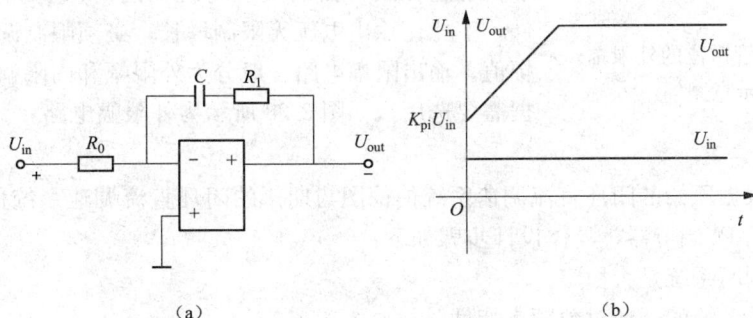

图 2-27　比例积分调节器
（a）比例积分调节器原型图；（b）比例积分调节器输入输出关系图

U_{in} 和 U_{out} 分别表示调节器的输入电压和输出电压，图 2-27 中所示的极性表示它们是反相输入。

由图 2-27 可知

$$U_{\mathrm{out}} = \frac{R_1}{R_0}U_{\mathrm{in}} + \frac{1}{R_0 C}\int U_{\mathrm{in}}\mathrm{d}t = K_{\mathrm{pi}}U_{\mathrm{in}} + \frac{1}{\tau}\int U_{\mathrm{in}}\mathrm{d}t \qquad (2\text{-}30)$$

式中　　K_{pi}——PI 调节器比例部分的放大系数，$K_{\mathrm{pi}} = \dfrac{R_1}{R_0}$；

　　　　τ——PI 调节器的积分时间常数，$\tau = R_0 C$。

由式（2-30）可知，PI 调节器的输出电压是由比例部分和积分部分叠加而成。在零初始条件下，上式两端取拉氏变换，移项后得出 PI 调节器的传递函数

$$W_{pi}(s) = \frac{U_{out}(s)}{U_{in}(s)} = K_{pi} + \frac{1}{\tau s} = \frac{K_{pi}\tau s + 1}{\tau s} \tag{2-31}$$

令 $\tau_1 = K_{pi}\tau = R_1 C$，则 PI 调节器的传递函数也可写为如下形式

$$W_{pi}(s) = \frac{K_{pi}\tau s + 1}{\tau s} = K_{pi}\frac{\tau_1 s + 1}{\tau_1 s} \tag{2-32}$$

式中　$\dfrac{1}{\tau_1 s}$——积分环节；

　　　$\tau_1 s + 1$——比例微分环节；

　　　τ_1——微分项中的超前时间常数。

从图 2-27（b）看比例积分作用的物理意义。在零初始条件下，突加输入电压 U_{in}，输出电压突调至 $K_{pi}U_{in}$，保证了系统一定的快速性，但 K_{pi} 的大小要小于比例放大系数 K_p，此处，K_p 为采用比例调节器时稳态性能指标所允许的比例放大系数，它的值过大会使闭环系统开环放大系数 K 过大，导致系统不稳定，所以在进行校正时，将比例部分由 K_p 降为 K_{pi}，使得 K 值减小，保证了系统的稳定性，但此时系统的稳态精度并没有达到要求，需经一定的时间的积分后才能达到，因此同比例调节器相比，比例积分调节器的快速性被压低了。因为还有积分部分，随着电容 C 的充电，输出电压 U_{out} 在突跳到 $K_{pi}U_{in}$ 后还能继续线性增长，这就相当于在动态过程中将放大系数逐渐提高，最终在满足系统稳定性的基础上满足稳态精度的要求。

如果输入电压 U_{in} 一直存在，电容 C 就会不断充电，不断积分，直到输出电压 U_{out} 达到运算放大器的限幅值为止，达到限幅值即为运算放大器饱和。这一点在实际系统中很重要，为了保证运算放大器的线性特性，同时保护调速系统的各个部件，不能让输出电压无限制增长，必须限制调节器的输出电压幅值。输出限幅电路一般分为外限幅和内限幅 2 种，大家可根据需要选用，如图 2-28 所示为外限幅电路。

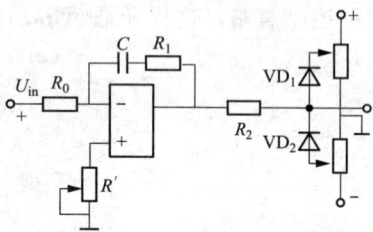

图 2-28　二极管钳位的外限幅电路示意图

2. 动态校正装置

设计原则为根据原始的闭环直流调速系统伯德图与期望的闭环直流调速系统伯德图进行比较，设计出用于校正的 PI 调节器，具体设计步骤如下：

（1）首先要判断系统是否稳定。

（2）确定原始系统的开环对数频率特性。

（3）根据工艺要求的动态性能或系统的稳定裕度，确定校正后系统的预期开环对数频率特性。

（4）确定校正环节添加部分的对数频率特性。

（5）计算 PI 调节器的参数。

下面通过对例 2-2 的转速负反馈直流调速系统进行校正，说明动态校正装置的设计方法。

判断系统是否稳定的常用方法一般有 2 种：劳斯判据和伯德图。下面例题 2-5 采用伯德图验证系统是否稳定，若不稳定则设计适当的动态校正装置使系统稳定运行。

例题 2-5　在例 2-2 中，主电路为采用三相桥式可控整流电路供电的 V-M 系统，已知整流装置二次线电压 $U_{2l} = 230\text{V}$，V-M 系统电枢回路总电阻为 $R = 1\Omega$，$K_s = 44$，$\alpha = 0.01158\text{V·min/r}$，$C_e\Phi = 0.1925\text{V·min/r}$，系统运动部分的飞轮惯量 $GD^2 = 10\text{N·m}^2$，根据系统稳态性能指标 $D =$

10，$s \leqslant 5\%$ 计算，系统的开环放大系数应有 $K \geqslant 53.3$，试利用伯德图判别此系统稳定性。若不稳定，利用 PI 调节器设计校正装置，并确定调节器的参数。

解：（1）首先判断系统是否稳定，确定原始系统的开环对数频率特性。

前面式（2-27）已推导出转速负反馈闭环直流调速系统的开环传递函数

$$W(s) = \frac{K_p K_s \alpha \dfrac{1}{C_e \Phi}}{(Ts+1)(T_m T_1 s^2 + T_m s + 1)} = \frac{K}{(Ts+1)(T_m T_1 s^2 + T_m s + 1)}$$

对应时间常数，在例 2-3 中已计算出。

其中电磁时间常数为 　　　　　　　　　　$T_1 = 0.017\text{s}$

机电时间常数为 　　　　　　　　　　　　$T_m = 0.075\text{s}$

三相桥式整流电路晶闸管装置的滞后时间常数为 　　$T_s = 0.00167\text{s}$

比例系数 　　　　　　　　　　　　　　　$K_p = 21$

根据例题 2-2 的稳态参数计算结果，闭环系统开环放大系数为

$$K = K_p K_s \alpha \frac{1}{C_e \Phi} = \frac{21 \times 44 \times 0.01158}{0.1925} = 55.58$$

则原始闭环系统开环传递函数为

$$W(s) = \frac{K}{(Ts+1)(T_m T_1 s^2 + T_m s + 1)}$$
$$= \frac{55.58}{(0.0167s+1)(0.075 \times 0.017 s^2 + 0.075s + 1)} = \frac{55.58}{(0.049s+1)(0.026+1)(0.0167s+1)}$$

由此可画出相应的闭环直流调速系统的伯德图，如图 2-29 所示，其 3 个转折频率分别为

$$\omega_1 = \frac{1}{T_1} = \frac{1}{0.049\text{s}} = 20.4\text{s}^{-1}, \omega_2 = \frac{1}{T_2} = \frac{1}{0.026\text{s}} = 38.5\text{s}^{-1}$$

$$\omega_3 = \frac{1}{T_3} = \frac{1}{0.00167\text{s}} = 600\text{s}^{-1}$$

由图 2-29 可知，相角裕度 γ 和增益裕度 GM 都是负值，所以原始闭环控制系统不稳定。

由图 2-29 还可知

$$20\lg K = 20\lg \frac{\omega_2}{\omega_1} + 40\lg \frac{\omega_{cl}}{\omega_2} = 20\lg \frac{\omega_{cl}^2}{\omega_1 \omega_2}$$

$$\omega_{cl} = \sqrt{K\omega_1 \omega_2} = \sqrt{55.58 \times 20.4 \times 38.5} = 208.9\text{s}^{-1}$$

（2）根据工艺要求的动态性能或系统的稳定裕度，确定校正后系统的预期开环对数频率特性。

PI 调节器的传递函数为

$$W_{pi}(s) = \frac{U_{out}(s)}{U_{in}(s)} = K_{pi} + \frac{1}{\tau s} = \frac{K_{pi}\tau s + 1}{\tau s}$$

图 2-29　原始闭环直流调速系统的伯德图

因原始系统为比例调节器，现调整为 PI 调节器，只需在原始系统基础上添加一部分，即可转换为 PI 调节器，新添加部分的传递函数为

$$\frac{1}{K_P} W_{pi}(s) = = \frac{K_{pi}\tau s + 1}{K_P \tau s}$$

新添加部分的对数频率特性如图 2-30 所示。因为 PI 调节器的比例部分 K_{pi} 要小于比例调节器的 K_p，所以有 $1/K_{pi}\tau > 1/K_p\tau$，那么图中低频部分应为积分环节 $\dfrac{1}{K_P \tau s}$，斜率 -20dB/dec，在频率

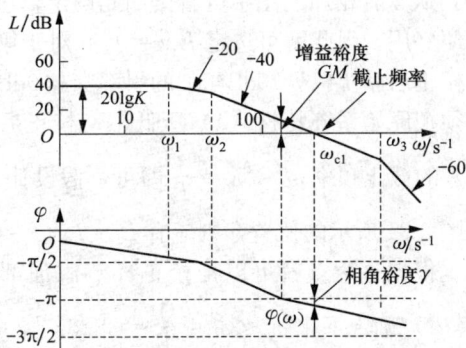

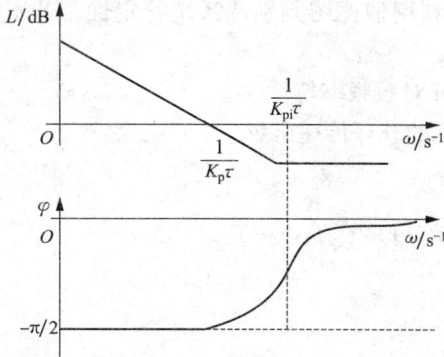

图 2-30 PI 调节器在原始系统上新添加部分的对数频率特性

$1/K_p\tau$ 处穿越 0dB 线；然后是比例微分环节 $K_{pi}\tau s+1$，斜率为 20dB/dec，所以在 $1/K_{pi}\tau$ 处向上转折，斜率变为 0dB/dec。

图 2-29 的原始系统对数频率特性加上新添加部分图 2-30 所示的对数频率特性，即为校正后预期对数频率特性。

但是现在还不知道 K_{pi} 和 τ 值的大小，所以应先确定这 2 个值，方法有多种，先分析原因，导致本例原始系统不稳定原因主要有两方面：

1）表现为闭环系统的开环放大系数 $K=55.8$ 过大，使截止频率过高。

2）原始系统以 -40dB/dec 的斜率穿越 0dB 线。

解决的方法：

对于第 1 点，要设法把截止频率压低，就要把校正环节的转折频率 $1/K_{pi}\tau$ 设置在远低于原始系统截止频率 ω_{c1} 处。此时一般情况下，可令 $K_{pi}\tau=T_1$，这样从理论上就可使原始系统中时间常数最大的惯性环节 $\dfrac{1}{T_1 s+1}$ 正好与校正装置的比例微分项 $K_{pi}\tau s+1$ 项抵消，当然也可从两者相加的图中反映出来，这是一个非常实用的方法，当然也不是非要使用它，但使用它将会使设计变得简单方便；对于第 2 点，要使校正后系统以 -20dB/dec 的斜率穿越 0dB 线，这样校正后的系统才会有足够的稳定裕度。先看一下原始系统的对数频率特性与需添加部分的特性相加后的图形，然后再看如何才能使校正后系统以 -20dB/dec 的斜率穿越 0dB 线，就会一目了然。闭环直流调速系统 PI 调节器校正图如图 2-31 所示。

对于第 1 点，图 2-31 中采用的是设定 $K_{pi}\tau=T_1$，从 2 者相加的图中可看出如此设定，绘图非常方便好用，因此就可选定 $K_{pi}\tau=T_1$。对于第 2 点要使校正后系统以 -20dB/dec 的斜率穿越 0dB 线，就必须把原始系统特性（1）压低，使校正后的特性（3）的截止频率 $\omega_{c2}<\omega_2=\dfrac{1}{T_2}$ 即可，假设让 ω_{c2} 点在如图 2-31 所示的位置，则应有 $L_1=L_2$。

根据这两点就可以把校正环节添加部分的特性（2）确定下来 $\omega_{c2}<\omega_0=\dfrac{1}{T_2}=38.5\text{s}^{-1}$，可取 $\omega_{c2}=30\text{s}^{-1}$，对应特性（1）上可查得相应的 $L_1=31.5$dB，因此使 $L_2=31.5$dB。

从对应特性（2）可看出（也可对应图 2-30，它们之间的关系更清晰一些）

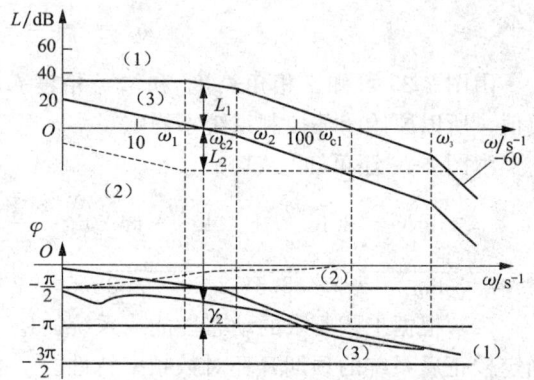

图 2-31 闭环直流调速系统 PI 调节器校正图
(1)—原始系统对数幅频和相频特性；
(2)—校正环节添加部分对数幅频和相频特性；
(3)—校正后系统的对数幅频和相频特性

$$L_2=-20\lg\frac{\dfrac{1}{K_{pi}\tau}}{\dfrac{1}{K_p\tau}}=-20\lg\frac{K_P}{K_{pi}}=-31.5\text{dB}$$

所以有

$$\frac{K_p}{K_{pi}} = 37.58$$

前面已知 $K_p = 21$，因此

$$K_{pi} = 21/37.58 = 0.559$$

而

$$K_{pi}\tau = T_1 = 0.049 \text{s}^{-1}$$

则

$$\tau = \frac{T_1}{K_{pi}} = \frac{0.049}{0.559}\text{s} = 0.088\text{s}$$

已知 K_{pi} 和 τ 值，即可画出确定的特性（2）的图形，由特性（1）+特性（2）=特性（3），进而得出特性（3）的图形。由图 2-31 可知，相角裕度 γ 和增益裕度 GM 都变为正值，有足够的稳定裕度，但截止频率由 $\omega_{c1} = 208.9\text{s}^{-1}$ 变为 $\omega_{c2} = 30\text{s}^{-1}$，快速性被压低，有得必有失，所以系统变稳定是以牺牲快速性为代价。

以上设计方法的大致思路是：首先确定校正后系统预期的开环对数频率特性，减去原始系统的开环对数频率特性，即可得到校正环节添加部分的开环对数频率特性。

（3）计算 PI 调节器的参数。由此可写出 PI 调节器的传递函数为

$$W_{pi}(s) = \frac{K_{pi}\tau s + 1}{\tau s} = \frac{0.049s + 1}{0.088s}$$

若采用如图 2-27 所示的模拟比例积分调节器，已知 $R_0 = 40\text{k}\Omega$，则调节器的阻容参数可计算如下

$$R_1 = K_{pi}R_0 = 0.559 \times 40\text{k}\Omega = 22.36\text{k}\Omega \quad （可取 R_1 = 22\text{k}\Omega）$$

$$C_1 = \frac{\tau}{R_0} = \frac{0.088}{40 \times 10^3} \times 10^3 \mu\text{F} = 2.2\mu\text{F}$$

仿真波形如图 4-52 所示，显示系统具有良好的稳定性。

从整个设计的计算过程，分析并结合第 4 章图 4-51、图 4-52、图 4-53 仿真波形可看出，这个结果不是唯一的，不同的设计要求会有不同的结果，利用伯德图设计存在的主要问题是设计思路清晰，但手工绘制对数幅频和相频特性麻烦的事实，设计过程需要反复试凑，因此利用计算机来协助完成相应工作是不错的选择，在明白原理的基础上，可参考相应参考文献。

2.7　其他形式的单闭环直流调速系统

前面讨论了采用比例和比例积分调节器的转速闭环直流调速系统的稳态性能指标，并进行了稳定性分析，研究了两者发生矛盾时如何设置动态校正装置，解决了闭环直流调速系统转速调节问题，但是这种单纯的转速闭环系统在现实中会面临许多问题。

2.7.1　带电流截止负反馈的单闭环直流调速系统

1. 电流截止负反馈

如图 2-1 所示为单闭环直流调速系统，突加一个阶跃转速给定信号 U_n^*，启动初期由于系统的机械惯性较大，电动机转速不能立即建立起来，因此转速反馈信号 $U_n = 0$，$\Delta U_n = U_n^* - U_n = U_n^*$，此值差不多是稳态工作时的 $1 + k$ 倍，由于比例调节器及电力电子变换装置的惯性较小，所以控制电压增长很快，整流装置产生的整流电压几乎立即达到满压，相当于直流电动机满压启动，启动电流很大。对整个系统来说能否承受可以从两个方面来分析，先从晶闸管的角度来说，一般晶闸管的过载倍数为 $1.5 \sim 2$ 倍，电流过大，就会烧毁晶闸管，从经济和实用的角度不可能选裕量过大的晶闸管，退一步讲即便是能够承受大电流，当电流上升率过大时，也会造成晶闸管局部过热而使晶闸管损坏，因此从晶闸管方面来讲不能允许；从直流电动机角度分析，此种情况会使电动机

的换向情况恶化，产生严重的火花，而且与电流成正比的转矩将会损坏拖动系统的传动机构，因此系统中一定会有过电流保护继电器保护电动机，一旦电流过大，过电流保护继电器会立刻动作，使系统跳闸。也就是说图 2-1 所示单闭环调速系统在实际应用中送电时就会跳闸，保护措施不到位就有烧掉晶闸管可能，因此必须要限制电流的大小，使电流电动机在启动、堵转等情况下都不超过电动机过载能力。

根据反馈控制原理，要稳定那一个参数，就要引入那个参数的负反馈，那么需要引入电流负反馈，这样会使电流保持基本不变，不超过允许值。新的问题是对于图 2-1 所示系统在正常运行时，电流是随负载的变化而变化的，这样才会使系统转速保持基本不变，因此只是希望启动、堵转等这些较特殊的情况下系统引入电流负反馈，调速系统正常运行时取消。这种电流达到一定程度才出现的电流负反馈称为电流截止负反馈。

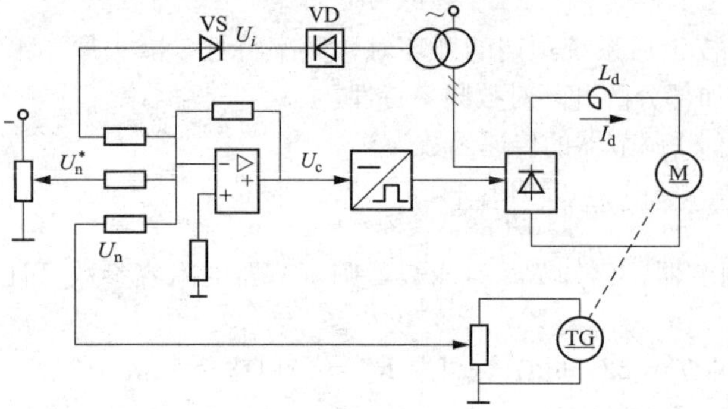

图 2-32 带电流截止负反馈的闭环调速系统原理图

带电流截止负反馈的单闭环直流调速系统原理框图如图 2-32 所示。

在有静差转速负反馈闭环调速系统基础上，引入电流反馈。电流检测从主电路交流侧用交流电流互感器测得电流信号，整流成与主电路电流 I_d 成正比的电流反馈电压信号 U_i，两者关系为 $\dfrac{U_i}{I_d}=\beta_i$，其中 β_i 为电流反馈系数，电流反馈电压 U_i 经稳压管 VS 送入调节器的输入端，构成电流反馈回路。当电流反馈电压 U_i 小于稳压管稳压值时，电流反馈环节断开，调速系统等同于有静差转速负反馈闭环调速系统；当电流反馈电压 U_i 大于稳压管击穿值时，VS 击穿，电流反馈环节接入系统，电流负反馈起作用。

当电流反馈电压 $U_i>U_{VS}$ 时，电流反馈回路接入，随着主电路电流 $I_d\uparrow\to U_i\uparrow$，调节器的输入为 $\Delta U=U_n^*-U_n-U_i$ 下降，电力变换装置的输出电压迅速下降，电动机转速、电流随之下降。

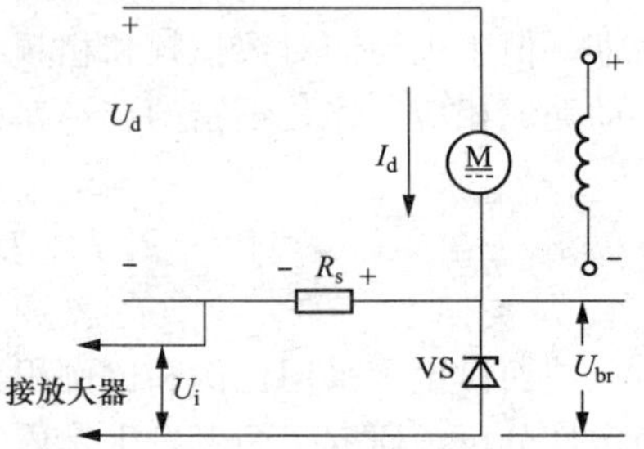

若采用如图 2-33 所示的电流截止负反馈环节，则闭环调速系统的临界截止电流与稳压管稳压值有关，即

$$I_{dcr}=\frac{U_{VS}}{R_s} \qquad (2-33)$$

2. 带电流截止负反馈闭环调速系统静特性

电流截止负反馈环节的输入、输出特性，如图 2-34 所

图 2-33 利用稳压管产生比较电压
电流截止负反馈环节

示，当输入信号 $I_dR_s-U_{VS}$ 为正时，输入与输出相等；当输入信号 $I_dR_s-U_{VS}$ 为负时，稳压管没有被击穿，回路相当于断开，没有输入信号，输出为 0。很显然这是由 2 段线性环节组成的非线性环节，将其与系统的其他部分连接起来，即可得出带电流截止负反馈闭环调速系统静态结构图，如图 2-35 所示。

由静态结构图可以推出该系统的静特性方程式：

（1）当 $I_d\leqslant I_{dcr}$ 时，电流负反馈被截止，则

$$n=\frac{K_PK_sU_n^*}{C_e\Phi(1+K)}-\frac{I_dR}{C_e\Phi(1+K)} \qquad (2-34)$$

即静特性与只有转速负反馈的闭环调速系统相同。

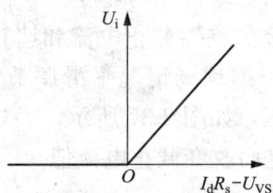

图 2-34　电流截止负反馈环节
的输入、输出特性

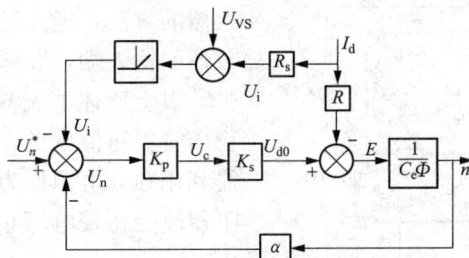

图 2-35　带电流截止负反馈的闭环
直流调速系统静态结构框图

（2）当 $I_d > I_{dcr}$ 时，电流负反馈被引入，则

$$n = \frac{K_P K_s U_n^*}{C_e \Phi(1+K)} - \frac{K_P K_s}{C_e \Phi(1+K)}(I_d R_s - U_{VS}) - \frac{I_d R}{C_e \Phi(1+k)} = \frac{K_P K_s(U_n^* + U_{VS})}{C_e \Phi(1+K)} - \frac{R + K_P K_s R_s}{C_e \Phi(1+K)} I_d$$

（2-35）

从式（2-35），可以看出两点：

1）给定电压 U_n^* 与比较电压 U_{VS} 一起作用，将接入电流负反馈闭环直流调速系统空载转速提高到 $n_0' = \dfrac{K_P K_s (U_n^* + U_{VS})}{C_e \Phi (1+K)}$。

2）接入电流负反馈后，相当于在电枢回路中串入一个大电阻 $K_p K_s R_s$，随着负载电流的增大，使电动机的转速急剧下降。

将式（2-34）与式（2-35）结合起来，可画出静特性如图 2-36 所示，当 $I_d \leqslant I_{dcr}$ 时，对应 AB 段，电流负反馈不起作用，它就是闭环调速系统本身的特性比较硬；当 $I_d > I_{dcr}$ 时，对应 BC 段，电流负反馈环节起作用，随电流的增大，电机转速快速下降，直到堵转点，而此过程电流变化确很小，起到限制电流的作用，这两段静特性常被称为下垂特性或挖土机特性。挖土机工作时经常遇到坚硬挖不动的石块，由于过载会引起过流，因此挖土机具有过流保护功能，使电流不超过某个值（即堵转电流值），电动机堵转时电路流过的只是堵转电流。在本系统中当电动机转速为 0 时，电流也不过是堵转电流 I_{dbl}。

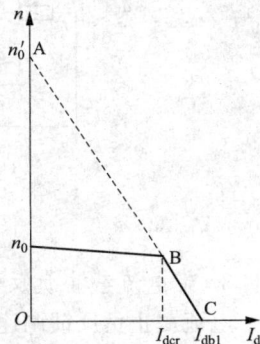

图 2-36　带电流截止负反馈
闭环调速系统静特性

由式（2-35）得电动机堵转时电流值

$$I_d = I_{dbl} = \frac{K_P K_s(U_n^* + U_{VS})}{R + K_P K_s R_s}$$

（2-36）

式中　U_n^*——最大给定值。

一般 $K_p K_s R_s \gg R$，因此有

$$I_{dbl} \approx \frac{U_n^* + U_{VS}}{R_s}$$

（2-37）

堵转电流 I_{dbl} 的取值应小于电动机允许的最大电流，以保证电动机在堵转的情况下也是安全的，一般取为 $(1.5 \sim 2)I_N$，即 $I_{dbl} < (1.5 \sim 2)I_N$。

临界电流 I_{dcr} 的取值应大于电动机的额定电流 I_N，这样就能保证电动机在额定负载下能正常运行，电流负反馈环节在正常负载时不起作用，一般设计时取 $I_{dcr} \geqslant 1.2 I_N$。

若要求特性 BC 段特别陡，由图 2-36 可知要设法减小 I_{dbl}，可采用加大 R_s 的方法，但是增大 R_s 方法，加大了主回路电阻，增加了能量损耗，显然不合适，因此可采用增设电流负反馈信号放

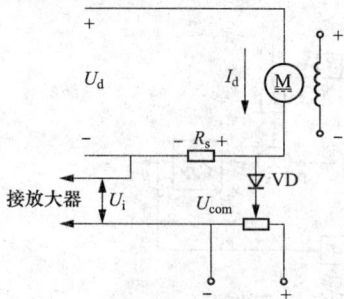

图 2-37 利用独立电源作比较
电压的电流截止负反馈环节

大器的方法，把经过比较后的电流信号放大若干倍后再反馈到调节器的输入端，同样可以提高下垂特性的陡度。

以上所述电流截止负反馈的临界截止电流和堵转电流值都与稳压管稳压值有关，若需要根据现场情况平滑调节它们的数值，需利用独立电源作为比较电压，如图 2-37 所示，通过调节可变电阻器改变比较电压 U_{com} 值，进而改变截止电流值

$$I_{dcr} = \frac{U_{com}}{R_s} \qquad (2\text{-}38)$$

以上电流截止负反馈环节利用电阻提取电流信号，使主电路与控制电路电气上连接起来，容易导致安全问题。如图 2-38 所示为无静差直流调速系统，使用电流互感器提取电流信号实现电气上安全隔离，整流后得到电流反馈信号，当电流值超过截止电流时稳压管击穿，使三极管导通，这时 PI 调节器的输出电压近似为 0，整流装置的输出电压急剧下降，达到限制冲击电流的目的。

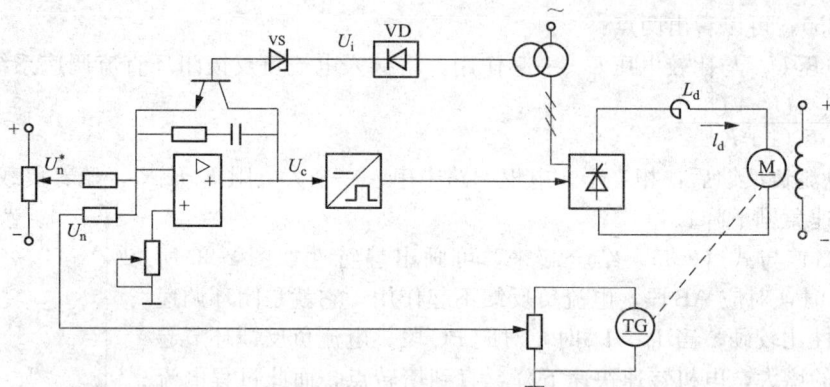

图 2-38 带电流截止负反馈的无静差闭环调速系统原理图

3. 带电流截止负反馈闭环调速系统启动过程分析

电流截止负反馈调速系统启动过程电流和转速波形图如图 2-39 所示，突加一个阶跃转速给定电压 U_n^*，启动闭环直流调速系统系统，第 1 阶段，电流迅速增大，转速刚刚建立；当电流超过临界电流 I_{dcr} 后，进入第 2 阶段，电流负反馈开始起作用，电流在惯性情况下稍有上冲到达 I_{dm} 后，开始回落，电磁转矩也随着降低，限制起动电流，电动机转速在较大电流作用下保持上升；当电流小于临界电流 I_{dcr} 后，进入第 3 阶段，电流负反馈环节被断开，进入正常运行阶段，此时电动机转速由于前两阶段的加速已接近给定转速，在转速负反馈作用下，电流下降到正常负载电流，系统进入稳态运行阶段，启动过程结束。

对于启动过程一般希望时间越短越好，就需要充分利用电动机过载能力，理想的启动过程应该始终保持电动机允许的最大电流，显然带电流截止负反馈的闭环调速系统启动过程虽然解决了冲击电流问题，但是没有充分利用电动机的过载能力来完成整个启动过程，静、动态特性不够理想，所以此方案一般适用于对系统静、动态特性要求不高的小容量调速系统中，对

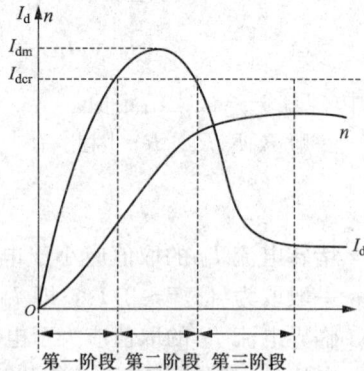

图 2-39 电流截止负反馈调速系统
启动过程电流和转速波形图

于这种系统它线路简单，调整方便，即能限制起动电流又能在堵转状态下工作，还是很有实用价值的，如何实现理想的启动过程将会在下一章进行讨论。

2.7.2　电压负反馈与电流补偿控制直流调速系统

从前面的分析可看出转速负反馈是抑制转速变化的最有效、最直接的方法，但是也存在一些问题，比如系统必须要有测速装置，虽然目前转速检测装置很多，但是这些装置的安装和维护都比较麻烦，测速发电机安装时必须保持它的轴与主电动机的轴严格同轴，否则运转时系统会产生机械方面的振荡，这些问题在电气上无法克服，并且有些电动机只有一端伸出轴与生产机械相连，没有另一端伸出轴，就会出现不易接测速发电机的问题，因此在调速精度要求不高的场合，能不能用其他的反馈方式代替速度反馈成为研究对象，电压负反馈与电流补偿控制的直流调速系统就是在这种背景下产生的。

1. 电压负反馈直流调速系统

电压负反馈直流调速系统要解决的关键问题是从什么位置提取电压信号才能产生与转速负反馈相近似的效果。电动机端电压 $U = I_d R + E$，当电动机以较高转速运转时，电动机电枢电阻的压降 $I_d R$ 要比电动机端电压小许多，这时可认为直流电动机的反电动势 $E = C_e \Phi n$ 与端电压近似相等，也就是说可近似地认为 $U \approx C_e \Phi n$，则电动机转速与端电压成正比，这样就把转速反馈环节转化为电压反馈环节。

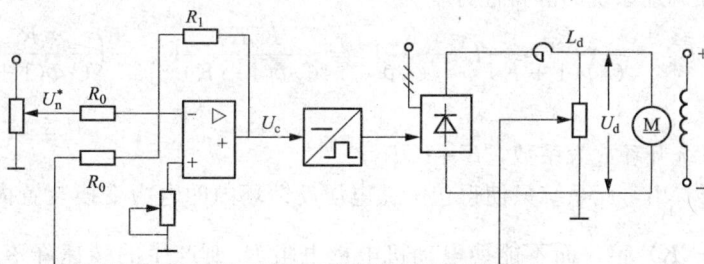

图 2-40　电压负反馈直流调速系统原理图

如图 2-40 所示就是电压负反馈的直流调速系统，反馈检测元件采用一个起分压作用的电位器（当然也可用其他的检测电压的装置），电压检测点接在电枢的两端。以电压检测点为界，将晶闸管—电动机回路的总电阻 R 分成了 2 部分，左半部分电阻包括变压器等效电阻、变压器漏抗引起的等效电阻、平波电抗器电阻等，统称电力变换装置内阻，用 R_{pe} 来表示，右半部分的电阻主要为电动机电枢电阻 R_a，则回路总电阻可表示为

$$R = R_a + R_{pe} \tag{2-39}$$

因此

$$U_{d0} - I_d R_{pe} = U_d \tag{2-40}$$

$$U_d - I_d R_a = E \tag{2-41}$$

式中　U_{d0}——电力变换置输出电压；

　　　　U_d——电动机电枢两端端电压。

将跨接在电枢两端的电压用电位器取出一部分作为反馈电压信号 U_u，则

$$U_u = \gamma U_d \tag{2-42}$$

式中　γ——电压反馈系数。

在调速系统正常运行时，若电动机负载突然加大，负载电流 I_d 增大，电力变换装置内阻压降 $I_d R_{pe}$ 增加，而此时电力变换装置输出电压为 U_{d0} 还来不及变化，则电动机电枢两端端电压为 U_d 就会下降，反

馈电压信号 U_u 也随之下降，而 U_n^* 保持不变，就会有以下调节过程：负载↑→ $\begin{matrix}负载电流\ I_d↑\\ 转速\ n↓\end{matrix}$ → $U_d↓$、

$U_u↓(U_n^*\ 不变)→ΔU=(U_n^*-U_u)↑→U_c↑→U_{d0}↑→\begin{matrix}U_d↑\\ 转速\ n↑\end{matrix}→U_u↑→$各参数动态变化，转速

回升，达到新的平衡状态。

由以上分析可画出电压负反馈直流调速系统静态结构图，如图 2-41 所示。

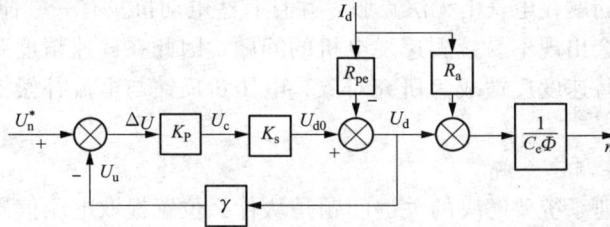

图 2-41　电压负反馈调速系统静态结构图

利用结构图运算规则，可认为该系统有 3 个独立的输入量 U_n^*、I_dR_{pe}、I_dR_a，可以利用叠加法求系统特性方程。先分别求出每个输入量单独作用时的输入、输出关系，最后将它们叠加起来，即可求出电压负反馈调速系统的静特性方程为

$$n=\frac{K_pK_s}{C_e\Phi(1+K)}U_n^*-\frac{R_{pe}}{C_e\Phi(1+K)}I_d-\frac{R_a}{C_e\Phi}I_d=\frac{K_pK_s}{C_e\Phi(1+K)}U_n^*-\left(\frac{R_{pe}}{C_e\Phi(1+K)}+\frac{R_a}{C_e\Phi}\right)I_d$$
$$=n_0-\Delta n \tag{2-43}$$

式中　K——闭环系统开环放大系数，$K=K_pK_s\gamma$。

由式（2-43）可看出，此系统只使得包围在电压反馈环内的电力变换装置内阻 R_{pe} 引起的转速降落 $\frac{I_dR_{pe}}{C_e\Phi}$ 缩小 $1/(1+K)$ 倍，而不能使电动机电枢电阻 R_a 所产生的转速降落 $\frac{I_dR_a}{C_e\phi}$ 减小，也就是说，即便是开环放大系数 K 很大，只能使 $\frac{I_dR_{pe}}{C_e\Phi\ (1+K)}$ 很小，可以忽略，$\frac{I_dR_a}{C_e\Phi}$ 项的大小不变，这是电压负反馈控制系统的一大缺点，因为该系统提取的是电压信号不是转速信号，它在维持检测点两端的电压不变，而电动机电枢电阻 R_a 产生的压降没在环内，即对没检测到的电动机电枢电阻 R_a 产生的压降无能为力，同样它对于电压环外的扰动也无能为力。既然它只能维持检测点两端的电压不变，只能让电压检测点尽量靠近电动机电枢两端，将尽量多的部分纳入电压环内，减小电压环外的电阻值，间接减少速降。

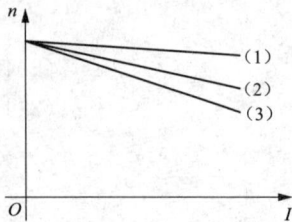

图 2-42　静特性示意图
(1)—转速负反馈有静差调速系统；
(2)—电压负反馈调速系统；
(3)—环调速系统

电压负反馈控制系统同前面所学的转速负反馈系统相比显然静特性硬度要差。为了便于比较，图 2-42 画出了开环调速系统、电压负反馈调速系统、转速负反馈有静差调速系统的静特性。

从以上分析来看，电压检测替代转速检测的方法显然不是一个特别有效的办法，同时用电位器提取电压信号时，把主电路与控制电路串起来，导致安全问题，因此有必要寻求更有好的解决办法。

2. 电流补偿控制

采用电压负反馈的直流调速系统，虽然省去了 1 台测速发电机，但是不能弥补电枢压降引起的转速降落，只能减少电力变换装置电阻引起的速降，因此要想提高系统的性能，对于该系统电枢压降引起的

转速降落可以寻求其他的方法来补偿。

需要补偿的是电枢压降 I_dR_a 引起的转速降落，电枢电阻 R_a 不会变化，能反映电枢压降 I_dR_a 大小的就是电枢电流 I_d，因此可以将电流信号 I_d 提取出来参与控制，这就是带电流正反馈的电压负反馈直流调速系统，该系统在电压负反馈调速系统的基础上引入电流正反馈。

如图 2-43 所示，为带电流正反馈的电压负反馈调速系统原理图，调节器的输入端接有 3 个信号，即给定信号 U_n^*、电压反馈信号 U_u、电流正反馈信号 U_i，需特别指出的是注意串接 R_s 的位置，因为是正反馈需要使 $U_i = I_dR_s$ 的极性与转速给定信号 U_n^* 的极性一致，而与电压反馈信号 U_u 的极性相反。

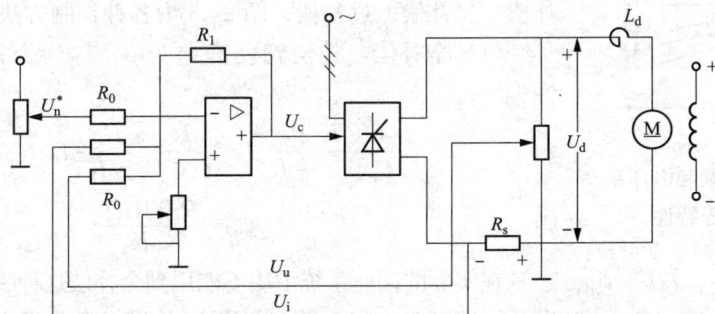

图 2-43 带电流正反馈的电压负反馈直流调速系统原理图

由于调节器各输入电路的阻值均为 R_0，所以调节器的各输入电压可以直接代数相加，即 $\Delta U = U_n^* - U_u + U_i$。

当负载突然增加时，负载电流 I_d 增大导致转速 n 下降，电流反馈信号 $U_i = I_dR_s$ 相应增大，与转速负反馈调速系统相比相当于提高了给定电压，则 $\Delta U = U_n^* - U_u + U_i$ 将升高，控制电压 U_c 升高，使得电力变换装置输出电压 U_{d0} 升高，补偿了因负载增加而增大的电枢电阻引起的压降 I_dR_a，转速 n 回升，因此通过适当调整参数，可完全补偿电枢电阻引起的压降，从而使系统的静态速降为 0。

通过图 2-43，可以画出系统的静态结构图如图 2-44 所示，同样可将系统看成是 4 个独立的输入量。

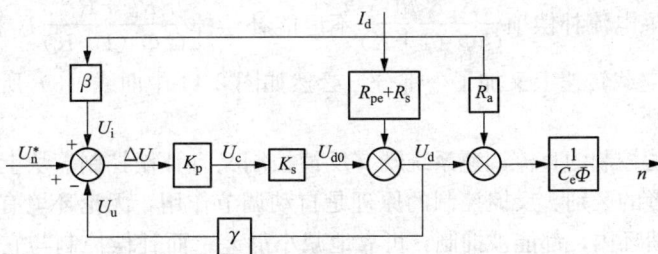

图 2-44 带电流正反馈的电压负反馈调速系统静态结构图

利用结构图运算规则，可直接写出系统的静特性方程式

$$n = \frac{K_pK_s}{C_e\Phi(1+K)}U_n^* + \frac{K_pK_s\beta I_d}{C_e\Phi(1+K)} - \frac{R_{pe}+R_s}{C_e\Phi(1+K)}I_d - \frac{R_a}{C_e\Phi}I_d \tag{2-44}$$

式中　K——闭环系统开环放大系数，$K = K_pK_s\gamma$；

　　　β——电流反馈系数。

将式（2-44）与电压负反馈调速系统静特性方程式（2-43）相比，多了一项表示电流正反馈作用的$\dfrac{K_pK_s\beta I_d}{C_e\phi(1+K)}$项，能够补偿后 2 项稳态速降，也就能减小静差。

显然，只要

$$\frac{K_pK_s\beta}{1+K}-\frac{R_{pe}+R_s}{1+K}-R_a=0$$

即

$$\beta=\frac{R+KR_a}{K_PK_s} \tag{2-45}$$

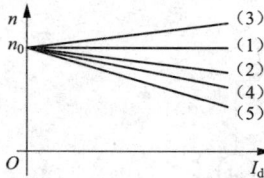

图 2-45　补偿控制和电压负
反馈控制的静特性
(1)—全补偿特性；(2)—欠补偿特
性；(3)—过补偿特性；(4)—只有
电压负反馈系统的静特性；(5)—开
环系统的机械特性

就可以做到无静差，这种采用补偿控制的方法可分为 3 种：全补偿、欠补偿、过补偿，图 2-45 为各种控制方法的静特性比较。

(1) 全补偿。补偿到使静差为 0，称为全补偿。全补偿的条件为

$$\frac{K_pK_s\beta I_d}{C_e\Phi(1+K)}=\frac{R_{pe}+R_s}{C_e\Phi(1+K)}I_d+\frac{R_a}{C_e\Phi}I_d$$

则

$$\beta=\frac{R+KR_a}{K_PK_S} \tag{2-46}$$

在实际的调速系统中决不能用到全补偿这种临界状态，因为系统在运行过程中，由于发热等原因，有些参数会发生变化，破坏补偿条件，补偿到过补偿区，不仅使静特性上翘，还会使系统不稳定。

(2) 欠补偿。由式（2-44）可知，转速降落是由电力变换装置内阻 R_{pe}、串接电阻 R_s、电枢电阻 R_a 引起的，若只将电枢部分电阻压降引起的转速降落补偿掉，则称为欠补偿。

看一种特殊情况，令 $K_pK_s\beta=KR_a$，则可将式（2-44）静特性方程写为

$$n=\frac{K_pK_s}{C_e\Phi(1+K)}U_n^*-\frac{R_{pe}+R_s+R_a}{C_e\Phi(1+K)}I_d=\frac{K_pK_s}{C_e\Phi(1+K)}U_n^*-\frac{R}{C_e\Phi(1+K)}I_d \tag{2-47}$$

比较式（2-47）与前面所学转速负反馈控制系统的静特性方程式式（2-9），二者形式一样，电压负反馈加电流正反馈与转速负反馈完全相当，一般把这种电压负反馈加电流正反馈叫做电动势负反馈。但是二者性质完全不同，电压负反馈加电流正反馈调速系统能产生如此效果，是因为参数的巧妙配合，系统的本质并没有变化。

(3) 过补偿。如果电流补偿项 $\dfrac{K_pK_s\beta I_d}{C_e\Phi(1+K)}$ 不但能补偿掉 $\dfrac{R_{pe}+R_s}{C_e\Phi(1+K)}I_d$ 和 $\dfrac{R_a}{C_e\Phi}I_d$ 2 项，还有剩余，就相当于在理想空载转速上又加了一部分，必然如图 2-44 中曲线（3）所示，会出现上翘的现象，这种称为过补偿。

电压反馈电流补偿控制的直流调速系统既有反馈控制又有补偿控制，从上面的分析可以看出反馈控制与补偿控制两者的区别。反馈控制的原理是自动调节作用，无论环境有什么变化，什么干扰形式，只要包围在反馈环内，都能被抑制，可靠地减小静差；而补偿控制与它的原理完全不同，它靠的是参数配合，补偿是相对于某一种扰动而言，对于其他的扰动还有可能起到反作用，配合好的参数一旦受到环境等因素的影响发生变化，补偿的条件就会发生变化，因此它不能可靠地减小静差。

还有一点需要指出，对于电压负反馈系统，电压信号的提取非常重要，对于图 2-42 所示系统，电力电子变换装置输出电压虽然认为是直流电压，实际上含有交流成分，除直流分量外还含有交流分量，如果把交流分量引入运算放大器，非但起不到放大作用，反而会产生干扰，严重时会使放大器饱和，使它不能正常工作，同时它还有一个更大的问题，电位器跨接在主电路上，既与高电压的主电路相连，又与低电压的控制电路相连，将二者混在一起，造成了安全隐患，因此对于

电压较高的系统，可采用电压隔离变换器实现电气上的隔离。

2.8　直流调速系统中的检测装置

前面分析了几种直流调速系统，许多地方用到了信号检测，这些转速、电流、电压信号是如何检测出来的，最终送入调节器的应是什么样的信号，下面以点带面，介绍几种直流调速系统中常用的信号检测装置。

2.8.1　转速检测装置

在前面所讲的调速系统中主要使用测速发电机作为转速检测工具。

自动控制系统对测速发电机的主要要求是：

(1) 有好的线性度，输出电压与转速保持严格的线性关系。

(2) 工作要稳定，参数不随温度等外界条件变化而变化。

(3) 转速的测量不能影响被测系统的转速，这就要求测速发电机的转动惯性小，响应快。

(4) 输出电压对转速的变化反应要灵敏，即测速发电机的输出特性斜率要大。

测速发电机根据结构和工作原理的不同，可分为直流测速发电机、交流测速发电机两大类。

交流测速发电机具有结构简单、价格低、无电刷、易维护等优点，但是在直流调速系统中应用时，需进行整流变换，整流出的信号含有一定的交流成分，影响了反馈信号的准确度，因此在直流调速系统中一般采用直流测速发电机检测转速。

直流测速发电机结构上与普通小型直流电动机相同，一般为两极。按励磁方式可分为电磁式和永磁式：电磁式磁极由铁芯和线圈组成，通以励磁电流建立磁场；永磁式的磁极则用永久磁钢构成。

测速发电机检测元件广泛应用于速度和位置控制系统中，主要作用是将机械转速转换为电压信号输出，通常要求输出电压与转速成正比关系。

如图 2-46 所示为测速发电机工作原理图，电动机带动测速发电机转动产生感应电动势

$$E = C_e \Phi n$$

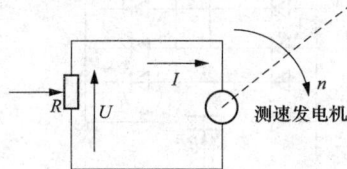

图 2-46　测速发电机工作原理图

式中　C_e——发电机的电势系数。

设负载电阻为 R，电枢电路总电阻为 R_a，则输出电压为

$$U = E - IR_a = E - \frac{U}{R} R_a$$

则

$$U = \frac{C_e \Phi n}{1 + \frac{R_a}{R}} \tag{2-48}$$

即输出电压 U 与转速 n 成正比，在理想状态下，忽略电枢反应的影响，并认为电枢回路的总电阻为常数时，输出特性为一通过原点的直线。改变负载电阻的大小，仅影响输出特性曲线的斜率，所以直流测速发电机为比例环节。

反馈电压信号从电阻 R 上选取，一般由给定电压的大小来决定反馈电压的大小，即可以先取给定电压 U_n^*，然后决定电位器的指针位置。

在实际应用中还应了解以下几点：首先，因电刷与换向器的接触电阻不是常值，随负载电流的变化而变化，当电动机转速较低时，相应的电枢电流较小，接触电阻较大，电刷压降较大，这时测速发电机虽然有输入信号，但输出电压却很小，因而在输出特性上有一段不灵敏区，引起线性误差。为了降低电刷的接触电压降，常采用接触电压降较小的黄铜—石墨电刷或银—石墨电刷，

大大减小了不灵敏区域，因此选取元件时要注意根据需求来选取；另一个问题是，当提高转速使输出电压较高或减小负载电阻，都将使电枢回路电流增大，电枢反应产生的去磁作用使磁通减小，输出电压相应要降低，使输出特性变成向下弯曲的曲线，这就是电枢反应，为了减小电枢反应对输出特性的影响，根据直流测速发电机所给出的技术指标，在使用时，转速不能超过最大线性工作转速，所接负载电阻不得小于最小负载电阻，以保证系统所允许的线性误差。当然还有一些需要注意的问题，可找出相关资料仔细了解。

2.8.2 电流检测装置

系统加入电流负反馈，首先就要把电枢电流检测出来，比较常见的方法就是采用采样电阻直接采样，但是会出现安全问题，从安全的角度出发要求主电路与控制电路须在电气上分开隔离，以确保人身与设备的安全，很显然此方法没有满足这一点，因此常用磁耦合检测元件，例如交流电流互感器、直流电流互感器、霍尔电流互感器等，将主电路与控制电路实现有效的隔离。

1. 交流电流互感器

在晶闸管整流电路中，交流侧电流有效值 I_2 与直流侧电流 I_d 之间，存在一定的比例关系，即 $I_2 = KI_d$，K 值随整流电路的形式不同而不同，例如三相桥式整流电路，$I_2 = 0.816I_d$，因此只要知道交流侧电流有效值 I_2 的值就可知直流侧电流 I_d 的值，就是利用这一点使用交流互感器来检测直流电流。

给晶闸管整流器供电的交流回路中的交流母线穿过交流互感器即为交流互感器的原边，如图 2-47 所示，副边通过整流，把交流电流转换成直流电压，通过电位器取出的直流电压既是电流反馈电压 U_i。

例 2-6 主电路为三相桥式整流电路给电动机供电，直流侧整流电流为 500A，选用 500∶5 的互感器，应选取多大的负载电阻？

解： 三相桥式整流电路，其直流侧整流电流为 500A，则桥式电路交流侧交流电有效值为

$$I_2 = 0.816I_d = 0.816 \times 500A = 408A$$

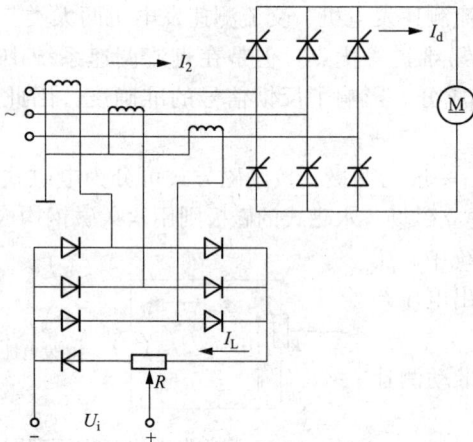

图 2-47 利用交流互感器检测直流电流

选用 500∶5 的互感器，则副边绕组电流的有效值为

$$I_{22} = \frac{408}{100}A = 4.08A$$

经桥式整流，输出直流电流为

$$I_L = \frac{I_{22}}{0.816} = \frac{4.08}{0.816}A = 5A$$

考虑到互感器的额定容量，三相互感器输出功率一般为 30～45VA，因此有

$$U_L = -\frac{30 \sim 45}{5}V = 6 \sim 9V$$

电阻取值应为

$$R = \frac{6 \sim 9}{5}\Omega = 1.2 \sim 1.8\Omega$$

一般调速系统对电流反馈信号的要求为 $U_i = 10 \sim 15V$，即 U_L 的取值应大于 10V，才能通过电位器进行正常调节，若满足此要求很显然就会使互感器的输出功率大于其额定容量。应怎么办才能满足两方面的要求？一般在标准的电流互感器后面再加一级 5A/0.1A 的互感器，就可以满足两方面的需求。

经桥式整流后的输出直流电流为 5A，再经过第二级互感器变换后，输出额定电流为 0.1A，整流后的输出电流为

$$I_L = \frac{0.1}{0.816} = 0.12A$$

此时若选 R 为 100Ω，则输出电压为 12V，经电位计分压即可得到符合要求的电流反馈信号电压，此时负载电阻消耗的功率为 $12 \times 0.12 = 1.44W$，在实际电路中为防止负载电阻发热，一般要取 3 倍以上裕量，故可选 100Ω、5W 的负载电阻。

上面线路简单、方便，但并不是对所有整流电路都能适用的。例如：有续流二极管的半控桥式整流电路，就不能使用交流检测，因为续流部分在交流侧得不到反映；三相半波零式电路，在交流侧有很大的直流分量，将引起互感器的直流磁化，使它无法正常工作，这时必须将互感器原边绕组改为曲折接法，本书不再详述。

在使用交流互感器时还应注意：交流互感器不允许副边开路。因为原边电流是由主电路决定的，如果副边开路，其电流为 0，则原边电流全部成为激磁电流，铁芯磁通猛增，在副边绕组上将感应出高电压，从而危及人身安全和设备安全。

2. 直流电流互感器

直流电流互感器是根据饱和电抗器原理制成的。它既能把直流电流直接转换成与之成正比的电压信号，又能把控制电路和主电路调离开来。

直流互感器，共有两个环形铁芯叠在一起，直流导线贯穿其中，形成互感器的原边，每个铁芯各绕一个副边绕组，其原理接线，如图 2-48 所示。两个副边绕组反极性相连，接在交流辅助电源上，副边的交流电流 I_2 在两个环形铁芯中产生的磁通相反，对直流导线无感应作用，这样副边电流的变化就对主回路无影响。被测直流电路电流越大，2 个环形铁芯被直流磁化的程度就越深，因而副边绕组等效阻抗就越小，在辅助电源电压有效值不变的情况下，流过直流互感器副边的交流电流有效值 I_2 将越大，副边电流整流后在负载电阻上得到的电压也越高，从而实现了按比例把直流电流变换成直流电压信号的要求。

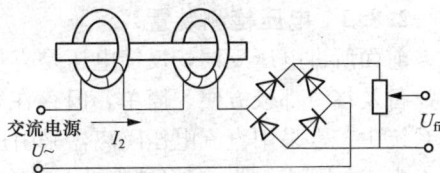

图 2-48　直流电流互感器原理图

3. 霍尔直流电流变换器

金属或半导体薄片置于磁感应强度为 B 的磁场（磁场方向垂直于薄片）中，如图 2-49 所示。当有电流 I 流过薄片时，在垂直于电流和磁场的方向上将产生电动势 U_H，这种物理现象称为霍尔效应。

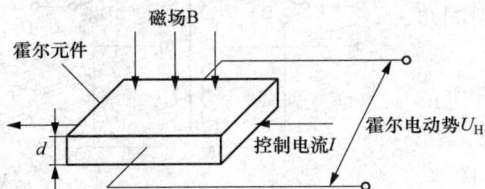

图 2-49　霍尔效应原理图

霍尔电动势 U_H 的大小可用下式表示

$$U_H = \frac{R_H IB}{d} \tag{2-49}$$

式中　R_H——霍尔常数，$m^3 \cdot C^{-1}$；

　　　I——控制电流，A；

　　　B——磁感应强度，B；

　　　d——霍尔元件的厚度，m。

令 $K_H = \dfrac{R_H}{d}$，则上式可写为

$$U_H = \frac{R_H IB}{d} = K_H IB \tag{2-50}$$

式中　K_H——霍尔元件灵敏度。

由式（2-45）可知，霍尔电动势的大小正比于输入电流 I 和磁感应强度 B，且当 I 或 B 的方向

改变时，霍尔电动势的方向也随之改变，I 和 B 的方向同时改变时，霍尔电动势极性不变。

实际中常用的霍尔电流传感器主要有 2 种形式：直接测量式和零磁通式。

直接测量式霍尔电流传感器的价格便宜，使用方便，已得到广泛的应用。它是将霍尔元件的输出直接或放大后送到校准的显示器上，由霍尔输出电压的大小直接得出被测电流值。这种方法结构简单，测量结果的精度和线性度都较高，可测直流、交流和各种波形的电流，但它的测量范围、带宽受到一定的限制。

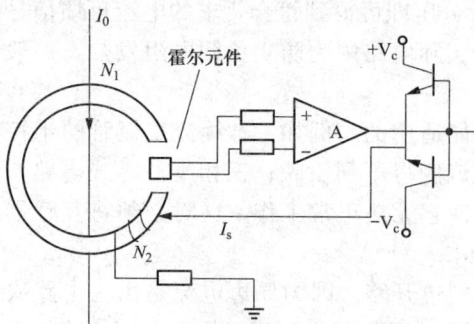

零磁通式霍尔电流传感器就要麻烦一些，简单介绍它的工作原理。如图 2-50 所示，先将霍尔元件的输出电压进行放大，再经电流放大后，让这个电流经过补偿线圈，让补偿线圈产生的磁场与被测电流产生的磁场方向相反，若满足条件 $I_0 N_1 = I_s N_2$，则磁芯中的磁通为 0，这时下式成立

$$I_0 = I_s \frac{N_2}{N_1} \qquad (2\text{-}51)$$

图 2-50　霍尔零磁通式电流传感器

式中　I_0——被测电流，即磁心中初级绕组中的电流；

　　　N_1——初级线圈匝数；

　　　I_s——补偿线圈中的电流；

　　　N_2——补偿线圈匝数。

由式（2-51）可知，当达到磁平衡时，可由 I_s 和 N_1、N_2 的匝数比求得被测电流 I_0 的大小。

2.8.3　电压检测装置

前面所讲电压反馈，反馈电压是直接从电动机电枢两端所接的分压器取出，这种接线方式所用设备及接线都较方便、简单，但存在安全和干扰的问题，在主电路电压较高、电动机容量较大的系统中，常采用直流电压隔离器来引出电压负反馈信号。

直流电压隔离器，是既能将输入和输出电压在电路上隔离，又能正确地传递电压信号的装置。在交流电路中，变压器本身就是一个很好的电压隔离器。但直流电压不能简单地用变压器隔离，要用一个辅助的交流电源，把被测的直流电压调制成交流信号，利用变压器隔离变换后，再解调成直流传号作为输出量，并且要使输入和输出的直流信号保持线性关系。这就是直流电压隔离器的设计思想。

直流电压隔离器的工作原理如图 2-51 所示，先利用同步开关说明电压隔离器调制和解调的工作情况。

输入信号 U_{in} 是被检测的直流电压，当开关 S_1 以一定的频率交替投向 A、B 两端时，变压器原边两半绕组 1-2、2-3 交替得到方波电压，投向 A 端，绕组 1-2 得电；投向 B 端，绕组 2-3 得电。若忽略变压器的电磁损耗和滞后，并认为其

图 2-51　直流电压隔离器的工作原理

变比为 1：1，则副边 4-5、5-6 中必然感应出方波信号。开关 S_1、S_2 同步切换，在输出端就会得到直流电压 U_{out}，直流电压 U_{out} 完全反映了输入直流信号 U_{in}，并且在电路上是完全隔离的。

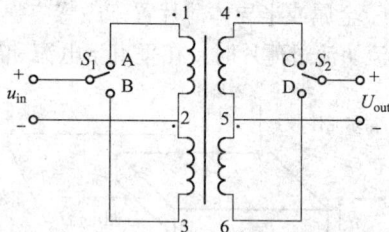

习　　题

2-1　转速单闭环调速系统有哪些特点？改变给定电压能否改变电动机的转速？为什么？若给

定电压不变，调节转速反馈系数能否改变转速？为什么？若测速发动机励磁发生变化，系统能否克服这种干扰？

2-2　积分控制调速系统无静差的原因是什么？在转速单闭环调速系统中，当积分调节器的输入偏差电压 $\Delta U=0$ 时，调节器的输出电压取决于哪些因素？

2-3　对于无静差转速单闭环调速系统，试说明转速的稳态精度是否受给定电源和测速发动机精度的影响。

2-4　试分析以下问题：

（1）在转速负反馈单闭环有静差调速系统中，突减负载后进入稳定运行状态时，晶闸管整流装置的输出电压 U_d 与负载变化前的输出电压值比较，发生什么样的变化？

（2）在无静差调速系统中，突加负载后进入稳态运行状态时，转速 n 和整流装置的输出电压 U_d 与负载变化前的转速和输出电压值比较，发生什么样的变化？

2-5　有一晶闸管稳压电源，其稳态结构如图 2-52 所示，已知给定电压 $U_u^*=8.8\text{V}$，比例调节器放大系数 $K_p=2$，晶闸管装置放大系数 $K_s=15$，反馈系数 $\gamma=0.7$。求：

（1）输出电压 U_d。

（2）若把反馈线断开，U_d 为何值？开环时的输出电压是闭环时的多少倍？

（3）若把反馈系数减至 $\gamma=0.35$，当保持同样的输出电压时，给定电压 U_u^* 应为多少？

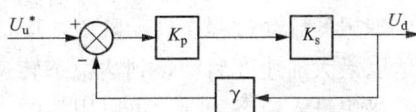

图 2-52　习题 2-5 图

2-6　某晶闸管—电动机调速系统，电动机参数为 $P_N=2.2\text{kW}$，$U_N=220\text{V}$，$I_N=12.5\text{A}$，$n_N=1500\text{r/min}$，电枢电阻 $R_a=1.2\Omega$，，整流装置内阻 $R_{rec}=1.5\Omega$，触发整流环节的放大倍数 $K_s=35$。要求系统满足调速范围 $D=20$，静差率 $s\leqslant10\%$。

（1）计算开环系统的静态速降 Δn_{op} 和调速要求所允许的闭环静态速降 Δn_{cl}。

（2）采用转速负反馈组成闭环系统，试画出系统的原理图和静态结构图。

（3）调整该系统参数，使当 $U_n^*=15\text{V}$ 时，$I_d=I_N$，$n=n_N$，计算转速负反馈系数 α。

（4）计算放大器所需的放大倍数。

2-7　某晶闸管—电动机调速系统，已知 $P_N=2.8\text{kW}$，$U_N=220\text{V}$，$I_N=15.6\text{A}$，$n_N=1500\text{r/min}$，$R_a=1.5\Omega$，整流器装置内阻 $R_{rec}=1\Omega$ 触发整流环节的放大倍数 $K_s=35$。

（1）系统开环工作时，计算调速范围 $D=30$ 时的静差率 s。

（2）当 $D=30$，$s=10\%$ 时，计算系统允许的稳态速降。

（3）如组成转速负反馈系统为有静差调速系统，要求 $D=30$，$s=10\%$，在 $U_n^*=10\text{V}$ 时，$I_d=I_N$，$n=n_N$，计算转速负反馈系数 α 和放大器放大系数 K_p。

2-8　在转速负反馈单闭环有静差调速系统中，以下参数变化时闭环调速系统是否产生调节作用？为什么？

（1）放大器的放大系数 K_p。

（2）供电电网电压 U_d。

（3）电枢电阻 R_a。

（4）电动机励磁电流 I_f。

（5）转速反馈系数 α。

2-9　闭环调速系统有哪些基本特征？它是如何减少或消除转速稳态误差的？

第3章　转速、电流双闭环直流调速系统

在现实应用中，许多地方对启、制动速度是有要求的，比如轧钢机、提升机、恒压供水等需要频繁起制动的场合，希望尽量缩短起、制动过程的时间。单闭环直流调速系统在采用 PI 调节器时，可以在保证稳定的条件下实现无静差，对于启动过程中出现的冲击电流，可以利用电流截止负反馈电路来限制电流的冲击，但是图 2-38 所示电流截止负反馈的单闭环调速系统的起动过程，电流只有在很少的一部分时间处于允许的最大电流，这一点从根本上制约了电动机启动过程的快速性，使加速过程延长，也说明了带电流截止负反馈的单闭环调速系统不能根据需要来控制电流的大小。

理想的启动过程在启动阶段，应该始终保持电动机电流为允许的最大电流，使传动系统尽可能地以最大加速度启动，到达稳态转速后，电流应该立刻降下来，使电动机转矩与负载转矩相平衡，尽快进入稳态运行，可以用如图 3-1 所示描绘希望的波形，称为理想最佳起动过程。

理想的启动过程的实现关键是 2 点：①启动时要保持一段电流为最大值 I_{dm} 的恒流过程。②到达稳态转速时，电流要迅速降下来，使电流值与负载相平衡。

对以上条件总结起来就是要对电流的控制，根据自动控制原理反馈控制规律，理想的启动过程必须要加入电流负反馈。对于调速系统来说，转速达到给定转速以后，要维持转速不变，因此转速负反馈仍然要存在。如果把电流负反馈和转速负反馈同时加到同一个调节器上，要求此调节器在电动机启动时调节电流，维持最大电流不变，实现电动机的快速启动；启动过程结束后电流根据需要降下来

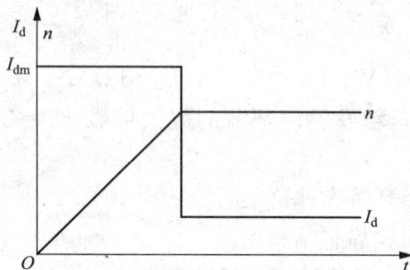

图 3-1　调速系统理想快速启动
过程电流和转速波形图

并维持转速不变，转速负反馈起作用，电流大小只要随速度变化相应变化即可。显然要求一个调节器在同一工作过程的不同阶段，完成两个量的调节作用，有可能顾此失彼，难以协调。既然一个调节器完成两个量的调节不好办，可采用转速和电流分别调节的方式，转速、电流双闭环直流调速系统就是基于这样一种控制思想。

3.1　转速、电流双闭环直流调速系统组成

转速、电流双闭环直流调速系统对转速控制的要求是实现无静差，对电流的控制要求是实现如图 3-1 中所示波形，现闭环直流调速系统设置 2 个调节器：转速调节器和电流调节器，2 个调节器采用串级连接，如图 3-2 所示。电流环在整个双闭环控制系统的里面，所以叫内环；转速调节环在整个调节系统的外面，所以叫外环，整个系统称为转速、电流双闭环控制系统。

对于图 3-2 的 2 个问题还没有明确：①转速调节器和电流调节器采用什么形式的调节器？②调节器的输入、输出电压的极性以及反馈电压的极性由什么确定。

下面根据对系统的控制要求分别确定上面的 2 个问题。

（1）因为希望获得良好的静、动态性能，对转速控制的要求无静差，因此 2 个调节器都采用

带输出限幅的 PI 调节器。由于转速调节器 ASR 的输出正好是电流调节器 ACR 的给定信号，输出限幅值 $U*_{im}$ 是电流调节器的最大给定值，因此转速调节器 ASR 的限幅值是由电动机的过载能力和系统对最大加速度的要求决定的；电流调节器的输出限幅值 U_{cm} 限制了电力变换装置的最大输出电压 U_{dm}，因此电流调节器 ACR 的限幅值是由控制角来决定的。

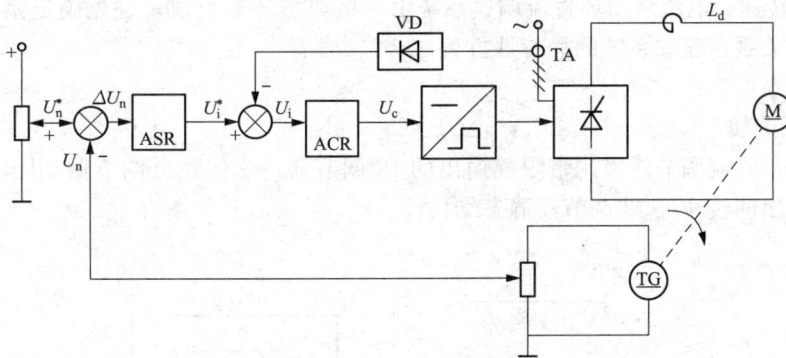

图 3-2　转速、电流双闭环直流调速系统原理图

ASR—转速调节器；ACR—电流调节器；TG—测速发电机；TA—电流互感器

（2）调节器的输入、输出电压的极性以及反馈电压的极性是由触发装置的控制特性来决定的。这是因为要想正确地确定上述信号的极性，必须首先考虑晶闸管触发装置的移相特性要求，确定控制电压 U_c 是正电压还是负电压，当控制电压 U_c 极性确定，就确定了电流调节器 ACR 的输出信号极性，然后再根据转速调节器 ASR 和电流调节器 ACR 的具体接线方式决定 U_n^* 和 U_i^* 的极性，最后按照反馈控制要求确定 U_n 和 U_i 的极性。

下面以锯齿波触发电路为例确定各信号的极性。如图 3-3 所示为触发电路的移相控制特性，当主电路工作于整流状态时，α 角的范围为 $0°\sim90°$ 之间，由图 3-3 可知此时控制电压 U_c 的极性为正，而调节器的习惯接法是从反相输入端输入信号，按照此规则就可推出双闭环调速系统各信号的极性：

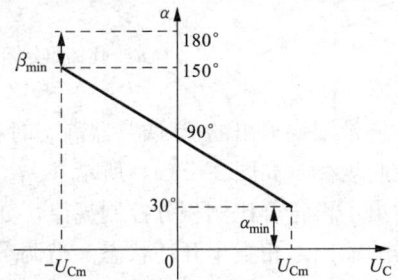

图 3-3　锯齿波触发电路移相控制特性

$$U_c(+) \xrightarrow{\text{ACR 反相端输入信号}} \Delta U_i(-) \longrightarrow U_i^*(-)$$

$$\xrightarrow{\text{ASR 反相端输入信号}} \Delta U_n(+) \longrightarrow U_n^*(+)$$

转速、电流双闭环直流调速系统信号极性示意图如图 3-4 所示，以控制电压 U_c 的极性为正，

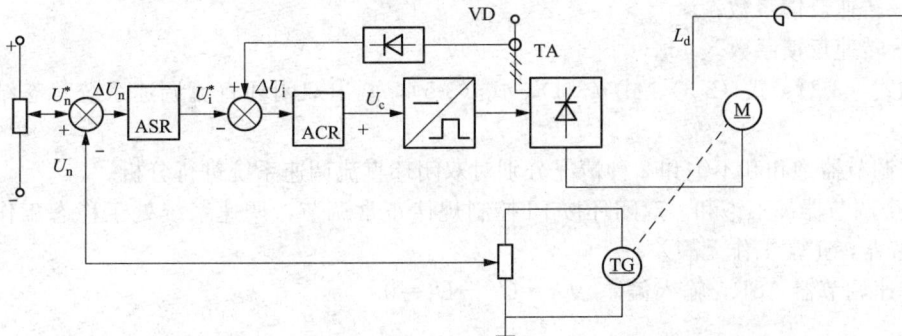

图 3-4　转速、电流双闭环直流调速系统信号极性示意图

ASR—转速调节器；ACR—电流调节器；TG—测速发电机；TA—电流互感器

从调节器反相输入端接入输入信号，标出了 2 个调节器输入输出电压的极性。

3.2 转速、电流双闭环直流调速系统的静特性

图 3-4 所示转速、电流双闭环直流调速系统由一些典型环节组成，首先确定系统各环节输入、输出之间的静态关系，建立系统的静特性方程。

各环节的关系如下：

速度比较环节为 $\Delta U_n = U_n^* - U_n$ (3-1)

转速调节器、电流调节器采用带限幅输出的 PI 调节器，比例积分调节器如图 3-5 所示，其中 (b) 为带限幅输出的转速环 PI 调节器静态结构图。

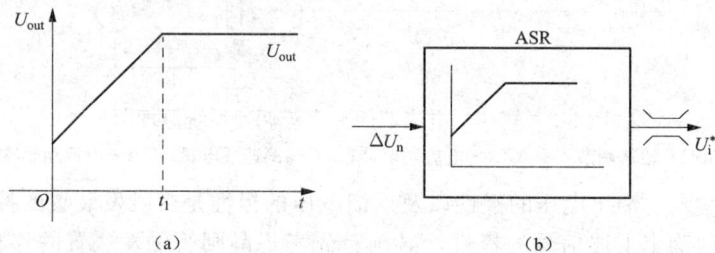

图 3-5 比例积分调节器
(a) —比例积分调节器输出特性；(b) —转速环 PI 调节器静态结构图

带限幅输出的 PI 调节器静态时存在 2 种状况：①调节器不饱和时，其输出 U_i^* 符合比例积分控制规律，如图 3-5 (a) 所示 $0 \sim t_1$ 段。②调节器饱和时，其输出为限幅值，恒定不变，调节器的输出不再符合比例积分控制规律，如图 3-5 (a) 所示 $t \geqslant t_1$ 段，调节器输入量的变化不再影响调节器的输出，相当于开环状态。当调节器输入反向时，调节器退饱和，从限幅状态转入正常的正常工作状态。

转速反馈环节 $U_n = \alpha n$ (3-2)

电流反馈环节 $U_i = \beta I_d$ (3-3)

晶闸管触发装置与可控整流桥间关系为 $U_{do} = K_s U_c$ (3-4)

电动机输入与输出关系 $n = \dfrac{U_d - I_d R}{C_e \Phi}$ (3-5)

式中 α——转速反馈系数；
β——转速反馈系数。

可利用式 (3-2)、式 (3-3)、式 (3-4)、式 (3-5)，画出双闭环直流调速系统静态结构图，如图 3-6 所示。

下面按调节器饱和和不饱和 2 种情况分别对双闭环直流调速系统进行分析。

(1) 2 个调节器都不饱和。双闭环按 PI 控制规律正常调节，调速系统处于稳态工作中，因为采用 PI 调节器，正常工作无静差。

对于转速调节器 ASR，输入偏差 $\Delta U_n = U_n^* - U_n = 0$

所以 $U_n^* = U_n = \alpha n = \alpha n_0$，转速维持 $n = \dfrac{U_n^*}{\alpha} = n_0$ 不变，转速的大小由给定电压 U_n^* 决定。

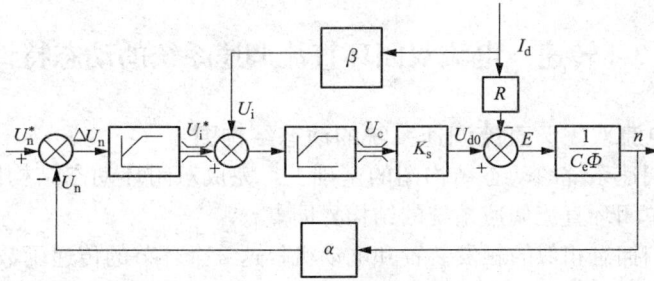

图 3-6 双闭环直流调速系统静态结构图

α—转速反馈系数；β—电流反馈系数

对于电流调节器 ACR，其输入偏差 $\Delta U_i = U_i^* - U_i = 0$，稳态时电枢电流与负载电流平衡，即 $I_d = I_{dL}$

所以 $U_i^* = U_i = \beta I_d = \beta I_{dL}$，转速调节器输出值 U_i^* 是由负载电流 I_{dL} 决定的。

此时转速调节器不饱和，所以其输出 $U_i^* \leqslant U_{im}^*$，U_{im}^* 为转速调节器输出限幅值，决定了电流给定电压的最大值，对应最大电枢电流 I_{dm}；由 $U_i^* = U_i = \beta I_d = \beta I_{dL}$ 可知，此时 $I_d \leqslant I_{dm}$，也就是说从 $I_d = 0$ 一直到 $I_d = I_{dm}$ 期间，转速的大小 n 由给定电压 U_n^* 决定，如图 3-7 所示是一条水平线，可用 A-B 段来表示，其中最大电枢电流 I_{dm} 的值一般都大于额定电流 I_{dN}，取决于电动机容许的过载能力和传动系统要求的最大加速度。

（2）转速调节器饱和，电流调节器不饱和。当转速调节器饱和时，其输出 U_i^* 达到了限幅值 U_{im}^*，转速外环呈开环状态，转速的变化不再对系统产生影响，直到调节器退饱和为止。这时双闭环系统变成了电流无静差的单闭环系统。

稳态时有 $I_d = \dfrac{U_{im}^*}{\beta} = I_{dm}$

此时静特性对应图 3-7 所示 B-C 段，这一段的电枢电流值保持最大电流 I_{dm}，转速由负载电流 I_{dL} 与 I_{dm} 的关系决定，在 $0 \sim n_0$ 之间变化。一旦 $n > n_0$，$U_n > U_n^*$，转速调节器退饱和，所以图 3-7 所示的下垂特性只适用于 $n < n_0$ 的情况。

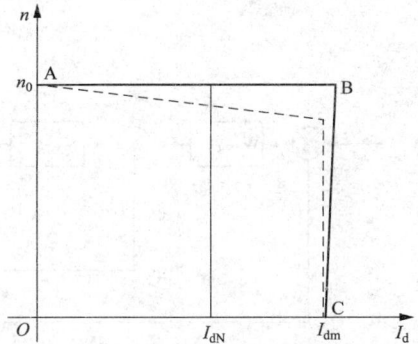

图 3-7 双闭环直流调速系统的静特性

出现如此陡的下垂曲线从其原理上来分析，假设系统现在工作在给定转速的稳定状态，2 个调节器都不饱和，$I_d = I_{dL} \leqslant I_{dm}$，若负载突然增大，调节过程如下：

负载突增→电机转速 n 下降→$U_n \downarrow$→$\Delta U_n = U_n^* - U_n \uparrow$ 正偏差 $\uparrow$→转速调节器的输出相应增大，当转速调节器的输出达到限幅值时，调节器的输出就会保持 U_{im}^* 不变，转速调节器失去调节作用。此时电流调节器在最大给定电压下，通过电流反馈的作用使电流保持 I_{dm} 不变，若此时出现负载转矩大于电动机在电枢电流 I_{dm} 下产生的最大转矩 M_{max} 的情况，电动机带不动负载，虽然电枢电流一直维持在最大值 I_{dm}，但电动机的转速很快下降为零，发生堵转，就会出现图 3-7 所示 B-C 段，电动机在安全的电流下堵转发力。

以上是在理想的状态下讨论，实际上运算放大器的开环放大系数并不会无穷大，因此 2 段特性都会有很小的静差，如图 3-7 中虚线段所示。

由于在正常运行时，电流调节器一般不会饱和，因此不再讨论电流调节器饱和的情况。

3.3 转速、电流双闭环直流调速系统的动态特性

3.3.1 转速、电流双闭环直流调速系统的动态结构图

可在转速单闭环调速系统的动态结构图的基础上，完成双闭环动态结构图。首先比较一下双闭环直流调速系统和单闭环直流调速系统的结构异同点。

（1）相同点。它们拥有相似的触发装置和电动机，这 2 个环节的传递函数不变。

（2）不同点。

1）单闭环调速系统只有 1 个闭环、1 个检测反馈的环节和 1 个调节器；双闭环调速系统有 2 个闭环、2 个检测反馈的环节和 2 个调节器。其中双闭环直流调速系统转速外环同单闭环直流调速系统提取转速信号的位置一样，直接从转速输出环节提取；双闭环直流调速系统电流内环需提取电枢电流信号，那么在结构图中需把电动机环节电枢电流显露出来。

2）转速调节器和电流调节器的传递函数用 $W_{ASR}(s)$ 和 $W_{ACR}(s)$ 来表示，因为 2 个调节器都采用 PI 调节器，则

$$W_{ASR(s)} = K_n \frac{\tau_n s + 1}{\tau_n s}$$

$$W_{ACR(s)} = K_i \frac{\tau_i s + 1}{\tau_i s}$$

由此可画出转速、电流双闭环系统的动态结构图，如图 3-8 所示。

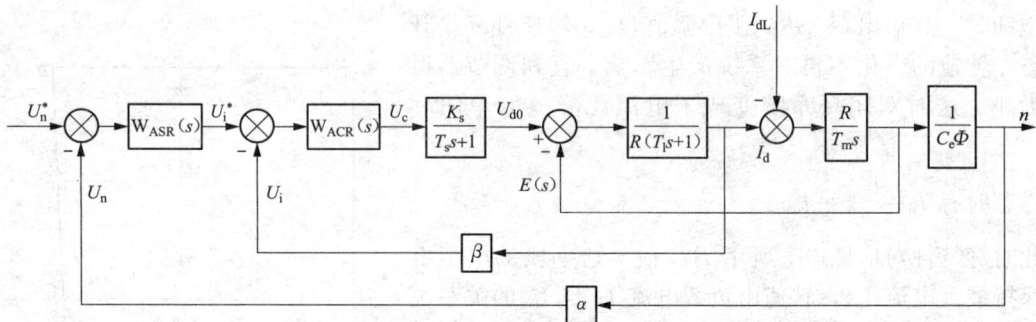

图 3-8 双闭环直流调整系统的动态结构图

调速系统的动态性能主要是从系统对给定信号的跟随性能和系统对扰动信号的抗扰性能 2 方面来评定。

3.3.2 转速、电流双闭环直流调速系统对给定信号的跟随性能分析

设置双闭环直流调速系统的一个主要目的就是为了获得理想的快速启动过程，下面以双闭环系统突加阶跃给定为例，分析转速、电流双闭环直流调速系统通过转速调节器和电流调节器配合发挥调节作用，实现对给定信号的良好跟随性能。

启动过程从突加转速给定电压 U_n^* 开始，可分为 3 个阶段。

1. 电流上升阶段

突加转速给定电压 U_n^*，经过 2 个调节器的跟随作用 U_c、U_{d0}、I_d 都上升，但是只有 $I_d \geqslant I_{dL}$ 时，电动机才能开始转动，转速才能建立起来，如图 3-9 中所示 $0 \sim t_1$ 阶段。

由于电动机惯性，转速 n 刚开始增长缓慢→导致转速反馈电压 U_n 增长缓慢→转速调节器的输入偏差电压 ΔU_n 较大→转速调节器 ASR 的输出很快达到限幅值 U_{im}^*→转速调节器饱和，在以后的调节中只要 U_n 没有超过 U_n^*，转速调节器 ASR 就不会退饱和，输出维持 U_{im}^* 不变。

转速调节器的输出信号 U_{im}^* 为电流调节器最大电流给定信号，由于主回路电感的作用和比例积分的特点，电枢电流也不可能立刻建立起来，因此开始时电流调节器 ACR 输入偏差 $\Delta U_i = U_i^* - U_i$ 较大，其输出 U_c 迅速上升，强迫电流 I_d 迅速上升，转速上升的加速度也提高，当 $I_d = I_{dm}$ 时，$U_i = U_{im}^*$，完成了电流上升阶段，如图 3-9 中的 $t_1 \sim t_2$ 阶段，此阶段电流调节器 ACR 一般不饱和。

2. 恒流升速阶段

此阶段是启动过程的主要阶段，由于电动机转速始终小于给定转速，即 $U_n \leqslant U_n^*$，转速调节器 ASR 一直处于饱和状态，转速环相当于开环，转速调节器的输出信号 U_{im}^* 为电流调节器的最大给定值，在电流环的调节作用下，电流反馈信号 U_i 跟随 U_{im}^*，电枢电流 I_d 力图维持最大整定电流 I_{dm}，整个双闭环直流调速系统为恒流调节过程。

本阶段是电流环力图维持电枢电流为 I_{dm} 情况下的升速过程，电流调节器 ACR 的调节过程如下：

转速 $n \uparrow \to$ 电机反电动势 $E = C_e \varphi n \uparrow \to$ 电枢电流 $I_d = \dfrac{U_d - E}{R} \downarrow \to$ 电流反馈信号 $U_i \downarrow \to \Delta U_i = U_i^* - U_i \uparrow \to$ 电流调节器的输出 $U_c \uparrow \to$ 控制电压 $\uparrow \to$ 整流输出电压 $U_d \uparrow \to$ 电枢电流 $I_d = \dfrac{U_d - E}{R} \uparrow$，维持电枢电流为 I_{dm} 不变。

此时系统可认为是恒值电流给定 U_{im}^* 下的单闭环电流调节系统，电枢电流反馈电压 U_i 追随 U_{im}^*，可近似认为 $I_d = I_{dm}$，所以 $I_{dm} - I_{dL} =$ 恒值，电动机传动系统加速度恒定，转速 n 线性增长，引起反电动势线性增长导致电流下降，电流环的调节作用使控制电压 U_c 线性增长，整流输出电压提高。由于整流输出电压追随转速的变化，属于滞后调节，总是慢一点，此阶段电流反馈电压总是略低于 U_{im}^*。这一点也可以从另一个角度来理解，由于调节器 ACR 采用的是 PI 调节器，要维持控制电压 U_c 线性增长，PI 调节器的输入 $\Delta U_i = U_{im}^* - U_i$ 须为恒值，也就是说电枢电流 I_d 应略低于 I_{dm}，这就是图 3-9 所示 $t_2 \sim t_3$ 阶段电枢电流略低于 I_{dm} 的原因。

3. 转速调节阶段

当转速上升到给定值 n^* 时，转速给定电压等于转速反馈电压，虽然转速调节器 ASR 输入电压为 0，转速调节器 ASR 的输出由于积分作用仍维持在限幅值 U_{im}^*，使电动机依旧处于加速状态，当转速超过给定值，$\Delta U_n = U_n^* - U_n < 0$，转速调节器 ASR 输入电压变负，转速调节器退饱和，转速环开始发挥调节作用。

如何使电动机转速稳定在给定值呢？调节过程如下：

转速超调使转速调节器 ASR 退饱和输出下降，$U_i^* \downarrow \to$ 电流调节器输出减少使控制电压 $U_c \downarrow \to$ 整流电压 $U_d \downarrow \to$ 电枢电流从 I_{dm} 开始下降 $\to (I_d - I_{dL})$ 下降 $\to$ 电动机转速上升的加速度下降，如图 3-9 所示的 $t_3 \sim t_4$ 阶段，因为此阶段电枢电流一直大于负载电流，只是转速上升的加速度下降，因此转速还是处于上升阶段，直到电枢电流 I_d 下降到负载电流 I_{dL} 的大小，即 $I_d - I_{dL} = 0$，此时电动机产生的转矩等于负载转矩，$T_e = T_L$，电动机转速 n 在 t_4 处达到峰值，且 $n > n^*$。

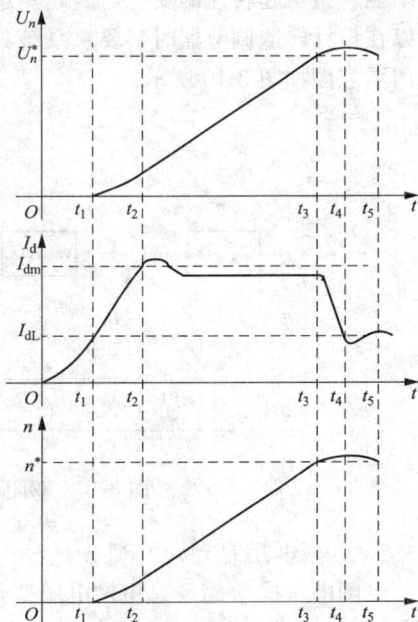

图 3-9 双闭环直流调整系统启动过程
$0 \sim t_5$ 时间段转速与电流波形

由于 $n>n^*$ 调速系统还是持续上述调节，很快 $I_d-I_{dL}<0$，电动机在负载阻力下减速，$I_d-I_{dL}<0$ 会持续一段时间，使得转速下降到给定值 $n=n^*$，如图 3-9 所示 $t_4\sim t_5$ 阶段。由于系统的惯性原因，调节有一定程度的滞后，电动机转速会有围绕给定转速的振荡过程，若振荡是衰减的，系统逐渐稳定下来，到此直流调速系统进入了以恒转速调节为主的稳定工作时期。

综上所述，双闭环直流调速系统的启动过程有以下 3 个特点：

(1) 饱和非线性控制。系统随着转速调节器的饱和、不饱和，处于完全不同的 2 种状态，因此不能简单地用线性控制理论来分析和设计这种系统，只能采用分段线性化的方法来处理。在不同的情况下表现为不同结构的线性系统，这就是饱和非线性控制的特征。

(2) 转速有超调。由于采用了饱和非线性控制，转速超调才能使转速调节器 ASR 退出饱和状态，也就是说采用 PI 转速调节器的双闭环直流调速系统的转速动态响应必定会有超调。在一般情况下转速略有超调是被允许的，对于完全不允许超调的情况，应采用其他控制措施抑制超调。

(3) 准时间最优控制。在设备允许条件下，实现最短时间的控制称作"时间最优控制"。对于双闭环直流调速系统，电动机在允许过载能力限制下的恒流起动，就是时间最优控制。由于双闭环直流调速系统在起动过程电流上升和转速调节 2 个阶段电流不能突变，所以实际起动过程与理想启动过程相比还有一些差距，不过这 2 段时间在全部启动时间中只占很小的一部分，因此双闭环直流调速系统的启动过程可称做"准时间最优控制"。

3.3.3 转速、电流双闭环直流调速系统对给定信号的抗扰性能分析

对于调速系统来说，最重要的动态性能就是抗扰性能，调速系统除了应该对给定信号变化产生相应调节，对外来干扰信号引起的系统失衡也要能够产生抑制作用，使系统尽快恢复稳态。扰动产生的原因很多，主要研究 2 种：负载扰动和电网电压扰动。

1. 负载扰动动态调节过程

负载扰动即电动机负载电流 I_{dL} 变化，从图 3-10 可以看出负载扰动 I_{dL} 处于电流环之外，它的扰动能直接引起转速的变化，因此要想抑制此扰动，只能通过转速环由转速调节器产生抗扰作用，所以在设计转速调节器时，要求系统具有较好的抗扰性能指标。双闭环直流调整系统的动态抗扰作用示意图如图 3-10 所示。

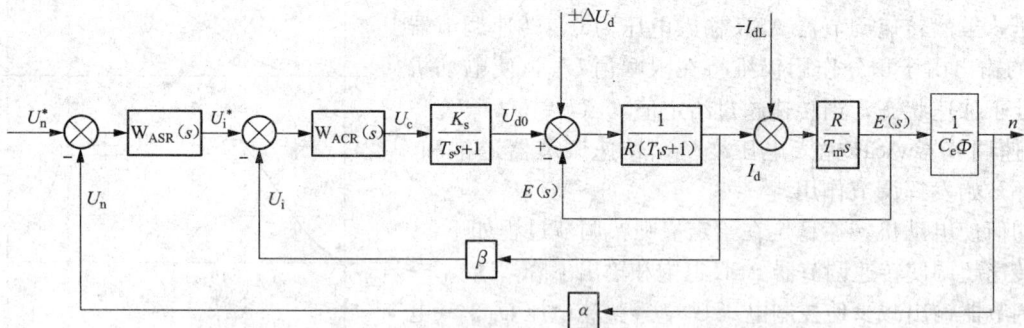

图 3-10　双闭环直流调速系统的动态抗扰作用示意图

2. 电网电压扰动动态调节过程

电网电压扰动 ΔU_d 是电网电压变化产生的扰动作用，从图 3-10 所示的动态抗扰作用示意图上看，它与负载扰动 I_{dL} 一样也处于转速环之内，若系统是仅有转速闭环的单闭环直流调速系统，从系统调节的角度考虑：由于电压扰动的作用点距离被调量 n 较远，经电磁惯性滞后作用后→影响电枢电流→再影响转速变化→再通过调节转速调节器调节，显然这种调节很不及时，所以单闭环

调速系统抑制电压扰动的性能比抑制负载扰动的性能要差一些。现在是双闭环直流调速系统，比较电网电压扰动 ΔU_d 与负载扰动 I_{dL} 两者在系统中的作用点，电压扰动 ΔU_d 在示意图中的位置比负载扰动 I_{dL} 的位置要靠前，它位于电流环内，电压扰动 ΔU_d 产生的影响首先波及电枢电流→电流波动可及时被电流环所抑制，所以不必等到影响转速以后再调节，这就使调节时间大大缩短，调节速度加快。因此电网电压扰动对双闭环调速系统的影响比单闭环调速系统要小的多，由于电流环的作用，变化的电流会较快地趋向于电流给定值，而不至于引起较大的转速变化，使抗扰性能大大改善，这也是双闭环系统的一大优点。

从以上分析可看出，双闭环直流调速系统扰动对调速系统的影响与扰动的作用点关系很大：

（1）若扰动点作用于双闭环内环的主通道上，内环会马上将扰动抑制，将不会明显影响输出。

（2）若扰动点作用于双闭环外环的主通道上，将会在影响输出以后调节。

（3）若扰动点作用于双闭环反馈通道上，相当于扰动加在反馈信号上面，系统无法识别，反馈到主通道上，只能按正常信号处理，处理结果肯定不合适，也就是说双闭环直流调速系统（当然也包括单闭环调速系统）对作用在反馈通道上的扰动无能为力。

3.3.4　转速、电流调节器的作用

综上所述，转速调节器和电流调节器在双闭环直流调速系统中的作用可分别归纳如下。

1. 转速调节器的作用

（1）双闭环直流调速系统的主导调节器，使转速 n 跟随给定电压 U_n^* 变化，采用 PI 调节器，可实现无静差。

（2）对负载变化起抗扰作用。

（3）对电流环进行饱和非线性控制，其输出限幅值决定电动机允许的最大电流。

2. 电流调节器的作用

（1）双闭环直流调速系统的内环调节器，在转速调节过程中，使电流跟随其给定电压 U_i^* 变化。

（2）对电网电压的波动起及时抗扰的作用。

（3）在启动过程中，能使电动机获得允许的最大电流，实现最佳启动过程。

（4）使系统可靠运行，当电动机过载甚至堵转时，限制电枢电流的最大值，起到快速自动保护作用，一旦故障消失，系统自动恢复正常。

3.4　直流电动机双域闭环控制调速系统

3.4.1　调压与弱磁的配合控制

在他励直流电动机的调速方法中，一般调压调速是从基速（即额定转速 n_N）往下调速，电动机在不同转速下长期运行时，为了充分利用电动机，都应使电枢电流达到其额定值 I_N，由于电磁转矩 $T_e \propto \Phi I$，在调压调速范围内励磁磁通不变，因此在不同的转速下容许的输出转矩恒定，称作"恒转矩调速"。降低励磁电流以减弱磁通是从基速向上调速，也称为弱磁调速，主要特点是转矩与转速的乘积不变，转速越高，对应的磁通越弱，容许的转矩不得不减少，即容许功率不变，称作"恒功率调速"。由此可见，"恒转矩"和"恒功率"调速是指在不同运行条件下，当电枢电流达到其额定值 I_N 时，所容许的转矩或功率不变，是电动机能长期承受的限度。

电动机的转矩和功率应多大，要由具体负载决定，不同性质的负载要求也不一样。例如，矿井卷扬机、载客电梯等，在调速时无论速度快慢，负载转矩都一样，所以属于"恒转矩类型"的负载，显然恒转矩类型的负载适合于恒转矩调速方式；对于机床主轴传动系统，调速时容许的机床最大切削功率一般不变，属于"恒功率类型"的负载，恒功率类型的负载适合于恒功率的调速

方式。

　　由于普通直流电动机允许的弱磁调速范围有限，一般不超过 2：1，专用的"调速电动机"也

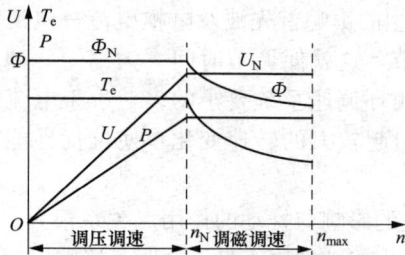

图 3-11　变压与弱磁配合控制特性

不过是 3：1 或 4：1，因此在负载要求更大的调速范围时，就需要采用调压和弱磁配合控制的办法。例如连轧机主传动系统，在调速时要求基速以下保持磁通为额定值不变，调节电枢电压调速，基速以上电压保持额定值不变，减弱磁通升速，要求采用调压与弱磁配合控制的双域调速方式，这样的配合控制特性如图 3-11 所示。

　　调压与弱磁配合控制在基速以上满足恒功率调速的要求，在基速以下输出功率有所降低。

3.4.2　独立控制励磁的调速系统

　　将转速电流双闭环直流调速系统与磁通闭环控制相结合，组成独立励磁的双域调速系统，如图 3-12 所示。电枢回路和励磁回路控制相互独立，分别给出给定电压，基速以下调速时，励磁回路满磁给定，基速以上调速时，弱磁给定。由于电枢和励磁控制相互独立，给定设置操作不便，因此目前已很少采用。

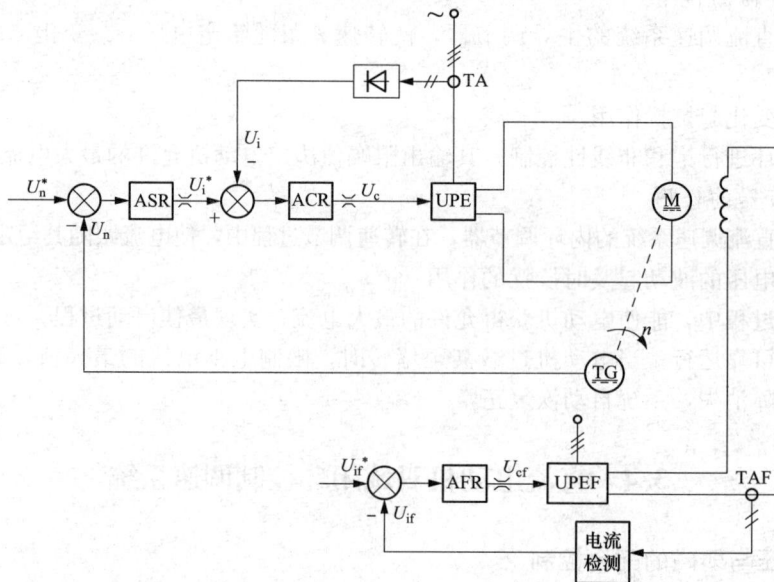

图 3-12　独立控制励磁的双域直流调速系统

3.4.3　非独立控制励磁的调速系统

1. 非独立控制励磁的调速系统组成

　　图 3-13 所示是一种常用的非独立控制励磁的双域调速系统。电枢电压控制系统采用转速、电流双闭环控制，励磁控制系统有 2 个控制环，电动势外环和励磁电流内环，电动势调节器 AER 和励磁电流调节器 AFR 一般也采用 PI 调节器。因为是在双闭环直流调速系统的基础上进行弱磁控制，所以调压与弱磁的给定装置应互相关联，才有可能实现恒转矩的调压调速和恒功率的弱磁调速两域的自动转换，在图 3-13 中，调压调速和弱磁升速都采用同一个调速电位器 RP_n 作为转速给定信号。

该系统基速以下在满磁条件下调节电压，基速以上在额定电压下调节励磁电流，因此在实际运行中，需要选择一种合适的控制方法，使系统可以从一个区段平滑地过渡到另一个区段中去。励磁控制系统通过由电动势运算器 AE 获得的电动势信号 U_e 与电枢电压控制系统联系在一起，从调压调速转入弱磁升速就是依靠这个联系信号自动进行的。在基速以下调压调速范围内，U_e 小于电动势给定信号 U_e^*，电动势调节器 AER 处于饱和状态输出限幅值 U_{ifm}，使电动机励磁保持额定值不变，通过控制电枢电压的双闭环控制系统控制电动机转速，受电流调节器 ACR 输出限幅值 U_{cm} 限制，电枢电压 U_d 最高升到电动机额定电压值 U_{dN} 为止，此时 $U_e = U_e^*$，电动势给定信号 U_e^* 设置为相当于 $E_{max} \approx (0.9 \sim 0.95)U_{dN}$。当转速再升高时，在过渡过程开始 $U_e > U_e^*$，电动势调节器 AER 退出饱和状态，输出量 U_{if} 降低，通过励磁电流调节器 AFR 减弱励磁电流，系统便自动进入弱磁升速范围。

在弱磁升速范围内，转速在 $n_N \sim n_{max}$ 之间变化，由于 $E = C_e \Phi n$，当励磁减弱而转速升高时，电动势 E 值应保持不变，由于电动势调节器采用 PI 调节器，保证了电动势无静差的控制要求。

电动势信号很难直接检测，常采用间接方法近似求取，根据

$$E = U_d - I_d R - L \frac{\mathrm{d}I_d}{\mathrm{d}t} \tag{3-6}$$

电动势信号 U_e 可由电动势运算器 AE 根据测量到的电枢电压信号 U_v 和电流信号 U_i 计算后得到，无论是在稳态还是动态过程中都能够反映真实的电动势值。

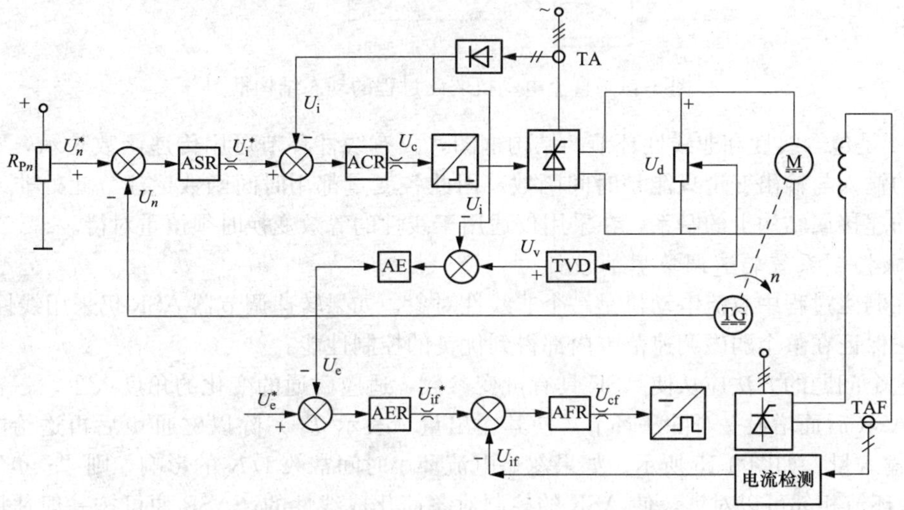

图 3-13 非独立控制励磁的双域调速系统
TVD—直流电压隔离变换器；TAF—励磁电流互感器

2. 弱磁过程的直流电动机数学模型

前面所讨论的直流电动机数学模型都是在恒磁通条件下建立的，显然对于弱磁过程它是不适用的。当磁通为变量时，机电时间常数为

$$T_m = \frac{GD^2 R}{375 C_e C_m \Phi^2} \tag{3-7}$$

不能再被视为常数。

参考第 2 章的相关内容，考虑到电枢回路的动态方程

$$U_{d0} - E = R \left(I_d + T_l \frac{\mathrm{d}I_d}{\mathrm{d}t} \right) \tag{3-8}$$

式中 T_1——电枢回路电磁时间常数，$T_1 = \dfrac{L}{R}$。

整理两端取拉式变换得电压与电流之间的传递函数

$$\frac{I_d(s)}{U_d(s) - E(s)} = \frac{1}{R(T_1 s + 1)} \qquad (3\text{-}9)$$

运动方程式

$$T_e - T_L = \frac{GD^2}{375} \frac{dn}{dt} \qquad (3\text{-}10)$$

电动机电磁转矩为 $T_e = C_m \Phi I_d$ $\qquad\qquad$ (3-11)

绘出直流电动机弱磁过程的动态结构框图，如图 3-14 所示，其中励磁电流 i_f 与磁通 Φ 之间的非线性函数关系可用饱和曲线表示。

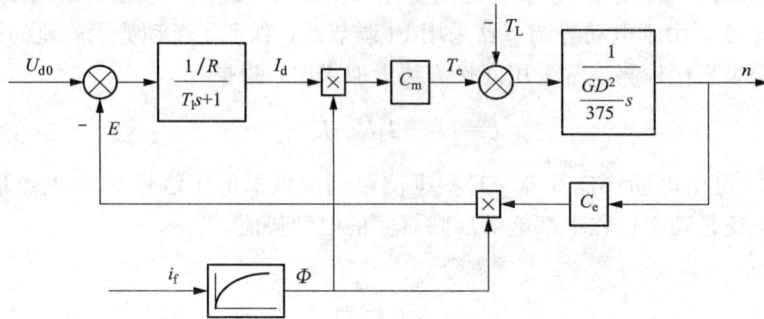

图 3-14 直流电动机弱磁过程的动态结构框图

图 3-14 是包含线性和非线性环节的结构框图，只有线性环节可用传递函数表示，乘法器等非线性环节的输入与输出变量只能是时间函数，因此各变量都用时间函数标注。此处非线性环节与线性环节的连接属结构上的联系，在采用仅适用于线性的等效变换时须慎重对待。

3. 弱磁控制系统转速调节器的设计

由于在弱磁过程中直流电动机是一个非线性对象，如果转速调节器 ASR 仍采用线性的 PI 调节器，将无法保证在整个弱磁调速范围内都得到优良的控制性能。

解决这个问题的方法应从使 ASR 具有可变参数，适应磁通的变化的角度入手。一种简单的办法是，在 ASR 后面增设一个除法环节，使其输出量（表示 T_e^*）除以磁通 Φ 后再送给电流调节器 ACR 作为输入量，如图 3-15 所示。如果忽略电流环小时间常数 $1/K_I$ 的影响，则"÷Φ"和"×Φ" 2 个非线性环节相消可以对消，使 ASR 的控制对象简化成线性的，ASR 便可按一般适用于线性系统的方法来设计，这种设计对基速以下的恒磁控制仍能适用。

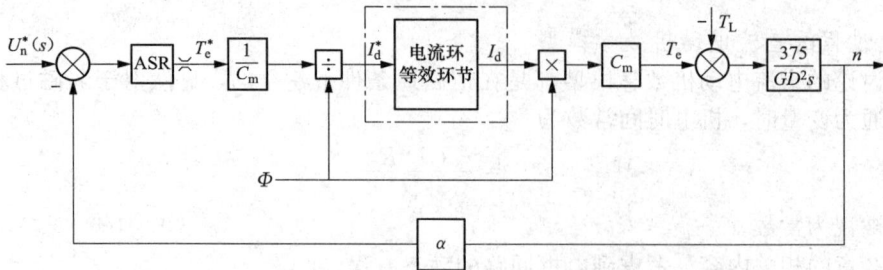

图 3-15 弱磁控制系统中的转速环结构框图

　　在微机控制系统中，调节器的参数可以跟随磁通的变化实时变化，这时就可以考虑电流环小时间常数的影响。

★　习　　题

　　3-1　在转速电流双闭环直流调速系统中，转速调节器和电流调节器在启动和运行过程中的作用是什么？它们对应的输出限幅值如何整定？

　　3-2　由于机械原因，造成电动机转轴堵死，试分析双闭环直流调速系统的工作状态。

　　3-3　在转速电流双闭环直流调速系统中，若给定电压 U_n^* 不变，增加转速负反馈系数 α，系统稳定运行后转速反馈电压 U_n 和实际转速 n 是增加、减少还是不变？

　　3-4　转速电流双闭环直流调速系统的 ASR 和 ACR 均为 PI 调节器，设系统最大给定电压 $U_{nm}^*=15\text{V}$，$n_N=1500\text{r/min}$，$I_N=20\text{A}$，电流过载倍数为 2，电枢回路总电阻 $R=2\Omega$，$K_s=20$，$C_e=0.127\text{V}\cdot\text{min/r}$，求：（1）当系统稳定运行在 $U_n^*=5\text{V}$，$I_{dL}=10\text{A}$ 时，系统的 n、U_n、U_i^*、U_i 和 U_c 各为多少？（2）当电动机负载过大而堵转时，U_i^* 和 U_c 各为多少？

　　3-5　在转速电流双闭环直流调速系统调试时，遇到下列情况会出现什么现象？

　　（1）电流反馈极性接反。

　　（2）转速极性接反。

　　（3）启动时 ASR 未达到饱和状态。

　　3-6　在转速电流双闭环调速系统中，转速调节器和电流调节器均采用 PI 调节器。已知参数：电动机：$P_N=3.7\text{kW}$，$U_N=220\text{V}$，$I_N=20\text{A}$，$n_N=1000\text{r/min}$，电枢回路总电阻 $R=1.5\Omega$，设 $U_{nm}^*=U_{im}^*=U_{cm}=8\text{V}$，电枢回路最大电流 $I_{dm}=40\text{A}$，电力电子变换器的放大系数 $K_s=40$。试求：

　　（1）电流反馈系数 β 和转速反馈系数 α。

　　（2）当电动机在最高转速发生堵转时的 U_i^*、U_i、U_c 值。

　　3-7　在转速电流双闭环调速系统中，转速调节器和电流调节器均采用 PI 调节器。当转速调节器 ASR 输出达到 $U_{im}^*=8\text{V}$ 时，主电路电流达到最大电流 80A。当负载电流由 40A 增加到 70A 时，试问：（1）U_i^* 应如何变化？（2）U_c 应如何变化？（3）U_c 值由哪些条件决定？

　　3-8　试从下述 5 个方面来比较转速电流双闭环直流调速系统和带电流截止环节的转速单闭环直流调速系统。

　　（1）调速系统的静态性能。

　　（2）动态限流性能。

　　（3）启动的快速性。

　　（4）抗负载扰动的性能。

　　（5）抗电源电压波动的性能。

　　3-9　弱磁与调压配合控制系统空载启动到额定转速以上，主电路电流和励磁电流的变化规律是什么？

第4章 自动控制系统调节器工程设计方法

在设计自动控制系统过程中，不仅需要满足系统的稳态性能指标，还必须满足系统动态性能指标，系统所要求的静、动态性能指标是自动控制系统设计的主要依据。

设计自动控制系统主要步骤如下：（1）总体设计，选择系统的基本部件，形成基本的自动控制系统。（2）根据基本的自动控制系统建立系统的动态数学模型，并以此分析系统的稳定性和各项性能指标。（3）根据需要配置动态校正装置，使校正后的系统能够满足自动控制系统的静、动态性能指标。

前几章主要分析了基本自动控制系统，以及稳态参数计算，对性能指标分析不多。

4.1 控制系统性能指标

判断系统的性能好坏通常用系统静、动态性能指标衡量，一般有2种表示方法：①时域性能表示法，是时间域内，能比较直观地反映生产工艺对控制系统的要求。②频域性能指标表示法，是频率域内，依据频率特性的某些特征量与时域指标间的关系而提出的一种间接表示法，比时域性能指标表示法难于理解。

时域性能表示法一般分2种：

1. 稳态性能指标

它表示系统所允许的实际输出值与期望值之间的最终偏差，是对系统静态精度的衡量，系统的稳态误差越小说明系统的稳态精度越高，是确定系统方案的重要依据。

2. 动态性能指标

控制系统通常受到给定和扰动2种输入信号的作用，一个理想的系统对这两种信号应是2种截然不同的反应，对给定信号其输出量应能够无滞后地准确跟踪，对扰动信号应尽可能地不受其影响，显然前者考虑的是其跟随性，后者考虑的是抗扰性能，因此控制系统的动态性能指标从这2方面提出，一般用2种指标来描述：①对给定输入信号的跟随性能指标。②对扰动输入信号的抗扰性能指标，是系统动态参数设计的依据。

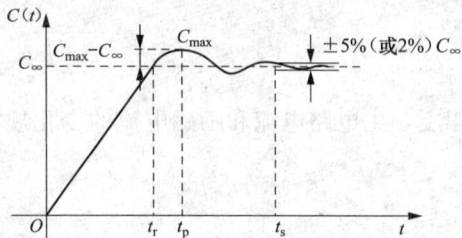

（1）跟随性能指标。在给定信号 $R(t)$ 的作用下，系统输出量 $C(t)$ 的变化情况可以用跟随性能指标来描述。给定信号不同时，对应于不同的输出响应，通常以系统输出量的初始值为0时，系统对阶跃输入信号的响应过程作为典型的跟随过程，这时输出量的动态响应称作阶跃响应，如图4-1所示。

一般希望在阶跃响应中输出量 $C(t)$ 的变化与其稳态值 C_∞ 的偏差越小越好，到达稳态的时间越快越好，因此跟随性能指标从以下几方面来描述。

图 4-1 典型的阶跃响应曲线和跟随性能指标

1）上升时间 t_r。阶跃响应曲线从0起第一次上升到稳态值 C_∞ 所需要的时间，称为上升时间，用来表示系统动态响应的快速性。

2）峰值时间 t_p。阶跃响应过程中，阶跃响应曲线达到最大值所需要的时间。

3）超调量 σ。输出量最大值 C_{max} 超过稳态值 C_∞ 的百分数称作超调量，即

$$\sigma = \frac{C_{max} - C_\infty}{C_\infty} \times 100\% \tag{4-1}$$

4）调节时间 t_s。理论上线性系统的输出过渡过程要到 $t = \infty$ 才稳定，实际中由于各种因素的影响是不可能的。一般规定以稳态值上下 5%（或 2%）的范围为允许误差带，阶跃响应曲线进入并不再超出允许误差带所需最短时间，为调节时间，又称为过渡过程时间，用来表示系统动态过程的快慢，即反应了系统的快速性，也包含着系统的稳定性。

（2）抗扰性能指标。控制系统稳定运行中，如果受到扰动的作用，就会经历一个动态的调节过程，扰动是多种多样的，如何衡量一个系统的抗扰能力呢？一般以系统稳定运行时，突加一个使输出量降低的扰动量以后，输出量由降低到恢复的过渡过程作为典型的抗扰过程，如图 4-2 所示。

对这个调节过程希望波动越小越好，调节时间越短越好，因此抗扰性能指标从以下几方面来描述。

1）动态降落 ΔC_{max}：系统稳定运行时突加一个约定的标准负扰动量，所引起的输出量最大降落值 ΔC_{max} 称为动态降落，一般用 ΔC_{max} 占输出量原稳态值 $C_{\infty 1}$ 的百分数来表示，即

$$\frac{\Delta C_{max}}{C_{\infty 1}} 100\%$$

输出量在动态降落以后逐渐恢复，达到新的稳态值 $C_{\infty 2}$，它与原稳态值 $C_{\infty 1}$ 的差 $C_{\infty 2} - C_{\infty 1}$，称为静差。

2）恢复时间 t_v：从阶跃扰动作用开始，到输出量恢复到不再超过新稳态 $C_{\infty 2}$ 的某个区域（通常为上下 2%～5% 的范围）所需最短时间，即为恢复时间。

一般反馈系统的抗扰能力与跟随性能指标之间存在矛盾，设计时应多方面兼顾。控制系统对于各种动态性能指标要求各不相同，一般说来，调速系统动态指标以抗扰性能为主，例如多机架连轧机的调速系统，要求一定的转速抗扰性能；而随动系统动态指标则以跟随性能指标为主，例如工业机器人和数控机床要求良好的跟随性能；有些则需要两者兼顾，例如大型天线随动系统，除了要求良好的跟随性能，对抗扰性能也有要求。

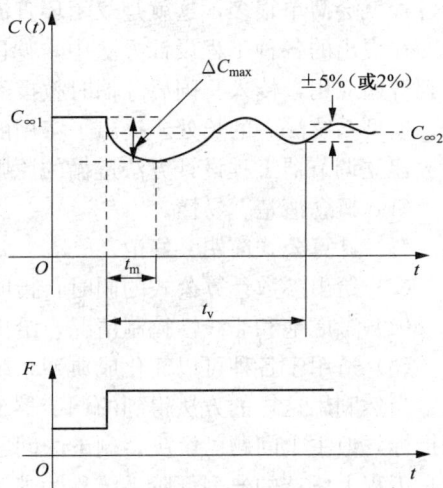

图 4-2　突加扰动的动态扰动
过程和抗扰性能指标

在实际控制系统设计中经常会遇到系统的稳态性能指标与动态稳定性能指标发生矛盾的情况，这就需要对系统进行动态校正。

4.2　动　态　校　正

由"自动控制原理"知道校正的方法有多种，在电力拖动自动控制系统中更常用的是串联校正，它结构简单，容易实现。

完成动态校正一般采用以下 2 种方法：

（1）利用频率特性法来设计校正环节。此方法在第 2 章中已讲解，对于一个具有良好的静、动态性能的控制系统，其开环对数幅频特性基本形状已定，只需要把设计的系统加上校正环节后使开环对数幅频特性达到这个基本形状即可。

（2）利用图表。利用频率特性法设计校正环节，须采用多种手段，反复试凑，在"试凑"的基础上，使系统在稳、准、快和抗干扰这 4 个矛盾的方面之间取得择中，才能获得比较满意的结果，这显然需要扎实的理论基础、丰富的现场经验和足够的设计技巧，初学者不易掌握，那么能不能找到一个比较方便实用的设计方法，理论上概念清楚，容易理解掌握，实际设计过程中调试方便，于是便产生简单实用的工程设计方法。

在现代电气控制系统中，除电动机外，都是由惯性很小的电力电子器件和集成电路组成，对于这些小惯性环节可以对它进行简化处理，在一定条件下近似为一个环节，不会带来明显的误差，因此现代电气控制系统一般都可用低阶系统近似，也就是说可以将多种多样的控制系统简化近似成低阶系统，由此可以想到能不能预先找出几个典型的低阶系统结构，事先对它进行深入的研究，弄清楚参数和系统性能之间的关系，写出简单的公式和制成简单明了的图表，这样在设计实际系统时，只要把实际系统校正成典型的低价系统，就可以用现成的公式和图表来进行参数计算，设计过程就会简单很多，这就是双闭环直流调速系统的工程设计方法。

在提出的各种工程设计方法中，德国西门子公司提出的"调节器最佳整定"法，已在国际上得到普遍应用，传入我国后陈伯时教授经过深入分析研究，吸取随动系统设计用的"振荡指标法"和"模型系统法"的长处，提出了实用的电力拖动自动控制系统"调节器设计方法"。

建立调节器工程设计方法遵循的原则如下：

（1）概念清楚、易懂。

（2）计算公式简明、好记。

（3）给出参数计算公式的同时，指明参数调整方向。

（4）考虑饱和非线性控制情况，给出简单计算公式。

（5）适用于各种可以简化成典型系统的反馈控制系统，如伺服系统、交流调速系统等。

当然利用这样的方法得到的调节器参数用于实际系统，可能不一定会完全满足系统要求的性能指标，但主干问题已解决，剩下的问题可在系统调试时解决。

工程上所选的典型低阶系统称为典型系，它的参数与性能指标之间的关系已事先找到，因此具体选择参数时，只需按已有的公式和表格中的数据计算就可以了，大大减少了自动控制系统设计的工作量。

4.3 典 型 系 统

一般来说，许多控制系统的开环传递函数都可用下式表示

$$W(s) = \frac{K(\tau_1 s+1)(\tau_2 s+1)\cdots(\tau_m s+1)}{s^r(T_1 s+1)(T_2 s+1)\cdots(T_n s+1)} = \frac{K\prod\limits_{j=1}^{m}(\tau_j s+1)}{s^r\prod\limits_{i=1}^{n}(T_i s+1)} \tag{4-2}$$

其分子上可能含有复数零点，分母上可能含有复数极点。分母 s^r 项表示该系统含有 r 个积分环节，若 $r=0$，称为 0 型系统；$r=1$，称为 Ⅰ 型系统；$r=2$，称为 Ⅱ 型系统，$r=3$，称为 Ⅲ 型系统，依次类推，但是要注意由自动控制理论证明，0 型系统稳态精度低，在稳态时有静差，Ⅲ 型和 Ⅲ 型以上系统很难稳定，因此从稳态精度和稳定性两方面综合考虑，一般选取 Ⅰ 型系统和 Ⅱ 型系统。

Ⅰ 型系统和 Ⅱ 型系统有多种多样的结构，只能各选取一种作为典型，这就是典型 Ⅰ 型系统和典型 Ⅱ 型系统。

4.3.1 典型 Ⅰ 型系统

系统结构越简单越好，从上面的分析可知 Ⅰ 型系统有一个积分环节，再根据控制系统对开环

对数频率特性的要求可知，中频段应以-20dB/dec 的斜率穿过 0dB 线，因此典型 Ⅰ 型系统的预期开环对数频率特性可如图 4-3 所示，只要参数的选择能保证足够的中频带宽度，系统就一定是稳定的。

由图 4-3 可写出典型 Ⅰ 型系统的开环传递函数为

$$W(s) = \frac{K}{s(Ts+1)} \qquad (4-3)$$

式中　K——开环放大系数；

　　　T——系统的惯性时间常数。

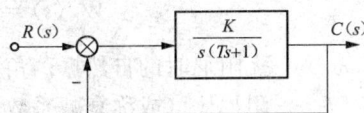

则典型 Ⅰ 型系统的动态结构图如图 4-4 所示。

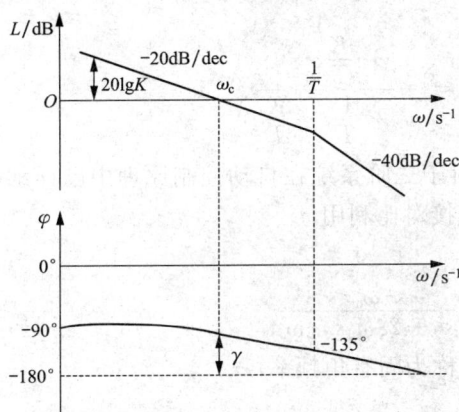

图 4-3　开环对数频率特性　　　　　图 4-4　典型 Ⅰ 型系统动态结构图

由图 4-3 可见，典型 Ⅰ 型系统频率特性的特征参量有 2 个：截止频率 ω_c 和时间常数 T，在选择参数时应首先保证

$$\omega_c < \frac{1}{T}$$

参数 T 是调节对象固有的参数，因此可调节的只有参数 ω_c。

由图 4-3 可知

$$20\lg K = 20\,(\lg \omega_c - \lg 1) = 20\lg \omega_c$$

故得 $K = \omega_c$ 　　　　　　　　　　　　　　　　　　　　　　　　　(4-4)

对于典型 Ⅰ 型系统，$\omega_c < \frac{1}{T}$，所以 K 取值也应 $K < \frac{1}{T}$。

式（4-4）表示 K 越大，截止频率 ω_c 也越大，系统的相应速度越快。

系统的相角裕量为

$$\gamma(\omega_c) = 180° + \varphi(\omega_c) = 180° - 90° - \mathrm{arctg}\,\omega_c T = 90° - \mathrm{arctg}\,\omega_c T \qquad (4-5)$$

截止频率 ω_c 增大，相角裕量 $\gamma(\omega_c)$ 将减小，稳定性降低，说明系统的快速性与稳定性之间存在矛盾，所以参数 K 的取值应综合考虑，在二者之间择中选取。

4.3.2　典型 Ⅰ 型系统的性能指标与参数的关系

1. 典型 Ⅰ 型系统跟随性能指标与参数的关系

（1）稳态跟随性能指标与参数的关系。稳态性能指标用不同输入信号作用下的稳态误差来表示。

在自动控制原理中已经研究过几个典型输入信号作用下典型 Ⅰ 型系统的稳态误差，如表 4-1 所示。

表 4-1　　　　　　　　Ⅰ型系统在不同典型输入信号作用下的稳态误差

典型输入信号	阶跃输入 $R(t)=R_0$	斜坡输入 $R(t)=v_0(t)$	加速度输入 $R(t)=\dfrac{a_0 t}{2}$
系统稳态误差	0	$\dfrac{v_0}{K}$	∞

由表 4-1 可知，Ⅰ型系统在不同的典型信号作用下稳态误差是不一样的，它对阶跃输入是无差的；对斜坡输入是有差的，为恒值稳态误差，稳态误差大小与 K 值成反比；对加速度输入稳态误差是无穷大，因此Ⅰ型系统不能用于有加速度输入的系统。

（2）动态跟随性能指标与参数之间的关系。前面已写出典型Ⅰ型系统的开环传递函数，可求出典型Ⅰ型系统的闭环传递函数

$$W_{cl}(s)=\frac{W(s)}{1+W(s)}=\frac{\dfrac{K}{T}}{s^2+\dfrac{1}{T}s+\dfrac{K}{T}} \tag{4-6}$$

由式（4-6）可知典型Ⅰ型系统是二阶系统，对于二阶系统在自动控制原理中已详细解析了它的动态跟随性能指标与参数之间的关系，因此可直接对比利用。

闭环传递函数的一般形式为

$$W_{cl}(s)=\frac{C(s)}{R(s)}=\frac{\omega_n^2}{s^2+2\xi\omega_n s+\omega_n^2} \tag{4-7}$$

式中　　ω_n——无阻尼时的自然振荡角频率（或称为固有角频率）；

　　　　ξ——阻尼比（或称衰减系数）。

比较式（4-6）和式（4-7），可得参数 K、T 与标准形式中的参数 ω_n、ξ 之间的关系

$$\omega_n=\sqrt{\frac{K}{T}} \tag{4-8}$$

$$\xi=\frac{1}{2}\sqrt{\frac{1}{KT}} \tag{4-9}$$

由二阶系统的性质可知：

1）$\xi<1$ 时，系统动态响应是欠阻尼的振荡特性。

2）$\xi>1$ 时，系统动态响应是过阻尼的单调特性。

3）$\xi=1$ 时，系统动态响应是临界阻尼状态。

由于过阻尼时系统的动态响应太慢，设计系统时一般把系统设计成欠阻尼状态。

对于典型Ⅰ型系统来说，前面已经得出 $K<\dfrac{1}{T}$，代入式（4-9）可知 ξ 的取值一定会大于 0.5，因此对于典型Ⅰ型系统 ξ 的取值应为

$$0.5<\xi<1$$

这时典型Ⅰ型系统的欠阻尼二阶系统在零初始条件下的阶跃响应动态指标计算公式如表 4-2 所示。

表 4-2　　　　欠阻尼二阶系统在零初始条件下的阶跃响应动态指标计算公式

跟随性能指标与频域指标	动态指标计算公式
超调量	$\sigma=e^{-\left(\frac{\xi\pi}{\sqrt{1-\xi^2}}\right)}\times100\%$

跟随性能指标与频域指标	动态指标计算公式
上升时间	$t_r = \dfrac{2\xi T}{\sqrt{1-\xi^2}}(\pi - \arccos\xi)$
峰值时间	$t_p = \dfrac{\pi}{\omega_n \sqrt{1-\xi^2}}$
调节时间	$t_s \approx \dfrac{3}{\xi\omega_n} = 6T$　允许误差带$\pm 5\%$，$\xi < 0.9$
相角稳定裕度	$\gamma = \text{arctg}\dfrac{2\xi}{\sqrt{\sqrt{4\xi^4+1}-2\xi^2}}$
截止频率	$\omega_c = \omega_n\sqrt{\sqrt{4\xi^4+1}-2\xi^2}$

参数 ω_n、ξ 与 K、T 之间的关系已知，利用表 4-2 可知 K、T 与跟随性能指标，与频域指标的关系，但是以上公式计算起来非常麻烦，也不容易看出参数与各种指标之间的关系，在设计时这一点恰恰非常重要，掌握参数 K 变化时各性能指标的变化趋势，才能知道如何调整，因此将不同参数 K 对应的性能指标以表格的形式列出，如表 4-3 所示。

表 4-3　　　　　　　典型 I 型系统跟随性能指标、频域指标与参数的关系

参数关系 KT	0.25	0.39	0.5	0.69	1.0
阻尼比 ξ	1.0	0.8	0.707	0.6	0.5
超调量 σ	0	1.5%	4.3%	9.5%	16.3%
上升时间 t_r	∞	6.6T	4.7T	3.3T	2.4T
峰值时间 t_p	∞	8.3T	6.2T	4.7T	3.6T
相角稳定裕度 γ	76.3°	69.9°	65.5°	59.2°	51.8°
截止频率 ω_c	0.243/T	0.367/T	0.455/T	0.596/T	0.786/T

通过表 4-3 可以看出改变参数时各性能指标的变化趋势。随着 ξ 值的减小，K 值增大，超调量增大，上升时间减小，超调量与快速性之间存在有矛盾，因此若工艺上要求动态响应快，可取 $\xi = 0.5 \sim 0.6$，把 K 值调大一些；若要求超调量小，可取 $\xi = 0.8 \sim 1.0$，把 K 值调小一些；无特殊要求，可按超调量不大、调节时间较小的原则择中选择，可取 $\xi = 0.707$，$KT = 0.5$ 这个典型参数，这就是西门子"最佳整定"方法的"模最佳系统"，或称为"二阶最佳系统"。

从上面的分析可知，$\xi = 0.707$，$KT = 0.5$ 这个典型参数，并不是"最佳"方案，只能算是一个择中选择，超调量与快速性之间的择中，实际工作中应根据工艺要求的不同，选择不同的"最佳"参数才能做到"最佳"的效果。当然，也可以根据性能指标的定义，通过适当的软件程序计算得到，感兴趣的可找相关资料查看。

2. 典型 I 型系统抗扰性能指标与参数之间的关系

典型 I 型系统动态结构图如图 4-5 所示，若中间加入扰动，把传递函数分成了前后 2 部分，如图 4-5（a）所示。

只讨论抗扰性能时，可以让输入信号为 0，使系统仅在扰动作用下，如图 4-5（b）所示，其输出为 $\Delta C(s)$，可以推导出扰动作用下系统的闭环传递函数为

$$\frac{\Delta C(s)}{N(s)} = \frac{W_2(s)}{1+W_1(s)W_2(s)} = \frac{1}{W_1(s)}\frac{W_1(s)W_2(s)}{1+W_1(s)W_2(s)}$$

$$= \frac{1}{W_1(s)}\frac{W(s)}{1+W(s)} = \frac{1}{W_1(s)}W_{cl}(s) \tag{4-10}$$

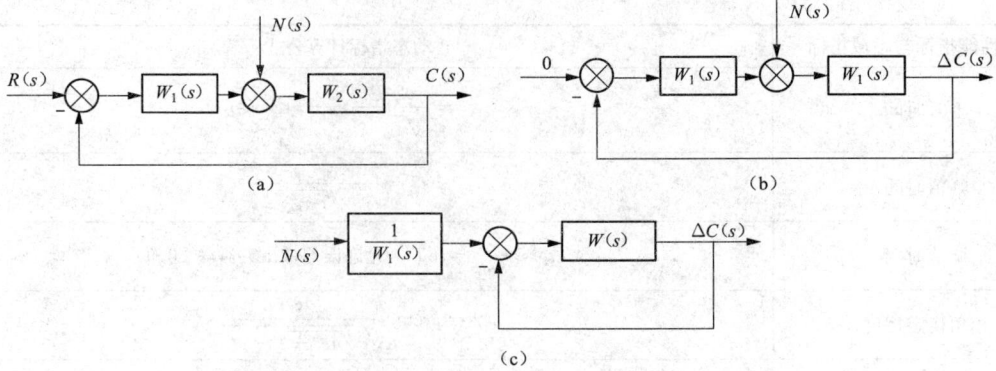

图 4-5　典型 Ⅰ 型系统动态结构图

（a）扰动作用下典型 Ⅰ 型系统动态结构图；（b）零输入条件下，仅有扰动作用的典型 Ⅰ 型系统动态结构图；
（c）等效结构图
$W_1(s)$—扰动作用点前的传递函数；$W_2(s)$—扰动作用点后的传递函数

式中　$W(s)$——系统的开环传递函数，$W(s)=W_1(s)W_2(s)$；

　　　$W_{cl}(s)$——系统的闭环传递函数。

扰动作用下输出变化量的象函数为

$$\Delta C(s) = \frac{N(s)}{W_1(s)}W_{cl}(s) \tag{4-11}$$

由此可画出系统的等效结构图如图 4-5（c）所示，由等效结构图可看出扰动的作用与跟随性能、扰动作用点的位置都有关，因此抗扰性能不能像跟随性能那样只考虑开环放大倍数 K，还必须考虑扰动作用点的位置，这就增加了抗扰性能分析的复杂性。

扰动的作用点可以有许多位置，不可能每一点都研究，比较实用的方法是只考虑主要扰动，在进行系统分析时只对主要扰动作用的抗扰性能进行分析，其它情况可仿照此分析方法进行。

下面针对直流调速系统选择一种结构分析，以便掌握分析抗扰性能的方法。

假设被控对象由 2 个惯性环节串联组成，扰动作用将其分为 2 个部分，作用点前和作用点后都为惯性环节，如图 4-6 所示，直流调速系统采用 PI 调节器，若 $T_2 > T_1$，可把 PI 调节器的参数选择为 $\tau_1 = T_2$，目的是使所选参数与较大时间常数相抵消。

典型 Ⅰ 型系统在一种扰动作用下的等效框图如图 4-7 所示。

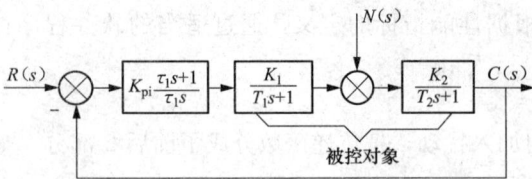

图 4-6　典型 Ⅰ 型系统在一种扰动
作用下的动态结构图

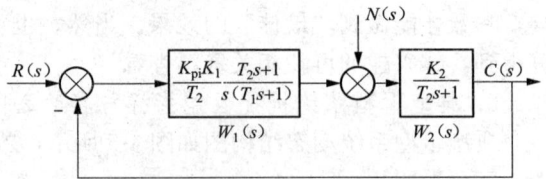

图 4-7　典型 Ⅰ 型系统在一种扰动
作用下的等效框图

由图得

$$W_1(s)W_2(s) = \frac{K_{pi}K_1K_2}{T_2}\frac{1}{s(T_1s+1)} = W(s)$$

为了分析方便，令 $K = \dfrac{K_{\text{pi}}K_1K_2}{T_2}$，$T_1 = T$，则有

$$W(s) = W_1(s)W_2(s) = K\frac{1}{s(Ts+1)}$$

由此式可看出，所研究的系统属于典型 I 型系统。

下面对扰动作用进行分析：

1）在输入信号为 0 时，系统仅在阶跃扰动作用下，令 $N(s) = \dfrac{N}{s}$，其输出为 $\Delta C(s)$

$$\Delta C(s) = \frac{N(s)}{W_1(s)}W_{\text{cl}}(s) = N(s)\frac{W_2(s)}{1+W_1(s)W_2(s)} = \frac{NK_2(Ts+1)}{(T_2s+1)(Ts^2+s+K)} \tag{4-12}$$

2）调节器参数按西门子"最佳整定"方法的"模最佳系统"来选择，即 $KT = 0.5$，也就是说 $K = 1/2T$ 则

$$\Delta C(s) = \frac{NK_2(Ts+1)}{(T_2s+1)(Ts^2+s+K)} = \frac{NK_2(Ts+1)}{(T_2s+1)\left(Ts^2+s+\dfrac{1}{2T}\right)}$$

$$= \frac{2NK_2T(Ts+1)}{(T_2s+1)(2T^2s^2+2Ts+1)} \tag{4-13}$$

3）将式 4-13 利用部分分式分解法分解，再求拉氏反变换，可得系统受到阶跃扰动后输出变化量的动态过程函数

$$\Delta C(t) = \frac{2NK_2m}{2m^2-2m+1}\Big[(1-m)\mathrm{e}^{-t/T_2} - (1-m)\mathrm{e}^{-t/2T}\cos\frac{t}{2T} + m\mathrm{e}^{-t/2T}\sin\frac{t}{2T}\Big] \tag{4-14}$$

式（4-14）中，m 为控制对象中小时间常数与大时间常数的比值，$m = \dfrac{T_1}{T_2} = \dfrac{T}{T_2} < 1$，不同的 m 值对应不同的 $\Delta C(t)$ 的动态过程曲线。

得到了扰动作用下输出变化量的动态过程曲线，就可以得到其各项抗扰性能指标，进而可以分析参数变化对抗扰性能影响的趋势。由于计算比较麻烦，将上述所选系统在 $K = 1/2T$ 的选择下的计算结果列于下表 4-4 中，为使指标落在比较合理的范围内，将基准值 C_b 取为

$$C_b = \frac{1}{2}NK_2 \tag{4-15}$$

表 4-4　　　　　　　　　　**典型 I 型系统抗扰性能指标与参数的关系**

$m = \dfrac{T_1}{T_2} = \dfrac{T}{T_2}$	1/5	1/10	1/20	1/30
$\dfrac{\Delta C_{\max}}{C_b} \times 100\%$	55.5%	33.2%	18.5%	12.9%
t_m/T	2.8	3.4	3.8	4.0
t_v/T	14.7	21.7	28.7	30.4

从表 4-4 中数据可看出，控制对象的 2 个时间常数相距较大时，扰动输出响应的动态降落 $\Delta C_{\max}$ 较小，但是最大动态降落所对应的时间 t_m 和恢复时间 t_v 却越长。

4.3.3　典型 II 型系统

（1）典型 II 型系统结构。在各种 II 型系统中，同样也要选择一种结构简单且保证稳定的系统作为典型系统，因为 II 型系统有 2 个积分环节，则低频段斜率为 -40dB/dec，对应相频特性是 -180°，在实际系统中它的后面往往还有一个惯性环节，所以必须要在分子上添加一个比例微分环节

$\tau s+1$，把相频特性抬高到$-180°$以上，使中频段以-20dB/dec穿越0分贝线，才能保证系统稳定，因此所取的典型Ⅱ型系统的开环传递函数为

$$W(s)=\frac{K(\tau s+1)}{s^2(Ts+1)} \tag{4-16}$$

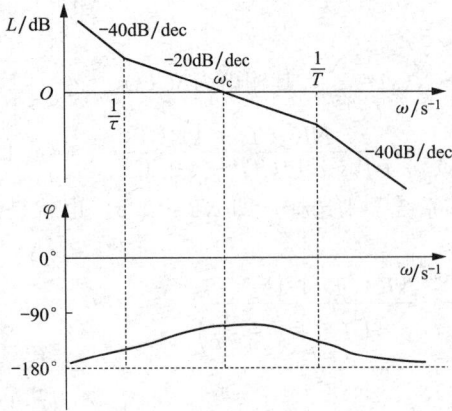

其开环对数频率特性曲线可如图4-8所示。

从图4-8可看出，为保证中频段以-20dB/dec的斜率穿过0dB线，应满足$\frac{1}{\tau}<\omega_c<\frac{1}{T}$这个基本条件，同时系统开环放大系数$K$的变化将会使系统的对数幅频特性上下移动，也就是说$K$值的变化可导致截止频率$\omega_c$变化，截止频率$\omega_c$的大小与系统开环放大系数$K$的取值有关。

典型Ⅱ型系统闭环结构框图，如图4-9所示。

（2）典型Ⅱ型系统参数。式（4-16）中共有3个参数T、K和τ，其中时间常数T是控制对象固有的，那么可调整的参数有2个K和τ，一旦这2个参数被确定，系统动态特性就确定了。

图4-8　开环对数频率特性

但是2个参数待确定，增加了选择参数的难度，因此引入新变量中频宽h，它是对数坐标下，斜率为-20dB/dec的中频段宽度，如图4-10所示。

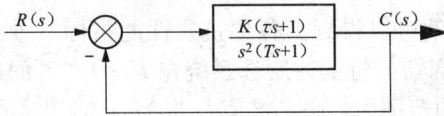

图4-9　典型Ⅱ型系统闭环动态结构图

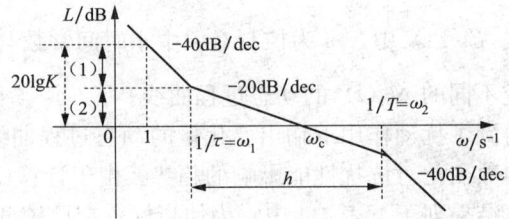

图4-10　开环对数幅频特性和中频宽

由图4-10可看出

$$20\lg K=(1)+(2)=40(\lg\omega_1-\lg1)+20(\lg\omega_c-\lg\omega_1)=20\lg\omega_1\omega_c$$
$$\lg h=\lg1/T-\lg1/\tau=\lg\tau/T$$

即

$$K=\omega_1\omega_c \tag{4-17}$$

$$h=\frac{\tau}{T}=\frac{\omega_2}{\omega_1} \tag{4-18}$$

从幅频特性上还可看出如下规律：①改变τ相当于改变中频宽h。②改变K使开环对数幅频特性上下移动，相当于改变了截止频率ω_c，所以选择了h和ω_c，就相当于选择了τ和K。

（3）双参数选择转变为单参数选择。闭环幅频特性的一般形状，如图4-11所示。

特性曲线中的最大值称为闭环幅频特性峰值M_r，它对应的角频率ω_r称为谐振频率。闭环幅频特性峰值M_r与超调量$\sigma\%$有直接的关系，是反映系统的相对稳定性的重要参数，闭环幅频特性峰值M_r值越小，超调量也越小，系统的动态相对稳定性越好，反之亦然。因此可利用闭环幅频特性峰值M_r最小准则。

若要把双参数选择变为单参数选择，首先要找出参数 h 和 ω_c 之间的关系，可采用"振荡指标法"中的闭环幅频特性峰值 M_r 最小准则，找到 h 和 ω_c 之间的最佳配合关系。它们之间关系的证明过程比较麻烦，感兴趣的可自己找相关资料看一下，此处只给出结论。

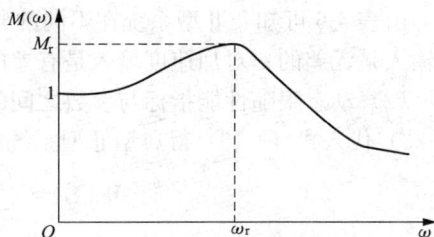

图 4-11　闭环系统幅频特性

当 ω_c 满足以下关系时

$$\frac{\omega_2}{\omega_c} = \frac{2h}{h+1} \tag{4-19}$$

$$\frac{\omega_c}{\omega_1} = \frac{h+1}{2} \tag{4-20}$$

所对应的闭环幅频特性峰值 M_r 是最小值 M_{min}，它与 h 的关系是

$$M_{\text{min}} = \frac{h+1}{h-1} \tag{4-21}$$

式（4-19）和式（4-20）合称为 M_r 最小准则的"最佳频比"。

由此可以列出 h 为不同值时，所对应的最小闭环幅频特性峰值 M_{min} 和最佳频比关系如表 4-5 所示。

表 4-5　　　　　　　　　　不同 h 值时的 M_{min} 和最佳频比关系

h	3	4	5	6	7	8	9	10
m_{min}	2.0	1.67	1.5	1.4	1.33	1.29	1.25	1.22
$\dfrac{\omega_2}{\omega_c}$	1.5	1.6	1.67	1.71	1.75	1.78	1.80	1.82
$\dfrac{\omega_c}{\omega_1}$	2.0	2.5	3.0	3.5	4.0	4.5	5.0	5.5

从表中数据可看出加大中频宽 h，可以减小最小闭环幅频特性峰值 M_{min}，从而降低超调量 $\sigma\%$，但是当 $h>7$ 后这种减小就不明显了，加大中频宽 h 同时还可使 ω_c 减小，即以牺牲系统的快速性为代价。综上分析，并在实际中验证中频宽 h 一般在 $3\sim10$ 之间选择，系统的动态性能较好。

这样如果给出了系统所允许的频域指标 M_r 值，就可求出系统所允许的中频宽 h 值，就相当于知道了截止频率 ω_c 的值，也就是找出了参数 h 和 ω_c 之间的关系，据式（4-17）、式（4-18）、式（4-19）和式（4-20）就可知 τ 和 K 的值，其参数关系为

$$\tau = hT \tag{4-22}$$

$$K = \omega_1 \omega_c = \omega_1^2 \frac{h+1}{2} = \left(\frac{\omega_2}{h}\right)^2 \frac{h+1}{2} = \left(\frac{1}{hT}\right)^2 \frac{h+1}{2} = \frac{h+1}{2h^2 T^2} \tag{4-23}$$

所以典型 Ⅱ 型系统参数选择的关键是参数 h 的选择。

4.3.4　典型 Ⅱ 型系统的性能指标与参数之间的关系

1. 典型 Ⅱ 型系统跟随性能指标与参数之间的关系

（1）稳态跟随性能指标与参数之间的关系。在自动控制原理中已经研究几个典型输入信号作用下，典型 Ⅱ 型系统的稳态误差，如表 4-6 所示。

表 4-6　　　　　　　　　Ⅱ 型系统在不同典型输入信号作用下的稳态误差

典型输入信号	阶跃输入 $R(t)=R_0$	斜坡输入 $R(t)=v_0(t)$	加速度输入 $R(t)=\dfrac{a_0 t}{2}$
系统稳态误差	0	0	$\dfrac{a_0}{K}$

由表 4-6 可知，Ⅱ型系统在不同的典型信号作用下稳态误差是不一样的，它对于阶跃输入、斜坡输入是无差的；对加速度输入是有差的，为恒值稳态误差，大小与 K 值成反比。

（2）动态跟随性能指标与参数之间的关系。按 M_r 最小准则选择调节器参数，将式（4-22）、式（4-23）代入式（4-16）得典型Ⅱ型系统的开环传递函数为

$$W(s) = \frac{K(\tau s + 1)}{s^2(Ts+1)} = \frac{h+1}{2h^2T^2} \frac{hTs+1}{s^2(Ts+1)} \tag{4-24}$$

按 M_r 最小准则选择的典型Ⅱ型系统闭环结构框图如图 4-12 所示。

系统的闭环传递函数为

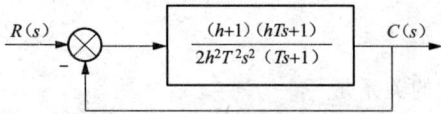

图 4-12 M_{rmin} 选择的典型
Ⅱ型系统闭环结构框图

$$W_{cl}(s) = \frac{W(s)}{1+W(s)} = \frac{\dfrac{h+1}{2h^2T^2}(hTs+1)}{s^2(Ts+1) + \dfrac{h+1}{2h^2T^2}(hTs+1)}$$

$$= \frac{hTs+1}{\dfrac{2h^2}{h+1}T^3s^3 + \dfrac{2h^2}{h+1}T^2s^2 + hTs + 1} \tag{4-25}$$

由此可求出系统输出的时间响应函数。

下面以输入单位阶跃函数为例，求取系统的单位阶跃响应函数。

输入为单位阶跃函数，则有

$$R(s) = \frac{1}{s}$$

而

$$W_{cl}(s) = \frac{C(s)}{R(s)}$$

则

$$C(s) = \frac{hTs+1}{s\left(\dfrac{2h^2}{h+1}T^3s^3 + \dfrac{2h^2}{h+1}T^2s^2 + hTs + 1\right)} \tag{4-26}$$

由此式可以得到，以 T 为时间基准，h 取不同值时对应的单位阶跃响应函数 $C(t/T)$，从而计算出超调量 σ、上升时间 t_r、调节时间 t_s、振荡次数 k。典型Ⅱ型系统阶跃输入跟随性能指标如表 4-7 所示。

表 4-7 典型Ⅱ型系统阶跃输入跟随性能指标

h	3	4	5	6	7	8	9	10
M_{rmin}	2	1.67	1.5	1.4	1.33	1.29	1.25	1.22
σ	52.6%	43.6%	37.6%	33.2%	29.8%	27.2%	25.0%	23.3%
t_r/T	2.40	2.65	2.85	3.0	3.1	3.2	3.3	3.35
t_s/T	12.15	11.65	9.55	10.45	11.30	12.25	13.25	14.20
k	3	2	2	1	1	1	1	1

由表 4-7 可以看出过渡过程的衰减振荡性质，随 h 的单调变化，调节时间 t_s 的变化不是单调的变化，$h=5$ 时调节时间最短；h 增大，上升时间 t_r 变大，上升时间变慢，但超调量变小。选择时应把各项指标综合起来看，一般来说，$h=5$ 是动态跟随性能比较适中的选择。

2. 典型Ⅱ型系统抗扰性能指标与参数之间的关系

在研究典型Ⅰ系统时已经知道，控制系统的抗扰性能指标因系统结构、扰动作用点、作用函数的不同而不同，因此只能针对常用调速系统，一个常见扰动作用于扰动作用点，侧重于介绍抗扰性能指标的确定过程和方法，分析抗扰性能指标与参数的关系。

如图 4-13 所示调速系统，假设扰动与输出点之间是一个积分环节，调节器采用 PI 调节器。

取 $K_1 = \dfrac{K_{pi}K_d}{\tau_1}$，$\tau_1 = hT$，扰动点前的传递函数为

$$W_1(s) = \frac{K_1(hTs+1)}{s(Ts+1)}$$

扰动作用点后的传递函数为

$$W_2(s) = \frac{K_2}{s}$$

取 $K_1 K_2 = K$，则系统的开环传递函数为

$$W_1(s)W_2(s) = \frac{K(hTs+1)}{s^2(Ts+1)} = W(s)$$

属于典型 Ⅱ 型系统，按 M_r 最小准则确定参数关系，则 $K = \dfrac{h+1}{2h^2T^2}$。

在零输入的情况下研究抗扰性能，图 4-13 可以改画成图 4-14 形式。

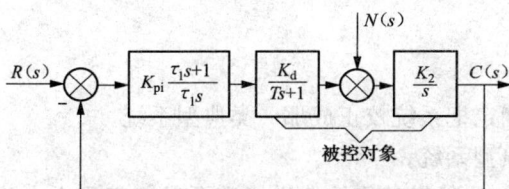

图 4-13　典型 Ⅱ 型系统在一种扰动　　　　图 4-14　典型 Ⅱ 型系统在一种扰动
　　　作用下的动态结构图　　　　　　　　　　作用下的等效框图

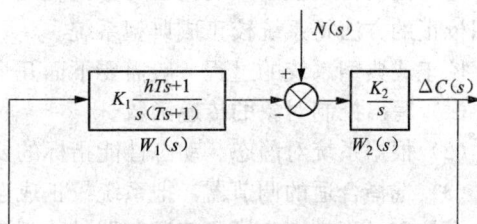

选用阶跃扰动，设 $N(s)$ 为阶跃扰动，则 $N(s) = N/s$，由图 4-14 可得

$$\frac{\Delta C(s)}{N(s)} = \frac{W_2(s)}{1 + W_1(s)W_2(s)}$$

则　　　$$\Delta C(s) = \frac{N}{s} \cdot \frac{W_2(s)}{1 + W_1(s)W_2(s)} = \frac{\dfrac{NK_2}{s}}{s + \dfrac{K(hTs+1)}{s(Ts+1)}} = \frac{NK_2(Ts+1)}{s^2(Ts+1) + K(hTs+1)}$$

$$\underline{K = \frac{h+1}{2h^2T^2}} \quad \frac{\dfrac{2h^2}{h+1}NK_2T^2(Ts+1)}{\dfrac{2h^2}{h+1}T^3s^3 + \dfrac{2h^2}{h+1}T^2s^2 + hTs + 1} \tag{4-27}$$

由式（4-27）可以计算出对应于不同 h 值的动态抗扰过程曲线 $\Delta C(t)$，从而求出各项抗扰性能指标，表 4-8 列出了针对图 4-13 所示的特定结构且符合 M_r 最小准则的典型 Ⅱ 型系统抗扰性能指标与参数的关系。表中的性能指标与参数的关系是针对上面例子中的特定结构，并按 M_r 最小准则确定参数关系。

在计算中为了使各项指标都落在合理的范围内，取基准值为

$$C_b = 2NK_2T \tag{4-28}$$

表 4-8　　　　　　　　　　　　　典型 Ⅱ 型系统抗扰性能指标与参数的关系

h	3	4	5	6	7	8	9	10
$\Delta C_{max}/C_b$	72.2%	77.5%	81.2%	84.0%	86.3%	88.1%	89.6%	90.8%
t_m/T	2.45	2.70	2.85	3.00	3.15	3.25	3.30	3.40
t_v/T	13.60	10.45	8.80	12.95	16.85	19.80	22.80	25.85

从表 4-8 中数据可看出，中频宽 h 越小，动态降落 $\Delta C_{\max}$ 也越小，对应的 t_{m}、t_{v} 也越小，因此抗扰性能越好，与跟随性能指标中得出的随中频宽 h 减小超调量变大的结论正好相反，反映了快速性与稳定性之间的矛盾，把跟随性能指标与抗扰性能指标综合考虑的话，一般选取 $h=5$，此时调节时间最短，其他各项指标也比较适中。

综上所述，可将典型 I 型系统和典型 II 型系统简单比较一下：从动态跟随性能指标上相比，典型 I 型系统比典型 II 型系统的超调量小，跟随性能要好；从抗扰性能指标上相比，典型 II 型系统比典型 I 型系统相对来说要好一些。因此在选择典型系统时，要综合考虑多方面因素。

4.4　非典型系统的典型化

电力拖动自动控制系统调节对象的传递函数，在形式上一般不符合典型系统的要求，因此需要用校正的方法将系统校正成典型系统。

校正成典型系统的过程一般需要下面几个步骤：

（1）写出控制对象的传递函数。

（2）根据系统对静态、动态性能指标的要求，确定把系统校正成那一类典型系统。

（3）选择合适的调节器，把系统校正成选定的典型系统。

在校正过程中，为了不使调节器结构过于复杂，对调节对象的传递函数要进行工程上允许的合理近似。

4.4.1　校正成典型系统

下面分别以被控对象是由双惯性型和积分—双惯性型为例，讨论如何校正成典型 I 型系统或典型 II 型系统。

1. 被控对象是双惯性型校正成典型 I 型系统

控制对象的传递函数为

$$W_{\mathrm{obj}}(s) = \frac{K_2}{(T_1 s + 1)(T_2 s + 1)} \quad (\text{其中 } T_1 > T_2)$$

校正成典型 I 型系统。选择调节器的方法：

$$\text{调节器传递函数} \times \frac{K_2}{(T_1 s + 1)(T_2 s + 1)} = \frac{K}{s(T_2 s + 1)}$$

消去时间常数 T_1 是因为 $T_1 > T_2$，抵消掉控制对象中的大惯性环节，以便校正后的系统能够快一些。

显然可选择 PI 调节器，传递函数为

$$W_{\mathrm{pi}}(s) = \frac{K_{\mathrm{pi}}(\tau_1 s + 1)}{\tau_1 s}$$

取 $\tau_1 = T_1$，并令 $\dfrac{K_{\mathrm{pi}} K_2}{\tau_1} = K$

校正后系统的传递函数变成

$$W(s) = W_{\mathrm{pi}}(s) W_{\mathrm{obj}}(s) = \frac{K_{\mathrm{pi}} K_2 (\tau_1 s + 1)}{\tau_1 s (T_1 s + 1)(T_2 s + 1)} = \frac{K}{s(T_2 s + 1)}$$

采用 PI 调节器将双惯性控制对象校正成如图 4-15 所示典型 I 型系统。

2. 被控对象是积分—双惯性型校正成典型 II 型系统

控制对象的传递函数为

$$W_{\mathrm{obj}}(s) = \frac{K_2}{s(T_1 s + 1)(T_2 s + 1)} \quad (\text{其中 } T_1 > T_2)$$

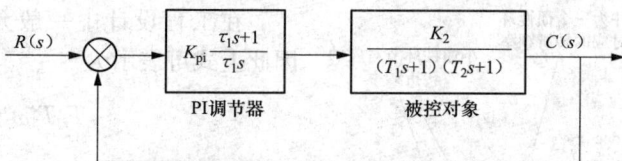

图 4-15　利用 PI 调节器将双惯性控制对象校正成典型 I 型系统结构框图

校正成典型 II 型系统。根据控制对象与调节器的传递函数相乘，匹配成相应典型系统的原则，应为

$$调节器传递函数 \times \frac{K_2}{s(T_1 s+1)(T_2 s+1)} = \frac{K(\tau_2 s+1)}{s^2(T_2 s+1)}$$

消去 T_1 的目的同样是要抵消掉控制对象中的大惯性环节，以便校正后的系统能够快一些。

显然调节器不能再选择 PI 调节器，它的传递函数应为

$$W_{\text{pid}}(s) = \frac{(\tau_1 s+1)(\tau_2 s+1)}{\tau s}$$

应选择 PID 调节器，取 $\tau_1 = T_1$，令 $\dfrac{K_2}{\tau} = K$，校正后系统的传递函数变成

$$W(s) = W_{\text{pid}}(s) W_{\text{obj}}(s) = \frac{\dfrac{K_2}{\tau}(\tau_2 s+1)}{s^2(T_2 s+1)} = \frac{K(\tau_2 s+1)}{s^2(T_2 s+1)}$$

将系统校正成了典型 II 型系统，结构框图如图 4-16 所示。

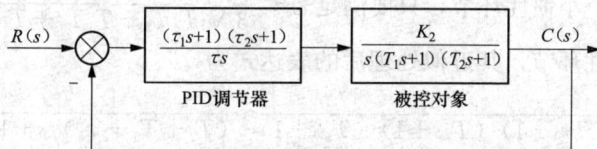

图 4-16　利用 PID 调节器将积分—双惯性控制对象校正成典型 II 型系统结构框图

工程上自动控制系统千差万别，总有一些被控对象利用 P、I、PI、PD、PID 这些常用的调节器都不可能将其简单地校正成典型系统的形式，这时就要对被控对象进行工程上允许近似处理。

4.4.2　被控对象传递函数的近似处理

1. 高频段小惯性环节的近似处理

在直流调速系统中，被控对象除了大时间常数的电动机环节外，往往还存在有一些小时间常数的惯性环节，比如晶闸管整流装置滞后环节、电流检测滤波环节、转速检测滤波环节等，它们的时间常数较小，在自动控制系统中构成小惯性环节群。由于小惯性环节时间常数较小，因此小惯性环节的转折频率处于系统开环对数频率特性的高频段，称为高频小惯性环节。

例如：某系统被控对象为三惯性环节，与 PI 调节器配合开环传递函数为

$$W(s) = \frac{K(\tau s+1)}{s(T_1 s+1)(T_2 s+1)(T_3 s+1)}$$

其中，T_2、T_3 都为小时间常数，$T_1 \gg T_2$，$T_1 \gg T_3$，且 $T_1 > \tau$。

含有高频小惯性环节的系统的开环对数幅频特性如图 4-17 所示。

显然 T_2、T_3 为小惯性环节对应的时间常数，小惯性环节的频率特性及其近似式为

$$\frac{1}{(j\omega T_2+1)(j\omega T_3+1)} = \frac{1}{(1-T_2 T_3 \omega^2)+j\omega(T_2+T_3)} \approx \frac{1}{1+j\omega(T_2+T_3)}$$

近似的条件是

$$T_2 T_3 \omega^2 \ll 1$$

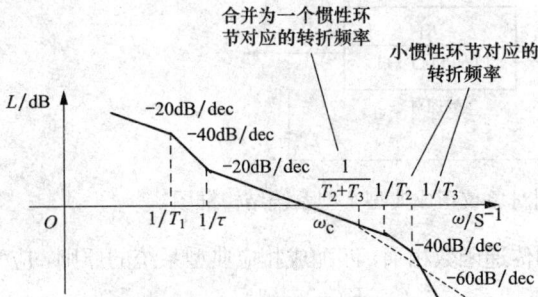

图 4-17　含有高频小惯性环节的
系统开环对数幅频特性

在工程设计中一般允许 10% 以内的误差，因此上式可表示为

$$T_2 T_3 \omega^2 \leqslant \frac{1}{10}$$

或者允许频带为 $\omega \leqslant \sqrt{\dfrac{1}{10 T_2 T_3}}$

考虑到开环对数频率特性的截止频率 ω_c 与闭环频率特性的带宽 ω_b 一般比较接近，可用 ω_c 作为闭环系统通频带的标志，而且 $\sqrt{10} \approx 3$，因此可写为

$$\omega_c \leqslant \frac{1}{3} \frac{1}{\sqrt{T_2 T_3}}$$

即在此条件下有

$$\frac{1}{(T_2 s + 1)(T_3 s + 1)} \approx \frac{1}{(T_2 + T_3) s + 1}$$

这样就将 2 个小惯性环节等效为一个惯性环节，只是该惯性环节的时间常数是两小惯性环节的时间常数之和，等效以后的开环对数幅频特性如图 4-17 中虚线所示。从图 4-17 中可看出此处近似处理对整个系统的性质影响不大，却使设计过程方便了许多，相当于将原来被控对象的三惯性环节变成现在的双惯性环节，与 PI 调节器配合就可以将系统校正成典型 I 型系统。

同理可证，若有 3 个小惯性环节，只要满足 $\omega_c \leqslant \dfrac{1}{3} \sqrt{\dfrac{1}{T_2 T_3 + T_3 T_4 + T_4 T_2}}$ 的条件，可将 3 个小惯性环节等效为 1 个惯性环节，其近似处理后的表达式为

$$\frac{1}{(T_2 s + 1)(T_3 s + 1)(T_4 s + 1)} \approx \frac{1}{(T_2 + T_3 + T_4) s + 1}$$

此处不再证明。

2. 大惯性环节的近似处理

大惯性环节对应的时间常数比较大，转折频率较小，位于开环对数频率特性的低频段。例如某系统被控对象为双惯性环节，与 PI 调节器配合开环传递函数为

$$W(s) = \frac{K(\tau s + 1)}{s(T_1 s + 1)(T_2 s + 1)}$$

式中大惯性环节对应的时间常数为 T_1，$T_1 > \tau > T_2$，且 $1/T_1$ 远小于截止频率 ω_c。

大惯性环节的频率特性为

$$\frac{1}{j\omega T_1 + 1} = \frac{1}{\sqrt{\omega^2 T_1^2 + 1}} \angle - \mathrm{arctg}\omega T_1$$

若将此大惯性环节近似为积分环节，即 $\dfrac{1}{T_1 s + 1} \approx \dfrac{1}{T_1 s}$

其频率特性幅值应近似为 $\dfrac{1}{\sqrt{\omega^2 T_1^2 + 1}} \approx \dfrac{1}{\omega T_1}$

按工程设计中 10% 以内误差，同前面一样的原因，将 ω 替换为 ω_c，近似的条件为

$$\omega_c \geqslant \frac{3}{T_1}$$

这样处理以后含有低频大惯性环节的系统开环对数幅频特性的变化如图 4-18 虚线所示，其差别存在于低频段，因此对系统的动态性能影响不大。

这种近似处理对系统影响可以从以下方面分析。

（1）从对数幅频特性上看，差别在低频段，这样的近似对动态性能影响不大，对稳态性能却有影响，近似处理后系统由原来的 Ⅰ 型系统变成近似后的 Ⅱ 型系统，稳态性能截然不同，因此这种近似只适用于动态性能分析设计，当考虑稳态性能时，仍采用近似前的传递函数。

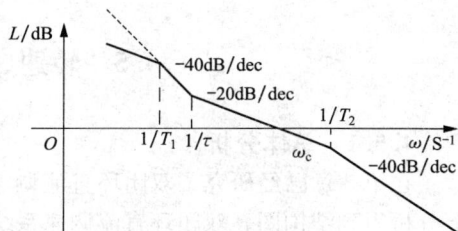

图 4-18　含有低频大惯性环节的系统开环对数幅频特性

（2）近似处理对动态稳定性的影响可从近似处理前后系统的相角稳定裕度来分析：

近似处理前，传递函数为 $W(s)=\dfrac{K(\tau s+1)}{s(T_1 s+1)(T_2 s+1)}$，

对应的相角稳定裕度为 $\gamma(\omega_c)=90°-\mathrm{arctg}T_1\omega_c+\mathrm{arctg}\tau\omega_c-\mathrm{arctg}T_2\omega_c$

近似处理后，传递函数为 $W(s)=\dfrac{K(\tau s+1)}{T_1 s^2(T_2 s+1)}$，对应的相角稳定裕度为

$$\gamma(\omega_c)=\mathrm{arctg}\tau\omega_c-\mathrm{arctg}T_2\omega_c$$

显然，近似处理前实际系统的 $\gamma(\omega_c)$ 大于近似处理后系统的 $\gamma(\omega_c)$，这就是说实际系统的稳定裕度比近似系统的稳定裕度更大，也就是说按近似系统设计好调节器后，实际系统的稳定性比近似系统的更强，所以近似处理对动态稳定性不会产生不好的影响。

3. 高阶系统的降阶处理

将小惯性群近似为一个小惯性环节，实际上也是一种特殊的降阶处理，下面讨论更一般的情况，如何忽略特征方程的高次项。

以三阶系统为例，设

$$W(s)=\frac{K}{as^3+bs^2+cs+1}$$

其中，a、b、c 都为正的系数，且 $bc>a$，符合劳斯—赫尔维茨判据，系统稳定。

若忽略高次项，可将上式近似为　　$W(s)=\dfrac{K}{cs+1}$

频率特性为

$$\begin{aligned}W(\mathrm{j}\omega)&=\frac{K}{a\,(\mathrm{j}\omega)^3+b\,(\mathrm{j}\omega)^2+c(\mathrm{j}\omega)+1}\\&=\frac{K}{(1-b\omega^2)+\mathrm{j}\omega(c-a\omega^2)}\\&\approx\frac{K}{1+\mathrm{j}\omega c}\end{aligned}$$

所以近似条件为

$$\begin{cases}b\omega^2\leqslant\dfrac{1}{10}\\[2mm]a\omega^2\leqslant\dfrac{c}{10}\end{cases}$$

实际应用的近似条件为

$$\omega_c\leqslant\frac{1}{3}\min\left(\sqrt{\frac{1}{b}},\ \sqrt{\frac{c}{a}}\right)$$

高阶系统的降阶处理一般用于多环系统的设计中，在设计时先设计内环再设计外环，设计外环时把内环作为一个整体环节来对待，为了设计方便希望内环越简单越好，因此可根据工程实际将高阶系统的降阶处理。

4.5 转速、电流双闭环调速系统设计

4.5.1 总体分析

在第 3 章已经研究了双闭环直流调速系统结构框图，但是没有考虑实际的现场，只是从理论上分析得到结构图，双闭环直流调速系统设计在它的基础上完成。

设计多环控制系统的一般原则是：先设计内环，再设计外环。由内而外一环一环逐环设计。在此原则下转速、电流双闭环调速系统，应先设计电流环，然后将其等效为一个环节，再设计转速环。

由内向外分析，首先要解决图 4-19 所示电流检测环节的问题，电流检测环节含有交流分量，需要加低通滤波滤掉交流分量，添加滤波以后会带来延迟，为平衡延迟作用，需在给定信号通道增加一个同等时间常数 T_{oi} 的惯性环节，称为给定滤波环节；其次要解决的是图 4-19 所示转速检测环节，转速反馈电压信号含有测速发电机的换向纹波，同样需要滤波，为解决转速给定信号与转速反馈信号时间不统一的问题，要在转速给定信号通道增加一个同等时间常数 T_{on} 的惯性环节。

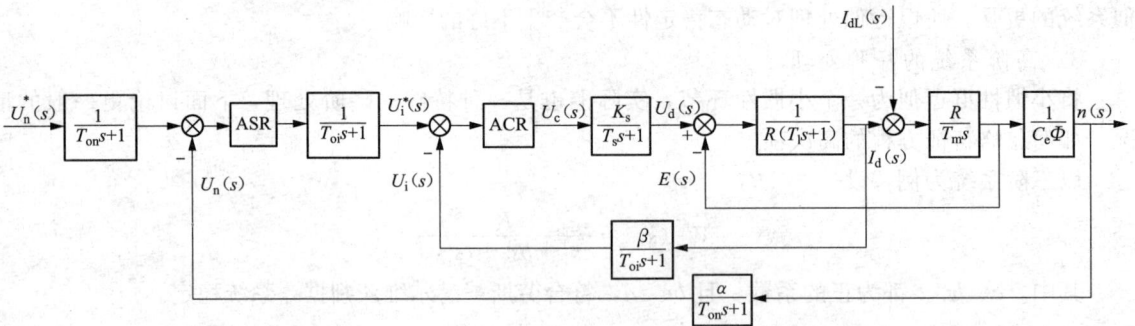

图 4-19 双闭环直流调速系统的动态结构图

4.5.2 电流环的设计

1. 结构图的近似处理

主要从以下 3 方面着手。

(1) 解决电动机反电动势的问题。由于电流的瞬态响应较快，反电动势的变化与电流变化相比较慢，因此对于电流环来说，反电动势只是一个变化较慢的扰动，为简化设计，在设计电流环时暂不考虑电动势的作用，暂时把电动势反馈断开，从而得到电流环的近似结构如图 4-20 所示。

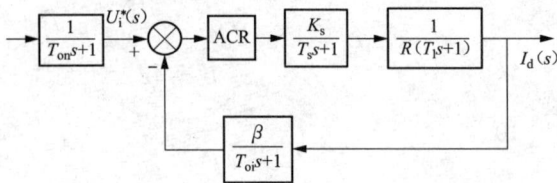

图 4-20 忽略电动势影响的电流环动态结构框图

忽略反电动势对电流环作用的近似条件为（推导从略）

$$\omega_{ci} \geqslant 3\,\frac{1}{\sqrt{T_m T_l}}$$

式中 ω_{ci}——电流环开环频率特性的截止频率。

(2) 框图变换。在图 4-20 所示结构框图的基础上，把给定滤波环节和反馈滤波环节移到环内，同时把给定信号改成 $U_i^*(s)/\beta$，则电流环便等效成单位负反馈系统如图4-21所示。

（3）小惯性群的问题。由于滤波时间常数 T_{oi}、整流装置时间 T_s 一般都比电磁时间常数 T_1 小许多，因此可以应用小惯性群的处理方式将其看着是一个小惯性环节，即 $T_{\Sigma i}=T_s+T_{oi}$，其等效成立的条件是电流环的截止频率为 $\omega_{ci}\leqslant\dfrac{1}{3}\sqrt{\dfrac{1}{T_s T_{oi}}}$，则电流环的动态结构框图就可化简为如图 4-22 所示。

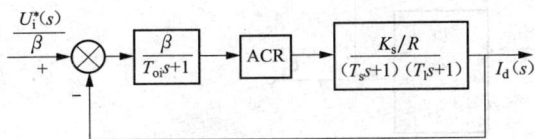

图 4-21　等效成单位负反馈系统　　　　　　图 4-22　按小惯性环节处理后系统结构框图

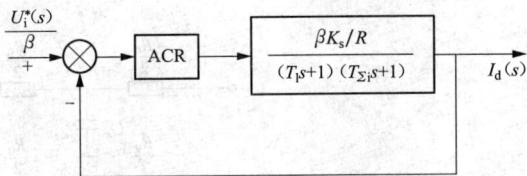

2. 电流调节器结构选择

对电流环的控制要求从系统稳态要求上看，希望电流无静差，电流大小跟随转速调节器的输出相应变化，从动态要求上看，系统不允许电枢电流在突加控制作用时有太大的超调，因此可以跟随性能为主，选用典型Ⅰ型系统。

从图 4-22 可看出，电流调节器的控制对象是双惯性环节，要校正成典型Ⅰ型系统，电流调节器可采用 PI 调节器，其传递函数为

$$W_{ACR}(s)=\frac{K_i(\tau_i s+1)}{\tau_i s} \tag{4-29}$$

式中　K_i——电流调节器的比例系数；

　　　τ_i——电流调节器的超前时间常数。

为了让调节器的超前时间常数 τ_i 与控制对象中的大时间常数 T_1 相抵消，取

$$\tau_i=T_1$$

系统的开环传递函数就变成

$$W_i(s)=K_i\frac{\tau_i s+1}{\tau_i s}\frac{K_s\beta/R}{(T_{\Sigma i}s+1)(T_1 s+1)}=\frac{K_i K_s\beta}{\tau_i Rs(T_{\Sigma i}s+1)} \tag{4-30}$$

令

$$K_I=\frac{K_i K_s\beta}{\tau_i R}$$

则系统的开环传递函数为　$$W_{opi}(s)=\frac{K_I}{s(T_{\Sigma i}s+1)} \tag{4-31}$$

如图 4-23 所示为校正成典型Ⅰ型系统的电流环动态结构框图。

3. 电流调节器参数选择

电流调节器的传递函数为 $W_{ACR}(s)=\dfrac{K_i(\tau_i s+1)}{\tau_i s}$，需确定参数是电流调节器比例系数 K_i 和电流调节器的超前时间常数 τ_i，而 τ_i 已选定，$\tau_i=T_1$，所以只需选定比例系数 K_i 即可。

图 4-23　电流环校正成典型Ⅰ型系统结构框图

比例系数 K_i 的选取需根据系统要求的动态性能指标，一般情况下，可根据表 4-3 做择中选择，$\xi=0.707$，$K_I T_{\Sigma i}=0.5$，代入前面已推出的公式 $K_I=\dfrac{K_i K_s\beta}{\tau_i R}$ 可得

$$K_i=\frac{\tau_i R}{2K_s\beta T_{\Sigma i}}=\frac{T_1 R}{2K_s\beta T_{\Sigma i}} \tag{4-32}$$

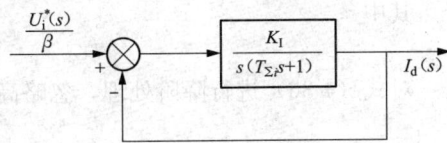

4. 电流调节器的实现

模拟式 PI 电流调节器的原理图如图 4-24 所示，其中 U_i^* 为电流给定电压，$-\beta I_d$ 为电流负反馈电压，调节器的输出就是电力电子变换器的控制电压 U_c。

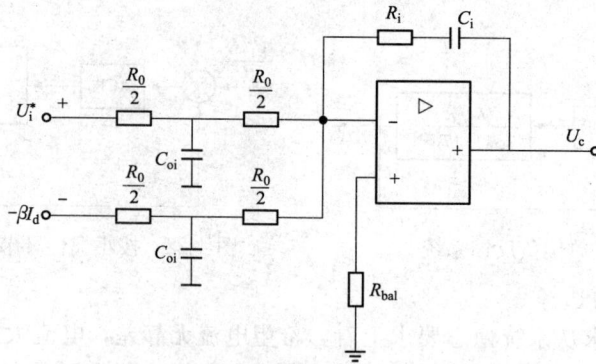

图 4-24 模拟式 PI 电流调节器的原理图

由电路原理图可求得具体电路参数值

$$K_i = \frac{R_i}{R_0} \tag{4-33}$$

$$\tau_i = R_i C_i \tag{4-34}$$

$$T_{oi} = \frac{1}{4} R_0 C_{oi} \tag{4-35}$$

4.5.3 转速环的设计

1. 结构图的近似处理

主要从以下两方面着手。

（1）对电流环的处理。把电流环作为转速环的一个环节，需求出电流环闭环传递函数，由图 4-23 可知电流环闭环传递函数为

$$W_{cli}(s) = \frac{\dfrac{I_d(s)}{U_i^*(s)}}{\beta} = \frac{\dfrac{K_I}{s(T_{\Sigma i}s+1)}}{1+\dfrac{K_I}{s(T_{\Sigma i}s+1)}} = \frac{1}{\dfrac{T_{\Sigma i}}{K_I}s^2 + \dfrac{1}{K_I}s + 1} \tag{4-36}$$

其中

$$K_I = \frac{K_i K_s \beta}{\tau_i R}$$

对式（4-36）进行降阶处理，忽略高次项，当近似条件 $\omega_{cn} \leqslant \dfrac{1}{3}\sqrt{\dfrac{K_I}{T_{\Sigma i}}}$ 成立时，可降阶近似为

$$W_{cli}(s) = \frac{\dfrac{I_d(s)}{U_i^*(s)}}{\beta} \approx \frac{1}{\dfrac{1}{K_I}s + 1} \tag{4-37}$$

电流环在转速环内，电流环的输入量为电流给定电压 $U_i^*(s)$，反馈为 I_d，因此电流环在转速环中可等效为

$$\frac{I_d(s)}{U_i^*(s)} = \frac{W_{cli}(s)}{\beta} \approx \frac{\dfrac{1}{\beta}}{\dfrac{1}{K_I}s + 1}$$

电流环等效处理后动态结构框图如图 4-25 所示。

最初的电流环控制对象是双惯性环节，经闭环控制后近似等效为一阶惯性环节，电流闭环控制改造了控制对象，加快了电流的跟随作用，这表明了局部闭环的一个重要作用。

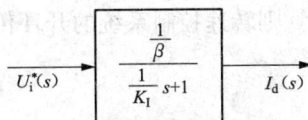

图 4-25　电流环等效
处理后结构框图

经过上述处理后，转速控制系统的动态结构框图如图 4-26 所示。

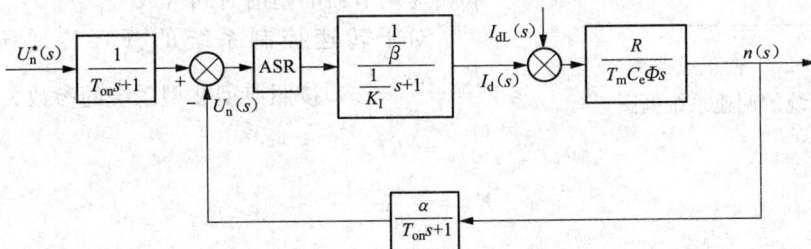

图 4-26　转速环动态结构框图

（2）对结构框图处理。把转速给定滤波和反馈滤波环节移到环内，同时把给定信号变换为 $U_n^*(s)/\alpha$，则电流环便等效成单位负反馈系统，再把时间常数为 $1/K_I$ 和 T_{on} 的 2 个小惯性环节合并起来，将小惯性群近似成一个时间常数为 $T_{\Sigma n}$ 的惯性环节，使 $T_{\Sigma n} = 1/K_I + T_{on}$，其近似条件为 $\omega_{cn} \leqslant \frac{1}{3}\sqrt{\dfrac{K_I}{T_{on}}}$，则转速控制系统结构框图如图 4-27 所示。

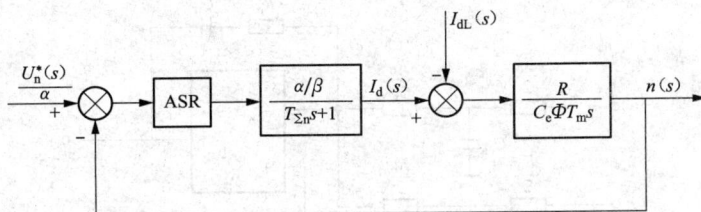

图 4-27　等效成单位负反馈系统

2. 转速调节器结构选择

对转速环的控制要求：希望转速无静差，其转速值的大小随给定电压的变化而变化，同时希望系统的抗扰性能要好，因此可以选用抗扰性能较好的典型 Ⅱ 型系统。

由以上分析可知，要校正成典型 Ⅱ 型系统，转速调节器应选用 PI 调节器，其传递函数为

$$W_{ASR}(s) = \frac{K_n(\tau_n s + 1)}{\tau_n s} \tag{4-38}$$

式中　K_n——转速调节器的比例系数；

　　　τ_n——转速调节器的超前时间常数。

这样，转速控制系统的开环传递函数为

$$W_n(s) = \frac{K_n(\tau_n s + 1)}{\tau_n s} \frac{\alpha/\beta}{T_{\Sigma n} s + 1} \frac{R}{C_e \varphi T_m s} = \frac{K_n \alpha R(\tau_n s + 1)}{\tau_n \beta C_e \varphi T_m s^2 (T_{\Sigma n} s + 1)} \tag{4-39}$$

若令转速环开环增益 K_N 为：

$$K_N = \frac{K_n \alpha R}{\tau_n \beta C_e \varphi T_m} \tag{4-40}$$

则转速控制系统的开环传递函数为

$$W_n(s) = \frac{K_N(\tau_n s + 1)}{s^2(T_{\Sigma n} s + 1)} \tag{4-41}$$

校正后调速系统的动态结构图如图 4-28 所示。

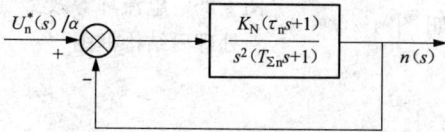

$$\frac{U_n^*(s)/\alpha}{+} \bigotimes \xrightarrow{-} \boxed{\frac{K_N(\tau_n s+1)}{s^2(T_{\Sigma n} s+1)}} \xrightarrow{n(s)}$$

图 4-28　校正成典型
Ⅱ系统的调速系统框图

3. 转速调节器的参数计算

转速调节器的参数包括转速调节器的比例系数 K_n 和转速调节器的超前时间常数 τ_n。

对于转速控制系统的开环传递函数 $W_n(s) = \frac{K_N(\tau_n s + 1)}{s^2(T_{\Sigma n} s + 1)}$，按照典型Ⅱ型系统的参数关系知

$$\tau_n = h T_{\Sigma n} \tag{4-42}$$

$$K_N = \frac{h+1}{2h^2 T_{\Sigma n}{}^2} \tag{4-43}$$

则

$$K_n = \frac{K_N \tau_n \beta C_e \varphi T_m}{\alpha R} = \frac{(h+1)\,\beta C_e \varphi T_m}{2h\alpha R T_{\Sigma n}}$$

由此只要知道中频宽 h 的大小，就可以求出转速调节器的比例系数 K_n 和转速调节器的超前时间常数 τ_n。那么 h 值应为多大呢？由系统的动态性能要求决定，一般情况择中选择，可选择 $h=5$。

4. 转速调节器的实现

模拟式 PI 转速调节器的原理图如图 4-29 所示，其中 U_n^* 为转速给定电压，$-\alpha n$ 为转速负反馈电压，调节器的输出就是转速调节器的给定电压 U_i^*。

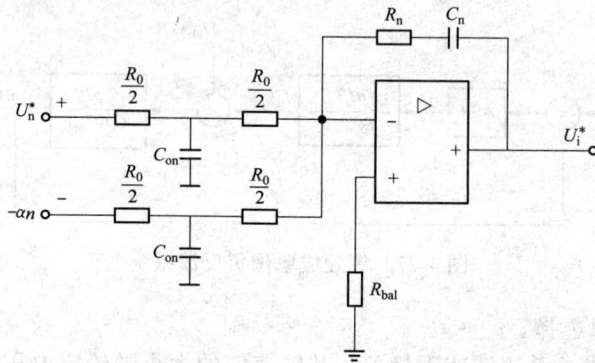

图 4-29　模拟式 PI 转速调节器原理图

由此电路原理图可求得具体电路参数值

$$K_n = \frac{R_n}{R_0} \tag{4-44}$$

$$\tau_n = R_n C_n \tag{4-45}$$

$$T_{on} = \frac{1}{4} R_0 C_{on} \tag{4-46}$$

4.6　双闭环不可逆直流调速系统设计举例

某晶闸管供电的双闭环直流调速系统，已知如下基本数据：

直流电动机：$U_N = 220V$，$I_N = 135A$，$n_N = 1400 r/min$，$C_e \Phi = 0.132 V \cdot min/r$，电枢回路总电

阻 $R_\Sigma = 0.5\Omega$，过载倍数 $\lambda = 1.5$；变流装置采用三相全控桥式整流电路，晶闸管装置的放大系数为 $K_s = 40$，电枢回路时间常数 $T_1 = 0.03s$，拖动系统机电时间常数 $T_m = 0.18s$，电流反馈为 $\beta = 0.05V/A$，转速反馈为 $\alpha = 0.007V \cdot min/r$。

设计要求：

转速、电流无静差；电流超调量 $\sigma_i\% \leqslant 5\%$，空载启动到额定转速时的转速超调 $\sigma_n\% \leqslant 10\%$，试按工程设计方法设计电流、转速调节器。

解：

1. 电流环的设计

根据设计要求，电流无静差，电流超调量 $\sigma_i\% \leqslant 5\%$，电流环可按典型 I 型系统设计。由 4.5.2 可知，电流环等效动态结构图如图 4-30 所示。

（1）确定电流环时间常数。电流环小时间常数之和为 $T_{\Sigma i} = T_s + T_{oi}$，其中：

1）整流装置时间常数 T_s。查表 1-2 知三相桥式整流电路的平均失控时间 $T_s = 0.0017s$。

2）电流滤波时间常数 T_{oi}。三相桥式整流电路每个波头的时间是 3.3ms，为基本滤平波头应有：$(1\sim2)$ $T_{oi} = 3.33ms$，所以 T_{oi} 可取为 $0.002s$。

则电流环小时间常数之和为

$$T_{\Sigma i} = T_s + T_{oi} = 0.0017 + 0.002 = 0.0037s$$

（2）电流调节器设计。

1）调节器结构参数。由图 4-50 可知，电流环的控制对象是双惯性环节，因此要校正成典型 I 型系统，电流调节器可选用 PI 调节器，其传递函数为

$$W_{ACR}(s) = \frac{K_i(\tau_i s + 1)}{\tau_i s}$$

电流调节器参数选择，积分时间常数为

$$\tau_i = T_1 = 0.03s$$

取工程最佳参数

$$K_I T_{\Sigma i} = 0.5$$

电流环开环放大倍数 $K_I = \dfrac{1}{2T_{\Sigma i}} = \dfrac{1}{2 \times 0.0037} \approx 135.1s^{-1}$

则比例放大系数为 $K_i = K_I \dfrac{\tau_i R_\Sigma}{K_s \beta} = \dfrac{1}{2} \cdot \dfrac{R_\Sigma}{K_s \beta} \dfrac{\tau_i}{T_{\Sigma i}} = \dfrac{0.5 \times 0.03}{2 \times 40 \times 0.05 \times 0.0037} \approx 1.014$

2）校验近似条件。电流环截止频率为

$$\omega_{ci} = K_I = 135.1s^{-1}$$

校验整流装置传递函数近似条件为

$$\frac{1}{3T_s} = \frac{1}{3 \times 0.0017}s^{-1} \approx 196.1s^{-1} > \omega_{ci}$$

满足近似条件。

校验化简过程中忽略反电动势变化对电流环的影响的条件为

$$3\frac{1}{\sqrt{T_m T_1}} = 3 \times \sqrt{\frac{1}{0.18 \times 0.03}}s^{-1} \approx 40.82s^{-1} < \omega_{ci}$$

满足近似条件。

校验电流环小时间常数近似条件为

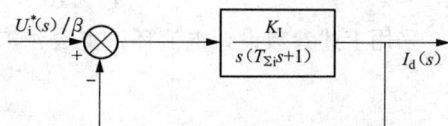

图 4-30　电流环校正成典型 I 型系统结构框图

$$\frac{1}{3}\sqrt{\frac{1}{T_{s}T_{oi}}}=\frac{1}{3}\sqrt{\frac{1}{0.0017\times0.002}}\approx180.8s^{-1}>\omega_{ci}$$

满足近似条件。

3）计算调节器的电阻和电容。

带给定滤波器与反馈滤波器的 PI 电流调节器图如图 4-31 所示，取 $R_0=40k\Omega$

则 ACR 的反馈电阻和电容可计算如下

$$R_i=K_iR_o=1.014\times40=40.56k\Omega，实取 R_i=40k\Omega；$$

$$C_i=\frac{\tau_i}{R_i}=\frac{0.03}{40\times10^3}=0.75\mu F，实取 0.75\mu F；$$

滤波电容为 $\quad C_{oi}=\frac{4T_{oi}}{R_o}=\frac{4\times0.002}{40\times10^3}=0.2\mu F，实取 0.2\mu F。$

采用上述参数设计电流环，查表 4-3 可知电流超调量为 $\sigma_i\%=4.3\%<5\%$，满足设计要求。

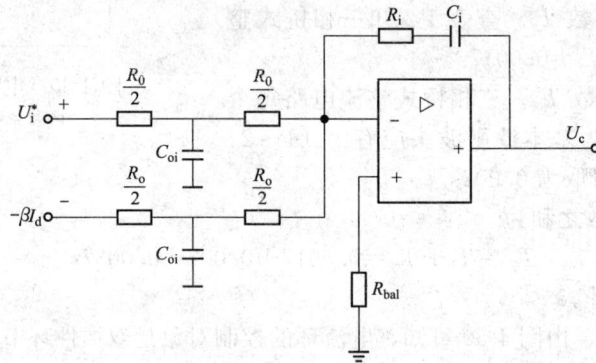

图 4-31　带给定滤波器与反馈滤波器的 PI 电流调节器

2. 转速环的设计

将转速环等效为单位负反馈系统并进行小惯性环节处理，转速环动态结构框图如图 4-32 所示。

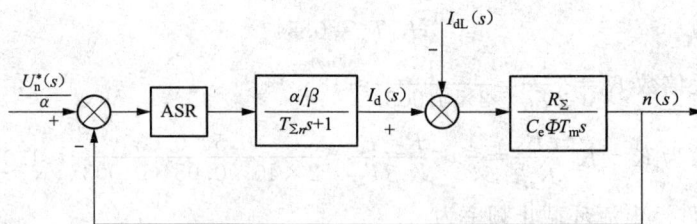

图 4-32　转速环等效动态结构图

（1）确定转速环时间常数。转速环小惯性环节近似处理，近似的小时间常数为

$$T_{\Sigma n}=\frac{1}{K_I}+T_{on}$$

1）电流环小时间常数之和前面已知为

$$T_{\Sigma i}=T_s+T_{oi}=0.0017+0.002=0.0037s$$

按 $K_IT_{\Sigma i}=0.5$ 取，$\frac{1}{K_I}=2T_{\Sigma i}=0.0074s$

2）转速滤波时间常数 T_{on}。根据所用测速发电机纹波情况得出，取 $T_{on}=0.01s$

则转速环的小时间常数为 $T_{\Sigma n}=2T_{\Sigma i}+T_{on}=0.0074+0.01=0.0174s$

（2）转速调节器设计。

1）调节器结构参数。按系统性能指标要求，转速环设计为典型 Ⅱ 型系统，ASR 可选用 PI 调节器，其传递函数为

$$W_{ASR}(s)=K_n\frac{\tau_n s+1}{\tau_n s}$$

按照择中原则，取工程最佳参数 $h=5$。

转速调节器超前时间常数 $\tau_n=hT_{\Sigma n}=5\times0.0174s=0.087s$

转速环开环放大倍数为

$$K_N=\frac{h+1}{2h^2T_{\Sigma n}^2}=\frac{5+1}{2\times5^2\times0.0174^2}s^2=396.4s^{-2}$$

比例放大系数：

$$K_n=K_N\frac{\tau_n\beta C_e\Phi T_m}{\alpha R_\Sigma}$$

$$=396.4\times\frac{0.087\times0.05\times0.132\times0.18}{0.07\times0.05}\approx11.71$$

2）校验近似条件。根据式 4-23，可知转速环的截止频率为

$$\omega_{cn}=\frac{K_N}{\omega_1}=K_N\tau_n=\frac{5+1}{2\times5\times0.0174}\approx34.48s^{-1}$$

电流环传递函数化简条件为

$$\frac{1}{3}\sqrt{\frac{K_I}{T_{\Sigma i}}}=\frac{1}{3}\sqrt{\frac{\frac{1}{2T_{\Sigma i}}}{T_{\Sigma i}}}=\frac{1}{3}\sqrt{\frac{1}{2T_{\Sigma i}^2}}$$

$$=\frac{1}{3\sqrt{2}T_{\Sigma i}}=\frac{1}{3\sqrt{2}\times0.0037}=63.7s^{-1}$$

满足 $\omega_{cn}<63.7s^{-1}$，满足近似处理条件。

转速环小时间常数近似处理条件为

$$\frac{1}{3}\sqrt{\frac{1}{2T_{\Sigma i}T_{on}}}=\frac{1}{3\sqrt{2\times0.0037\times0.01}}\approx38.76s^{-1}$$

$$\omega_{cn}<38.76s^{-1}$$

满足近似处理条件。

3）计算调节器的电阻和电容。带给定滤波器与反馈滤波器的 PI 转速调节器如图 4-33 所示。

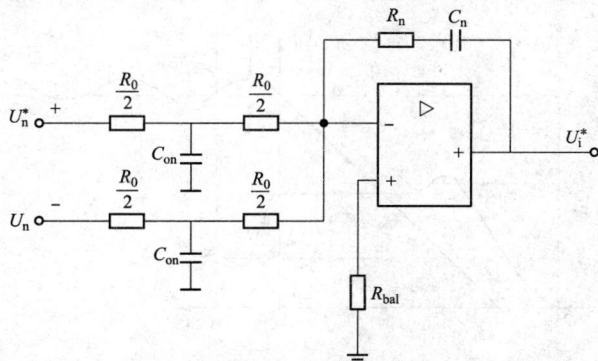

图 4-33 带给定滤波器与反馈滤波器的 PI 转速调节器

取 $R_0 = 40\text{k}\Omega$，则

$$R_\text{n} = K_\text{n}R_0 = 11.71 \times 40\text{k}\Omega = 468.4\text{k}\Omega，实取 R_\text{n} = 470\text{k}\Omega$$

$$C_\text{n} = \frac{\tau_\text{n}}{R_\text{n}} = \frac{0.087}{470 \times 10^3}\text{F} = 0.185\mu\text{F}，实取，0.2\mu\text{F}$$

$$C_\text{on} = \frac{4T_\text{on}}{R_\text{o}} = \frac{4 \times 0.01}{40 \times 10^3}\text{F} = 1\mu\text{F}，实取 0.2\mu\text{F}$$

4) 校核转速超调量。查表 4-7 可知，当 $h = 5$ 时，$\sigma\% = 37.6\% > 10\%$，因此不能满足设计要求，问题出在什么地方？

（3）退饱和超调量计算。转速调节器工作状态一般有 2 种情况：

1) 调节器在阶跃信号输入下，转速调节器不饱和，由于调节器没有饱和限幅的约束，调节器线性输出，使调速系统在很大的范围内线性工作，电流线性增长启动过程较快，同时会产生较大的超调量，如图 4-34 所示。

2) 调节器在突加阶跃给定信号时，调节器很快饱和，属于非线性调节，因此不符合线性系统的前提条件，而表 4-7 是按线性系统计算出来的，所以不能直接查表 4-7。突加给定信号转速调节器饱和，输出的限幅电压正好是电流环的给定，使系统在恒流的情况下起动，相对前者显然启动过程较慢，但是保证了启动过程电动机电流值小于允许值，当转速值大于稳态值，出现负偏差，调节器退饱和进入线性区。调节器刚刚退饱和时，电动机电流值依旧大于负载电流值，会产生转速超调，但是这超调不是线性系统的超调，它是系统经历了饱和非线性以后产生的超调，因此称之为"退饱和超调"。

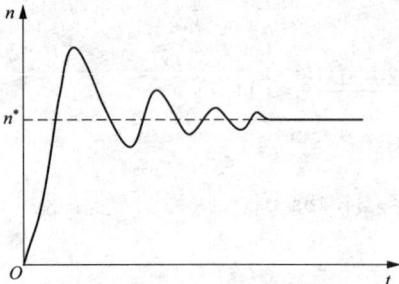

图 4-34　转速调节器不饱和时按典型Ⅱ型系统设计的调速系统启动过程

对于退饱和超调过程可以这样理解，此时调速系统重新进入线性范围内，所以其结构图和描述系统的微分方程，同前面分析线性系统跟随性能时相同，它们之间的差别只是初始条件不同。

在分析线性系统的跟随性能时，初始条件转速、电流都为 0，即 $n(0) = 0$，$I_\text{d}(0) = 0$。而退饱和时超调的初始条件转速为 $n(0) = n(\infty)$，负载电流 $I_\text{d}(0) = I_\text{dm}$，它的电流的稳态值最终要与负载电流相应 $I_\text{d}(\infty) = I_\text{dL}$。转速调节器饱和时按典型Ⅱ型系统设计的调速系统启动过程如图 4-35 所示。相当于调速系统带 I_dm 负载稳定运行，突然将负载减小到 I_dL，调速系统的转速就会经历一个升高和恢复的过程完全一样。调速系统突减负载时动态调节过程如图 4-36 所示，这个减载过程的初始条件同样是转速为 $n(0) = n(\infty)$，负载电流 $I_\text{d}(0) = I_\text{dm}$，它的电流的稳态值最终也要与负载电流

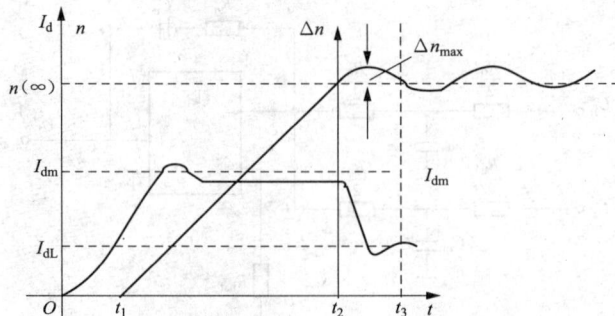

图 4-35　转速调节器饱和时按典型Ⅱ型系统设计的调速系统启动过程

相适应 $I_d(\infty)=I_{dL}$，因此它们描述系统动态速升的微分方程一样。

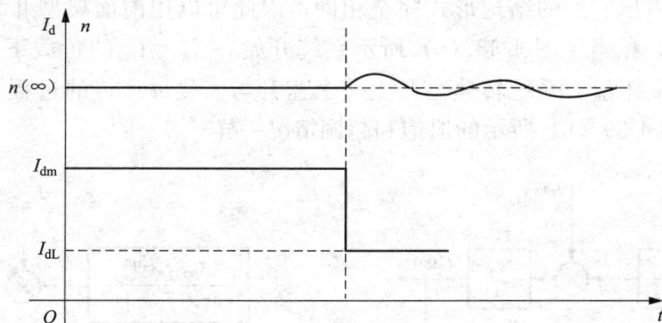

图 4-36　调速系统突减负载时动态调节过程

前面对于电动机减载或加载的过程是按照扰动处理，可按抗扰性能指标计算。由于转速环一般设计成典型 Ⅱ 型系统，所以转速调节器的退饱和性能指标也可以按前面典型 Ⅱ 型系统抗扰性能指标来计算。

由图 4-27 可知，当转速调节器选用 PI 调节器，转速环以 n 为输出量时，其等效动态结构图如图 4-37 所示。

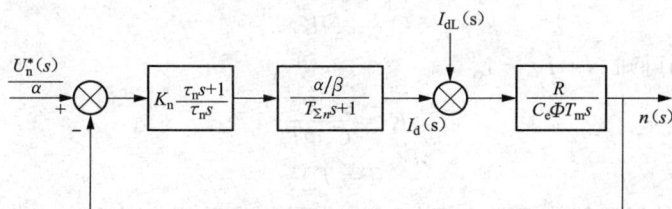

图 4-37　转速环以 n 为输出量

研究退饱和超调，由于研究对象是稳态转速 n^* 以上的超调部分，因此以 Δn 为输出研究更方便，将图 4-37 等效变换为以 Δn 为输出，如图 4-38（a）所示，在图 4-38（a）中给定信号为 0，因此可以不画，把 Δn 的负反馈作用直接反映到主通道第一个环节的输出量上来，如图 4-38（b）所示。为了保持图 4-38（a）和（b）各量间加减关系不变，图 4-38（b）中 I_d 和 I_{dL} 的正、负号都作相应的变化。

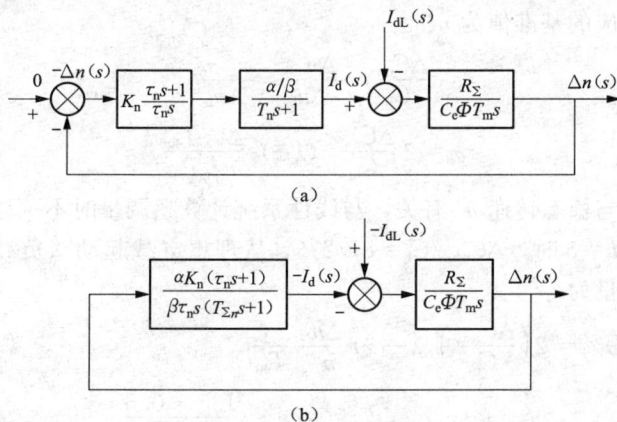

（a）

（b）

图 4-38　直流调速系统动态结构框图
（a）以转速超调值 Δn 为输出的调速系统动态结构图；（b）图（1）的等效变换图

如图 4-39 所示，将以 Δn 为输出的退饱和超调等效变换图与典型 II 型系统在一种扰动作用下的等效变换图比较，可看出它们的结构形式完全相同，因此可以用前面典型 II 型系统抗扰性能指标来计算退饱和超调量，相当于图 4-38（a）所示系统开始在 $I_d = I_{dm}$ 的负载下稳定运行，转速 $n = n^*$，负载突然从 I_{dm} 减到 I_{dL}，系统转速会产生一个速升与恢复 $n = n^*$ 的过程，系统相当于受到了 $I_{dm} - I_{dL}$ 的扰动，同图 4-39（b）所示的退饱和超调情况一样。

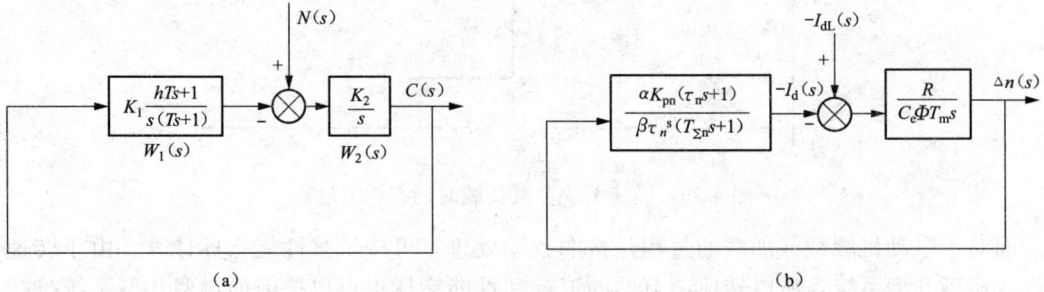

图 4-39 典型 II 型系统在一种扰动作用下的等效变换图与退饱和超调等效变换图比较
(a) 典型 II 型系统在一种扰动作用下的等效变换图；(b) 退饱和超调以 Δn 为输出量等效变换图

在典型 II 型系统抗扰性能指标中，ΔC 的基准值为

$$C_b = 2NK_2T$$

对比图 4-39 两图可知 $N = I_{dm} - I_{dL}$

$$K_2 = \frac{R}{C_e \Phi T_m}$$

$$T = T_{\Sigma n}$$

令 λ 表示电动机的过载倍数，即 $I_{dm} = \lambda I_N$；z 表示负载系数，则 $I_{dL} = z I_N$；调速系统的开环机械特性的额定稳态速降 $\Delta n = \dfrac{I_N R}{C_e \Phi}$

所以 Δn 的基准值为 $\Delta n_b = \dfrac{2RT_{\Sigma n}(I_{dm} - I_{dL})}{C_e \Phi T_m} = 2(\lambda - z)\Delta n_N \dfrac{T_{\Sigma n}}{T_m}$。

如表 4-8 所示，$\Delta C_{max}/C_b$ 与超调量有关，可以利用它们之间的关系，方便地求出超调量的大小。

转速超调量 σ_n，对应的基准值为 n^*

$$\frac{\Delta C_{max}}{C_b} = \frac{\Delta n_{max}}{\Delta n_b} = \frac{n^* \sigma_n}{\Delta n_b}$$

超调量 $\qquad\qquad\qquad \sigma_n = 2\dfrac{\Delta C_{max}}{C_b}(\lambda - z)\dfrac{\Delta n_N}{n^*}\dfrac{T_{\Sigma n}}{T_m}$ $\qquad\qquad\qquad$ (4-47)

所以退饱和超调量与稳态转速 n^* 有关，与线性系统计算超调量时不一样。

查表 4-8 可知，当 $h = 5$ 时，$\Delta C_{max}/C_b = 81.2\%$，从理想空载起动（负载系数 $z = 0$）到额定转速时的转速退饱和超调量为

$$\sigma\% = 2\left(\frac{\Delta C_{max}}{C_b}\right)(\lambda - z)\frac{\Delta n_N}{n_N}\frac{T_{\Sigma n}}{T_m}$$

$$= 2 \times 81.2\% \times (1.5 - 0) \times \frac{\dfrac{135 \times 0.5}{0.132}}{1400} \times \frac{0.0174}{0.18}$$

$$\approx 8.6\% < 10\%$$

所以按上述参数设计的转速环能够满足系统性能指标的要求。

（4）内外环对数幅频特性。

1）电流环开环对数幅频特性如图 4-40 所示，转折频率和截止频率分别为

$$\frac{1}{T_{\Sigma i}}=\frac{1}{0.037s}=270.3s^{-1}，\omega_{ci}=135.1s^{-1}。$$

2）转速环开环对数幅频特性如图 4-40 所示，转折频率和截止频率分别为

$$\frac{1}{T_{\Sigma n}}=\frac{1}{0.0174s}=57.5s^{-1}，\omega_{cn}=34.5s^{-1}，$$

$$\frac{1}{\tau_n}=\frac{1}{0.087s}=11.5s^{-1}。$$

图 4-40　转速电流双闭环调速系统
内外环开环对数幅频特性
I—电流内环；n—转速外环

如图 4-40 所示，外环频带小于内环频带，从计算过程来看出这种排列顺序是必然的，这样设计出双闭环调速系统，一般内环截止频率为 $\omega_{ci}=(100\sim150)s^{-1}$，外环截止频率为 $\omega_{cn}=(20\sim50)s^{-1}$，外环比内环慢，导致外环的响应速度受到限制，影响了系统快速性，但是这样设计的每个环节都是稳定的，对系统工作有利。

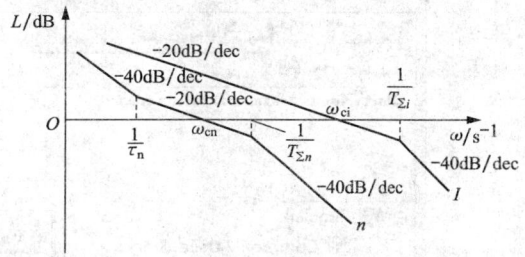

4.7　转速反馈控制直流调速系统的仿真

计算机仿真是一种使用计算机作为工具的实验技术。它是利用模型复现实际系统中发生本质的过程，通过对系统模型的仿真实验，研究设计中系统存在的问题，或者是系统已存在的问题，又称为模拟。当遇到所研究的系统造价昂贵、实验危险性大、需要很长的时间才能了解系统参数变化所引起的后果时，利用计算机对实际系统仿真就成为一种特别有效的研究手段。

仿真的主要过程包括建立仿真模型、参数调整和仿真实验。目前仿真技术已很先进，利用 matlab 下的 simulink 软件对自动控制系统进行仿真，对工程设计具有良好的辅助效果。simulink 是一种基于 matlab 的框图设计环境，是实现动态系统建模、仿真和分析的一个软件包，被广泛应用于线性系统、非线性系统、数字控制及数字信号处理的建模和仿真中。simulink 里提供了使用系统模型框图进行组态的仿真平台，使仿真和分析过程就像在图纸上绘图一样简单，只需要通过简单直观的鼠标操作，就可构造出复杂系统的仿真模型，并通过 simulink 环境上的菜单直接启动系统的仿真过程，将运行结果在示波器上显示出来。

下面以第 2 章例题 2-2、例题 2-5 所设计的系统为例，来说明利用 simulink 软件对比例积分控制的无静差直流调速系统进行仿真的方法，同理可得出其他控制系统的仿真过程。

4.7.1　单闭环直流调速系统

1. 仿真模型的建立

进入 matlab，单击 matlab 命令窗口工具栏中的 simulink 图标，打开 simulink 模块的浏览器窗口，如图 4-41 所示。

（1）单击 simulink 工具栏中新模型的图标，或者通过 File→New→Model 打开模型编辑窗口，双击打开所需的子模块图标，以鼠标左键选中所需的子模块，将其拖入模型编辑器窗口，相同的子模块直接复制、粘贴即可，如图 4-42 所示。

（2）修改模块参数。双击模块图案打开参数对话框，如图 4-43 所示，通过修改对话框内容设定模块参数。

1）双击 Sum 模块，默认是加法器，如果需要的是减法器，只需要把图 4-43 对话框中 List of

Signs 栏目的｜＋＋改成｜＋－就可以了。

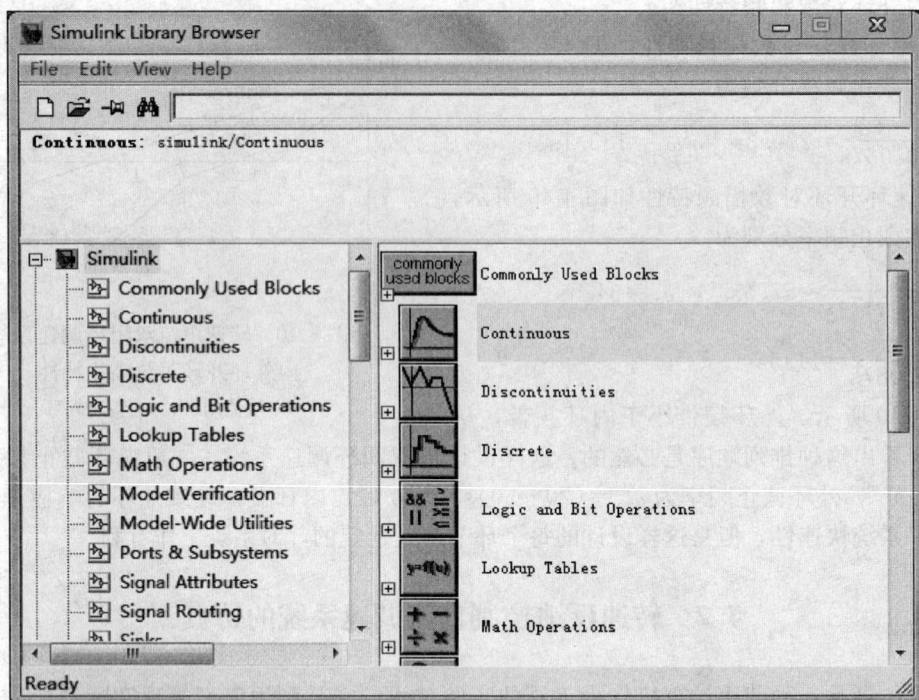

图 4-41　SIMULINK 模块浏览器窗口

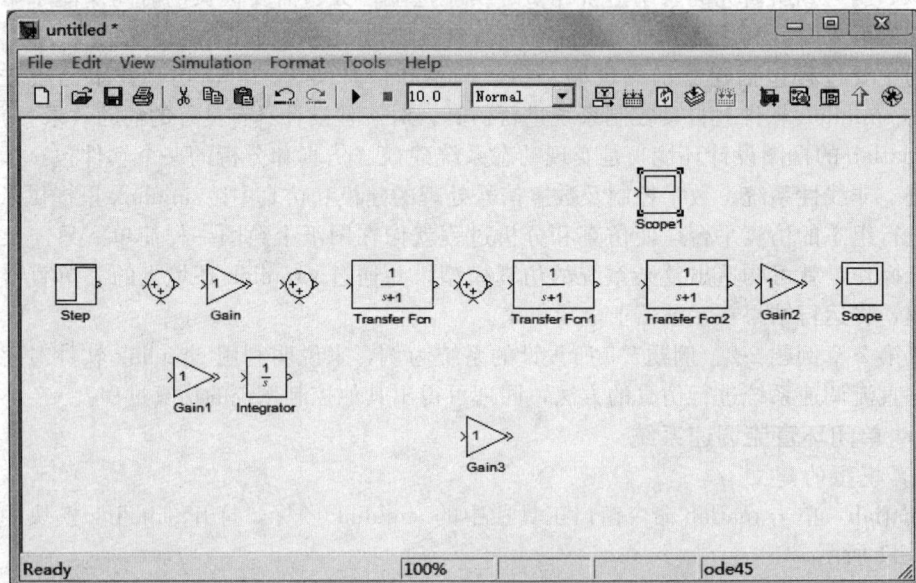

图 4-42　模型编辑窗口

2）双击 Transfer 模块打开其参数对话框，如图 4-44 所示，在其分子 Numerator 和分母 Denominator 栏目分别填入传递函数分子多项式和分母多项式的系数，例如 $0.017s+1$ 用向量 $[0.017 1]$ 表示。

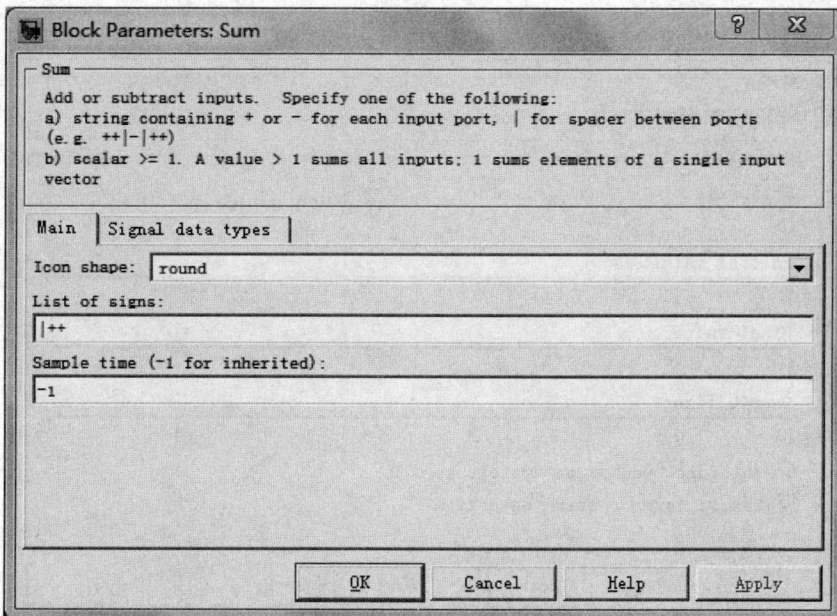

图 4-43　加法器模块对话框

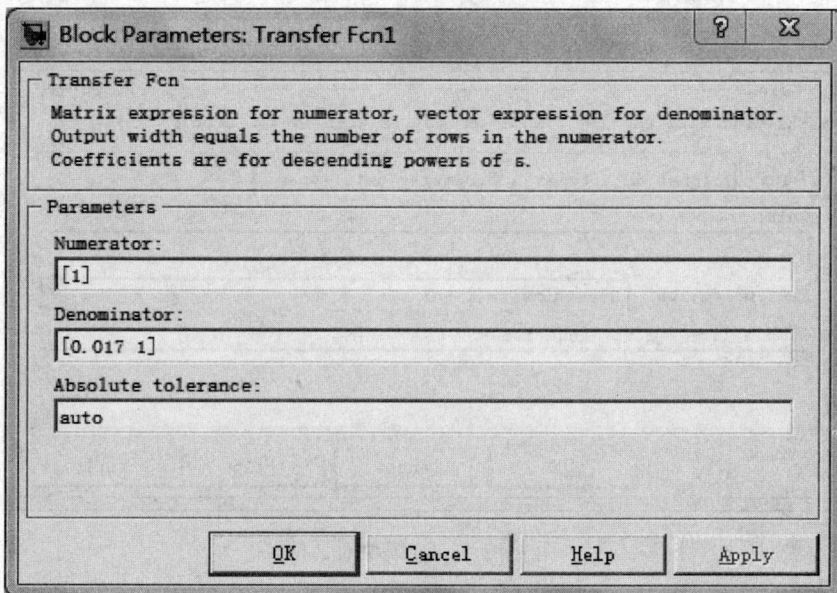

图 4-44　传递函数模块对话框

3) 双击 Step 模块，打开如图 4-45 所示的对话框，把 Step time 改成 1，Final value 改为 10。

4) 双击 Gain 模块修改放大系数，如图 4-46 所示。

5) 双击 Integrator 模块，选择 Limit output 框，把积分饱和值改为±10，如图 4-47 所示。

（3）模块连线：当所有模块的参数设置好以后，检查各模块的输入输出端方向是否正确，若需要进行翻转，则可以单击该模块，选取 Format→Rotate Block 菜单项可以使模块旋转 90°，而 Format→Filp Block 菜单项可以使模块翻转。最后用鼠标把各模块连接起来，生成利用例题 2-5 参数搭建的调速系统仿真模型，如图 4-48 所示。

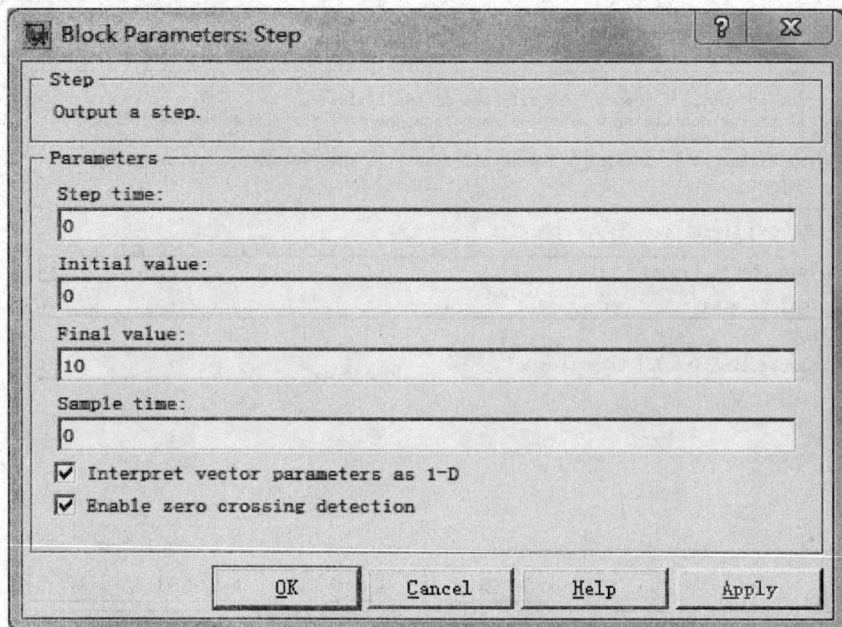

图 4-45　阶跃输入模块对话框

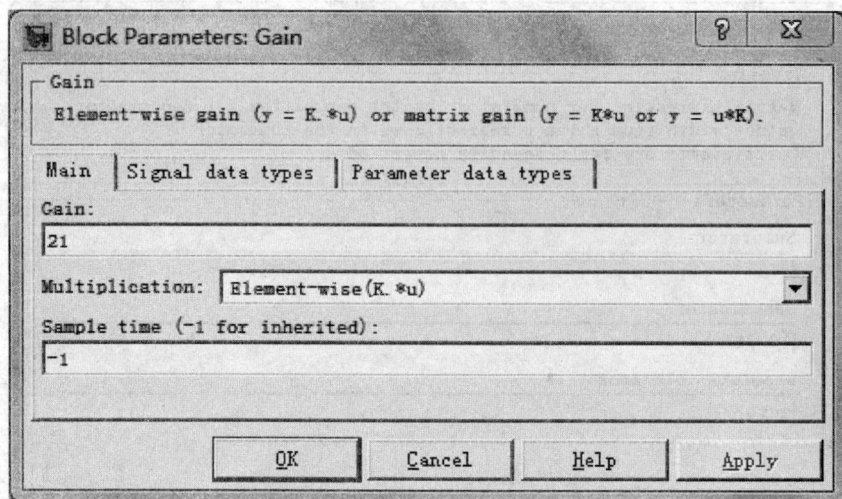

图 4-46　Gain 模块对话框

2. 仿真模型的运行

单击启动仿真工具条按钮，或者选择 simulation→start 菜单项，启动仿真过程，双击 scope 模块显示仿真结果。

为了清晰地观察仿真结果，可将示波器显示格式根据需要修改，通过选中 simulation→configuration parameters 菜单项，打开对话框进行合理的参数设置，如图 4-49 所示，可得到清晰的仿真结果。

下面是以例题 2-2 参数搭建的仿真模型的运行结果截图，如图 4-50 所示，显然它是不稳定的，与例题 2-3 的计算结果相符合。

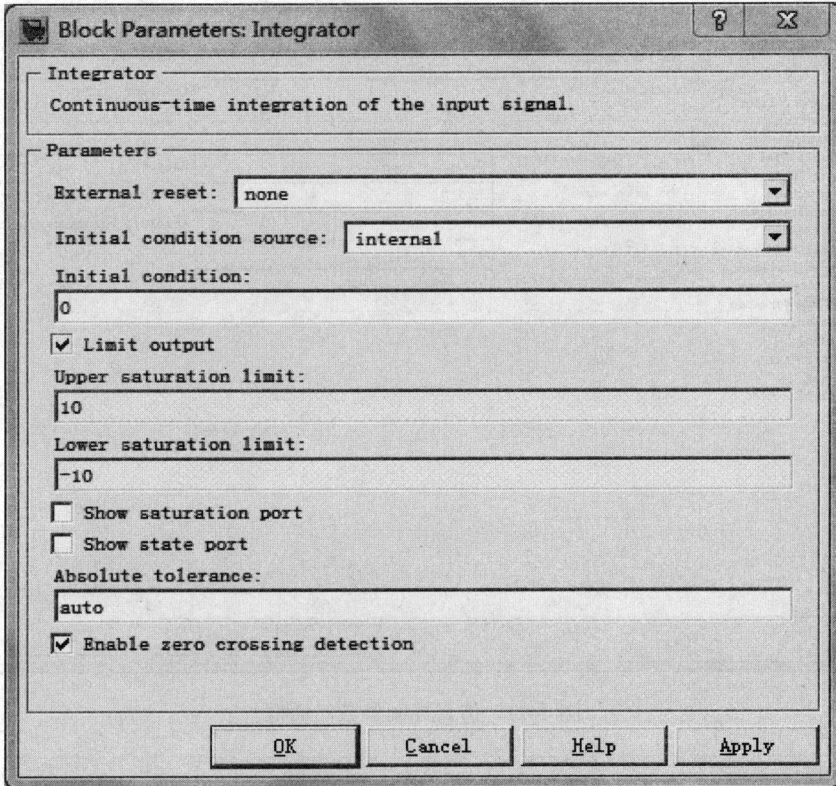

图 4-47　积分模块对话框

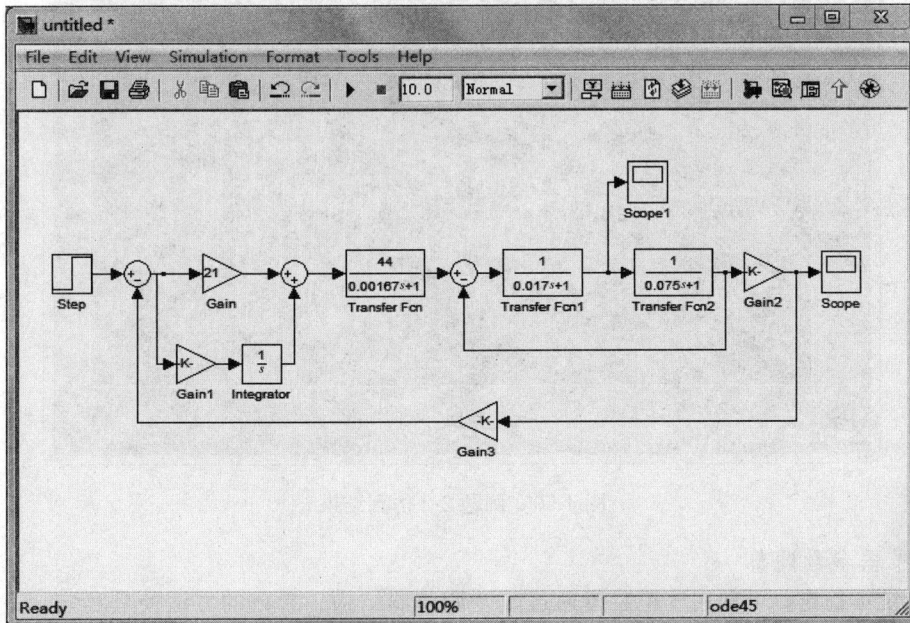

图 4-48　比例积分控制无静差调速系统仿真模型

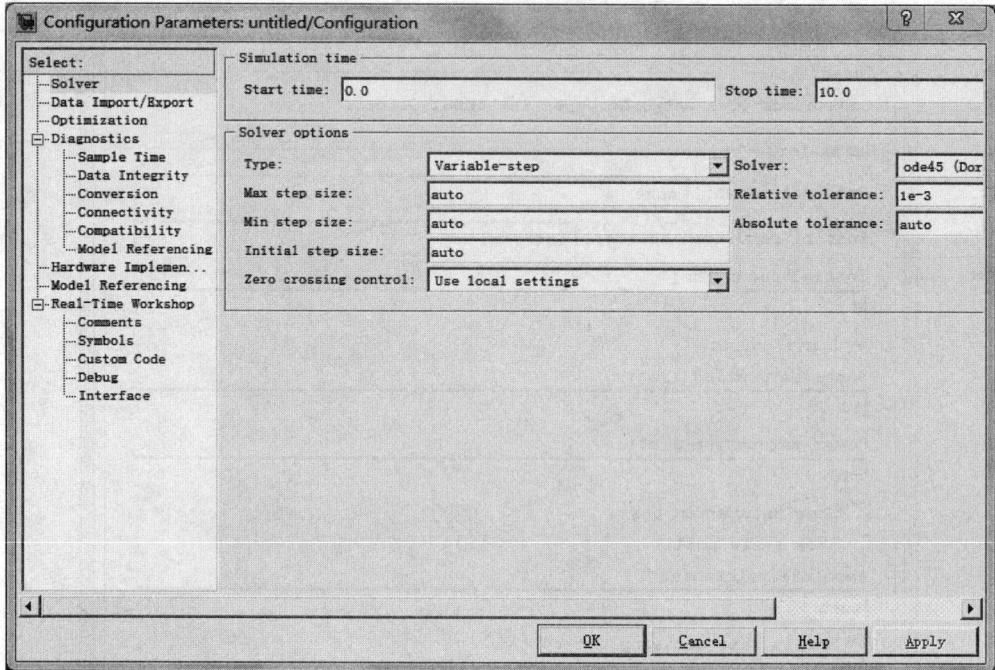

图 4-49 仿真控制参数对话框

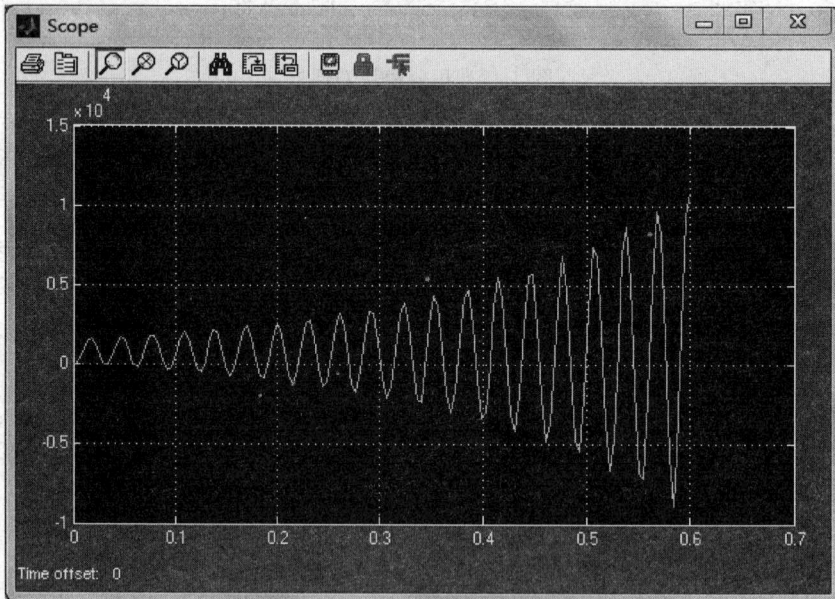

图 4-50 例题 2-2 仿真结果

3. 调节器参数调整

以上系统不稳定,可利用校正装置通过改变调节器结构、参数的方法使其稳定,下面通过仿真实验验证。通过仿真结果之间的对比,可直观地看到参数与结果之间的关系。为使图形比例合适,以下所有仿真结果截图坐标显示数字与实际值按比例缩放。

调节器参数与结果之间的关系如下:

（1）当 $K_p = 0.25$，$\dfrac{1}{\tau} = 3$，单闭环直流调速系转速曲线仿真结果 1 如图 4-51 所示，系统转速响应几乎没有超调。

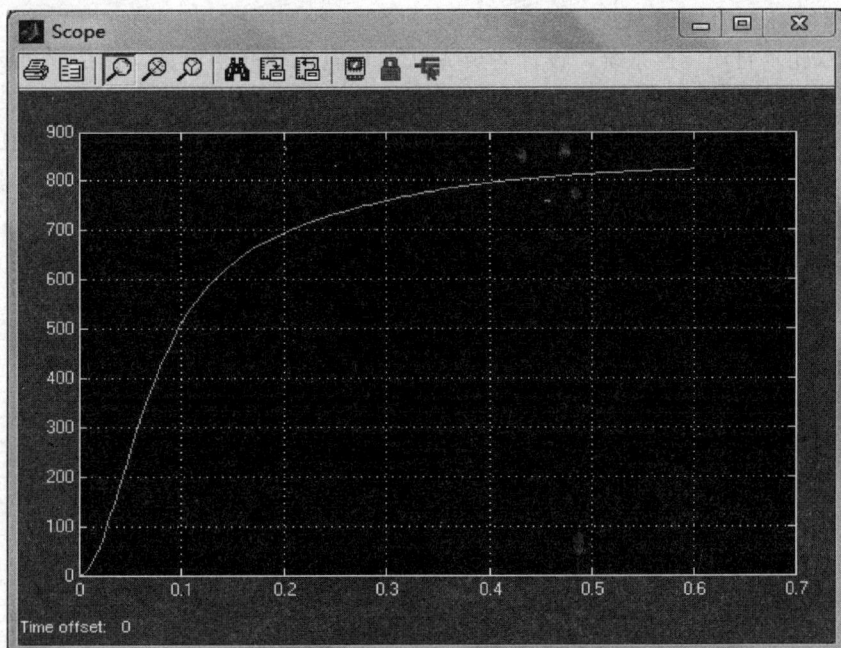

图 4-51　单闭环直流调速系统转速曲线仿真结果 1

（2）当 PI 调节器的参数为 $K_p = 0.56$，$\dfrac{1}{\tau} = 11.4$，单闭环直流调速系统转速曲线仿真结果 2 如图 4-52 所示，系统转速响应有超调。

（3）当 $K_p = 0.8$，$\dfrac{1}{\tau} = 15$ 时，单闭环直流调速系统转速曲线仿真结果 3 如图 4-53 所示，系统转速的响应超调较大，但快速性较好。

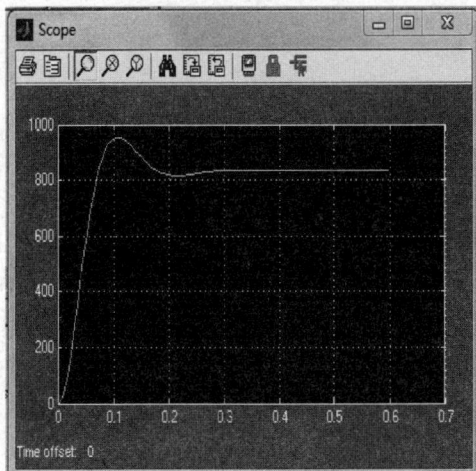

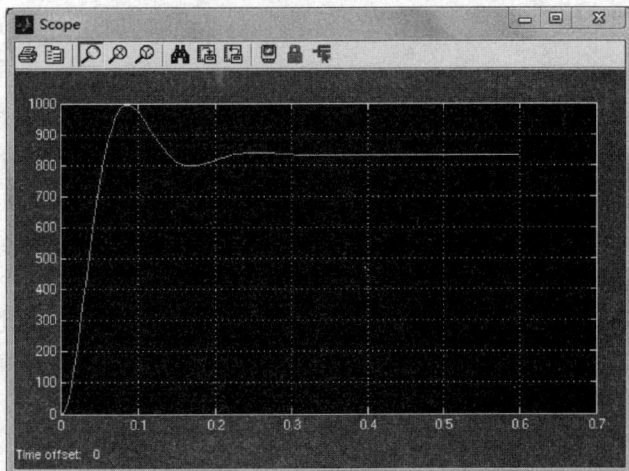

图 4-52　单闭环直流调速系统
转速曲线仿真结果 2

图 4-53　单闭环直流调速系统转速曲线
仿真结果 3

通过以上参数与结果的对照，可以看到调节器参数与系统静态、动态性能之间的关系，直观地理解系统的稳定性与快速性之间存在的矛盾。在设计系统的过程中，要权衡考虑选择一个适当的参数。

4.7.2　双闭环直流调速系统

转速电流双闭环直流调速系统，设计者要先从内环电流环开始设计，然后是外环转速环，两个环的设计要点是选择 ASR 和 ACR 两个调节器的 PI 参数值，可使用调节器的工程设计方法得到，但工程设计的过程是在一定的近似条件下得到的，在理论上不够准确，这时候可使用 matlab 仿真软件进行仿真，根据仿真结果对设计参数进行必要的修正和调整。通过仿真，可使设计方法遵循一定的规范，使设计过程按一定的标准化进行，减少了设计工作量。

下面对双闭环不可逆直流调速系统设计进行仿真验证。

1. 电流环仿真

（1）仿真模型建立。根据工程设计要求，电流环按照典型 I 型系统设计，如图 4-54 所示。

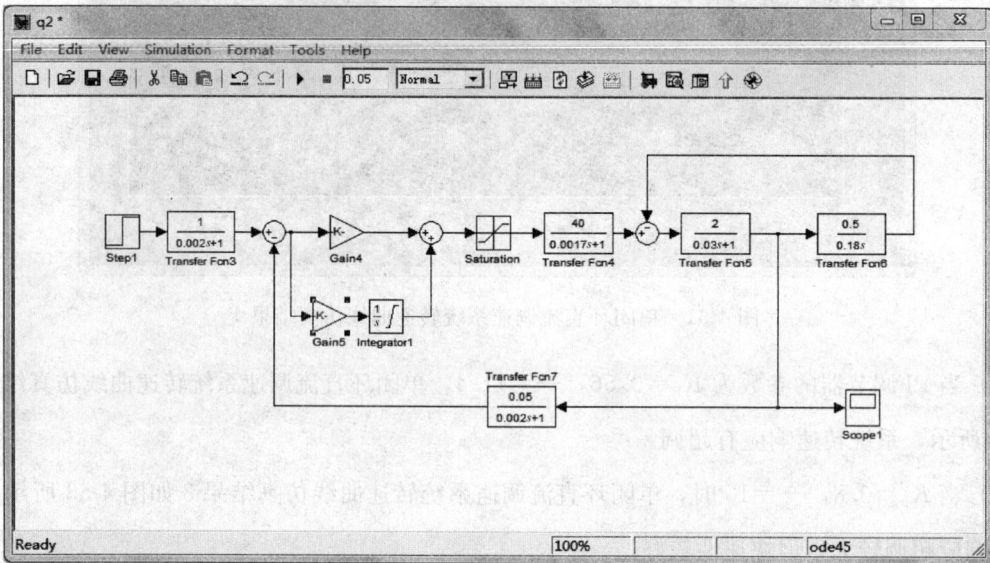

图 4-54　双闭环直流调速系统电流环仿真模型

（2）参数调整。

1）当 $KT=0.25$ 时，$\tau_i=0.03s$，$K_i=0.5067$，启动过程仿真结果 1 如图 4-55 所示。

2）当 $KT=0.5$ 时，$\tau_i=0.03s$，$K_i=1.013$，启动过程电流环仿真结果 2 如图 4-56 所示。

3）当 $KT=1.0$ 时，$\tau_i=0.03s$，$K_i=2.027$，启动过程电流环仿真结果 3 如图 4-57 所示。

由图 4-55、图 4-56、图 4-57 可观察到，在直流电动机的启动升速过程中相对稳定的阶段，电流值都低于 $\lambda I_N=200A$，这是因为电动机反电势是一个线性渐增的扰动量，它对电流值是一个扰动，所以系统做不到无静差，而是 I_d 略低于 I_{dm}。通过对图 4-55、图 4-56、图 4-57 仿真结果的比较，还可以观察出调节器参数对跟随性能指标的影响趋势，有利于在设计过程中找到符合工程设计要求的合适参数。

2. 转速环仿真

（1）仿真模型建立。转速环仿真模型如图 4-58 所示，根据工程设计要求转速环按照典型 II 型系统设计。

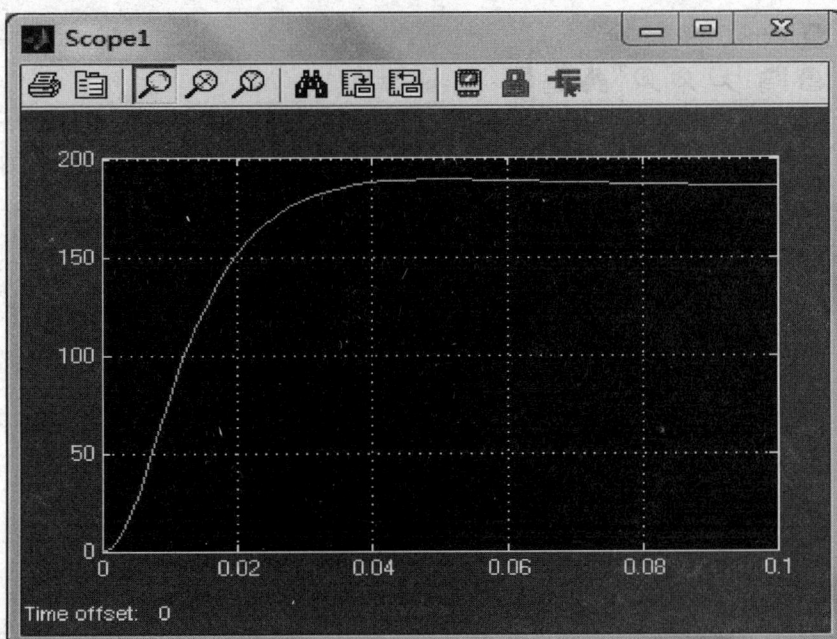

图 4-55　电流环电流曲线仿真结果 1

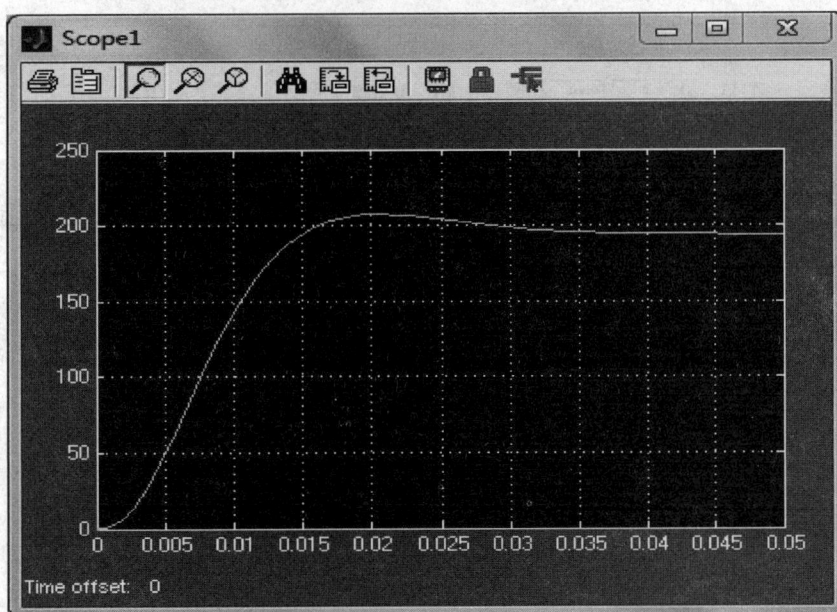

图 4-56　电流环电流曲线仿真结果 2

（2）参数调整。

1）当 $h=3$ 时。转速调节器的超前时间常数为 $\tau_n=hT_{\Sigma n}=3\times 0.0174\mathrm{s}=0.0522\mathrm{s}$

转速调节器的比例系数 $K_{pn}=\dfrac{(h+1)\beta C_e T_m}{2h\alpha RT_{\Sigma n}}=\dfrac{4\times 0.05\times 0.132\times 0.18}{2\times 3\times 0.007\times 0.5\times 0.0174}\approx 13$

则 PI 调节器的传递函数为 $W_{ASR}(s)=K_{pn}\dfrac{\tau_n s+1}{\tau_n s}=K_{pn}+\dfrac{K_{pn}}{\tau_n s}=13+\dfrac{249.04}{s}$

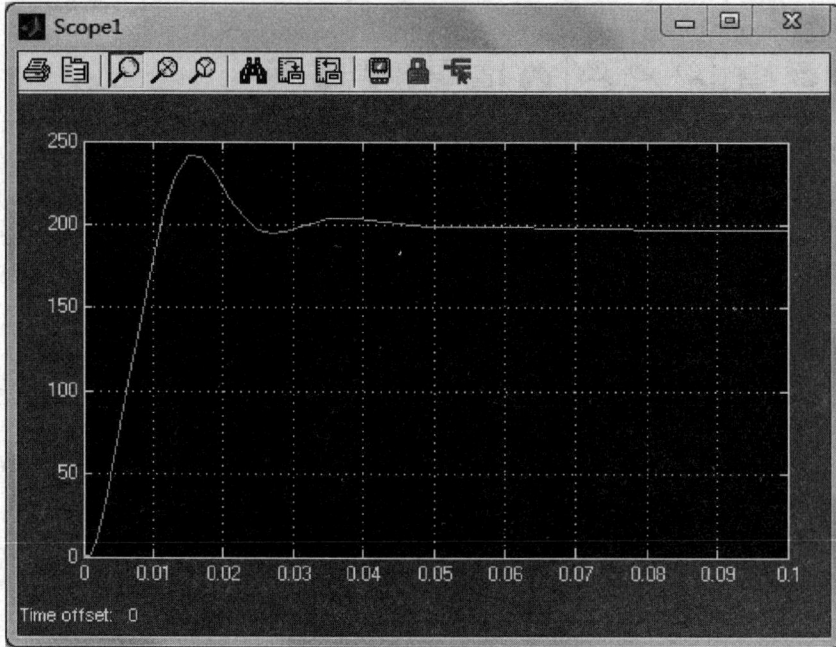

图 4-57 电流环电流曲线仿真结果 3

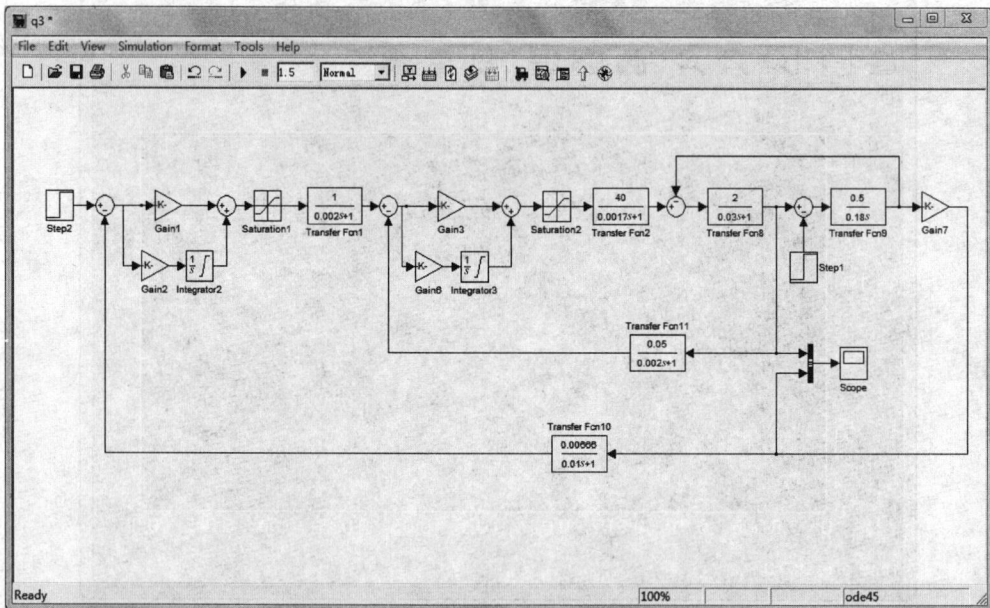

图 4-58 双闭环直流调速系统仿真模型

根据以上参数，得到启动时转速与电流的相应的仿真曲线 1，如图 4-59 所示。

2）当 $h=5$ 时。转速调节器的超前时间常数为 $\tau_n = hT_{\Sigma n} = 5 \times 0.0174\text{s} = 0.087\text{s}$

转速调节器的比例系数 $K_{pn} = \dfrac{(h+1)}{2h\alpha R T_{\Sigma n}} \beta C_e T_m = \dfrac{6 \times 0.05 \times 0.132 \times 0.18}{2 \times 5 \times 0.007 \times 0.5 \times 0.0174} \approx 11.7$

则 PI 调节器的传递函数为 $W_{ASR}(s) = K_{pn} \dfrac{\tau_n s + 1}{\tau_n s} = K_{pn} + \dfrac{K_{pn}}{\tau_n s} = 11.7 + \dfrac{134.48}{s}$

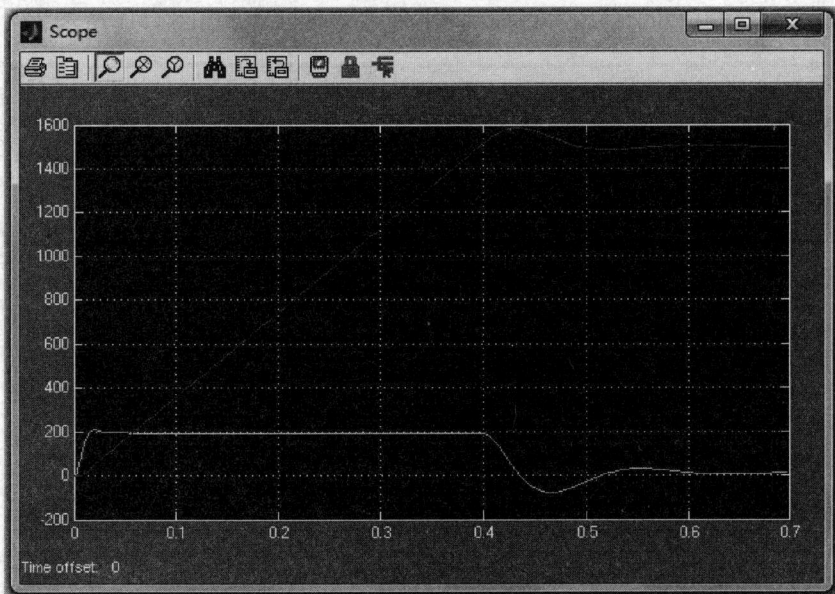

图 4-59　双闭环直流调速系统电流转速仿真曲线 1

根据以上参数，得到启动时转速与电流的相应的仿真曲线 2，如图 4-60 所示。

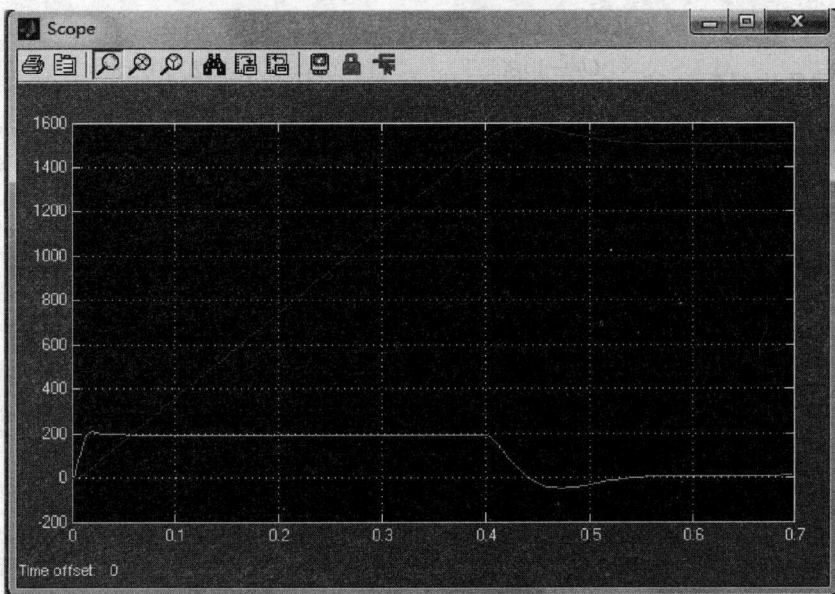

图 4-60　双闭环直流调速系统电流转速仿真曲线 2

3）当 $h=7$ 时。

转速调节器的超前时间常数为 $\tau_n = hT_{\Sigma n} = 7 \times 0.0174\text{s} = 0.122\text{s}$

转速调节器的比例系数 $K_{pn} = \dfrac{(h+1)\beta C_e T_m}{2h\alpha RT_{\Sigma n}} = \dfrac{8 \times 0.05 \times 0.132 \times 0.18}{2 \times 7 \times 0.007 \times 0.5 \times 0.0174} \approx 11.15$

则 PI 调节器的传递函数为 $W_{ASR}(s) = K_{pn}\dfrac{\tau_n s + 1}{\tau_n s} = K_{pn} + \dfrac{K_{pn}}{\tau_n s} = 11.15 + \dfrac{91.39}{s}$

根据以上参数，得到启动时转速与电流的相应的仿真曲线 3，如图 4-61 所示。

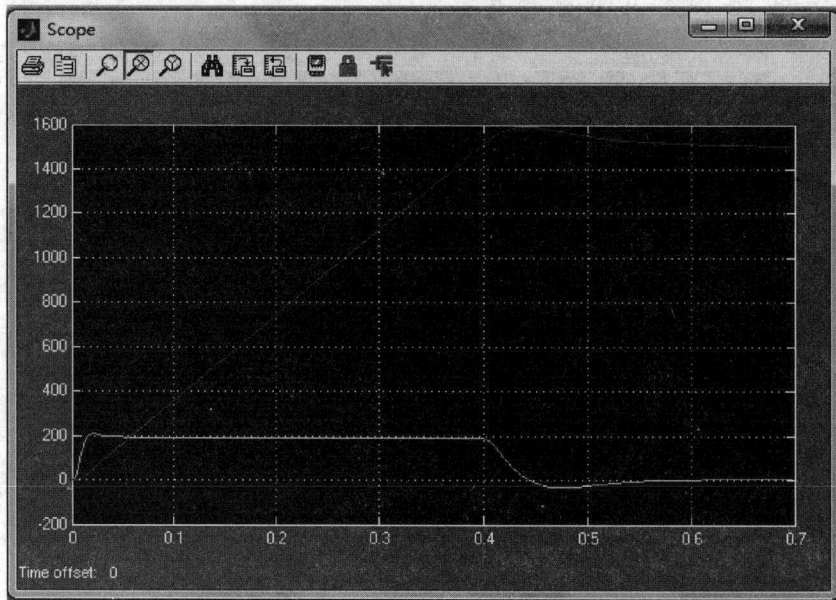

图 4-61　双闭环直流调速系统电流转速仿真曲线 3

4）当 $h=10$ 时。转速调节器的超前时间常数为 $\tau_n = hT_{\Sigma n} = 10 \times 0.0174\text{s} = 0.174\text{s}$

转速调节器的比例系数 $K_{pn} = \dfrac{(h+1)\beta C_e T_m}{2h\alpha R T_{\Sigma n}} = \dfrac{11 \times 0.05 \times 0.132 \times 0.18}{2 \times 10 \times 0.007 \times 0.5 \times 0.0174} \approx 10.73$

则 PI 调节器的传递函数为 $W_{ASR}(s) = K_{pn}\dfrac{\tau_n s + 1}{\tau_n s} = K_{pn} + \dfrac{K_{pn}}{\tau_n s} = 10.73 + \dfrac{61.67}{s}$

根据以上参数，得到启动时转速与电流的相应的仿真曲线 4，如图 4-62 所示。

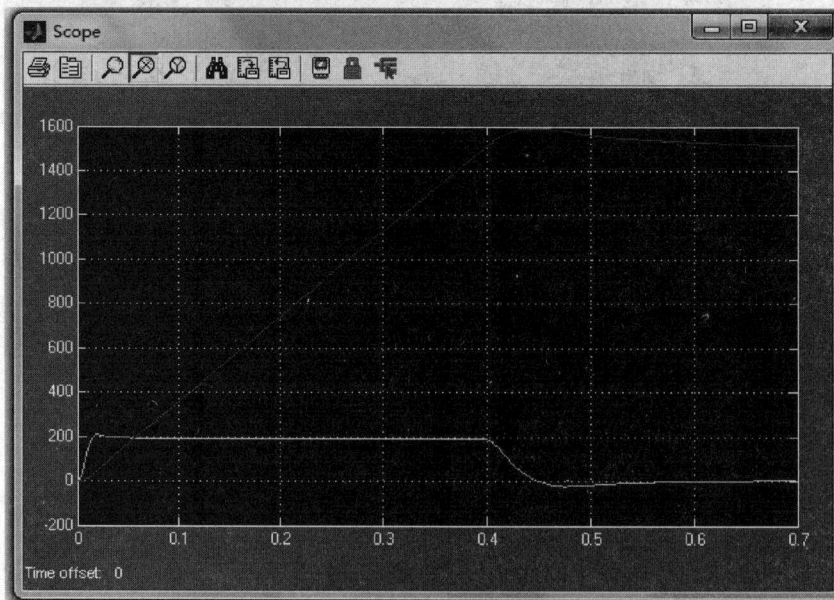

图 4-62　双闭环直流调速系统电流转速仿真曲线 4

为对比清楚起见，将调速系统仿真界面坐标适当调整，得到双闭环直流调速系统的仿真结果对比图，如图 4-63 所示。把各项指标综合起来看，$h=5$ 时动态跟随性能比较适中，如图 4-63 中红色曲线所示。

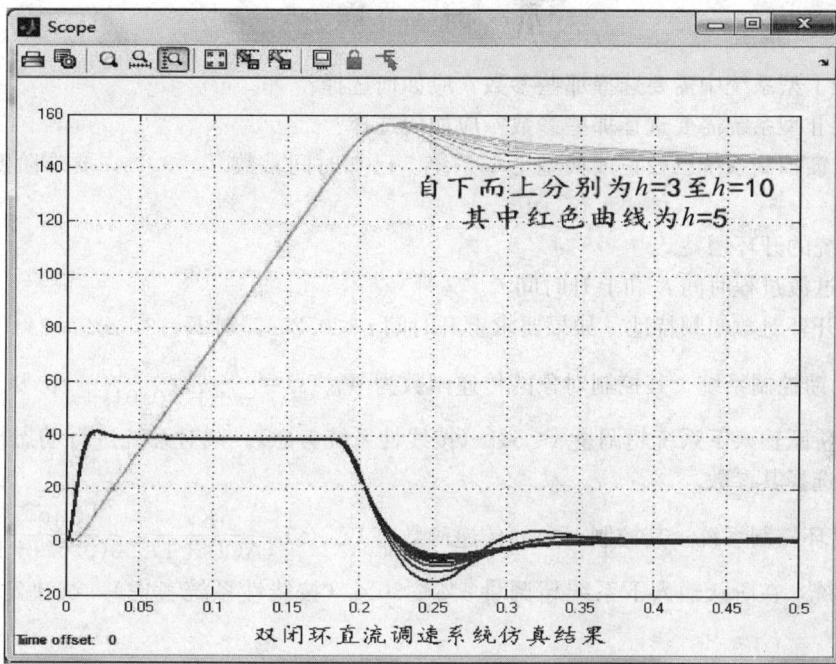

图 4-63　双闭环直流调速系统的仿真结果

（3）扰动对转速环的影响。系统稳定运行的过程中，突加负载电流 I_{dL}，对应的电流与转速变化如图 4-64 所示，最终电流值稳定在一个稍高于原电流值处形成一个新的平衡点，转速值回归原

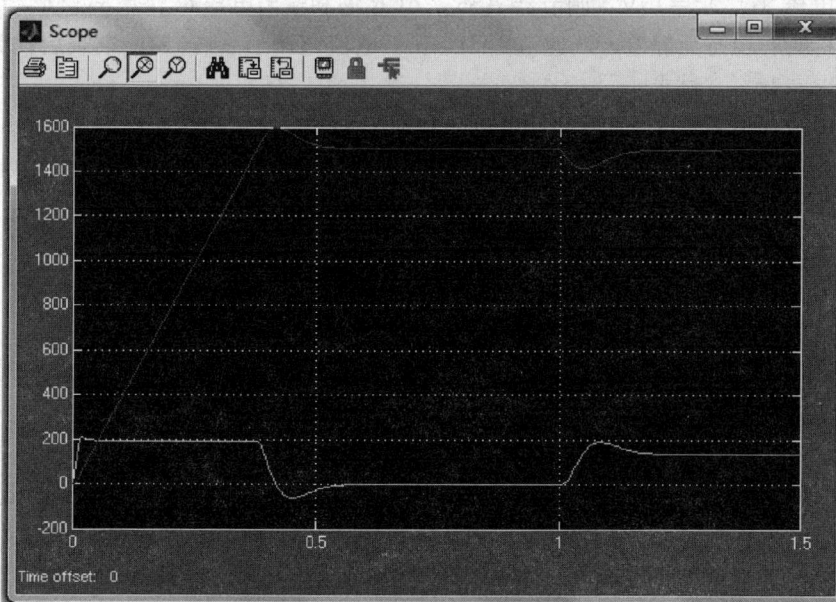

图 4-64　退饱和超调与突加负载仿真波形对比

给定值。从图 4-64 中还可对比看出退饱和超调与突加、减负载的相似之处，加深理解退饱和超调与突减负载超调的关系。

习　　题

4-1　典型 I 型系统中需要选择那些参数？应如何选择？

4-2　典型 II 型系统需要选择那些参数？应如何选择？

4-3　某反馈控制系统已校正成典型 I 型系统。已知时间常数 $T=0.1s$，要求阶跃响应超调量 $\sigma\leqslant10\%$。

（1）求系统的开环增益。

（2）计算过渡过程时间 t_s 和上升时间 t_r。

（3）绘出开环对数幅频特性。如果要求上升时间 $t_r<0.25s$，则 $K=?$，$\sigma\%=?$

4-4　某反馈控制系统，其控制对象的传递函数为 $W_{obj}(s)=\dfrac{K_1}{\tau s+1}=\dfrac{10}{0.01s+1}$，要求设计一个无静差系统，在阶跃输入下系统超调量 $\sigma\leqslant5\%$（按线性系统考虑）。试对系统进行动态校正，决定调节器结构，并选择其参数。

4-5　某闭环控制系统，其控制对象的传递函数为 $W_{obj}(s)=\dfrac{K_1}{s(Ts+1)}=\dfrac{10}{s(0.02s+1)}$，要求校正为典型 II 型系统，在阶跃输入下系统超调量 $\sigma\%\leqslant30\%$（按线性系统考虑）。试决定调节器结构，并选择其参数。

4-6　某转速电流双闭环调速系统，由三相零式晶闸管整流装置供电，已知电动机的额定数据为：$P_N=60kW$，$U_N=220V$，$I_N=308A$，$n_N=1000r/min$，电动势系数 $C_e=0.196V\cdot min/r$，主回路总电阻 $R=0.18\Omega$，触发整流环节的放大倍数 $K_s=35$。电磁时间常数 $T_l=0.012s$，机电时间常数 $T_m=0.12s$，电流反馈滤波时间常数 $T_{0i}=0.0025s$，转速反馈滤波时间常数 $T_{0n}=0.015s$。额定转速时的给定电压 $(U_n^*)_N=10V$，调节器 ASR，ACR 饱和输出电压 $U_{im}^*=8V$，$U_{cm}=6.5V$。系统的静、动态指标为：稳态无静差，调速范围 $D=10$，电流超调量 $\sigma_i\leqslant5\%$，空载启动到额定转速时的转速超调量 $\sigma_n\leqslant10\%$。试求：

（1）确定电流反馈系数 β（假设起动电流限制在 $1.1I_N$ 以内）和转速反馈系数 α。

（2）试设计电流调节器 ACR，计算其参数 R_i、C_i、C_{0i}。画出其电路图，调节器输入回路电阻 $R_0=40k\Omega$。

（3）设计转速调节器 ASR，计算其参数 R_n、C_n、C_{0n}。（$R_0=40k\Omega$）

（4）计算电动机带 40% 额定负载启动到最低转速时的转速超调量 σ_n。

（5）计算空载起动到额定转速的时间。

4-7　某转速电流双闭环调速系统，主电路采用三相桥式整流电路。已知电动机参数为：$P_N=500kW$，$U_N=750V$，$I_N=760A$，$n_N=375r/min$，电动势系数 $C_e=1.82V\cdot min/r$，电枢回路总电阻 $R=0.14\Omega$，允许电流过载倍数 $\lambda=1.5$，触发整流环节的放大倍数 $K_s=75$，机电时间常数 $T_m=0.112s$，电磁时间常数 $T_l=0.031s$，电流反馈滤波时间常数 $T_{0i}=0.002s$，转速反馈滤波时间常数 $T_{0n}=0.02s$。假设调节器输入输出电压 $U_{nm}^*=U_{im}^*=U_{nm}=10V$，调节器输入电阻 $R_0=40k\Omega$。

设计指标：稳态无静差，电流超调量 $\sigma_i\leqslant5\%$，空载启动到额定转速时的转速超调量 $\sigma_n\leqslant10\%$。电流调节器已按典型 I 型系统设计，并取参数 $KT=0.5$。

（1）选择转速调节器结构，并计算其参数。

（2）计算电流环的截止频率 ω_{ci} 和转速环的截止频率 ω_{cn}，并考虑它们是否合理？

4-8　在转速电流双闭环 V-M 系统中，转速调节器和电流调节器均采用 PI 调节器。

（1）在此系统中，当转速给定信号最大值 $U_{nm}^* = 15V$ 时，$n = n_N = 1500r/min$；电流给定信号最大值 $U_{im}^* = 10V$，允许最大电流 $I_{dm} = 30A$，电枢回路总电阻 $R = 2\Omega$，晶闸管装置的放大倍数 $K_s = 30$，电动机额定电流 $I_N = 20A$，电动势系数 $C_e = 0.128V \cdot min/r$。现在系统在 $U_n^* = 5V$，$I_{dl} = 20A$ 时稳定运行。求此时的稳态转速 n 和电流调节器的输出电压 U_c。

（2）当系统在上述情况下运行时，电动机突然失磁（$\Phi = 0$），分析说明系统将会发生什么现象？若系统能够稳定下来，则稳定后 n、U_n、U_i^*、U_i、I_d、U_c 分别为多大？

（3）该系统转速环按典型 II 型系统设计，按照 M_{rmin} 准则选择参数，取中频宽 $h = 5$，已知转速环小时间常数 $T_{\Sigma n} = 0.05s$，求转速环在跟随给定作用下的开环传递函数，并计算出放大系数及各时间常数。

（4）系统由空载突加额定负载时，电流 I_d 和转速 n 的动态过程波形是怎样的？已知机电时间常数 $T_m = 0.05s$，计算其最大动态速降 Δn_{max} 和恢复时间 t_v。

第 5 章　可逆直流调速系统

5.1　晶闸管直流调速系统

转速、电流双闭环直流电动机调速系统，由于变流装置只能向电动机提供单方向电流，限定电动机只能单方向运转，但在实际生产过程中，比如矿井卷扬机、龙门刨床工作台、电梯等工作机械，不但要求电动机能够调速运行，还要求电动机实现正转、反转、电气制动等功能，这些生产机械的电力拖动自动控制系统需要采用可逆直流调速系统。

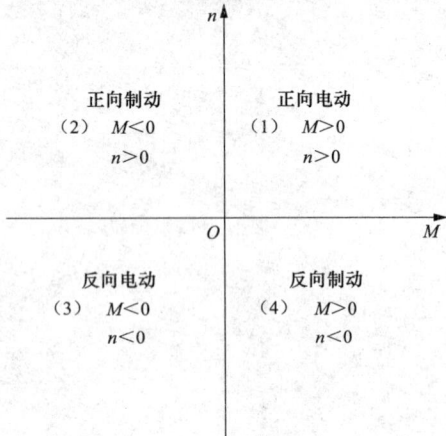

第一列文字：

正向制动
(2)　M<0
n>0

正向电动
(1)　M>0
n>0

反向电动
(3)　M<0
n<0

反向制动
(4)　M>0
n<0

图 5-1　电动机四象限运行状态图

可逆调速要求电动机四象限运行，如图 5-1 所示，四象限运行时电动机转矩 M 与转速 n 两者之间的关系如下。

(1) 第一象限：$M>0$，$n>0$，电动机转矩与转动方向一致，为正向电动状态。

(2) 第二象限：$M<0$，$n>0$，电动机转矩与转动方向相反，为正向制动状态。

(3) 第三象限：$M<0$，$n<0$，电动机转矩与转动方向一致，为反向电动状态。

(4) 第四象限：$M>0$，$n<0$，电动机转矩与转动方向相反，为反向制动状态。

实现可逆调速的关键是直流电动机能够反向旋转。要改变电动机旋转方向，首先需要改变电动机产生的电磁转矩方向，而电磁转矩 $M=C_m\varPhi I_d$，与磁通和电流方向有关，因此改变电磁转矩方向有两种方法：(1) 电枢电压方向不变，通过改变励磁电流方向，改变电动机励磁磁通方向，从而改变电动机转向，称为磁场可逆调速系统。(2) 电动机励磁磁通方向不变，通过改变电枢供电电压的方向，改变电枢电流 I_d 的方向，改变电动机的转向，称为电枢可逆调速系统。

上述两种方法，在 G-M 系统中较容易实现电机正、反转；在晶闸管供电的直流电动机调速系统中，由于晶闸管的单向导电性，要实现电动机正、反转运行就复杂的多。

5.1.1　晶闸管供电直流调速系统的可逆运行方案

如图 5-2 所示，以 AB 作为分界线分析：①首先从 AB 左侧来看，为直流电源输出端，要想实现电机正、反转切换，可从电源侧实现换向，由于晶闸管的单向导电性，只能再增加一个能提供反方向电流的电源，即利用两套晶闸管变流装置切换实现电机正反转，如图 5-3 所示。②从 AB 右侧来看，为负载电动机端，在只有一组电源的情况下，要想换向只能采用改变电枢电流或改变励磁绕组电流两种方式中的一种，前者为电枢可逆电路，后者为磁场可逆电路，可采用晶闸管或接触器来切换电枢电流和励磁绕组电流，如图 5-4、图 5-5 所示，目前这种电路已不多见。

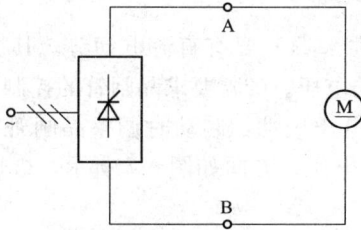

图 5-2　晶闸管—电动机调速系统示意图

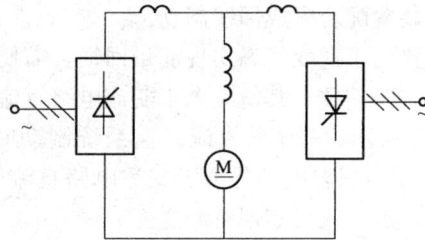

图 5-3　两套整流装置切换的可逆电路

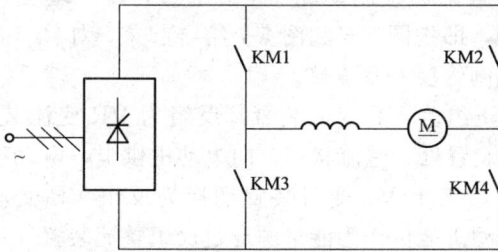

图 5-4　晶闸管切换的电枢可逆电路

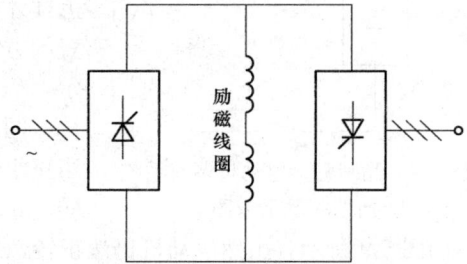

图 5-5　利用两套整流装置切换的磁场可逆电路

5.1.2　可逆运行方案比较

1. 电枢可逆电路

电枢可逆电路改变的是电动机电枢电流方向，励磁电流方向未变，它的优点是电枢回路的电感较小，其电磁时间常数也小，滞后时间短，所以快速性好，适用于频繁启制动、要求过渡时间尽量短的生产机械上。缺点是需要 4 个相应于主电路容量的晶闸管，投资比较大。

2. 磁场可逆电路

磁场可逆电路改变的是电动机励磁电流方向，电枢电流方向保持不变，它的主要优点是电动机励磁回路功率通常仅为额定功率的 $3\%\sim5\%$，因此可选用容量较小的晶闸管，投资较少。缺点是电动机励磁回路电感大，电磁时间常数大，滞后时间长，励磁反向的过程慢，所以快速性差，一般在快速性要求不高场合使用。

为了解决磁场可逆电路电流反向时间长的问题，在励磁电流反向时，也可采用强迫励磁的方法，突加 $2\sim3$ 倍的反向励磁电压，迫使正向励磁电流减小，反向励磁电流尽快建立，当电流满足要求时再降到正常值。但是这样做会带来另一个问题，若励磁电流减小，电枢电流依然存在，电动机将出现弱磁升速，严重时会出现飞车事故。因此此时应切断电枢电压，以避免产生原方向的转矩，阻碍电动机换向。

以上问题的解决无疑会增加控制系统难度，因此电枢可逆电路和磁场可逆电路相比，电枢可逆电路应用更为广泛。

图 5-3 和图 5-4 所示都为电枢可逆电路，考虑到反向制动问题两套变流转置供电的可逆回路应用比较广，因此可逆调速系统的分析以电枢可逆电路为例。

5.1.3　晶闸管直流调速系统制动能量的处理

如图 5-6 所示电动机单方向旋转时，要实现制动除了调节电枢电压、励磁电流外，最环保的方法就是利用回馈制动来解决，变流装置逆变状态可实现能量回馈，因此可

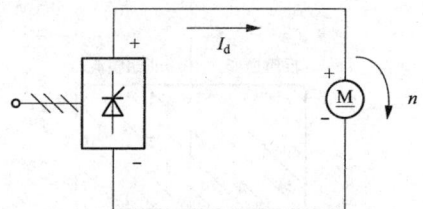

图 5-6　晶闸管—电动机调速系统
电动状态示意图

以利用变流装置配合完成回馈制动。

变流装置处于逆变状态实现能量回馈，需要两个条件：（1）要有直流电动势，其极性须与晶闸管导通的方向一致，其值应大于变流电路直流侧的平均电压。（2）要求晶闸管的控制角 $\alpha > 90°$。

如图 5-7 所示为晶闸管直流调速系统制动时对应的电压极性，制动时调整晶闸管控制角 $\alpha > 90°$；对于电动机只要电动势大于变流电路直流侧的平均电压，方向如图 5-7 所示，极性与晶闸管导通的方向一致，就可实现有源逆变。

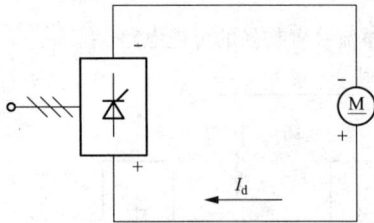

图 5-7　晶闸管—电动机调速系统
回馈制动示意图

比较图 5-6、图 5-7，可看出图 5-6 所示晶闸管直流调速系统的电压极性不能实现有源逆变，也就不能实现回馈制动。怎样才能实现能量的回馈制动呢？可以通过再加一套变流装置的方法来实现，即把图 5-6 和图 5-7 结合起来，如图 5-8 所示，称为两组晶闸管反并联连接。

图 5-8 所示正组为 VF 变流装置，反组为 VR 变流装置，当正组 VF 变流装置处于整流状态，向电动机供电，电动机正转；正转制动时，正组 VF 变流装置切换为反组 VR 变流装置，如图 5-9 所示，虽然电动机仍然正转，但此时电动机能量作为能量源通过反组整流装置反送电网，因此可实现电动机减速时制动能量回馈电网。

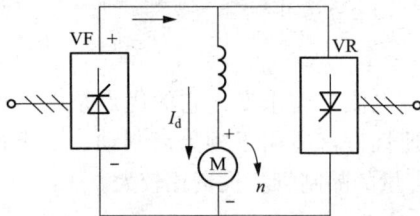

图 5-8　两套变流装置正组整流电动机电动状态

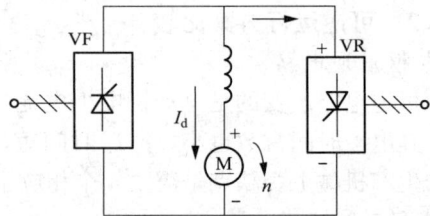

图 5-9　两套变流装置反组处于逆变状态

以上是正组整流电动机正转和反组逆变电动机正转制动两种情况，可以用图 5-10 说明其机械特性。

显然如果反过来，利用反组整流、正组逆变，就可实现反转和反转制动，从而实现如图 5-11 所示的四象限运行。

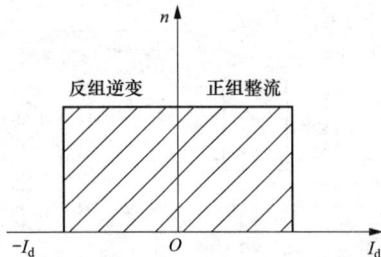

图 5-10　正组整流、反组逆变的机械性运行范围

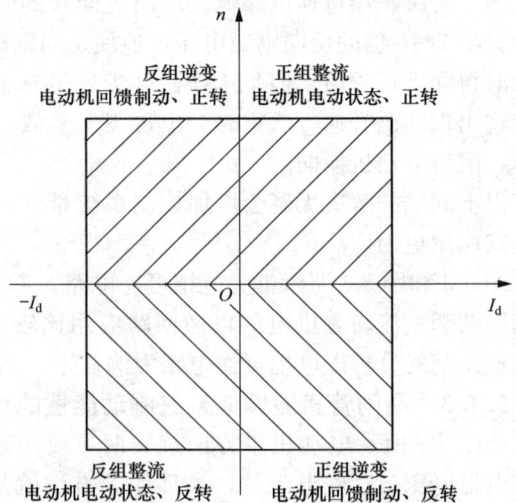

图 5-11　可逆系统的电动机与回馈制动

采用两组晶闸管反并联连接线路，解决了电动机的正、反转运行和回馈制动的问题，但是从图 5-9 发现正、反两组晶闸管很容易发生顺向串联，产生短路问题。

在可逆调速系统中这种只流过两组整流装置，不流过负载的短路电流，称为环流。环流不做功还会增加晶闸管和变压器的负担，设计电路时应想办法消除、抑制环流。

环流可分为以下两大类。分别为静态环流和动态环流。

静态环流：可逆调速系统在一定的控制角下稳定运行时，所出现的环流，它一般分为直流平均环流和瞬时脉动环流两种。

动态环流：稳态运行时不存在，只有系统从一种工作状态转为另一种工作状态的过渡过程中出现的环流。

（1）直流平均环流。如图 5-12 中虚线所示，如果让正、反两组晶闸管 VF、VR 都处于整流状态，整流装置正负相连，会发生短路现象，短路电流即为直流平均环流，由于此电流很大会引起设备损坏，因此应设法避免。比较好的解决办法就是当正组 VF 处于整流状态时，反组 VR 处于逆变状态，如图 5-12 中括号内极性所示，逆变电压相对于整流电压为负，相当于反组输出一个逆变电压将它顶住，只要使正组输出直流平均电压与反组输出的直流平均电压大小相等，方向相反，直接平均环流就等于 0。

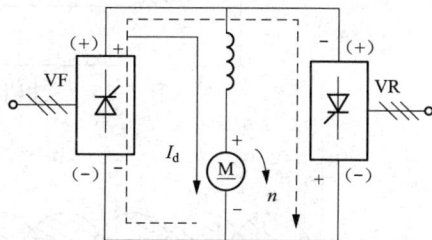

图 5-12　可逆调速系统中的环流

无括号的为两组变流装置都为整流工作状态时的极性；括号内的为正组处于整流状态，反组处于逆变状态的极性

正组输出直流平均电压为 $\qquad U_{\mathrm{dof}}=U_{\mathrm{domax}}\cos\alpha_{\mathrm{f}}$ $\hfill$ (5-1)

反组输出直流平均电压为 $\qquad U_{\mathrm{dor}}=U_{\mathrm{domax}}\cos\alpha_{\mathrm{r}}$ $\hfill$ (5-2)

两者的关系为： $\qquad\qquad U_{\mathrm{dof}}=-U_{\mathrm{dor}}$ $\hfill$ (5-3)

式（5-1）、式（5-2）中，U_{domax} 为最大输出电压值，由于两组采用完全相同的装置，因此两组最大输出电压值相同 $U_{\mathrm{dofmax}}=U_{\mathrm{dormax}}=U_{\mathrm{domax}}$，$\alpha_{\mathrm{f}}$、$\alpha_{\mathrm{r}}$ 分别为正组晶闸管和反组晶闸管的控制角。

所以有 $\qquad\qquad\qquad\cos\alpha_{\mathrm{f}}=-\cos\alpha_{\mathrm{r}}\Rightarrow\alpha_{\mathrm{f}}+\alpha_{\mathrm{r}}=180°$

若反组采用逆变角 β_{r} 表示，则 $\alpha_{\mathrm{f}}=\beta_{\mathrm{r}}$，这样就可以消灭直接平均环流，这种工作方式称作"$\alpha=\beta$ 配合控制"。

因此直流平均环流的定义应为：由于正、反两组晶闸管装置输出的直流平均电压不同，二者电压差所产生的环流，称为直流平均环流。

（2）瞬时脉动环流。为了抑制环流的产生，一般让正、反两组晶闸管输出的直流平均电压差为 0，但是从电力电子技术知识可知道，由于两组整流装置分别处于整流、逆变状态，正组瞬时电压 u_{dof} 和反组瞬时电压 u_{dor} 并不相等，存在瞬时压差 $\Delta u_{\mathrm{do}}=u_{\mathrm{dof}}-u_{\mathrm{dor}}$，存在瞬时压差就会存在瞬时电流，由于随着波形变化，瞬时电流是脉动的，因此称为瞬时脉动环流，下面利用图 5-13 分析三相半波反并联可逆电路瞬时脉动环流产生过程。

图 5-13 为三相半波反并联可逆电路，正组晶闸管为共阴极接法，反组为共阳极接法，图 5-13 中虚线所示为正组 A 相整流、反组 B 相逆变时瞬时脉动环流 i_{cp} 的流通回路；图 5-14a 为正组 A 相控制角 $\alpha_{\mathrm{f}}=30°$ 时，正组整流电压波形图，自然换流点即 α 起算点为正半波两相电压的交点；图 5-14b 为反组 B 相 $\alpha_{\mathrm{r}}=150°$ 时，反组逆变电压波形图，自然换流点即 a 起算点为负半波两相电压的交点，b 的起算点为正半波两相电压的交点；图 5-14c 瞬时电压差 $\Delta u_{\mathrm{d}}=u_{\mathrm{dof}}-u_{\mathrm{dor}}$，虽然它们的平均电压值相同，瞬时值却不同，正是由于瞬时电压差的存在，在两组整流装置之间引起瞬时脉动环流，如图 5-14d 所示，由于晶闸管的内阻很小，为抑制瞬时脉动环流 i_{cp} 需接入环流电抗器，如

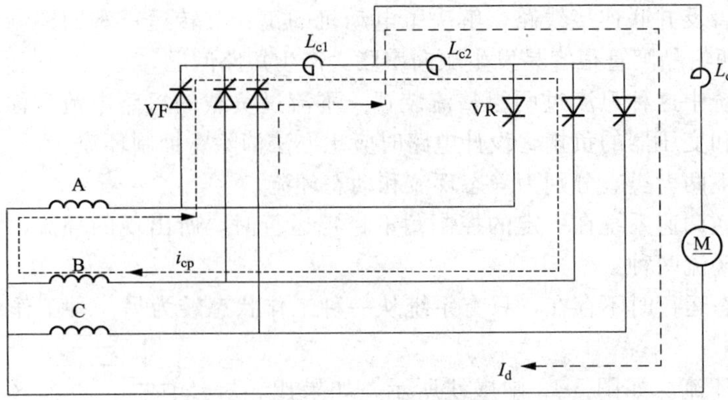

图 5-13 三相半波反并联可逆电路电抗器工作说明图

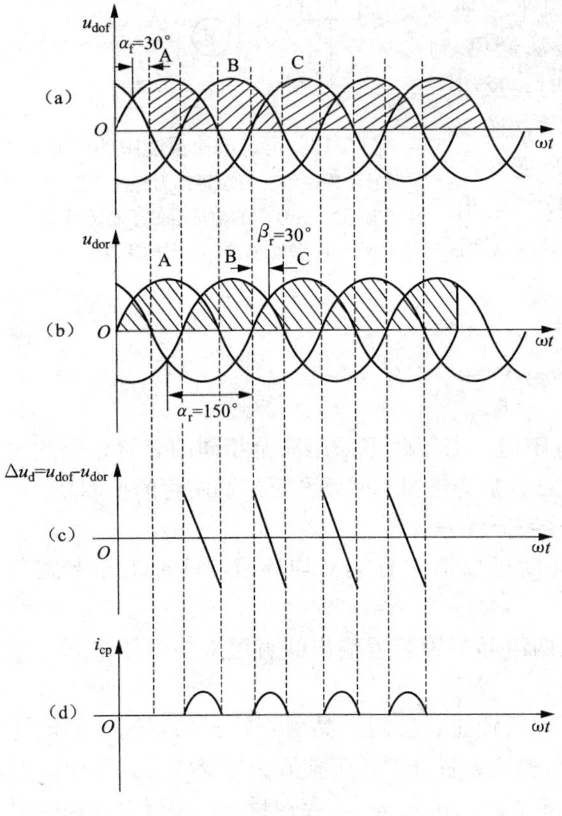

图 5-14 三相半波反并联可逆电路环流电压
和环流电流波形图

(a) $\alpha_f = 30°$时，正组整流电压波形图；

(b) $\alpha_f = 150°$时，反组逆变电压波动图；

(c) 瞬时电压差 $\Delta u_d = u_{dof} - u_{dor}$；

(d) 瞬时脉动环流 i_{cp}

图 5-13 所示，L_{c1}、L_{c2}就是环流电抗器。

由于环流电抗器取值偏大会使电流过分滞后，偏小起不到抑制环流作用，因此工程上一般要求环流电抗器将瞬时脉动环流的直流分量限制在负载额定电流的 5%～10%之间，并按此要求来选择环流电抗器。

环流电抗器的接法和使用个数因整流电路而异，图 5-13 所示三相半波反并联可逆电路，共用了两个环流电抗器 L_{c1}、L_{c2}，正、反两个回路各接一个环流电抗器，这是因为虽然在环流回路中两环流电抗器是串联的，但是对于负载回路来说却是并联的，假如现在是正组工作，电动机处于电动状态，虚线为环流 i_{cp}，实线为负载电流 I_d。由于 L_{c1}中即流过环流又流过负载电流，会因流过过大电流而饱和，失去了限制环流的作用；而此时 L_{c2}流过的仅为环流没有饱和，真正起限制瞬时脉动环流的作用，因此必须采用两个环流电抗器。L_{c1}因流过过大电流饱和，所以负载回路必须要另设平波电抗器 L_d。

对于三相桥式反并联可逆电路，每一组桥有两条并联的环流通路，如图 5-15 中虚线所示，为防止电抗器饱和，4 个桥臂需各有一个环流电抗器 L_c，共需 4 个电抗器。因为流过较大的负载电流时，环流电抗器 L_c 会饱和，电枢回路仍需接入一个体积更大的平波电抗器 L_d 滤平电流波形。

环流问题是一个必须认真解决的问题，因为对环流不同处理方法，就出现了不同的可逆系统，例如：有环流可逆调速系统、逻辑无环流可逆系统、错位无环流可逆调速系统等，下面对常见的几种系统进行分析。

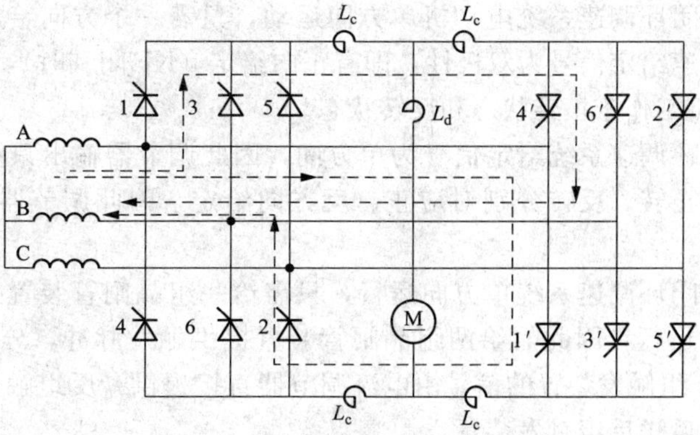

图 5-15　三相桥式反并联可逆电路电抗器接法及环流示意图

5.2　有环流控制可逆晶闸管直流调速系统分析

5.2.1　配合控制

在分析环流时已提出了配合的概念，即通过正组与反组的配合，当正组整流时反组处于逆变状态，使整流电压和逆变电压具有一定配合关系，减小直接平均环流，就是配合控制。

配合控制一般有两种：正组控制角 α 等于反组逆变角 β，即 $\alpha_f = \beta_r$ 工作制，简称 "$\alpha = \beta$ 工作制"；正组控制角 α 大于反组逆变角 β，即 $\alpha_f > \beta_r$ 工作制，简称 "$\alpha > \beta$ 工作制"。

5.2.2　"$\alpha = \beta$" 配合控制的可逆晶闸管直流调速系统

1. 系统原理图

图 5-16 所示为 $\alpha = \beta$ 配合控制有环流可逆直流调速系统原理简图，基本结构与转速、电流双闭环直流调速系统没有本质差别，运动工作原理相同，主要差别是增加了反向运动控制，下面将可逆直流调速系统的组成与转速、电流双闭环调速系统组成进分析对比。

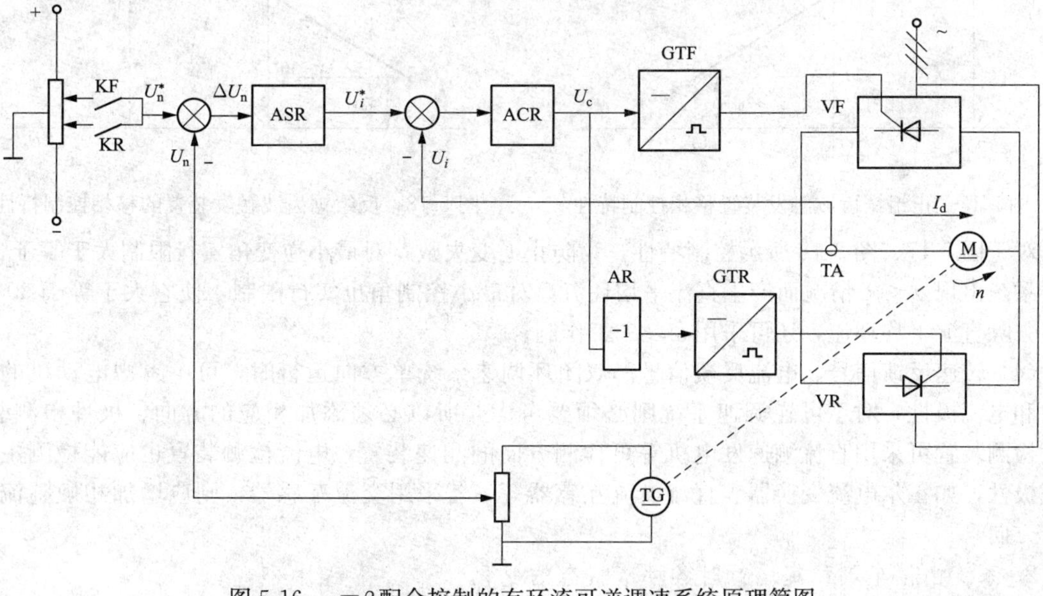

图 5-16　$\alpha = \beta$ 配合控制的有环流可逆调速系统原理简图

ASR—转速调节器；ACR—电流调节器；TG—测速发电机；TA—电流互感器；GTF—正组触发装置；

GTR—反组触发装置；AR—反号器；KF—正向开关；KR—反向开关

（1）给定信号。双闭环调速系统电动机单方向运动，只需一个方向给定；可逆直流调速系统电动机两方向运动，转速给定信号为双极性，即有正向给定（KF 闭和时），也有反向给定（KR 闭和时），分别控制电动机工作于正转状态和反转状态。

（2）调节器。双闭环调速系统给定信号为单方向，因此调节器输出只需设置单方向限幅装置即可；而可逆调速系统正转、反转分别对应正、反方向给定，因此调节器的输出即有正向限幅，也有反向限幅。

（3）触发装置。双闭环调速系统单方向运行，只需给一组晶闸管装置提供触发脉冲；而可逆调速系统正、反两方向运行，因此需给两组晶闸管装置提供触发脉冲，分为正组触发装置 GTF、反组触发装置 GTR，正组触发装置的信号由电流调节器直接提供，反组触发装置的信号由电流调节器信号经反号器取反后送反组触发装置。

下面以锯齿波触发装置为例说明 $\alpha=\beta$ 配合控制工作过程，由图 5-16 可知，电流调节器的输出 U_c 为触发装置的控制信号，U_c 控制正组触发装置，其移相控制特性如图 5-17 所示，U_c 经反号器后控制反组触发装置，其移相控制特性如图 5-18 所示。当控制信号 $U_c=0$ 时，由图 5-17、图 5-18 可知，系统对应正组初始相位角 $\alpha_f=90°$，反组初始相位角 $\alpha_r=90°$，则两组整流装置输出的电压都为 0，电动机处于停止状态；当控制信号 U_c 为正时，由图 5-17 可知，正组对应 $\alpha_f<90°$，U_{ct} 变大，正组控制角变小，系统处于整流状态；由图 5-18 可知，反组对应于 $\alpha_r>90°$，U_{ct} 变大，控制角变大，系统处于逆变状态。此时若反组用逆变角 β_r 来表示，因两组触发装置的控制信号大小相等，方向相反，则两者的关系为 $\alpha_f=\beta_r$，因此称为 $\alpha=\beta$ 配合控制。控制信号 U_c 为负时，同样道理。

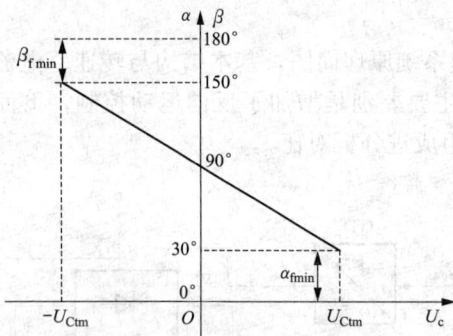

图 5-17　正组锯齿波触发装置移相控制特性　　　图 5-18　反组锯齿波触发装置的移相控制特性

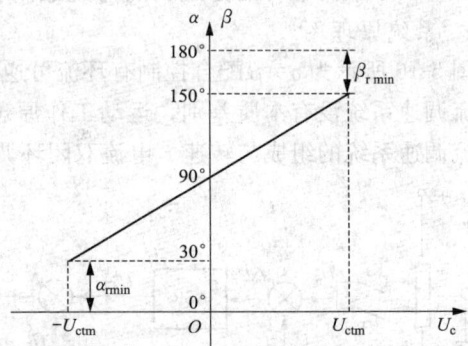

对于图 5-17、图 5-18 所示控制特性，为防止逆变失败，对最小逆变角实行限制大于等于 30° 为防止系统出现 $\alpha_f<\beta_r$ 情况而产生直流平均环流，对最小控制角也实行限制，使它大于等于 30°。为可靠去除直流平均环流，还可采用 $\alpha_f\geqslant\beta_r$ 工作制。

（4）转速反馈信号、电流反馈信号。双闭环调速系统单方向运行时，可不考虑电动机的转动方向和电流极性，对于可逆调速系统则必须要考虑，所以必须添加相应的方向、极性检测装置。速度检测装置可采用直流测速发电机等可检测方向的测速装置，电流检测装置也应能检测主回路电流极性，如霍尔电流变换器、直流电流互感器等，若采用交流互感器，则应增加相敏整流装置区分方向。

2. 系统由停车到稳定运行时各环节状态的变化

（1）电动机停车状态。开关 KF、KR 都打开，给定电压 $U_n^*=0$，则转速调节器 ASR 的输出 $U_i^*=0$，电流调节器 ACR 的输出 $U_c=0$，此时正组触发装置 GTF 对应正组初始相位角 $\alpha_f=90°$；反组触发装置 GTR 对应反组初始相位角 $\alpha_r = 90°$，则两组晶闸管整流装置输出的平均电压 $U_{d1} = U_{d2} = 0$，电枢电流 $I_d = 0$，电动机转速 $n = 0$，系统处于停车状态。

（2）电动机正向启动到稳定运行的状态。首先闭和 KF，调整变阻器触点的位置，使 $U_n^* > 0$，由于是突加正的给定电压 U_n^*，转速受电动机机械惯性影响，建立起来较慢，因此刚开始时转速反馈电压 $U_n = 0$，转速调节器 ASR 的输入 $\Delta U_n = U_n^* - U_n = U_n^*$ 为最大值，转速调节器饱和，输出达到负的限幅值 $-U_i^*$。

负的限幅值 $-U_i^*$ 是电流调节器 ACR 的给定电压，决定了系统以最大给定电流起动，电流调节器 ACR 的输入 $\Delta U_i = -U_i^* + U_i$，由于电流调节器采用 PI 调节器，反馈电流的建立也需要时间，因此开始时 ΔU_i 值较大，极性为负，但不能使电流调节器饱和，这时电流调节器的输出 U_c 为正，在控制电压 U_c 的作用下，如图 5-17 所示，正组晶闸管控制角从 90°向 30°方向移动；如图 5-18 所示，反组晶闸管的控制角从 90°向 150°方向移动。

正组晶闸管控制角从 90°向 30°方向移动，正组具备整流的一个条件；反组晶闸管的控制角从 90°向 150°方向移动，反组也具备逆变的一个条件，那么应正组整流呢，还是反组逆变？这要从整体上看，电动机初始状态为停车，因此不能对外提供能量，所以逆变状态不能成立，在逆变角控制下等待着逆变称为待逆变状态。正组触发进入整流状态，提供能量给电动机，主电路电流上升，电动机正向起动。

以后的过程同双闭环调速系统的启动过程，转速调节器经过饱和、退饱和后，直流调速系统进入稳态。

直流调速系统稳定运行时，各参数关系为 $U_n = U_n^* > 0$，$\Delta U_n = U_n^* - U_n = 0$，$\Delta U_i = -U_i^* + U_i = 0$。

此时正组控制角 $\alpha_f < 90°$整流，反组控制角 $\alpha_r > 90°$待逆变。正组的平均电压为 $U_{df} = U_{d0} \cos\alpha_f$，反组的平均电压为 $U_{dr} = U_{d0} \cos\alpha_r$，只要使 $\alpha_f = \beta_r$，则 $U_{df} = -U_{dr}$，两组晶闸管之间没有直接平均环流，因此运行过程中应保证 $\alpha_f = \beta_r$ 的配合控制。

从前面瞬时脉动环流部分的分析可知，$\alpha_f = \beta_r$ 配合工作制不可能彻底去除瞬时脉动环流，只能设法减小环流，在环流回路串入电抗器，若是三相桥式反并联可逆电路需 4 个环流电抗器，如图 5-19 所示，若用三相桥式电路构成交叉可逆电路则只需两个环流电抗器，如图 5-20 所示。

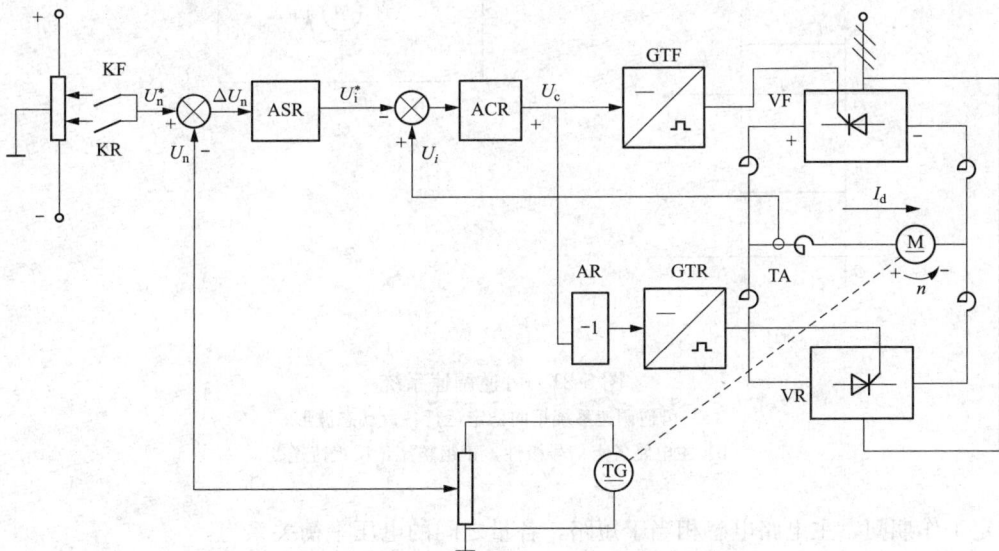

图 5-19　$\alpha = \beta$ 配合控制的三相桥式反并联有环流可逆调速系统

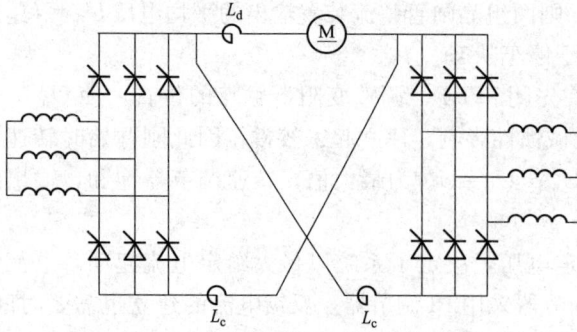

图 5-20 三相桥式电路构成交叉
可逆电路示意图

3. 系统制动过程分析

对于可逆调速系统来说，启动过程与双闭环直流调速系统没有区别，从正转到反转的控制过程是它独特的地方，由正向稳态到正向制动再到反向启动、反向稳态运行的过程。由于反向启动到反向稳态与正向启动到正向稳态没有本质差别，只是方向不同，下面仅通过分析电动机由正转运行到停止的制动工作过程来说明可逆系统如何实现四象限运行。

系统在正向稳定运行阶段，各调节器都未饱和，以 U_c 为正的情况为例，考虑运算放大器的倒相作用，两个调节器输入输出电压的实际极性：$U_n = U_n^* > 0$，$\Delta U_n = 0$；$U_i = U_i^* < 0$，$\Delta U_i = 0$，U_c 为正，$\overline{U_c}$ 为负，则正组处于整流状态，反组处于待逆变状态，各量关系如图 5-21 所示。

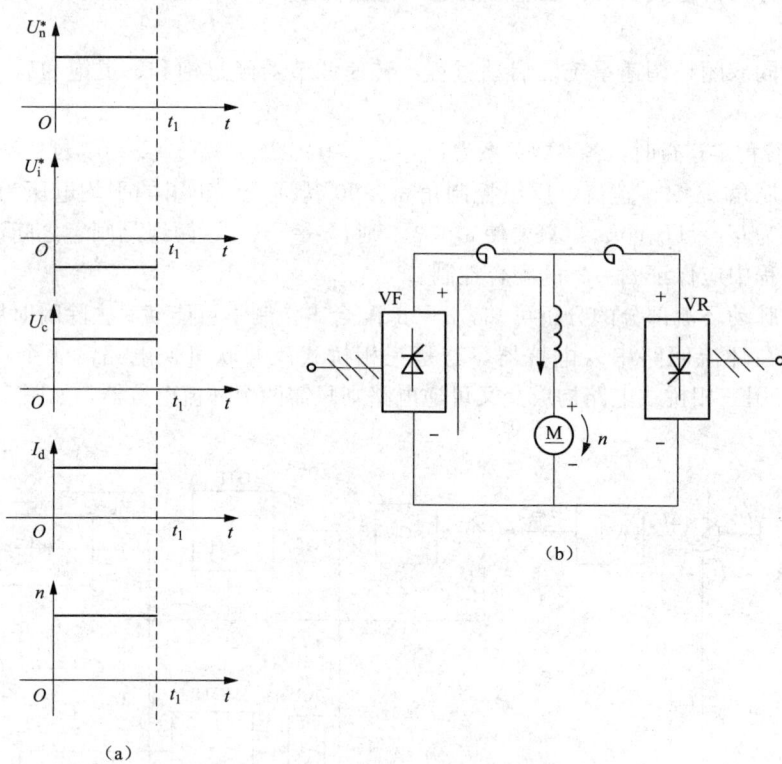

图 5-21 可逆调速系统
（a）可逆调速系统正向稳定运行各量动态波形；
（b）主电路各点信号极性，正组整流，反组待逆变

稳定工作期间，主电路电感相当于短路，各量之间的电压平衡关系为

$$U_{d0F} = E \tag{5-4}$$

因为反馈电压 $U_n = \alpha n$，电动机反电动势 $E = C_e \Phi n$，U_n、E 都与 n 成正比例关系，因此可用同一曲线表示。

（1）本组逆变阶段（$t_1 \sim t_2$ 阶段）

接到停车指令制动开始。

$$\left.\begin{array}{l} U*n = 0 \\ \text{转速反馈电压} U_n > 0 \end{array}\right\} \rightarrow \Delta U_n = U_n^* - U_n = -U_n < 0 \rightarrow \text{转速调节器 ASR 饱和，输出信号 } U_i^* \text{ 跃变}$$

为正限幅值 U_{im}^* $\xrightarrow{\text{由于主回路电感的作用，} U_i \text{ 来不及变化，仍为正}}$ $U_{im}^* + U_i$ 两者符号一致，使电流调节

器 ACR 饱和 → 控制电压 U_c 跃变为负限幅值 U_{cm} → $\left\{\begin{array}{l} \text{正组控制角 } \alpha \text{ 迅速升高，超过 } 90° \\ \text{反组控制角 } \alpha \text{ 迅速降低，低于 } 90°。\end{array}\right.$

从主电路整体上看，正组整流装置控制角超过 90°，正组晶闸管输出平均电压 U_{doF} 为负，电动机转速不能突变，旋转方向依旧为原方向正转，电动机反电动势 $E = C_e \Phi n$ 依旧维持原方向，由于主电路存在电感，会在电感两端感应出感应电压 $L \dfrac{\mathrm{d}I_d}{\mathrm{d}_t}$，使电流维持原方向，通过正组整流装置回馈电网。电感储能有限，电流 I_d 迅速下降到 0。此阶段从发出停车信号持续到电流 I_d 为 0 为止，如图 5-22（b）所示，它们之间的电压关系为

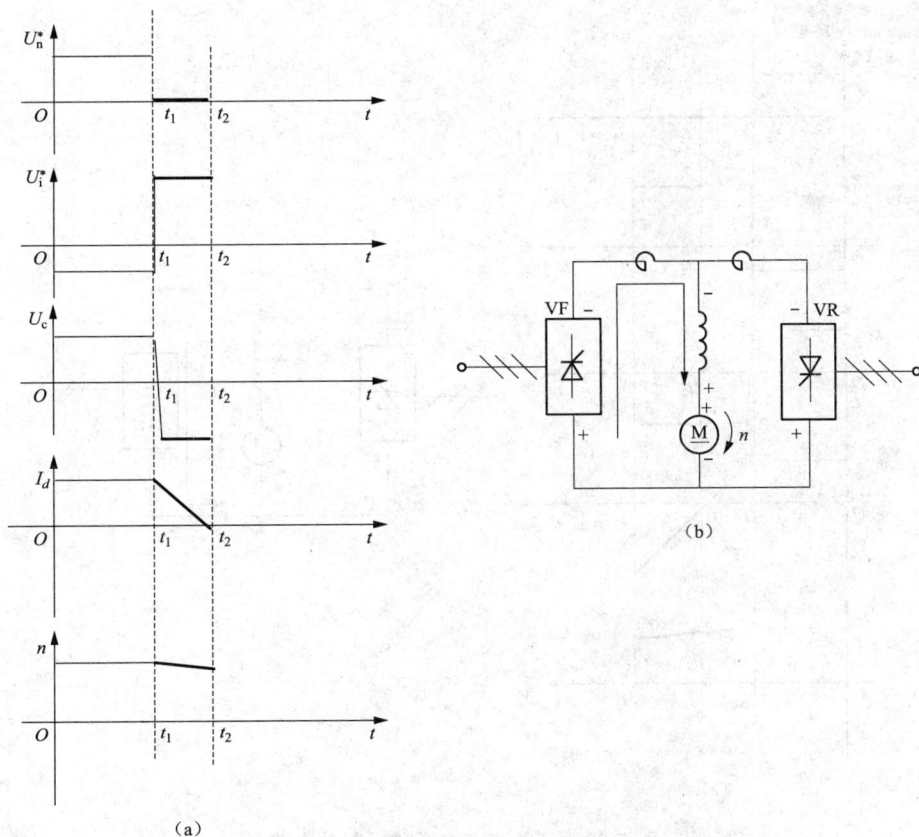

图 5-22　可逆调速系统
（a）可逆调速系统本组逆变阶段各量动态波形波形；
（b）主电路各点信号极性，正组逆变，反组待整流

$$L \frac{\mathrm{d}I_\mathrm{d}}{\mathrm{d}t} - E > |U_{d0F}| = |U_{d0R}| \qquad (5\text{-}5)$$

对于反组整流装置晶闸管控制角小于 $90°$，反组晶闸管输出平均电压 U_{d0R} 为正，但是由于 $L \frac{\mathrm{d}I_\mathrm{d}}{\mathrm{d}t} - E > |U_{d0R}|$，反组是在等待着整流称为待整流状态。

综上分析，在此阶段正组由整流状态变成逆变状态，反组由待逆变状态变为待整流状态，电动机电流、反电动势和转速方向都没有改变。此阶段电流由电感产生反电势维持，因此时间很短，转速来不及产生变化，只是略有下降，此阶段以电流为 0 结束。

（2）它组制动阶段（$t_2 \sim t_5$ 阶段）

从正向电流 I_d 为 0 到制动过程结束，属于它组制动阶段，此阶段可分为 3 部分：反接制动阶段、回馈制动阶段、反向减流阶段。

1）反接制动阶段（$t_2 \sim t_3$ 阶段）。前一阶段转速反馈电压变化不大，转速调节器依旧饱和，电流反馈电压为 0，电流调节器的输入为 U_im^*，所以 $\Delta U_\mathrm{i} > 0$，电流调节器也依旧饱和，此时正、反组的控制电压依旧为限幅值 $\pm U_\mathrm{cm}$，控制角依旧为本组逆变时的状态。这种状况下，当 $|U_{d0F}| = |U_{d0R}| > L \frac{\mathrm{d}I_\mathrm{d}}{\mathrm{d}t} - E$ 时，正组逆变终止，由逆变状态转变为待逆变状态；反组由待整流变为整流状态，各量之间关系如图 5-23（a）所示。

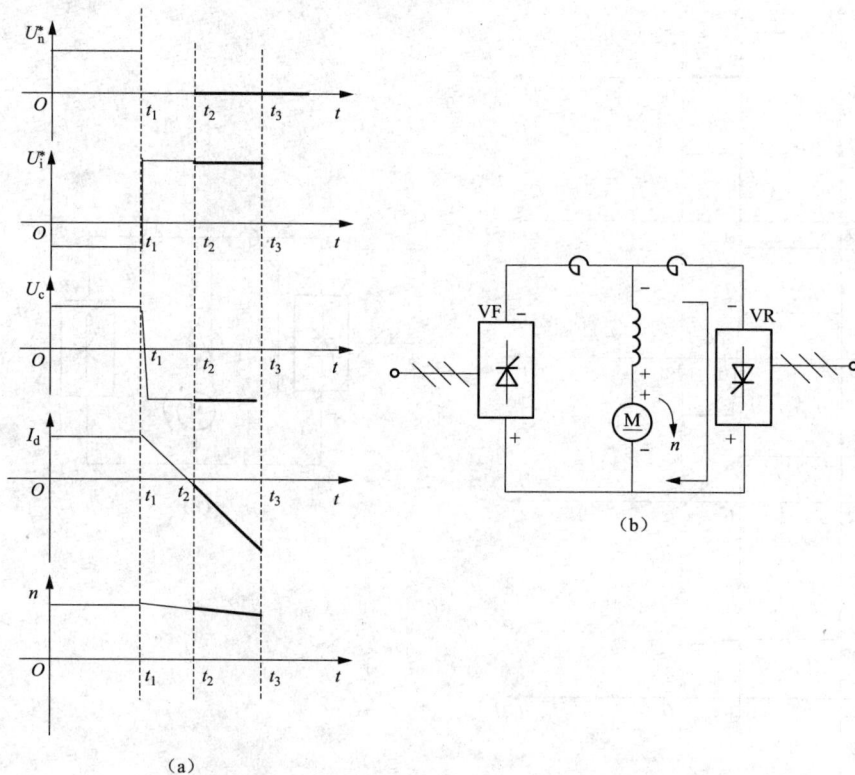

图 5-23　可逆调速波形和反制动电路
（a）可逆调速系统反接制动阶段各量动态波形；（b）主电路各点信号极性，正组待逆变，反组整流

由于反组晶闸管整流电压与电动机电枢电动势顺向串联，如图 5-23（b）所示，反向电流增长很快达到 $-I_\mathrm{dm}$，因此电动机正向转速 n 下降很快，电动机处于反接制动状态。

2）回馈制动阶段（$t_3 \sim t_4$ 阶段）。当反向电流 I_d 达到 $-I_{dm}$ 并略有超调后，电流反馈电压 $|U_i| > U_{im}^* \rightarrow \Delta U_i = U_{im}^* + U_i < 0 \rightarrow$ 电流调节器 ACR 输入电压 $\Delta U_i < 0$，由正变负 $\rightarrow$ 电流调节器 ACR 退饱和 $\rightarrow$ ACR 的输出 U_c 从饱和值 $-U_{cm}$ 开始回升，$\rightarrow \begin{cases} \text{正组 VF 的控制角从大于 90°开始减小} \\ \text{反组 VR 的控制角从小于 90°开始增大。} \end{cases}$

当 U_c 从负变正时 $\rightarrow \begin{cases} \text{对应的正组 VF 的控制角进入小于 90°区域} \\ \text{对应的反组 VR 的控制角进入大于 90°区域。} \end{cases}$

正组 VF 由待逆变状态变为待整流状态，反组 VR 由整流状态变为逆变状态，各量之间关系如图 5-24 所示。

这一阶段由于转速调节器 ASR 没有退饱和，其输出依旧为正限幅值 U_{im}^*，因此电流环力图维持最大反向电流 $-I_{dm}$，控制电压为维持最大反向电流而变化，如图 5-24a 所示。由于反组晶闸管逆变电压与电动机电枢电动势反向，如图 5-24（b）所示，电动机电能通过反组晶闸管 VR 逆变回电网，因此电动机正向转速 n 下降很快，处于回馈制动状态。

此阶段电流基本恒定，则

$$L \frac{dI_d}{dt} \approx 0 \tag{5-6}$$

电压关系为

$$E > |U_{d0R}| = |U_{d0F}| \tag{5-7}$$

若考虑主回路电阻，它们之间的电压平衡关系为

$$E - U_{d0R} = I_{dm}R \tag{5-8}$$

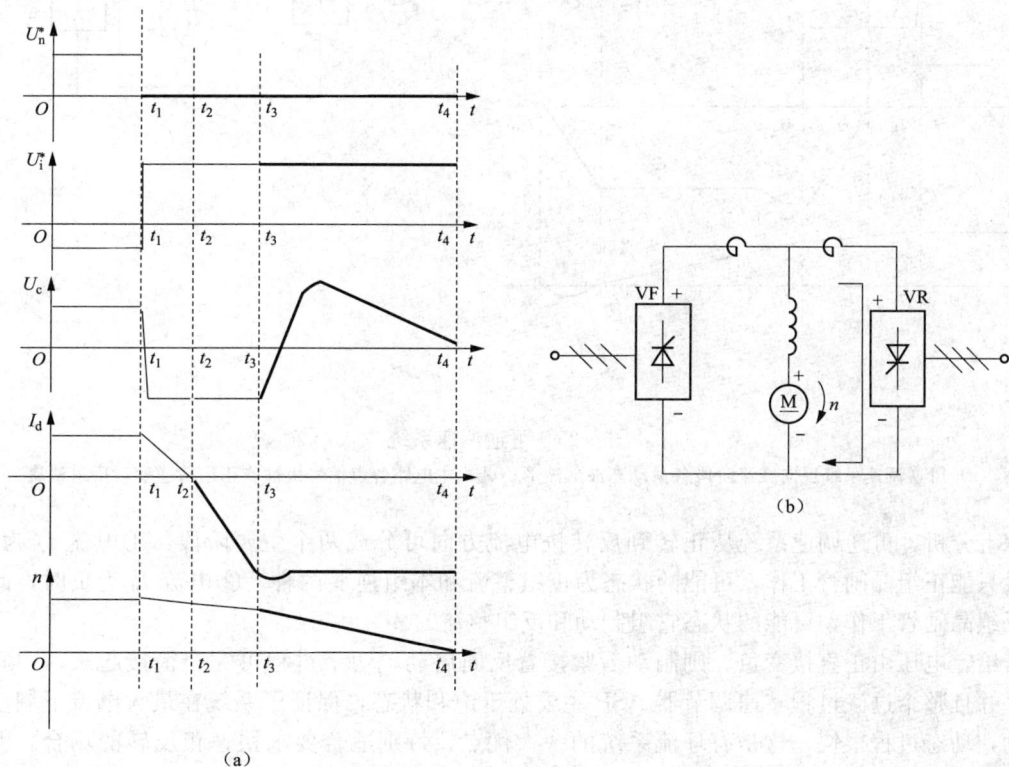

图 5-24　可逆调速系统

（a）可逆调速系统回馈制动阶段各量动态波形波形；（b）主电路各点信号极性，正组待整流，反组逆变

　　以上阶段以转速 n、控制电压 U_c 都接近于零结束，整个制动阶段中此阶段时间最长，是制动的主要阶段。

　　（3）反向减流阶段（$t_4 \sim t_5$ 阶段）。在转速 $n=0$ 以前，转速调节器 ASR 没法退饱和，因此输出一直没有变化，维持 U_{im}^* 不变。电流环力图维持原最大反向电流 $-I_{dm}$，直接后果就是使电动机的转速在为 0 后，制动力依旧存在（制动力与原旋转方向相反），对外表现就是电动机转速为 0 后继续受反向力作用，造成电动机反向起动（若需制动后直接转反转，即给定 $U*n$ 是由正值变负值，电流为最大反向电流 $-I_{dm}$ 过程就会延续下去，直到反向转速稳定为止）。这时 $n<0$，对应 $U_n<0$，使转速调节器退饱和，其输出从 U_{im}^* 变为 U_i^*，电流立即开始衰减，电流为 0 后转速在负载转矩的作用下重新回到 0，如图 5-25 所示，制动过程结束。

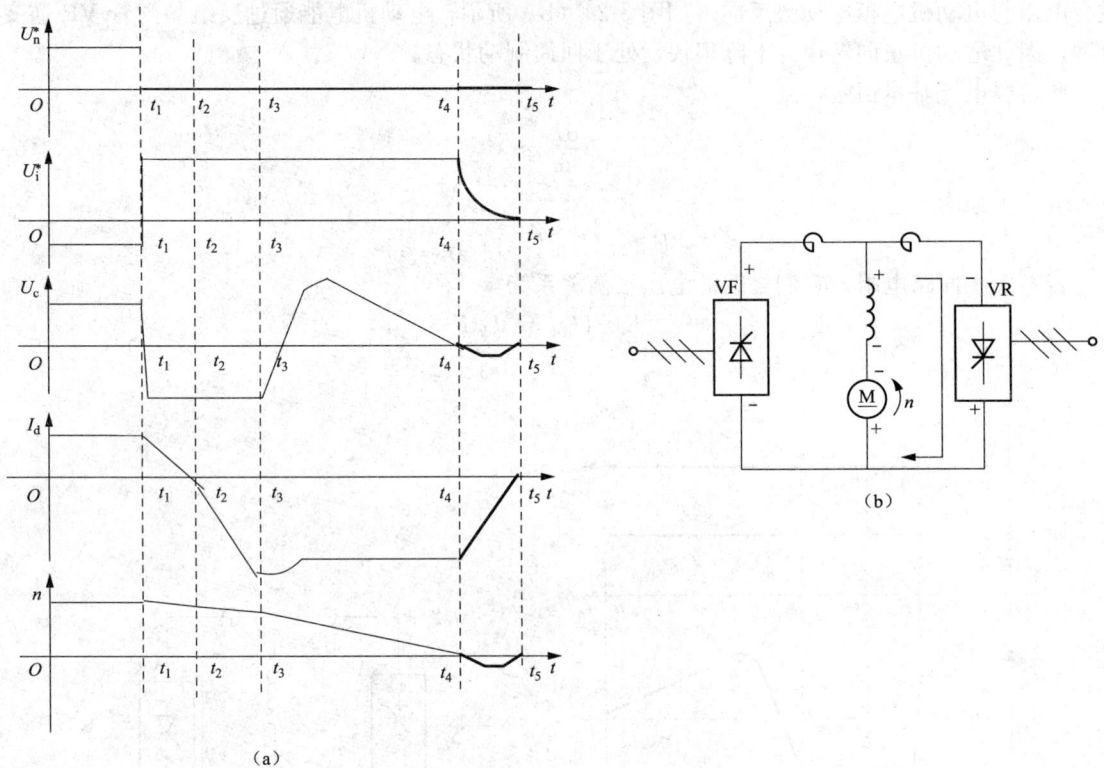

图 5-25　可逆调速系统

（a）可逆调速系统反向减流阶段各量动态波形波形；（b）主电路各点信号极性，正组待逆变，反组整流

　　综上分析，可逆调速系统从正转到反转按电流方向可分成两个主要阶段：①电流 I_d 为正时，此阶段只能正组晶闸管工作，可能的状态为正组整流和本组逆变两种。②电流 I_d 为负时，此阶段只能反组晶闸管工作，可能的状态它组制动和反组整流。

　　若给定电压由正直接变负，则制动后紧接着反向启动，两个过程可完全衔接起来，中间没有间断，并且整个过渡过程转速调节器 ASR 主要处于饱和状态，保证了系统在最大电流下制动和反向启动，动态过程很快，这是有环流系统的一大优点，特别适合要求快速正反转的场合。但是它的主要缺点是回路存在环流就会有环流损耗，需要设环流电抗器，选择晶闸管、整流变压器等器件时由于环流的存在也要加大容量，使投资增大，因此有环流可逆调速系统一般用于中、小容量要求快速正、反转的系统中。

5.3　可控环流可逆调速系统分析

虽然环流存在有许多的缺点，但不可否认在空载或负载较轻时，采用较小的环流作为晶闸管基本负载，可使得回路电流始终连续，避免了晶闸管整流电路容易出现的因电流断续造成电动机机械特性变软的现象。同时有环流还可使主电路实现电流无间断反向，提高了系统的平滑性和连续性，因此可利用环流的有利一面，在电流可能断续时利用它，电流连续时抑制它。

实现这种设计理念可根据实际情况，采用分阶段处理的方法：①在负载较轻，主回路可能出现断流的情况下，采用 $\alpha < \beta$ 的控制方式，为主电路提供附加的直流环流，使两组晶闸管装置的电流连续（若始终采用这种控制方式，称为给定环流可逆调速系统）；②负载正常时，主回路电流连续，采用 $\alpha \geqslant \beta$ 的控制方式，遏制环流使它为 0。以上分析是针对环流的理想控制，实现这种控制的系统，称为可控环流调速系统。

5.3.1　可控环流可逆调速系统的组成部分

图 5-26 所示为可控环流可逆调速系统的原理框图。同前面所讲电路没有本质上的差别，控制电路仍为转速、电流双闭环控制系统，差别主要表现在以下几点。

（1）给定环流环节。通过可变电阻器引出，如图 5-26 粗实线所示。

（2）控制环流的环节。它主要由环流给定电压 $-U_c^*$、二极管 VD、电容 C、电阻 R 组成，如图 5-26 所示。

（3）电流检测环节。从设计理念可知，电流大小、方向的判断非常重要，因此电流互感器和电流调节器使用了两套，正组、反组分别组成各自独立的电流环，如图 5-26 粗虚线部分所示。

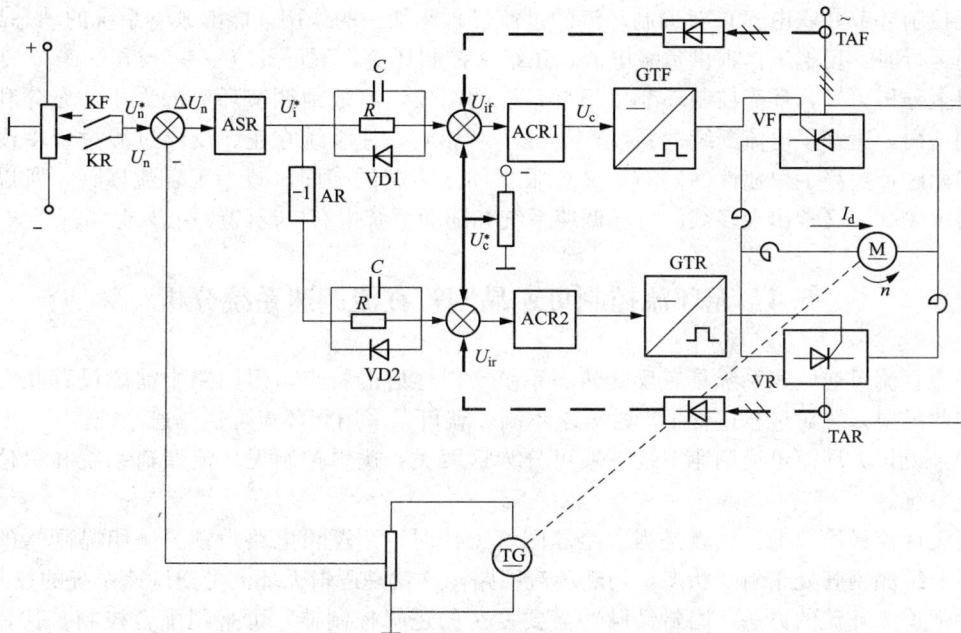

图 5-26　可控环流可逆调速系统原理图

ASR—转速调节器；ACR—电流调节器；TG—测速发电机；GTF—正组触发装置；

GTR—反组触发装置；AR—反号器；KF—正向开关；KR—反向开关

5.3.2　可控环流可逆调速系统的工作原理

可控环流可逆调速系统关键是环流控制环节，下面通过分析系统几种工作状态看如何实现可控环流控制。

1. 速度给定电压 $U_n^* = 0$

停车状态，各参数值如下。

速度给定电压 $U_n^* = 0$，则电流调节器给定电压 $U_i^* = 0$，电流调节器 ACR1、ACR2 输入仅有环流给定电压 U_c，所以控制电压 U_c 很小，两组整流装置处于微微导通的整流状态，正反两组整流装置输出电流分别为 I_f、I_r，两者关系 $I_f = I_r$，这就是给定环流值。

给定环流的存在使得回路电流始终连续，而主电路的电流 $I_d = I_f - I_r = 0$，因此电动机处于停车状态。

2. 正常负载和较小负载的情况

以正组工作，电动机正转为例。

(1) 正组的控制环节。速度给定电压 $U_n^* > 0$，对应电流调节器的给定电压 $U_i^* < 0$，控制环节二极管 VD1 导通，使负的 U_i^* 加到电流调节器 ACR1 上，控制电压 U_c 加大，则正组的控制角 α_f 减小，输出整流电压 U_{df} 增大，到达稳态后电流给定电压 U_i^* 与负载电流 I_d 成正比。

(2) 反组的控制环节。速度给定电压 $U_n^* > 0$，对应电流调节器的给定电压 $U_i^* < 0$，经反号器后 $\overline{U_i^*} > 0$，控制环节二极管 VD2 不导通，正电压 $\overline{U_i^*}$ 通过电阻 R 加到电流调节器 ACR2 上，抵消了环流给定电压 $-U_c$ 的作用，抵消程度取决于负载的大小，当：

1) 负载较小时，正的 U_i^* 不足以抵消负的 U_c →反组晶闸管有很小环流流过，环流大小与抵消程度有关，即与负载电流的大小有关，负载电流小则环流大。

2) 负载大到一定程度时，正的 U_i^* 抵消负的 U_c，反组晶闸管没有电流流过，环流被遏制，这时正组有负载电流流过，反组无电流。

环流控制环节并联电容 C 对遏制环流的过渡过程起加快的作用，能够改善系统的动态品质。

反向运行时，反组工作提供负载电流，正组来控制环流，不再具体一一分析。

从以上分析可知，环流控制环节可根据系统的需要，有效地调节环流的大小，充分利用了环流的有利一面，避免了电流断续对系统产生的不利影响，使系统在正、反向过渡过程中没有电流等于 0 的死区，提高了快速性的同时，又克服了环流不利的一面，减小了环流损耗，所以在对调速性能要求较高，又常出现轻载的可逆调速系统和随动系统中有广泛的应用。

5.4 无环流控制可逆晶闸管直流调速系统分析

有环流直流可逆调速系统具有反转快、系统平滑性好的特点，但回路中需要设置几个环流电抗器，因此只要系统对过渡过程平滑性要求不高，就可以采用无环流可逆调速系统。

一般来说，无环流可逆调速系统一般可分为这两类：逻辑控制无环流调速系统和错位无环流可逆调速系统。

保证无环流最简单的方法就是当一组晶闸管工作时，用逻辑电路封锁另一组晶闸管的触发脉冲，使另一组晶闸管处于阻断状态，切断环流回路，这就是逻辑无环流可逆调速系统的控制理念。

这种强迫无环流的方法，因封锁脉冲需要复杂的逻辑控制器，可采用配合控制替代，无环流控制原理上只要能实现一组工作，另一组晶闸管处于反向电压阻断状态，使环流没有通路就可以，因此可以利用正、反组的配合控制实现无环流，称为错位无环流可逆调速系统。

5.4.1 逻辑控制无环流调速系统

逻辑控制就是把系统的要求条理化，通过数字电路的逻辑运算，实现一定的动作程序，例如：可否动作、动作顺序等，需要先了解什么样动作顺序能实现无环流。

　　由于系统没有环流，系统主电路的环流电抗器可去除，这也带来了一个问题，回路一旦出现环流，将造成严重的短路事故，所以系统对安全性要求特别高，要首先保证一组工作时，另一组必须处于关断状态，找出两组的逻辑切换条件才能讨论安全性的实现。

　　1. 逻辑切换的条件

　　晶闸管具有单向导电性，系统实现可逆运行，必须要用两组晶闸管整流装置。正转时采用正组晶闸管整流装置供电，反转时反组晶闸管整流装置供电，正、反转时电流方向如图 5-27 所示。

　　由图 5-27，可根据电动机电流的方向判断哪一组在工作。那么在制动状态是否适用？通过前面分析已知制动分为本组逆变和它组制动两部分，如图 5-28 所示，显然在制动状态也可根据电动机电流的方向来判断哪一组在工作。电动机它组制动时电流方向如图 5-28 所示。

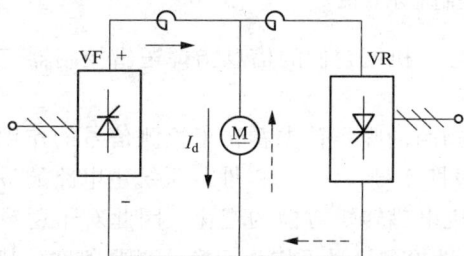

图 5-27　电动机正、反转时电流方向
实线为正转时电流方向；虚线为反转时电流方向

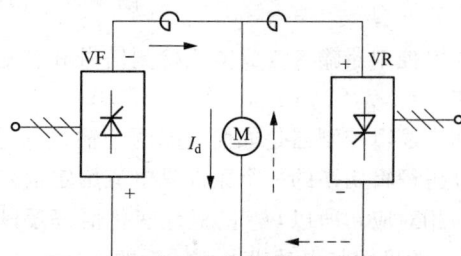

图 5-28　电动机它组制动时电流方向
实线为反组制动时电流方向；虚线为正组制动时电流方向

　　综合图 5-27 与图 5-28 所示，可得出结论：对于可逆调速系统，正转和反转制动时都需要电动机产生正转矩，两种情况都是正组工作，电流为图中实线所示方向；反转和正转制动时需要电动机产生负转矩，反组工作，电流为图中虚线所示方向，因此转矩（或电流）信号可以作为两组整流装置逻辑切换条件。

　　如何判断转矩（电流）极性？通过对系统的分析，电流给定信号 U_i^* 可以完成这项工作，对于图 5-30 所示系统，电流给定信号 U_i^* 极性为负，标志着系统调节最终结果是正组工作（正转或反转制动），产生正的转矩；电流给定信号 U_i^* 的极性为正，标志着系统调节最终结果是反组工作（反转或正转制动），产生负的转矩。能否 U_i^* 极性改变就进行正、反组整流装置切换？当然不行，例如，当正向制动开始时，U_i^* 的极性就由负变正，只表明系统有转矩反向意图，标志着制动过程开始，首先要本组逆变，此阶段电路实际电流的方向并未发生改变，正组仍需开放，要等到电流为 0 时，才能切换正、反组整流装置，因此电流为 0 的点是切换的关键。

　　综上分析，逻辑切换的条件应是：①电流给定信号 U_i^* 的极性变号。②主电路电流为 0。具体要求可归纳如下。

　　1）根据电流给定信号 U_i^* 和主电路零电流检测信号作出逻辑判断。电流给定信号 U_i^* 变号，并且零电流检测装置检测出电流为 0 的信号后，发出逻辑切换指令。

　　2）为安全起见，逻辑切换指令发出后，需延时一段时间后再封锁原导通组脉冲，称为封锁延时。这是因为电流是脉动的，检测电流装置总有一个最小动作电流，即实际上原电流还有但很小的情况，此时原组还处于有源逆变状态，若马上发出封锁指令，就会造成逆变颠覆，所以要延时一段时间，约几毫秒，保证电流为 0 后再封锁原组脉冲；封锁原组脉冲后，同样为了安全的原因，为保证原组晶闸管彻底关断，需延时一段时间，再开放另一组脉冲，称为开放延时，这样就能确保无环流。

　　3）两组脉冲指令要实现互锁，以保证任何情况下两组整流装置都不能同时施加触发脉冲。

　　2. 无环流逻辑控制器

　　根据以上分析，可设计出无环流逻辑控制器，主要作用是：需要正组晶闸管工作时，开放正组晶闸管触发脉冲，封锁反组触发脉冲；需要反组晶闸管工作时，开放反组晶闸管触发脉冲，封锁正组触发脉冲。

现今逻辑控制器常采用数字控制，主要由电平检测、逻辑判断、延时电路、连锁保护 4 个基本环节组成，如图 5-29 所示。

图 5-29　无环流逻辑控制器示意图

逻辑控制器输入为 0 电流检测信号和转矩检测信号，根据它们的信息指挥逻辑控制器完成切换动作。

那么逻辑控制器是如何根据两个输入信号来做出判断的呢？首先看转矩检测信号的作用，前面已分析逻辑切换的一个条件是电流给定信号 U_i^* 的极性变号，U_i^* 的极性与系统主电路的最终电流方向相对应，所以 U_i^* 的极性变化恰好反映出电动机电磁转矩方向的变化，因此对于逻辑控制器，U_i^* 的极性与电动机电磁转矩的方向相关，转矩极性检测信号可作为切换的必要条件；其次看一下零电流检测信号的作用，它标志着电流真正到零时刻的到来，理论上只要在转矩检测信号 U_i^* 条件满足的基础上，零电流检测信号为 0，就可以发出正、反组切换命令了，但是在实际运行中还需封锁延时和开放延时两段延时，以确保晶闸管的可靠开通和关断，由于绝不允许两组晶闸管装置同时工作，因此还需设立连锁保护环节，两输出信号之间实现互锁，确保不同时工作。

3. 逻辑控制无环流调速系统的组成

图 5-30 所示为逻辑无环流可逆调速系统。

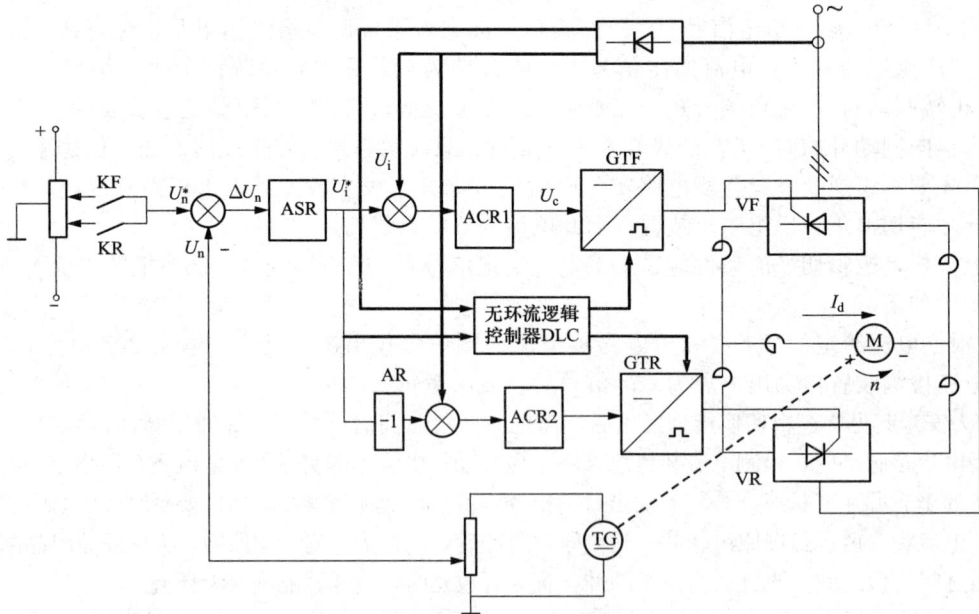

图 5-30　逻辑无环流可逆调速系统

粗虚线—电流反馈信号；粗实线—零电流检测信号

图中电流环依旧采用两个电流调节器 ACR1、ACR2 分别控制正、反组触发装置，ACR2 的给定信号由 U_i^* 经反号器 AR 取反后提供，这样可使电流反馈信号 U_i 的极性正、反转时都不需要改变，即可采用不反映极性的电流检测装置。图 5-30 粗实线所示无环流逻辑控制器，逻辑切换工作流程如图 5-31 所示。

5.4.2 错位无环流可逆调速系统

错位无环流可逆调速系统同样要求系统无环流，它是利用触发脉冲相位错开实现无环流，因此不需要复杂的无环流逻辑控制器。错位无环流可逆调速系统的工作原理有环流系统类似，只是有环流可逆调速系统的两组脉冲关系为 $\alpha_f = \beta_r$，而错位无环流可逆调速系统相位错开的较远，两组脉冲关系为 $\alpha_f + \alpha_r = 300° \sim 360°$。

下面以三相桥式反并联电路为例来进行说明。

如图 5-32 所示，三相桥式反并联电路有可能形成两条环流通道。形成环流必须具备 2 个条件：①环流通路上的晶闸管都触发导通。②两相之间有瞬时电压差存在。由于第 2 个条件是电源本身自然形成的，所以可通过阻断第 1 个条件，让环流通路上的晶闸管不同时导通来完成无环流的控制。

当控制电压 $U_c = 0$ 时，将初始相位整定在 $\alpha_{f0} = \alpha_{\beta0} = 90°$，三相桥式反并联电路环流分析图如图 5-33 所示。

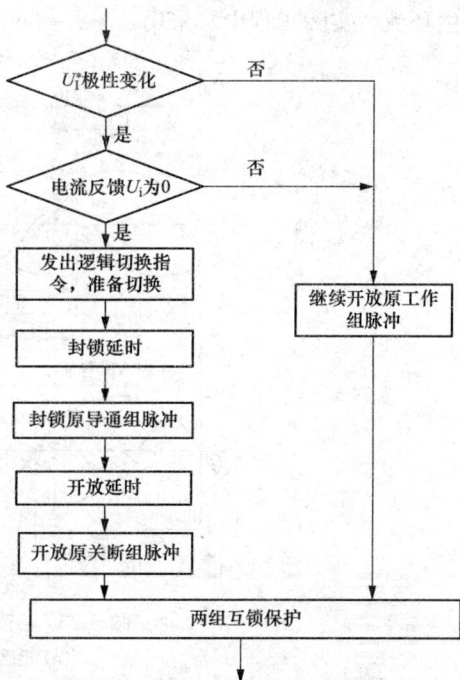

图 5-31 无环流逻辑控制切换工作流程图

如图 5-33 所示，（a）图为正组 u_{d1} 的波形图，晶闸管 V1 从 90° 开始导通，210° 时截止，晶闸管 V3 导通换流；（b）图为反组 u_{d2} 的波形图，晶闸管 V6′ 同样是从 90° 开始导通，210° 时截止，晶闸管 V2′ 导通换流。要形成环流，只有 V1 和 V6′ 导通区间重合的区域才有可能形成环流，如图 5-33 中所标记出的部分所示，此区域用正组控制角 α_f 来表示，所处区间为 90°～150°，环流通路形成另一个条件是正向电压，即 $u_a > u_b$，由图 5-33 可知，满足此条件的部分只有 α_f 为 90°～120° 区间，在 $\alpha_f = 120°～150°$ 区间不能产

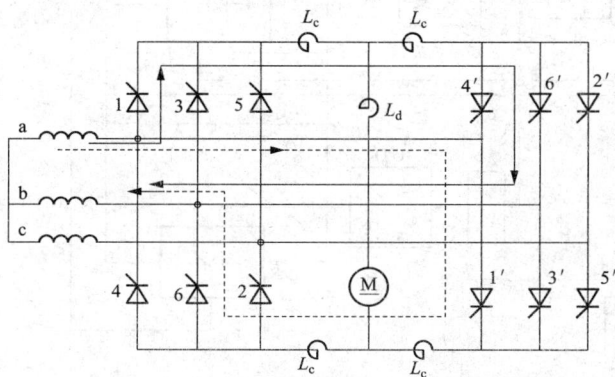

图 5-32 三相桥式反并联可逆电路电抗器接法及环流示意图

实线—环流线路 1；虚线—环流线路 2

生环流，错位无环流可逆调速系统就是利用这点实现无环流。

研究图 5-33 可看出，在 120° 的左侧，对应 $\begin{cases} 正组\ \alpha_f < 120° \\ 反组\ \alpha_r < 180° \end{cases}$ 时会形成环流（同样道理对应 $\begin{cases} 正组\ \alpha_f < 180° \\ 反组\ \alpha_r < 120° \end{cases}$ 时也会形成环流），即 $\alpha_f + \alpha_r < 300°$ 时会形成环流，$\alpha_f + \alpha_r = 300°～360°$ 时没有环流形成，此结论对其他环流回路也适用。因为 $\alpha_f + \alpha_r = 300°$ 为无环流的临界状态，为保证参数万一变化

产生环流，实际工程中常采用 $\alpha_f + \alpha_r = 360°$ 配合控制。

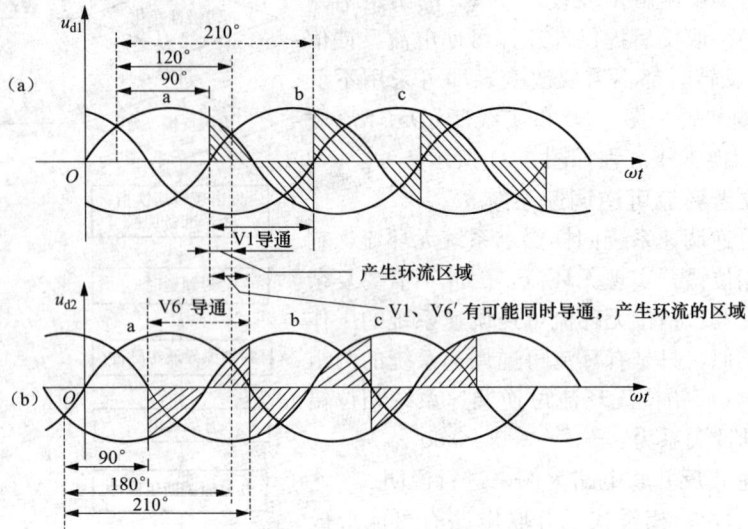

图 5-33　三相桥式反并联电路环流分析图
(a) 正组波形图；(b) 反组波形图

为提高系统的快速性，在电压死区的范围内需要有电压输出，因此可增设电压内环，如图 5-34 所示为带电压内环的无环流可逆调速系统原理图，图中 AVR 为电压调节器，不再详细分析。

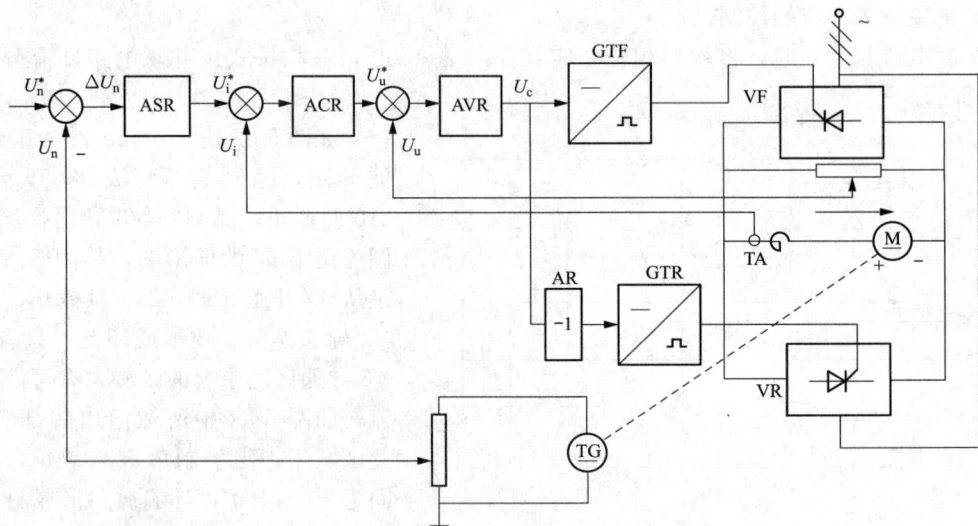

图 5-34　错位无环流可逆调速系统原理图

5.5　微 机 控 制 系 统

随着微机技术和电力电子技术迅速发展，计算机和大功率电力电子器件各项性能迅速提高，因此就有可能利用微机控制各种类型的电动机，利用高性能控制策略使电动机潜能得到充分的发挥，使电动机输出性能更符合使用要求。

5.5.1　微机控制系统的组成

微机控制系统主要包括硬件和软件两大部分。

1. 硬件部分

以微处理器为核心，主要由微机、功率器件、传感器、电动机等部分组成。微机数字控制系统硬件电路标准化程度很高，制作成本相对低廉，不容易受温度漂移等影响，稳定性好，可靠性高，还拥有信息存储、数据通信和故障诊断等模拟控制系统无法实现的功能。

2. 软件部分

是指计算机程序系统，可分为系统软件和应用软件两部分，其中系统软件用来控制和协调计算机及外部设备，主要功能是调度、监控维护计算机系统，支持计算机系统正常运行并实现用户操作部分软件；应用软件则是专门为某一应用目的而编制的软件，对于电动机调速系统来说，针对电动机控制要求而编写的控制软件和对输入信号进行处理的滤波软件都属于应用软件的范畴。调速系统控制软件即能够完成逻辑判断还能进行复杂运算，可以实现不同于一般线性调节的智能化、非线性、最优化、自适应等控制规律。

在微机控制调速系统中，电动机作为被控对象，微机则完成控制器的作用。其工作原理如图 5-35 所示。微型计算机的外围设备包括键盘、显示屏、打印机等，键盘用来人机交流，如转速、电流等给定可以通过键盘或其他的设备输入计算机，显示屏、打印机等可显示打印有关数据。微型计算机核心部分是处理器、输入输出通道、接口电路等，主电路的数据如电动机转速转矩、主电路电流电压值等都可经传感器测量，信号处理后经过模/数（A/D）变换输入计算机，计算机对输入信号进行处理，按控制要求形成控制指令，输出数字控制信号，有些控制系统可接受数字信号，经放大后可直接控制电力电子装置的驱动部件，有些则要先经过数/模（D/A）转换成模拟量信号，功率放大后通过调节器对电动机进行控制。

综上所述，计算机完成的主要工作可分为 3 大类：

（1）实时控制。根据给定要求以及控制规律，对电动机的转速、电压、电流等在线实时控制。

（2）数据处理。完成必要的数据采集、计算、分析、处理、显示和记录等。

（3）实时监控。完成实时报警、事故处理、实时曲线，动画效果、历史数据查询等功能。

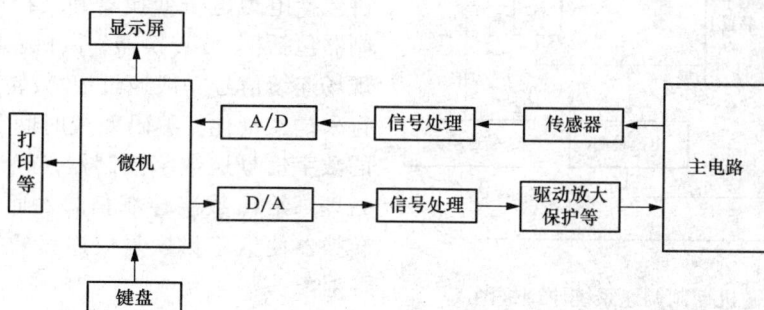

图 5-35　微机控制系统原理框图

5.5.2　微机控制系统的特点

微机控制系统一般是由模拟部件和数字部件组成的混合控制系统，既有模拟信号也有数字信号，但是微机只能识别、处理数字信号，所以在微机控制系统中，需要先将它们量化为不连续的数字量，才能进行计算和控制。连续量的量化也是数字控制与模拟控制的重要区别之一。

微机控制系统相对于模拟控制系统最主要的特点是离散化和数字化。把原本是连续的任务间断成每隔一个采样周期执行一次，称为离散。对于微机控制的调速系统若采集的电动机转速信号为模拟信号，首先要在一个采样周期的采样时刻对转速进行实时采样，经过采样保持器形成一连串的脉冲信号（离散模拟信号），即离散化；离散模拟信号在本质上还是模拟信号，计算机不能直接接受，必须用一组数码逼近离散模拟信号的幅值，将它转化成数字信号，即数字化。

从离散化和数字化的过程可以看出，经过离散化和数字化的信号在时间上和量值上具有不连续性，会带来一些负面的问题：①模拟信号从理论上来说可以有无穷多的数值，而数码总是有限的，用数码来逼近模拟信号只能是近似的，会产生量化误差，影响控制精度和平滑性；②计算机输出的是数字化信号，必须经过数模转换器 D/A 和保持器将它转换为连续的模拟量才能作用于被控对象，会影响系统的稳定裕量。对这些问题在设计微机控制系统都要有所考虑。

微机控制系统以微处理器为核心，因此还具有以下特点：

（1）硬件电路的标准化程度高制作成本较低，易于通用化，用少量芯片就可完成很多功能。

（2）可分时操作，一台微机可为多个控制回路服务，控制多个被控对象。

（3）具有记忆和判断功能，系统控制方式由软件决定，即能够进行简单逻辑判断，也可进行复杂运算，实现一般线性调节难以实现的控制规律。若要改变控制规律不需要改变控制系统的硬件，只要按照新控制规律编制新程序就可以方便地实现新控制规律，使系统具有很强的灵活性和适应性。

（4）数字量运算不会出现模拟电路中器件温度漂移等问题，能够保证足够的控制精度，稳定性好，可靠性高。

（5）信息处理能力强，可以完成各种数据的处理，提供良好的人机界面，拥有信息存储、数据通信和故障诊断等模拟控制系统无法实现的功能。

5.5.3 微机控制调速系统硬件结构

微机控制调速系统原理框图如图 5-36 所示，单纯从硬件外观上分辨不出是单闭环、双闭环还是可逆调速系统，不看被控电动机也不知道是直流调速系统还是交流调速系统，只能在分析微机的控制功能后才能明确是什么样的系统，微机控制调速系统服务范围非常广，新产品不断涌现层出不穷。

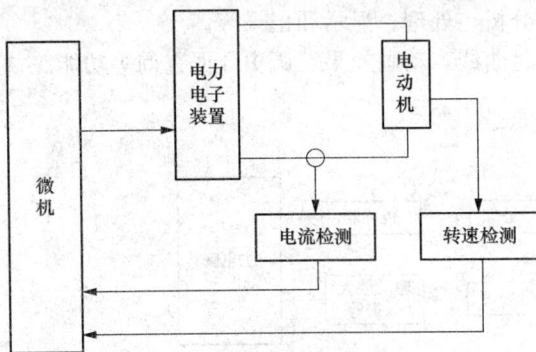

图 5-36　微机控制调速系统原理框图

微机控制直流系统主要由控制对象、检测环节和数字控制器等组成。控制对象从广义上讲包括电力电子变换器和被控电动机，数字控制器包括模/数转换器、微机、数/模转换器等。现场连续信号一般通过模/数转换器（A/D）进行采样、量化、编码变成时间和大小上都离散的数字信号送数字控制器，经过微处理器加工处理，给出数字控制信号，通过数/模（D/A）转换器使数字量恢复成连续的控制量，控制被控对象。

下面以微机控制双闭环直流调速系统为例说明其工作过程，图 5-37 所示为微机控制双闭环调速系统原理图，点划线所框部分称为数字控制器部分，数字调节器的控制功能由计算机实现，目前以微处理器为核心的数字控制器已成为现代电力拖动的主要形式。

图 5-38 所示为微机控制双闭环直流调速系统硬件结构图，主要由以下几部分组成。

1．数字控制器

数字控制器主要由微处理器、通信接口、输入和输出接口、控制电源和外围设备等组成。

数字控制器核心部件是微处理器，主要是完成运算、控制、判断等工作。一般对微处理器的要求是：CPU 指令集丰富；系统的时钟频率高，指令执行周期短速度快；包括 EEPROM、RAM、I/O、A/D 和 D/A、中断等，资源丰富；在此基础上还要集成度高，体积小，功耗低。

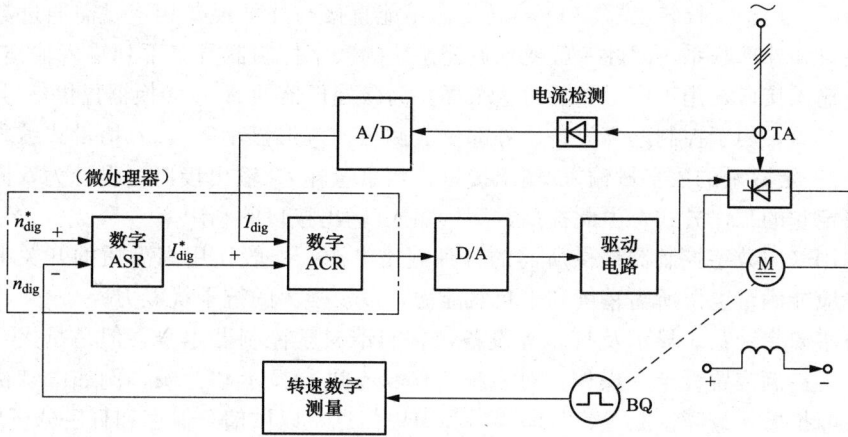

图 5-37　微机控制直流双闭环调速系统原理图

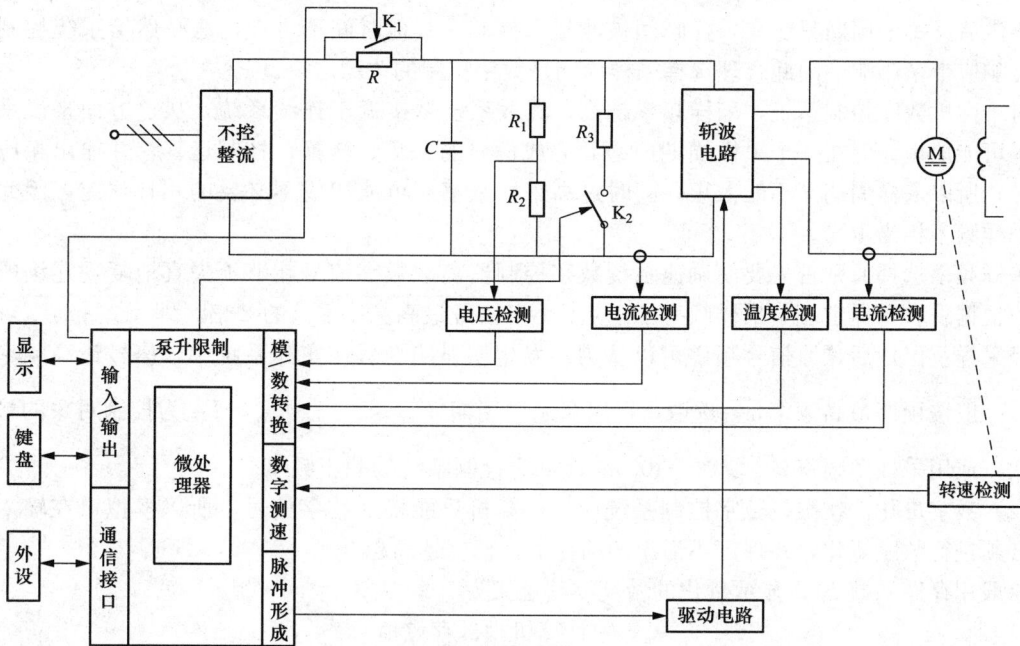

图 5-38　微机控制双闭环直流调速系统硬件图

　　具有强大的通信能力是微机控制系统的重要功能之一，因此数字控制器必须要设置一定数量的通信接口，用于实现微处理器与其他设备的信息交换。通信接口一般分为并行和串行两类。并行通信的位信号传输同时在数条线上进行，连接并行通信接口的信号传输介质一般为多芯或扁平电缆及连接器，并在处理器上设双口 RAM 并行通信的特点是速度快，但传输距离短，通常用于多处理器结构中，连接各个微处理器或在本装置中连接处理器模块、工艺控制模块或接口模块等。串行通信位信号按约定在通信协议规则排列，构成串行数据流，以约定的频率发送和接收。串行通信信号传输介质是双绞线电缆、同轴电缆或光纤，一对电缆或光纤能传输大量数据，并且传输距离远，多个发送和接收点还可通过介质接成一个通信网，彼此交换信息，故串行通信应用非常广。设计者可根据所要求的传输速度、数据量、传输距离、抗干扰等要求来确定采用哪种形式。

微处理器的 I/O、A/D 转换器和 D/A 转换器不能直接与外部设备相连，需通过数字控制器的输入、输出接口和外部联系，因此一般要求调速系统的数字控制器具有下列输入输出接口：1）一定数量的模拟输入接口，用于模拟量瞬时值采样，为微处理器的 A/D 转换器提供信号。2）一定数量的模拟输出接口，用于控制外部设备、外部仪表测量、波形显示等。3）增量式编码器脉冲信号输入接口。4）一定数量的数字量输入/输出接口，数字量输入/输出接口可设计为双向工作，通过软件设置来决定它的工作方式，由此提高数字量输入/输出接口的利用率。

控制电源用来向数字控制器提供所需的各种规格电源，一般使用高品质的开关电源。对控制电源的要求是应能满足电源所需精度和带负载能力，以及强大的抗干扰能力。

外围设备主要指键盘、显示及打印等设备，它们不属于控制器本身，但是是人—机联系的关键设备。用于对控制装置设定、操作，对系统工作状态进行显示和记录，例如电动机的电流、电压、转速、故障报警、故障诊断等，打印程序和历史信息，以供信息保存和日后分析用。

2. 检测环节

(1) 采样周期。微机数字控制系统处理外界信息时总要有采样的过程，原本是连续变化的系统被离散后，每个周期只能在采样瞬间被测量和控制，其他时间不可控，这必然给系统控制精度和动态响应带来影响，因此合理选择采样周期是数字控制的关键之一。

对于微机数字控制系统，采样频率越高，离散系统越接近于连续系统，从这方面来说采样周期应尽可能地短。但在一个采样周期内必须完成信号的采集、转换、控制运算，并输出相应的控制信号，所以采样周期又不能太短。同时过高采样频率还可能造成不必要的累计误差，因此合理选取采样频率相当重要。

采样频率选择原则首先要使调速系统数字控制器离散数字信号能够不失真地复现连续的模拟信号，根据香农采样定理，采样频率 f_{sam} 应不小于信号最高频率 f_{max} 的 2 倍，即 $f_{sam} \geqslant 2f_{max}$，这时信号经采样及保持后，原信号频谱可以认为不发生明显畸变。在实际系统中，信号最高频率很难确定，一般按预期最高频率 ω_{max} 选取，可以令采样周期 $T_{sam} \leqslant \frac{1}{4 \sim 10} T_{min}$，$T_{min}$ 为控制对象的最小时间常数；或用采样角频率 $\omega_{sam} \geqslant (4 \sim 10) \omega_c$，$\omega_c$ 为控制系统的截止频率。

(2) 数字量化。在微机数字控制系统中，计算机只能接受数字信号，所以模拟量在输入计算机前必须进行数字量化，在保证不溢出的前提下，精度越高越好。

一般用存储系数 K 来显示量化的精度，其定义为

$$K = \frac{计算机内部存储值}{物理量的实际值} \tag{5-9}$$

微机数字控制系统中的存储系数与模拟控制系统中反馈系数相当，与物理量的变化范围和计算机内部定点数长度有关。

例题 5-1 某直流电动机的额定电枢电流 $I_N = 136A$，允许过流倍数 $\lambda = 1.5$，额定转速 $n_N = 1460r/min$，计算机内部定点数占一个字的位置（16 位），试确定电枢电流和转速存储系数。

解：定点数长度为 1 个字（16 位），最高位用作符号位，15 位表示量值，故最大存储值 $D_{max} = 2^{15} - 1$。电枢电流最大允许值为 $1.5I_N$，考虑到调节过程中瞬时值可能超过此值，故取 $I_{max} = 1.8I_N$。则电枢电流存储系数为

$$K_\beta = \frac{2^{15} - 1}{1.8I_N} = \frac{32768}{1.8 \times 136A} = 133.86A^{-1}$$

取整得电枢电流存储系数为 $K_\beta = 133$

额定转速 $n_N = 1460r/min$，取 $n_{max} = 1.3n_N$，则转速存储系数为

$$K_\alpha = \frac{2^{15}-1}{1.3n_N} = \frac{32768}{1.3 \times 1460 \text{r/min}} = 17.26 \text{min/r}$$

取整得转速存储系数为 $K_\alpha = 17$

从计算过程可以看出，以上计算出的存储系数是其最大允许值，在实际应用中，还可以取略小一些的量值。合理地选择存储系数，可以有效地简化运算。

（3）转速检测。

1）旋转编码器。在微机控制调速系统中，转速、角位移等量的检测主要用旋转编码器来测量，因此数字控制器一般都设有专门的编码器信号输入口，使用起来很方便。

旋转编码器一般由发光装置、码盘和接收装置组成。码盘与电动机同轴相连，电动机带动码盘旋转，发出一定数量含有转速或转角信号的脉冲信号，微机控制系统通过对脉冲信号的处理，推算出电动机转速值。

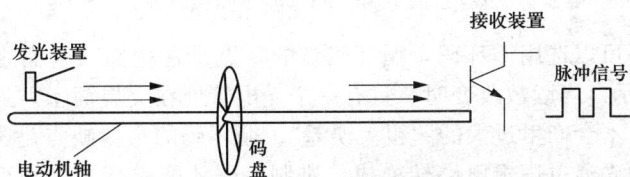

图 5-39　增量式编码器示意图

旋转编码器一般分为增量式旋转编码器和绝对式旋转编码器 2 种形式。

a. 增量式旋转编码器。增量式旋转编码器在码盘上均匀地刻制一定数量的光栅，如图 5-39 所示，当电动机旋转时，带动码盘一起转动，光栅在发光装置的照射下，不断地开放、断开光通路，接收装置输出端就会得到频率与转速成正比的脉冲序列，可以计算出电动机转速。

为判断旋转方向一般设 A、B 两组发光与接收装置，2 组装置错开光栅节距的 1/4，则两组脉冲序列 A 和 B 相位相差 90°。由于码盘与被测轴相连，检测装置静止不动，当被测轴转动时，检测装置输出处理后相位上相差 90°的 2 个相应的脉冲信号。当圆盘正转时，如图 5-40（a）所示，A 组信号超前 B 组信号；反转时 B 组信号超前 A 组信号，如图 5-40（b）所示，采用简单的鉴相电路就可以分辨出转向。

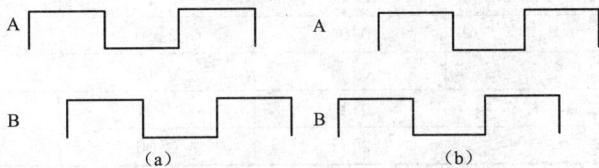

图 5-40　编码器信号转向判别

（a）电动机正转时相位关系；（b）电动机反转时相位关系

b. 绝对式旋转编码器。

绝对式旋转编码器是通过读取码盘上的图形来表示轴的位置的。绝对式编码器码盘分层刻上表示角度的二进制数码或循环码，常用于检测转角，通过对转角微分处理可得到相应的转速信号。

绝对式旋转编码器码制有多种，常见的有二进制码和循环码。

在二进制码盘中，从外往里按二进制刻制，一般外层为最低位，里层为最高位，如图 5-41（a）所示。

轴位置和数码的对照如表 5-1 所示。这种码盘表面上看很精确，在实际运用过程中却容易出现较大的误差。例如当数据由 0111（十进制 7）变到 1000（十进制 8）时，由于光电管的误差，如排列不齐或光电管特性不一致，就有可能导致高位偏移，本来应是 1000，检测装置却读成 0000，形成较大的"粗大误差"。为克服这一缺点，在二进制码盘中，除最低位外，其余均由双层光电管组成双读出端，进行"选读"。

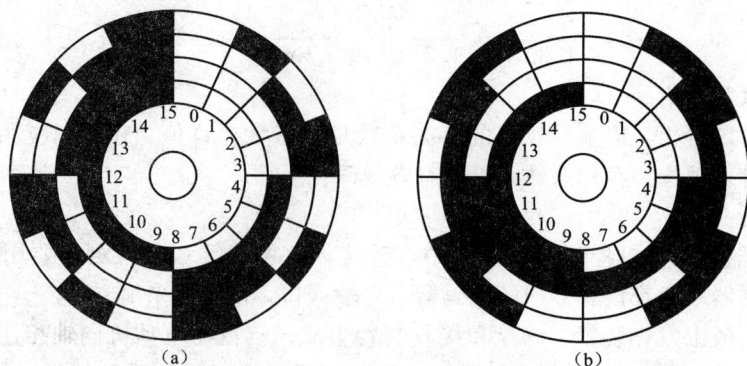

图 5-41　绝对式光电编码盘
(a) 二进制编码盘；(b) 循环编码盘

为防止粗大误差还可以选用循环码，循环码盘的特点是在相邻二扇面之间只有一个码发生变化，如图 5-41 (b) 所示。当读数改变时，只有一个光电管处在交界面上，这时即使发生读错，也只有最低一位的误差，不会产生过大的"粗大误差"。循环码的主要缺点是不能直接进行二进制算术运算，在运算前必须先通过逻辑电路转换成二进制编码才能进行二进制算术运算。轴位和数码对照表列于表 5-1 中。

表 5-1　　　　　　　　　　　　　　　光电编码盘轴位和数码对照表

轴的位置	二进制码	循环码	轴的位置	二进制码	循环码
0	0000	0000	8	1000	1100
1	0001	0001	9	1001	1101
2	0010	0011	10	1010	1111
3	0011	0010	11	1011	1110
4	0100	0110	12	1100	1010
5	0101	0111	13	1101	1011
6	0110	0101	14	1110	1001
7	0111	0100	15	1111	1000

编码器每转脉冲数越多，测量精度越高，制造越麻烦，因此在控制器的编码器输入端通常都接有倍频电路，以减少每转脉冲数以获取较高的频率，频率倍数为 1、2 或 4，任选。

2) 数字测速。

采用旋转编码器的数字测速方法有 3 种：M 法（频率法）、T 法（周期法）、M/T 法（频率和周期法）。

a. M 法测速。

利用计数器计数一个采样周期 T_c 时间内，编码器输出的脉冲个数 M_1 来计算转速值，称作 M 法测速。因为旋转编码器输出脉冲的频率 $f_1 = M_1/T_c$，又称为频率法。

电动机每转一周共产生 Z 个脉冲（Z＝倍频系数×编码器光栅数），由于转速以每分钟转数 r/min 为单位，则电动机转速为

$$n = \frac{60 f_1}{Z} = \frac{60 M_1}{Z T_c} \tag{5-10}$$

式中　Z——光栅数；

　　　T_c——采样周期；

n——转速；

M_1——脉冲个数。

式（5-10）中光栅数 Z 和采样周期 T_c 均为常值，因此转速 n 正比于脉冲个数 M_1。

如图 5-42 所示，实际上在一个采样周期 T_c 时间内脉冲个数 M_1 一般不是整数，而计数器测得的脉冲数只能是整数部分，因而存在量化误差。高速时输出的脉冲个数 M_1 多，量化时误差较小；随着转速的降低，误差逐渐增大，低速时，一个采样周期编码器输出脉冲个数少误差大，转速过低时 M_1 将小于 1，测速装置不能正常工作，所以 M 法测速只适用于高速段，低速时精度变差。

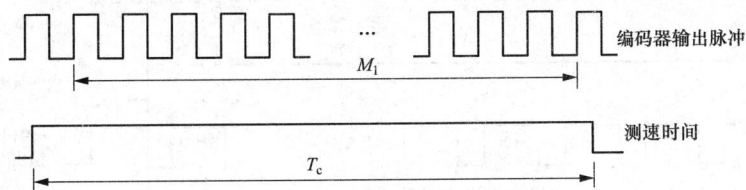

图 5-42　M 法测速

b. T 法测速。

在编码器输出相邻 2 个脉冲之间，用计数器计数已知频率为 f_0 的标准时钟脉冲个数 M_2，并由此来计算转速值，称为 T 法测速。由于测速时间基于编码器输出脉冲的周期，又称周期法。

在 T 法测速中，编码器输出脉冲的周期 T_t 是用标准时钟脉冲个数 M_2 计算出来的，即 $T_t = M_2 T_0 = M_2 / f_0$，旋转编码器输出脉冲的频率 $f_1 = 1 / T_t$，则电动机转速为

$$n = \frac{60 f_1}{Z} = \frac{60}{Z T_t} = \frac{60 f_0}{Z M_2} \tag{5-11}$$

如图 5-43 所示，高速时，编码器输出脉冲的周期短，测得的标准时钟脉冲个数 M_2 少，量化误差大，精度也差。随着转速的降低，编码器输出脉冲的周期变长，量化误差减小，所以 T 法测速与 M 法恰好相反，适合于低速段测速。

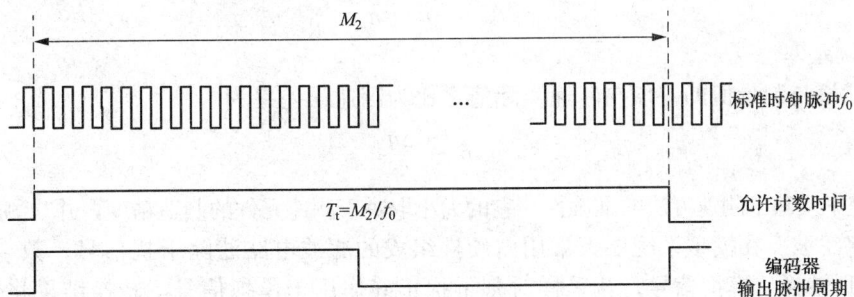

图 5-43　T 法测速

c. M/T 法测速。

单独使用上述任何一种方法都存在有缺陷，不能满足高精度的测速要求，若要在整个转速范围内获得较高精度，可 2 种方法同时使用，这就是 M/T 法。

M/T 法把 M 法和 T 法结合起来，采用两个计数器同时开启和关闭，一个计数器计数一个采样周期 T_c 内编码器输出脉冲的个数 M_1，另一个计数器计数这个时间段内标准时钟脉冲个数 M_2，用标准时钟脉冲计算准确的测速时间 T_t 代替采样周期 T_c 来计算转速，从而获得较高精度。

设标准时钟脉冲的频率为 f_0，准确的测速时间 $T_t = M_2 / f_0$，此时间正好为编码器采样周期 T_c，

则电动机转速为

$$n = \frac{60f_1}{Z} = \frac{60M_1}{ZT_c} = \frac{60M_1}{ZT_t} = \frac{60f_0M_1}{ZM_2} \tag{5-12}$$

M/T 法测速如图 5-44 所示。

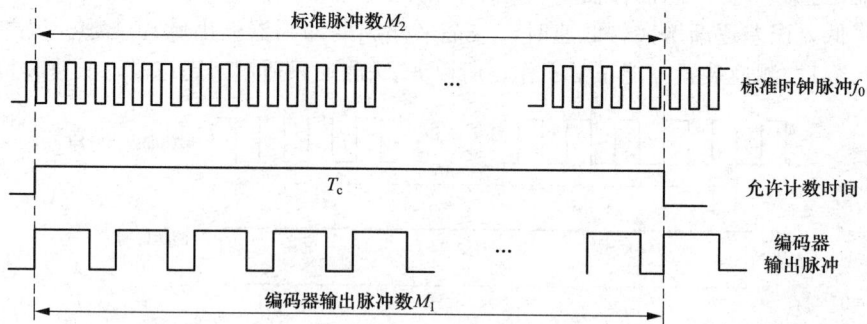

图 5-44　M/T 法测速

计数值 M_1 和 M_2 随转速变化而变化，高速时相当于 M 法测速，低速时当 $M_1 = 1$，自动变为 T 法测速，因此 M/T 法测速适用转速范围明显提高。

为减小误差，标准时钟脉冲计数器和编码器输出脉冲计数器要同时开启和关闭，开启和关闭点以编码器的上升沿或下降沿到达为基准。

3）数字测速的精度指标。数字测速的精度指标一般用分辨率和测速误差率表示。

a. 分辨率

在数字测速中，用改变一个计数字所对应的转速变化量来表示分辨率。分辨率用来衡量一种测速方法对被测转速变化的分辨能力。

如果被测转速由 n_1 变为 n_2 时引起计数值改变一个字，则该测速方法的分辨率为

$$Q = n_2 - n_1 \tag{5-13}$$

b. 测速误差率。

转速实际值与测量值的差值与转速实际值之比为测速误差率为

$$\delta = \frac{\Delta n}{n} \tag{5-14}$$

测速误差率反映了测速方法的准确性，它的大小取决于测速元件的制造精度，并与测速方法有关。

（4）数字滤波。在模拟系统中，常用由硬件组成的滤波电路滤除干扰信号，数字测速微机接收的是经 A/D 转换后模拟信号，若采样时刻干扰正好作用于模拟信号，转换结果将偏离真实值，因此仅采样一次无法确定该结果是否可信，必须要多次采样得到一系列 A/D 转换数据，经过处理得到一个可信度较高的数据结果供微机处理。这种从系列数据中提取逼近真值数据的软件算法，就是数字滤波算法，实现环节称为数字滤波器。

数字滤波器与模拟滤波器相比具有以下优点。

1）数字滤波器通过程序实现的，不需要增加硬件设备，不存在阻抗匹配问题，因此可节约投资，提高可靠性和稳定性。

2）数字滤波器可对频率很低的信号进行滤波，而模拟滤波器由于受到电容量的影响，信号频率不能太低。

3）数字滤波器具有使用灵活、修改方便等优点，能实现许多硬件滤波器无法实现的功能，但

是也不能完全代替硬件滤波器,只能是一个有效的补充。

对于电力拖动控制系统而言,输出量和输入量都是快速变化的,为了减少对采样值的干扰,提高系统可靠性,在进行数据处理之前,首先应对采样值进行数字滤波。

数字滤波器可以广泛应用于对速度、电压、电流等检测信号的滤波,根据需要可以编写出各种数字滤波程序。

1) 算术平均值滤波。设有 N 次采样值 X_1、X_2、$X_3 \cdots$、X_N,滤波后的 Y 值

$$Y = \frac{1}{N} \sum_{i=1}^{N} X_i \tag{5-15}$$

这种算法最简单,缺点要得到平滑的效果需要较多的采样次数。

2) 加权算术平均值滤波。加权算术平均值滤波目的是突出信号的某一部分,抑制信号的另一部分。

在算术平均滤波中,对于 N 次采样所得的采样值是同等对待的,但是有时候会需要注重当前采样值,附带着考虑过去的采样值,就需要将各次采样值取不同比例,然后再相加,此种方法称为加权算术平均值滤波。

一个 N 项加权平均式为

$$Y_n = \sum_{i=1}^{N} C_i X_i \tag{5-16}$$

式 (5-16) 中,各次采样值的系数 C_1,C_2,C_3,$\cdots$,C_N 均为常数项,应满足下列关系

$$\sum_{i=1}^{N} C_i = 1 \tag{5-17}$$

可根据具体情况确定各次采样值的系数,一般采样次数愈靠后,采样值的系数取得愈大,这样可以增加新的采样值在平均值中的比例。

3) 中值平均滤波。将最近三次采样值按大小排序,舍掉最大值和最小值,取中值为有效信号,这种滤波方式为中值滤波,可有效去掉偶然性干扰,但是对于干扰时间长的脉冲无效。为应对此种情况可将中值滤波与算术平均滤波结合演变出了中值平均滤波。

设有 N 次采样值 X_1、X_2、$X_3 \cdots$、X_N,排序后得 $X_1 \leqslant X_2 \leqslant X_3 \leqslant \cdots \leqslant X_N$,去掉最大和最小值,滤波后的 Y 值为

$$Y = \frac{1}{N-2} \sum_{i=2}^{N-1} X_i \tag{5-18}$$

这样滤波效果较好,但是程序复杂运算量大。

5.5.4　数字调节器设计

1. 模拟 PI 调节器数字化

在模拟自动控制系统中,控制器一般为 PI 调节器,是连续系统中技术成熟且应用广泛的一种调节器,可把它移植到微机自动控制系统中。对于微机数字控制调速系统,当采样频率足够高时,可以看作是模拟系统,先按模拟系统的设计方法设计调节器,再离散化,就可以得到数字控制器的控制算法。通过软件来实现控制算法,对大多数控制来说都能获得良好的使用效果,所以现场常采用数字 PI 调节算法,根据经验在线调整参数,具有很强的灵活性和适应性,由于是软件设计,算法很容易得到修正,因此常取得比模拟 PI 调节器更好的功能。

当输入是误差函数 $e(t)$,输出函数是 $u(t)$ 时,PI 算法的模拟表达式为

$$u(t) = K_p e(t) + \frac{1}{\tau} \int e(t) \mathrm{d}t \tag{5-19}$$

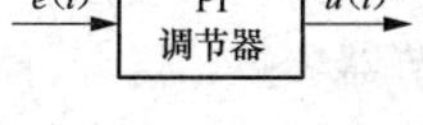

图 5-45　PI 调节结构框图

式中　K_p——PI 调节器的比例系数；

　　　　τ——PI 调节器的积分时间常数。

PI 调节器比例部分对于偏差做出瞬间快速反应，一旦偏差产生调节器随即产生使偏差减小的控制作用，控制作用强弱由比例系数的大小决定，影响系统快速性。调节器积分部分是偏差历史累积的结果，因此只要偏差存在，输出就会不断扩大，直到偏差为 0，输出维持某一常数，使系统在某一设定值下稳定运行，但是积分作用会降低了系统的响应速度，增加系统的超调。

令 $K_I = \dfrac{1}{\tau}$ 为积分系数，则

$$u(t) = K_p e(t) + K_I \int e(t) \mathrm{d}t \tag{5-20}$$

式中　T_{sam}——采样周期。

将上式离散化为差分方程，则第 k 拍的输出值为

$$u(k) = K_p e(k) + K_I T_{sam} \sum_{i=1}^{k} e(i) \tag{5-21}$$

利用式（5-21）可求出每一个采样时刻控制器的输出值，称为位置式 PI 算法。从式（5-21）可分明看出各部分的作用，比例部分只与当前偏差有关，积分部分是偏差历史累积。

位置式 PI 调节器的主要优点是结构清晰，比例和积分部分的作用分明，参数调整关系一目了然。但是由于位置式 PI 算法是全量输出，每次输出均与原来的位置量有关，每次都需要对历史上偏差 $e(t)$ 累加，若出现误动作对系统影响较大。很显然这种算法没有发挥计算机有利于数据保存的优势，对于前面已累加过的数据可以采用直接引用方法，就会减少很多工作量，并可避免不必要的误差。

对式（5-21）处理，令 $u_I(k-1)$ 表示到第 $k-1$ 拍偏差历史累积则

$$\begin{aligned} u(k-1) &= K_p e(k-1) + K_I T_{sam} \sum_{i=1}^{k-1} e(i) \\ &= K_p e(k-1) + u_I(k-1) \end{aligned} \tag{5-22}$$

式中　$u_I(k)$——第 k 拍偏差历史累积。

则第 k 拍的输出值为

$$\begin{aligned} u(k) &= K_p e(k) + K_I T_{sam} \sum_{i=1}^{k} e(i) \\ &= K_p e(k) + K_I T_{sam} e(k) + u_I(k-1) \\ &= K_p e(k) + u_I(k) \end{aligned} \tag{5-23}$$

式（5-23）与式（5-22）相减，可得

$$\Delta u(k) = u(k) - u(k-1) = K_p[e(k) - e(k-1)] + K_I T_{sam} e(k) \tag{5-24}$$

则

$$\begin{aligned} u(k) &= u(k-1) + \Delta u(k) \\ &= u(k-1) + K_p[e(k) - e(k-1)] + K_I T_{sam} e(k) \end{aligned} \tag{5-25}$$

这就是增量式 PI 调节器算法，充分发挥了计算机易于保存数据的优势。PI 调节器的输出只需要计算机保存上一拍的输出值，以及上一拍和当前一拍的偏差即可。

在微机数字控制调速系统中，当采样频率足够高时，系统可以先按连续系统设计方法，确定调节器参数，再进行离散化处理，这种方法称为间接设计法。双闭环直流调速系统中，电流闭环系统的等效时间常数较小，电流调节器控制算法比较简单，因而可以采用较高的采样频率，这样电流调节器就可以按连续系统的设计方法设计，确定电流调节器参数，再进行离散化处理。

当采样频率基本符合采样定理要求但是不足够高，或者对控制性能要求较高时，就必须要考虑系统中采样与保持的因素，按离散控制系统的理论设计数字控制器，这种按离散系统设计的设计方法称为直接设计法。在双闭环直流调速系统中，对于转速闭环，它的开环截止频率 ω_{cn} 大小与系统动态性能有一定的关系，一般状况下，ω_{cn} 既不能太高，也不能太低。若选择开环截止频率 ω_{cn} 较高，也可以按连续系统设计法设计，确定调节器参数，进行离散化处理；若选择的开环截止频率 ω_{cn} 不很高，按连续域等价法设计，将会产生较大的误差，这种情况下只能按离散设计法设计转速调节器，才能满足系统的动态性能要求。

2. 按离散控制系统设计数字调节器

按连续控制系统设计方法设计的电流闭环控制系统，在转速闭环直流调速系统中可等效为一个小惯性环节，成为转速环控制对象。考虑到微机数字控制的特点，在 D/A 变换的采样开关后设置零阶保持器 $G_0(s)$，得到如图 5-46 所示具有零阶保持器的数字直流调速系统动态结构图。

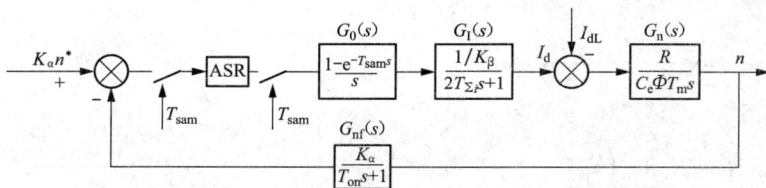

图 5-46　具有零阶保持器的数字控制直流调速系统结构图

图 5-46 中，零阶保持器传递函数为

$$G_0(s) = \frac{1 - e^{-T_{sam}s}}{s} \tag{5-26}$$

电流环等效传递函数为

$$G_I(s) = \frac{1/K_\beta}{2T_{\sum i}s + 1} \tag{5-27}$$

转速积分环节的传递函数为

$$G_n(s) = \frac{R}{C_e \Phi T_m s} \tag{5-28}$$

转速反馈通道传递函数为

$$G_{nf}(s) = \frac{K_\alpha}{T_{on}s + 1} \tag{5-29}$$

其中，T_{sam} 为转速环采样周期，电流反馈系数 β 转换成电流储存系数 K_β，转速反馈系数 α 转换成转速储存系数 K_α。

（1）控制对象脉冲传递函数。由图 5-46 可知，转速调节器 ASR 的控制对象传递函数为

$$G_{obj}(s) = \frac{1 - e^{-T_{sam}}}{s} \frac{\dfrac{1}{K_\beta}}{2T_{\sum i}s + 1} \frac{R}{C_e \Phi T_m s} \frac{K_\alpha}{T_{on}s + 1}$$
$$= \frac{K_n(1 - e^{-T_{sam}s})}{s^2(2T_{\sum i}s + 1)(T_{on}s + 1)} \tag{5-30}$$

式中，$K_n = \dfrac{RK_\alpha}{K_\beta C_e \Phi T_m}$。

将 2 个小惯性环节合并，$T_{\sum n} = T_{on} + 2T_{\sum i}$，则有

$$G_{obj}(s) \approx \frac{K_n(1 - e^{-T_{sam}s})}{s^2(T_{\sum n}s + 1)} = (1 - e^{-T_{sam}s})G_{sub}(s) \tag{5-31}$$

式中，$G_{sub}(s)=K_n/[s^2(T_{\Sigma n}s+1)]$。

应用 z 变换线性定理得

$$Z[G_{obj}(s)] = Z[G_{sub}(s) - e^{-T_{sam}s}G_{sub}(s)] = Z[G_{sub}(s)] - z[e^{-T_{sam}s}G_{sub}(s)] \tag{5-32}$$

再应用 z 变换平移定理得

$$G_{obj}(z) = Z[G_{obj}(s)] = Z[G_{sub}(s)] - z^{-1}Z[G_{sub}(s)] = (1-z^{-1})G_{sub}(z) \tag{5-33}$$

将 $G_{sub}(s)$ 展开成部分分式，对每个分式查表求 z 变换，再化简后得

$$G_{sub}(z) = \frac{K_n T_{\Sigma n}\left[\left(\dfrac{T_{sam}}{T_{\Sigma n}}-1+e^{-T_{sam}/T_{\Sigma n}}\right)z^2 + \left(1-e^{-T_{sam}/T_{\Sigma n}}-\dfrac{T_{sam}}{T_{\Sigma n}}e^{-T_{sam}/T_{\Sigma n}}\right)z\right]}{(1-z)^2(z-e^{-T_{sam}/T_{\Sigma n}})} \tag{5-34}$$

将式（5-34）代入式（5-33）中，整理后得控制对象的脉冲传递函数为

$$G_{obj}(z) = \frac{K_n T_{\Sigma n}\left[\left(\dfrac{T_{sam}}{T_{\Sigma n}}-1+e^{-T_{sam}/T_{\Sigma n}}\right)z + \left(1-e^{-T_{sam}/T_{\Sigma n}}-\dfrac{T_{sam}}{T_{\Sigma n}}e^{-T_{sam}/T_{\Sigma n}}\right)\right]}{(z-1)(z-e^{-T_{sam}/T_{\Sigma n}})} \tag{5-35}$$

$$= \frac{K_z(z-z_1)}{(z-1)(z-e^{-T_{sam}/T_{\Sigma n}})}$$

其中，

$$K_z = K_n T_{\Sigma n}\left(\frac{T_{sam}}{T_{\Sigma n}}-1+e^{-T_{sam}/T_{\Sigma n}}\right) = \frac{K_\alpha R T_{\Sigma n}\left(\dfrac{T_{sam}}{T_{\Sigma n}}-1+e^{-T_{sam}/T_{\Sigma n}}\right)}{K_\beta C_e T_m}$$

$$z_1 = \frac{1-e^{-T_{sam}/T_{\Sigma n}}-\dfrac{T_{sam}}{T_{\Sigma n}}e^{-T_{sam}/T_{\Sigma n}}}{1-\dfrac{T_{sam}}{T_{\Sigma n}}-e^{-T_{sam}/T_{\Sigma n}}}$$

由式（5-35）看出，控制对象的脉冲传递函数具有两个极点，$p_1=1$，$p_2=e^{-T_{sam}/T_{\Sigma n}}$；一个零点 z_1，当 $\dfrac{T_{sam}}{T_{\Sigma n}}\to 0$ 时，$z_1\to -1$；当 $\dfrac{T_{sam}}{T_{\Sigma n}}\to\infty$ 时，$z_1\to 0$。所以 $-1<z_1<0$。

（2）数字转速调节器设计。在模拟系统中转速调节器一般为 PI 调节器，它的控制简单明了，因此数字调节器仍选用 PI 型数字调节器。其差分方程为

$$u(k) = K_p e(k) + K_I T_{sam}\sum_{i=1}^{k}e(i) \tag{5-36}$$

式中　K_p——比例系数；

$\quad\quad K_I$——积分系数（单位为 s^{-1}）；

$\quad\quad e$——调节器输入；

$\quad\quad u$——调节器输出；

$\quad\quad k$——采样次数。

$$x_p(k) = K_p e(k)$$

$$x_I(k) = K_I T_{sam}\sum_{i=1}^{k}e(i) = x_I(k-1) + k_1 T_{sam}e(k) \tag{5-37}$$

则调节器输出方程为

$$u(k) = x_p(k) + x_I(k) \tag{5-38}$$

对式（5-37）的差分方程做 z 变换并应用线性定理和平移定理得

$$x_p(z) = K_p e(z)$$

$$x_I(z) = \frac{K_I T_{sam}z}{z-1}e(z) \tag{5-39}$$

将式（5-39）代入式（5-38）中，得

$$u(z) = (K_{\mathrm{p}} + \frac{K_{\mathrm{I}} T_{\mathrm{sam}} z}{z - 1}) e(z) \tag{5-40}$$

转速调节器脉冲传递函数为

$$G_{\mathrm{ASR}}(z) = K_{\mathrm{p}} + \frac{K_{\mathrm{I}} T_{\mathrm{sam}} z}{z - 1} = \frac{(K_{\mathrm{p}} + K_{\mathrm{I}} T_{\mathrm{sam}}) z - K_{\mathrm{p}}}{z - 1} \tag{5-41}$$

式 (5-35) 为控制对象脉冲传递函数，则离散系统的开环脉冲传递函数为

$$G_{\mathrm{ASR}}(z) G_{\mathrm{obj}}(z) = \frac{K_z [(K_{\mathrm{p}} + K_{\mathrm{I}} T_{\mathrm{sam}}) z - K_{\mathrm{p}}](z - z_1)}{(z - 1)^2 (z - \mathrm{e}^{-\frac{T_{\mathrm{sam}}}{T_{\Sigma n}}})} \tag{5-42}$$

如果要利用连续系统的对数频率法来设计调节器参数，应先进行 ω 变换，令 $z = \dfrac{1 + \omega}{1 - \omega}$，则

$$G_{\mathrm{ASR}}(\omega) G_{\mathrm{obj}}(\omega) = \frac{K_z [(2K_{\mathrm{p}} + K_{\mathrm{I}} T_{\mathrm{sam}}) \omega + K_{\mathrm{I}} T_{\mathrm{sam}}][(1 + z_1) \omega + 1 - z_1](1 - \omega)}{4 \omega^2 [(1 + \mathrm{e}^{-\frac{T_{\mathrm{sam}}}{T_{\Sigma n}}}) \omega + 1 - \mathrm{e}^{-\frac{T_{\mathrm{sam}}}{T_{\Sigma n}}}]} \tag{5-43}$$

再令 $\omega = \mathrm{j} \dfrac{T_{\mathrm{sam}}}{2} \lambda$，$\lambda$ 为虚拟频率，则开环虚拟频率传递函数为

$$\begin{aligned}
G_{\mathrm{ASR}}(\mathrm{j}\lambda) G_{\mathrm{obj}}(\mathrm{j}\lambda) &= \frac{K_z K_{\mathrm{I}} (1 - z_1) \left(\mathrm{j} \dfrac{2K_{\mathrm{p}} + K_{\mathrm{I}} T_{\mathrm{sam}}}{2K_{\mathrm{I}}} \lambda + 1 \right) \left(\mathrm{j} \dfrac{1 + z_1}{1 - z_1} \dfrac{T_{\mathrm{sam}}}{2} \lambda + 1 \right) \left(1 - \mathrm{j} \dfrac{T_{\mathrm{sam}}}{2} \lambda \right)}{(1 - \mathrm{e}^{-\frac{T_{\mathrm{sam}}}{T_{\Sigma n}}}) T_{\mathrm{sam}} (\mathrm{j}\lambda)^2 \left(\mathrm{j} \dfrac{1 + \mathrm{e}^{-\frac{T_{\mathrm{sam}}}{T_{\Sigma n}}}}{1 - \mathrm{e}^{-\frac{T_{\mathrm{sam}}}{T_{\Sigma n}}}} \dfrac{T_{\mathrm{sam}}}{2} \lambda + 1 \right)} \\
&= \frac{K_z K_{\mathrm{I}} (1 - z_1)}{(1 - \mathrm{e}^{-\frac{T_{\mathrm{sam}}}{T_{\Sigma n}}}) T_{\mathrm{sam}}} \frac{(\mathrm{j}\tau_1 \lambda + 1)(\mathrm{j}\tau_4 \lambda + 1)(1 - \mathrm{j}\tau_3 \lambda)}{(\mathrm{j}\lambda)^2 (\mathrm{j}\tau_2 \lambda + 1)} \\
&= K_0 \frac{(\mathrm{j}\tau_1 \lambda + 1)(\mathrm{j}\tau_4 \lambda + 1)(1 - \mathrm{j}\tau_3 \lambda)}{(\mathrm{j}\lambda)^2 (\mathrm{j}\tau_2 \lambda + 1)}
\end{aligned} \tag{5-44}$$

式中　K_0——开环放大系数 (s^{-2})，$K_0 = \dfrac{K_z K_{\mathrm{I}} (1 - z_1)}{1 - \mathrm{e}^{-\frac{T_{\mathrm{sam}}}{T_{\Sigma n}}} T_{\mathrm{sam}}}$。

则转折频率（单位 s^{-1}）为

$$\frac{1}{\tau_1} = \frac{2K_{\mathrm{I}}}{2K_{\mathrm{p}} + K_{\mathrm{I}} T_{\mathrm{sam}}}$$

$$\frac{1}{\tau_2} = \frac{1 - \mathrm{e}^{-T_{\mathrm{sam}}/T_{\Sigma n}}}{1 + \mathrm{e}^{-T_{\mathrm{sam}}/T_{\Sigma n}}} \frac{2}{T_{\mathrm{sam}}}$$

$$\frac{1}{\tau_3} = \frac{2}{T_{\mathrm{sam}}}$$

$$\frac{1}{\tau_4} = \frac{1 - z_1}{1 + z_1} \frac{2}{T_{\mathrm{sam}}}$$

当控制对象及采样频率确定后，K_z、τ_2、τ_3、τ_4 均为已知常数，但 τ_1 和 K_0 待定。

系统的开环虚拟对数频率特性为

$$\begin{aligned}
L(\lambda) = &\ 20\lg K_0 + 20\lg \sqrt{(\tau_1 \lambda)^2 + 1} + 20\lg \sqrt{(\tau_4 \lambda^2) + 1} \\
&+ 20\lg \sqrt{(\tau_3 \lambda)^2 + 1} - 20\lg \lambda^2 - 20\lg \sqrt{(\tau_2 \lambda)^2 + 1}
\end{aligned} \tag{5-45}$$

$$\varPhi(\lambda) = -180° + \arctan \tau_1 \lambda + \arctan \tau_4 \lambda - \arctan \tau_3 \lambda - \arctan \tau_2 \lambda \tag{5-46}$$

根据系统期望虚拟对数频率特性的中频段宽度和相角裕量，可以解出 τ_1 和 K_0，再进一步得出调节器的比例系数 K_{p} 和积分系数 K_{I}。

如果转速闭环的开环截至频率 ω_{cn} 选择得比较高（允许情况下），也可以采用连续域等价设计方法，即按照连续系统设计方法设计转速环，确定转速调节器参数，然后再进行离散化处理。

5.5.5 微机控制系统故障自诊断与保护功能

在实际生产过程中自动控制系统难免会出现各种故障，产生故障原因多种多样，需要采取适当的保护措施，尽量减少或避免故障的发生。微机控制系统除了能实现灵活、准确控制优点外，还能完成对故障自诊断及保护等功能，在事故发生前采取保护措施，减少或避免故障的发生。

微机控制系统充分利用微处理器逻辑判断与数值运算功能，对现场采样的数据进行必要的处理和分析，利用已建立的故障诊断模型或专家知识库进行推理，对控制系统的故障类型或故障发生处做出正确的判断，称为故障自诊断。

产生故障的原因有多种，系统必须进行相应保护，以免故障进一步扩大。故障保护一般分为硬件保护和软件保护。硬件保护快速封锁功率变换器的驱动信号，将变换器与供电电源断开。软件保护进入故障保护中断程序，锁存故障信号，禁止功率变换器驱动信号输出，并通过外围电路显示故障类型，产生声、光等报警信号。

硬件保护起作用后，故障现象随之消失，此时若没有相应软件保护，系统将重新投入运行，故障现象就会再次出现，因此只有硬件保护是不够的，必须要设置软件保护。

目前的微机控制系统的数字控制器，主要可以完成①电源的停电、过电压、欠电压检测；②电动机过电流、过载；③功率半导体器件过热等工作状态，进行相应的保护或干预，使控制系统正常运行。

下面以直流不可逆 PWM 调速系统为例说明故障自诊断的方法。

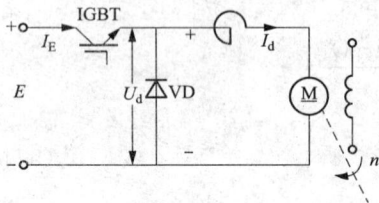

图 5-47　直流不可逆 PWM 调速系统主电路

如图 5-47 所示为直流不可逆 PWM 调速系统主电路，电力电子开关器件为 IGBT，现场实时采样信号为①直流供电电压 E；②直流供电电流 I_E；③电枢电压 U_d；④电枢电流 I_d；⑤转速 n 等，现在结合 IGBT 的驱动信号，对采样信号进行逻辑分析与推理，对直流不可逆 PWM 调速系统的主电路进行故障诊断。

（1）IGBT 驱动信号为 ON。此时主电路的正常工作状态为：IGBT 正常开通，直流供电电压 E 等于电枢电压 U_d，电枢电流 $I_d > 0$，转速 $n > 0$。

若主电路处于故障状态，可通过以下条件判断故障类型，并采取适当的保护措施。

1）若直流供电电压 $E > 0$，电枢电压 $U_d = 0$，表明 IGBT 没有开通，可显示 IGBT 故障。

2）若直流供电电压 $E > 0$，电枢电压 $U_d = 0$，直流供电电流 I_E 很大，电枢电流 $I_d = 0$，表明续流二极管反向击穿，可显示二极管击穿，并采取封锁 IGBT 驱动信号的措施。

3）若电枢电压 $U_d \approx E$，电枢电流 $I_d = 0$，表明电枢回路断路，可显示电动机故障，并采取封锁 IGBT 驱动信号的措施。

4）若电枢电压 $U_d \approx E$，电枢电流 I_d 大于过载电流值，表明电动机过载，可显示过载故障，并采取报警措施。

5）若电枢电压 $U_d \approx E$，电枢电流远远大于额定电流值，表明电动机堵转，可显示堵转，并采取限流或报警措施。

6）若电枢电压 $U_d \approx E$，电枢电流值正常，转速反常升高，表明失磁故障，可显示励磁回路故障并报警。

（2）IGBT 驱动信号为 OFF。此时主电路的正常工作状态为：①IGBT 驱动信号刚由 ON 变 OFF 时，IGBT 应关断，由于续流二极管的作用电枢电压 $U_d = 0$，电枢电流 I_d 应保持一段时间；

②二极管续流结束后，电枢电压 $U_d=0$，电枢电流 $I_d=0$，转速 $n=0$。

若主电路处于故障状态，可通过以下条件判断故障类型，并采取适当的保护措施。

1）若电枢电压 $U_d \approx E$，表明 IGBT 故障，显示并报警。

2）IGBT 驱动信号刚由 ON 变 OFF 时，电枢电流 I_d 迅速为 0，同时电枢电压 U_d 呈上升趋势，表明续流二级管出现故障，可显示二极管故障并报警。

由以上分析可知故障自诊断的过程就是故障检测、判断、保护的过程。故障自诊断可以有多种诊断方式，一般分为开机自诊断、在线自诊断和离线诊断。开机自诊断是指在开机运行前由微机执行一段诊断程序，检查主电路是否存在缺相、短路等情况，检查微机自身各部分是否正常工作，确认无误以后才允许控制系统开机运行。在线自诊断是在系统运行过程中，周期性地扫描、检查和诊断各规定的监测点，若发现异常情况报警，并根据故障前后数据的分析、比较，判断故障原因，根据存储预案进行处理。离线诊断是指在线情况下，故障定位困难，首先封锁驱动信号冻结故障发展进程，同时进行测试推理，现场工作人员可以有选择地输出有关信息，进行详细分析和诊断。

微机控制系统在自诊断、系统保护等方面具有模拟系统无法比拟的优势，虽然微机故障自诊断还不能完全取代人工故障诊断，但计算机系统能真实可靠地记录故障发生前后一段时间内系统的运行状态，为人工故障诊断提供了有力的依据，采用微机故障自诊断技术后有效地提高了整个系统的运行可靠性和安全性。

5.5.6 微机自动控制系统设计过程

电力拖动自动控制系统的数字化设计主要包括以下几个方面内容。

（1）微机自动控制系统总体方案设计，包括对控制系统的技术要求、控制方案的选择等。

（2）变流主电路设计。

（3）各种检测元件及变送器选择。

（4）搭建控制系统数学模型，确定控制算法。

（5）控制系统硬件设计，包括与微处理器相关的电路、外围设备、接口电路、逻辑电路及键盘显示块，变流主电路的驱动部分，相应的保护电路设计。

（6）控制系统软件设计，包括应用程序的设计、管理，并可利用组态软件完成监控部分设计。

（7）控制系统硬件、软件的调试工作，以及控制系统的联机调试与试验。

习 题

5-1 晶闸管电路的逆变状态在可逆系统中的主要用途是什么？

5-2 V—M 系统需要快速回馈制动时，为什么必须采用可逆线路？

5-3 晶闸管可逆系统中环流产生的原因是什么？有哪些抑制的方法？

5-4 何谓待逆变、本组逆变和它组逆变，并说明这 3 种状态各出现在何种场合下？

5-5 在配合控制的有环流可逆系统中，为什么要控制最小逆变角和最小整流角？

5-6 试分析配合控制的有环流可逆系统正向制动过程中各阶段的能量转换关系，以及正、反组晶闸管所处的状态。

5-7 分析配合控制的有环流可逆系统反向起动和制动的过程，画出各参变量的动态波形，并说明在每个阶段中 ASR 和 ACR 各起什么作用？VF 和 VR 各处于什么状态？

5-8 逻辑控制无环流可逆系统消除环流的出发点是什么？

5-9 为什么逻辑无环流系统的切换过程比配合控制的有环流可逆系统的切换过程长？这是由

哪些因素造成的？

　　5-10　无环流逻辑控制器中为什么必须设置封锁延时和开放延时？延时过大或过小对系统有何影响？

　　5-11　旋转编码器光栅数 1024，倍频系数 4，高频时钟脉冲频率 $f_0 = 1\text{MHz}$，旋转编码器输出的脉冲个数和高频时钟脉冲个数均采用 16 位计数器，M 法测速时间为 0.01s，求转速 $n = 1500\text{r/min}$ 和 $n = 150\text{r/min}$ 时的测速分辨率和误差率最大值。

第6章　伺　服　系　统

6.1　伺服系统的特征及组成

伺服系统"伺服"一词意味着伺候与服从，表示了伺服系统的共性，是具有功率放大作用的自动控制系统，可以提供灵活、方便、准确、快速的驱动，在机电设备中具有重要的地位。

伺服系统又称随动系统，从广义上讲是指控制被控对象的某种过程或状态，使输出量快速而准确地复现给定量的变化。例如转速、电流双闭环直流调速系统中的电流内环，跟随转速外环的输出，可以认为是一个电流伺服系统。从狭义上讲，伺服系统的被控对象为转角或位移，当位置给定量任意变化时，输出量能快速而准确地复现给定量的变化，这类伺服系统统称为位置伺服系统。

伺服系统控制对象种类繁多，日常生活中常见的计算机磁盘、光盘的驱动控制，机械加工方面的仿型机床的铣刀与被加工工件之间加工轨迹控制，工业生产中轧钢厂的轧钢机压下装置的定位控制、飞剪的定尺剪切，电动控制阀阀门位置控制，航空航天领域跟踪雷达天线俯仰角、方位角自动控制，航海中舰艇稳定平台控制，拥有很大发展前景的机器人手臂各关节运动控制等，都是应用伺服系统实现，涉足的领域非常广泛。随着科学技术的发展，伺服驱动技术也取得了极大的进步，以其出色的性能指标满足了各种产品制造厂家近乎苛刻的要求，从而能够对产品的加工过程、加工工艺和综合性能进行改造。目前伺服系统已进入全数字化的时代，在机电一体化设备上，几乎所有领域都能找到伺服系统的应用对象，尽管各应用对象的机械结构、传动形式多种多样，对伺服系统的要求也千差万别，但共同的一点是带动对象按需要的规律作机械运动。

伺服系统根据所用伺服电动机不同可分为直流伺服系统和交流伺服系统。在小功率伺服系统中一般采用永磁式伺服电动机，中大功率可采用电励磁的直流伺服电动机或交流伺服电动机。伺服电动机从原理上讲与调速电动机无本质上差别，伺服电动机的主要优点是低速和零速带载能力优于调速电动机。

本教材着重讨论直流伺服系统，对于交流伺服系统，在讨论交流异步电动机调速以后，会发现交流异步电动机、同步电动机经过矢量变换、磁链定向和电流闭环控制均可等效为电流控制的直流电动机，因此采用电流闭环控制后，交流伺服系统和直流伺服系统具有相同的控制对象数学模型，因此可用相同的方法设计交流或直流伺服系统。

6.1.1　伺服系统的主要组成部件及其工作原理

下面以仿型铣床随动系统为例来说明伺服系统的基本组成，如图 6-1 所示。

仿型铣床随动系统主要是使铣刀运动轨迹完全复现模杆运动轨迹，这样加工出来的零件尺寸就会与模型完全一致。图 6-1 中，$r(t)$ 为模杆的位移，$c(t)$ 为铣刀杆的位移，当模杆的位移 $r(t)$ 变化时，与铣刀杆的位移 $c(t)$ 会产生误差 $e(t)=r(t)-c(t)$，误差 $e(t)$ 通过由电位器组成的位置传感器转换成误差电压，经电压放大装置放大后，发出控制信号 U_c 控制电力电子变换装置，电力电子变换装置与伺服电动机组成执行机构带动铣刀杆运动。一般情况下伺服系统负载的转速很低，所以执行电动机需通过减速器驱动负载朝着消除误差方向运动，只要误差存在，执行电动机就会转动，直到误差为 0，电动机停止运动，这样仿型铣床随动系统就实现了输出量 $c(t)$ 复现输入量 r

（t）的运动。

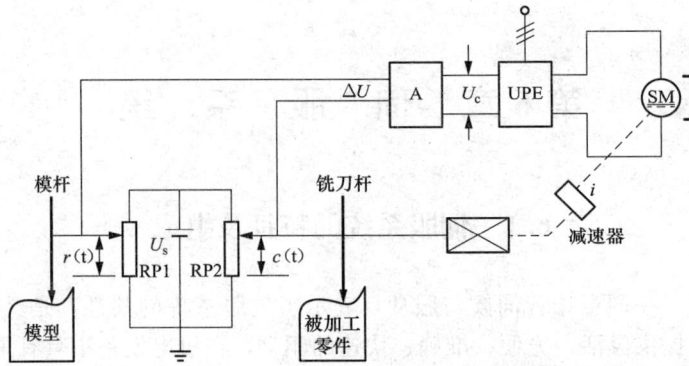

图 6-1　仿型铣床随动系统示意图

由伺服系统的工作原理可看出，伺服系统一般由给定器件、测量器件、比较器件、放大器件、执行机构等组成。

1. 给定器件

主要作用是给出与期望的被控量相对应的输出量，如图 6-1 中电位器 RP1 通过机械连杆与模型相连，作为位移给定。

2. 测量器件

主要作用是检测被控物理量的大小，如图 6-1 中电位器的 RP_2，通过机械连杆机构与负载部件零件相连，作为位移反馈。

电位器 RP1 与 RP2 由同一个直流电源 U_S 供电，可将位置信号直接转换成电量输出。在伺服系统中，测量元件除了常用的位置传感器外，一般还需要电压、电流和速度传感器。

3. 比较器件

主要作用是将给出的期望输出量与测出的实际被控量进行比较，得出偏差值。常用的比较器件有电桥电路、差动放大器、机械差动装置等，图 6-1 中电位器 RP1 与 RP2 由同一个直流电源 U_S 供电，所以只需要将它们反向串联就可以得到偏差电压。

4. 放大器件

主要作用是将信号放大，推动执行机构控制被控对象。为了推动伺服系统的执行电动机工作，显然只将偏差电压放大是不够的，还必须有功率放大，如图 6-1 中所示，除了有电压放大器，还有由电力电子器件组成的功率装置，输出驱动伺服电动机 SM 的电压。

由于偏差电压可正可负，输出的控制电压也应是可逆的，其下一级功率放大器应具备鉴别电压极性（正、反相位）的能力。

5. 执行机构

主要作用是直接推动被控器件。执行机构一般是由各种类型的伺服电动机和减速器组成。如图 6-1 中所示，伺服电动机作为带动负载运动的执行机构，这个系统中的铣刀即为负载，由于铣刀的运动速度不能过快，因此电动机与负载之间还需通过减速器来匹配。

位置伺服系统对执行电动机一般有如下要求。

1）具有良好的控制性能，控制信号的大小与极性决定电动机的转速与转向，二者间具有线性调节性。

2）具有快速响应性，当控制信号大小变化时，输出能迅速跟上信号变化。

3）运行稳定性好，能在较宽的速度范围内稳定运行。

伺服系统与调速系统都是通过对系统给定量与输出量比较，产生控制的反馈控制系统，两者的控制原理相同，主要区别是：调速系统的给定量是恒定的，系统完成的主要工作是保证稳定，在任何扰动下输出量都能够稳定跟随给定信号，因此系统的抗扰性能尤为重要；伺服系统中的给定量为随时间变化的随机变量，系统要求输出量准确跟随给定量的变化，因此对伺服系统跟随性能是其性能的主要指标。高性能伺服系统都是具有反馈的闭环控制系统，少数对精度要求不高也可以采用开环控制系统。

6.1.2　伺服系统的主要特征

（1）高精度的检测装置。能够准确给出所需量的电信号，组成速度或位置等闭环控制系统。

（2）功率放大器及控制系统是可逆的。由于伺服电动机需要四象限运行，因此功率驱动器及控制系统必须是可逆的。

（3）高性能伺服电动机应具有足够强的低速带载性能。由于伺服系统经常处于频繁地启、制动过程中，因此要求电动机的输出力矩与转动惯量的比值大，以产生足够大的加速或制动力矩，保证在一定的时间内能从静止启动到额定转速。同时要求伺服电动机在低速时要有足够大的输出力矩且运转平稳，以便在与机械运动部分连接中尽量减少中间环节。

（4）宽调速范围。伺服系统调速性能要求比较高，因此要求伺服系统为高性能的宽调速系统。

（5）快速响应能力和较强抗干扰能力。

6.1.3　伺服系统的基本要求

伺服系统的主要功能是快速而准确地复现给定，因此对伺服系统有以下基本要求。

（1）稳定性好。伺服系统在给定输入或外界干扰作用下，能在短暂的调节过程后达到新的平衡状态或者恢复原有的平衡状态。

（2）精度高。伺服系统精度是指输出量跟随输入量的精确程度。对于精密加工数控机床、机器人关节运动控制等系统，要求的定位精度和跟随精度都比较高，是判断一个伺服系统是否优良的主要指标。

（3）动态响应快。快速响应是伺服系统动态品质标志之一。要求跟踪给定信号的响应要快，系统超调小或者无超调。当负载突变时，要求过渡过程前沿要陡，以保证快速性，恢复时间要短，没有震荡，这样才能得到光滑的加工表面或平稳的运动轨迹。

（4）抗扰动能力强。在各种扰动作用于系统时，要求系统输出动态变化要小，恢复时间快，振荡次数少或者无振荡。

6.1.4　伺服系统分类

按照调节理论一般可将伺服系统分为开环伺服系统、半闭环伺服系统、全闭环伺服系统。全闭环伺服系统和半闭环伺服系统是根据位置反馈信号的来源区分的，位置反馈信号来源于传动机构输出环节的系统称为全闭环位置伺服系统，位置反馈信号来源于执行机构即电动机转轴的系统称为半闭环位置伺服系统。下面以位置伺服系统为例说明这 3 种控制系统。

1. 开环伺服系统

开环伺服系统是一种比较原始的伺服系统，完全根据给定信号，通过控制器驱动伺服电动机及传动机构，不对负载实际位置进行反馈控制。特点是结构简单，无需位置检测，成本较低，但控制精度不能保障，只能由伺服系统本身精度保证，所以开环伺服系统主要用于早期简易数控机床及其它对位置控制精度要求不高的场合。

2. 全闭环伺服系统

闭环伺服系统带有位置检测装置，通过位置反馈装置实现位置闭环控制，以得到更高的位置控制精度。闭环伺服系统还可以对转速进行反馈和控制，形成位置外环，转速内环的双环控制系

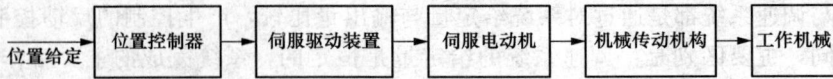

图 6-2 开环位置伺服系统

统，如图 6-3 所示。若系统对转速和电流进行反馈控制，可形成位置、转速、电流三环控制的位置伺服系统，如图 6-4 所示。

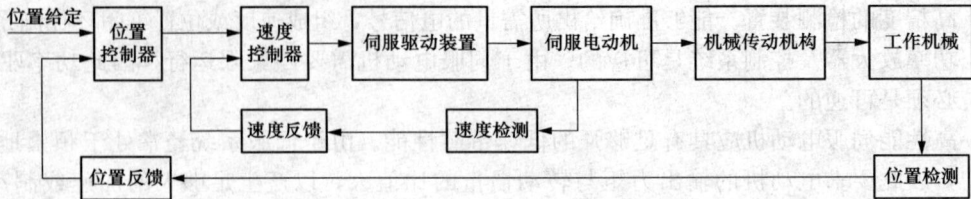

图 6-3 位置、转速双闭环位置伺服系统

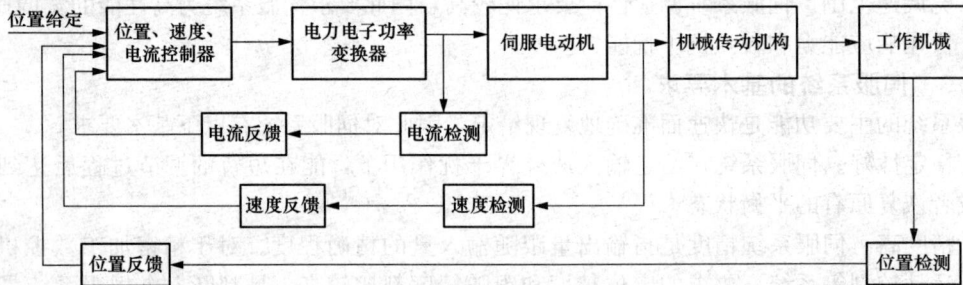

图 6-4 位置、转速、电流三闭环环位置伺服系统

虽然闭环控制系统可以获得较高精度，但系统复杂、成本高，在使用过程中，若各种参数匹配不当，将会引起震荡，造成系统不稳定，影响定位精度，因此全闭环伺服系统适用于精度要求很高的数控机床，如镗铣床、超精车床、超精铣床等。

3. 半闭环伺服系统

半闭环伺服系统是在工程实际中应用比较广的伺服系统，这类系统介于开环与闭环之间，精度没有全闭环高，调试却比全闭环方便，因而得到广泛的应用，大多数数控机床都是采用半闭环伺服系统。

这类系统一般用角位置测量元件（如旋转变压器、脉冲编码器等）代替安装在机床工作台上的直线测量元件，将角位置传感器安装在电动机的轴端，测量电动机轴旋转角位移来代替测量工作台直线位移，半闭环位置伺服系统原理如图 6-5 所示。

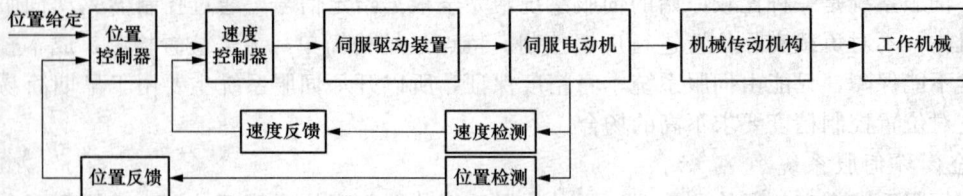

图 6-5 半闭环位置伺服系统

半闭环位置伺服系统未将传动机构及工作机械环节包含在闭环反馈系统中，所以称作半闭环控制系统，这种系统虽然不能补偿闭环控制系统之外的传动机构及工作机械环节的误差，却容易获得稳定的控制特性。

6.2 直流伺服系统的分析与设计

6.2.1 直流伺服系统的数学模型

下面以自整角机位置伺服系统为例说明直流伺服系统数学模型的建立过程。

1. 系统组成

自整角机位置伺服系统的原理图如图 6-6 所示。

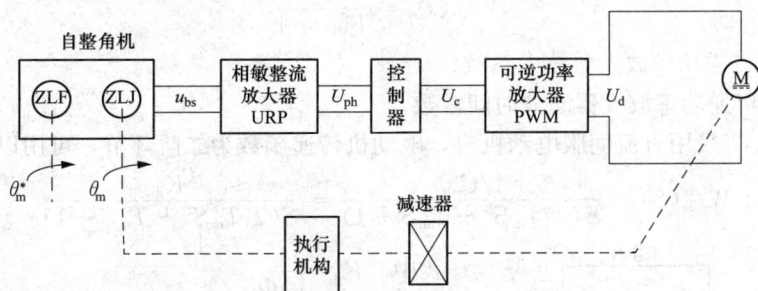

图 6-6 自整角机位置伺服系统原理图

该系统主要由 7 部分组成，即自整角机、相敏整流放大器 URP、控制器、可逆功率放大器 PWM、直流电动机、减速器和执行机构组成。

2. 自整角机位置伺服系统数学模型

（1）自整角机。图 6-6 所示自整角机机组由结构、参数均相同的 2 台自整角机构成，其中一台用来发送转角信号，称为自整角发送机，用 ZLF 表示；另一台用来接收转角信号，称为自整角接收机，用 ZLJ 表示。自整角机在伺服系统中用于检测指令轴与执行轴旋转相位差，θ_m^*、θ_m、$\Delta\theta_m$ 分别为自整角机发送机机械转角、接收机的机械转角、失调角（相位角）。

自整角机的输入量是失调角 $\Delta\theta_m$，输出量为幅值可变的正弦交流电压 u_{bs}，其幅值为

$$U_{bs} = U_{bsm}\sin(\theta_m^* - \theta_m) = U_{bsm}\sin(\Delta\theta_m) \tag{6-1}$$

式中 U_{bsm}——自整角机输出正弦交流电压的最大值。

由式（6-1）可求得自整角机输入、输出关系

$$W_{bs} = \frac{U_{bs}(s)}{\Delta\theta_m(s)} = \frac{U_{bsm}\sin\Delta\theta_m}{\Delta\theta_m} \tag{6-2}$$

一般情况下，当 $|\Delta\theta_m| \leqslant 10°$ 时，可近似认为 $\sin\Delta\theta_m \approx \Delta\theta_m$（$\Delta\theta_m$ 的单位为 rad），因此有

$$U_{bs} \approx U_{bsm}\Delta\theta_m$$

则

$$W_{bs} = \frac{U_{bs}(s)}{\Delta\theta(s)} \approx U_{bsm} = K_{bs} \tag{6-3}$$

式中 K_{bs}——自整角机放大系数。

因此自整角机可认为是比例环节。

（2）相敏整流放大器。相敏整流放大器可以同时完成整流和鉴别信号相位两种任务。u_{bs} 经相

敏整流放大器后转换成能够反映极性的直流电压，直流电压的大小仅与 u_{bs} 的幅值 U_{bs} 有关。由于此环节为整流环节，为使直流电压的脉动较小，需加滤波电路，因此可认为此环节为惯性环节，相敏整流放大器的传递函数为

$$W_{ph} = \frac{K_{ph}}{T_{ph}s + 1} \qquad (6\text{-}4)$$

式中　K_{ph}——相敏整流放大器的放大系数；

　　　T_{ph}——相敏整流放大器滤波时间常数。

（3）控制器。位置控制器 APR 需要根据系统性能要求进行设计。

（4）可逆功率放大器。功率放大器可采用晶闸管相控整流装置或脉宽调制功率放大器，两者都是滞后环节，可近似为惯性环节，其传递函数为

$$W_{AP}(s) = \frac{K_{AP}}{T_{AP}s + 1} \qquad (6\text{-}5)$$

式中　　　K_{AP}——可逆功率放大器放大系数；

　　　　　T_{AP}——可逆功率放大器滤波时间常数。

（5）电动机。当采用直流伺服电动机时，电动机传递函数为二阶环节，可用以下形式表示

$$W_{MD}(S) = \frac{1/C_e\Phi}{S(T_1T_mS^2 + T_mS + 1)} = \frac{K_d}{S(T_1T_mS^2 + T_mS + 1)} \qquad (6\text{-}6)$$

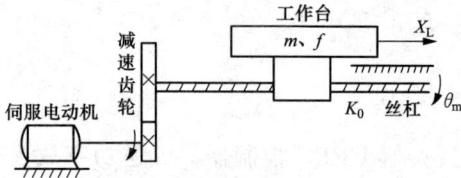

图 6-7　机械传动链简图

式中，$K_d = \dfrac{1}{C_e\Phi}$。

（6）减速器。如图 8-5 所示，为一级齿轮减速的机械传动链简图。

减速器输入量为电动机转速 n，输出量为机械转角 θ_m，机械转角 θ_m 与 n 的关系为积分关系，即

$$\theta_m = \int \frac{n}{i} \frac{360}{60} dt = \frac{6}{i}\int n dt \qquad (6\text{-}7)$$

式中　i——减速器减速比。

减速器传递函数为

$$W_g(s) = \frac{n}{\theta_m} = \frac{6}{is} = \frac{K_g}{s} \qquad (6\text{-}8)$$

式中　K_g——减速器的放大系数，$K_g = \dfrac{6}{i}$。

由以上分析得出直流伺服电动机与减速器动态结构图，如图 6-8 所示。

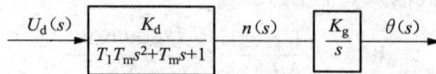

图 6-8　直流电动机与减速器动态机构图

由以上分析可以得出自整角机位置伺服系统的动态结构图，如图 6-9 所示。

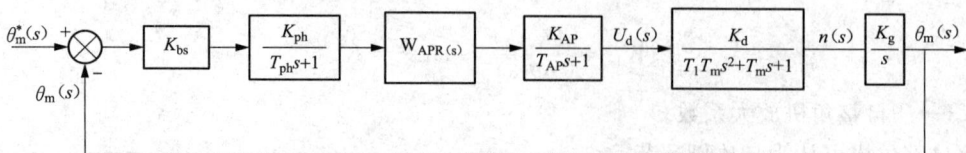

图 6-9　自整角机位置伺服系统的动态结构图

6.2.2 位置伺服系统的稳态分析

稳态精度是指伺服系统过渡过程结束达到新的平衡点后，系统最终保持的控制精度，反映的是位置伺服系统的稳态性能，是伺服系统稳态性能衡量指标。

影响稳态精度导致系统产生稳态误差主要原因来自两个方面：①检测误差；②系统误差。

1. 检测误差

检测误差是由检测元件引起，包括给定位置传感器和位于反馈通道位置传感器产生的误差，其大小取决于检测元件本身的精度。伺服系统常用位置检测元件，如旋转变压器、自整角机、光电编码器等都有一定的精度等级，伺服系统精度等级不可能高于检测元件的精度等级，伺服系统也对反馈元件造成的误差无能为力，因此要想获得精度高的伺服系统，就必须选用高精度检测元件。

2. 系统误差

系统误差与伺服系统控制结构有关，是由位置伺服系统自身结构形式、系统特征参数和给定输入信号形式决定的。系统误差本身来自两个方面：①系统自身结构和参数造成的稳态给定误差；②扰动作用下系统的稳态误差。

伺服系统可能承受的扰动多种多样：电源电压变化、负载变化、各环节参数变化、噪声干扰、放大器零漂等，它们作用于系统的位置不同产生的误差也不同，增加了分析抗扰性能的复杂性。可以选取一种扰动作为代表，作用于图 6-9 所示自整角机位置伺服系统，阐述分析系统误差的方法。

（1）位置伺服系统典型结构。自整角机位置伺服系统的开环传递函数为

$$W(s) = \frac{K_{bs}K_{ph}K_{AP}K_gK_dW_{APR}(s)}{s(T_{ph}s+1)(T_{Ap}s+1)(T_mT_1s^2+T_ms+1)} \tag{6-9}$$

为简单起见，将式（6-9）写成如下形式

$$W(s) = \frac{K_{obj}}{sD(s)}W_{APR}(s) \tag{6-10}$$

式中　K_{obj}——控制对象的放大倍数，$K_{obj}=K_{bs}K_{ph}K_{AP}K_gK_d$；

$D(s)$——常数项为 1 的 s 多项式。若位置控制器采用比例调节器，即 $W_{APR}(s)=K_p$，则系统的开环传递函数为

$$W(s) = \frac{KN(s)}{sD(s)} \tag{6-11}$$

式中　K——系统的开环放大倍数，$K=K_pK_{obj}$；

$N(s)=1$。

这时位置伺服系统结构属于 I 型系统。

如果位置控制器采用带有积分环节的调节器，如 I、PI 等调节器，则系统的开环传递函数为

$$W(s) = \frac{KN(s)}{s^2D(s)} \tag{6-12}$$

这时位置伺服系统的结构属于 II 型系统。

对于位置伺服系统来说，由于转角是转速对时间的积分，控制对象中的最后一个环节肯定是积分环节，所以不可能出现 0 型系统；而 III 型和 III 型以上的系统是很难稳定的，在实际系统中很少采用，因此伺服系统常用的两种典型结构为 I 型和 II 型系统。

（2）稳态误差。位置伺服系统可以用图 6-10 表示，θ_m^*、θ_m 分别是系统给定输入、系统输出转角，系统误差 $e_s = \Delta\theta_m = \theta_m^* - \theta_m$，$F$ 代表扰动输入，$W_1(s)$ 和 $W_2(s)$ 分别是系

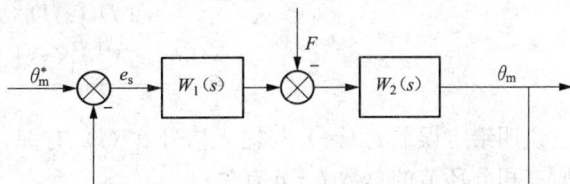

图 6-10　一般位置伺服系统动态结构图

统在扰动作用点以前和以后部分传递函数，$W(s)$ 为前向通道所有环节传递函数的乘积，则系统的开环传递函数为

$$W(s) = W_1(s)W_2(s) \tag{6-13}$$

在给定 θ_m^* 和扰动输入 F 的共同作用下，系统输出为

$$\theta_m(s) = \frac{W_1(s)W_2(s)}{1+W_1(s)W_2(s)}\theta_m^*(s) - \frac{W_2(s)}{1+W_1(s)W(s)}F(s)$$

$$= \frac{W(s)}{1+W(s)}\theta_m^*(s) - \frac{W_2(s)}{1+W(s)}F(s) \tag{6-14}$$

系统误差象函数为

$$E_s(s) = \theta_m^*(s) - \theta_m(s)$$

$$= \frac{1}{1+W(s)}\theta_m^*(s) + \frac{W_2(s)}{1+W(s)}F(s) \tag{6-15}$$

$$= E_{sr}(s) + E_{sf}(s)$$

式中　$E_{sr}(s)$——给定误差，$E_{sr}(s) = \dfrac{1}{1+W(s)}$；

　　　$E_{sf}(s)$——扰动误差，$E_{st} = \dfrac{W_2(s)}{1+W(s)}$。

式 (6-15) 表明，系统误差 $E_s(s)$ 由给定误差 $E_{sr}(s)$ 和扰动误差 $E_{sf}(s)$ 两部分组成，分别与给定输入和扰动输入信号有关，也与系统本身的结构与参数有关。

根据拉普拉斯变换的终值定理，可以求出给定误差稳态值

$$e_{sr}(\infty) = \lim_{t \to \infty} e_{sr}(t) = \lim_{s \to 0} sE_{sr}(s) = \lim_{s \to 0}\frac{s\theta_m^*(s)}{1+W(s)} \tag{6-16}$$

扰动误差稳态值为

$$e_{sf}(\infty) = \lim_{t \to \infty} e_{sf}(t) = \lim_{s \to 0} sE_{sf}(s) = \lim_{s \to 0}\frac{sW_2(s)F(s)}{1+W(s)} \tag{6-17}$$

将传递函数 $W_1(s)$ 和 $W_2(s)$ 的分母和分子都写成积分环节与 s 多项式的乘积，则线性传递函数 $W_1(s)$ 和 $W_2(s)$ 可分别写成

$$W_1(s) = \frac{K_1 N_1(s)}{s^p D_1(s)}, \quad W_2(s) = \frac{K_2 N_2(s)}{s^q D_2(s)}$$

式中　　　　　　　　p、q——$W_1(s)$、$W_2(s)$ 中所含积分环节的数目；

$N_1(s)$，$N_2(s)$、$D_1(s)$ 和 $D_2(s)$——常数项为 1 的 s 多项式；

　　　　　　K_1、K_2——$W_1(s)$、$W_2(s)$ 的增益，且令 $K_1 K_2 = K$。

当 s 趋近于 0 时，$N_1(s)$、$N_2(s)$、$D_1(s)$、$D_2(s)$ 多项式均趋近于 1，则给定误差可写为

$$e_{sr}(\infty) = \lim_{s \to 0}\frac{\vartheta_m^*(s)}{1+\dfrac{K_1 K_2 N_1(s)N_2(s)}{s^{p+q}D_1(s)D_2(s)}}$$

$$= \lim_{s \to 0}\frac{s^{p+q+1}D_1(s)D_2(s)\theta_m^*(s)}{s^{p+q}D_1(s)D_2(s) + K_1 K_2 N_1(s)N_2(s)} \tag{6-18}$$

$$= \frac{\lim\limits_{s \to 0}[s^{p+q+1}\theta_m^*(s)]}{K}$$

说明给定误差 $e_{sr}(\infty)$ 与输入信号 $\theta_m^*(s)$ 有关，同时也与系统的开环放大倍数 K 和前向通道中所有积分环节的总数 $p+q$ 有关。

扰动误差表达式可写为

$$e_{sf}(\infty) = \lim_{s \to 0} \frac{\dfrac{K_2 N_2(s)}{s^q D_2(s)} s F(s)}{1 + \dfrac{K_1 K_2 N_1(s) N_2(s)}{s^{p+q} D_1(s) D_2(s)}}$$

$$= \lim_{s \to 0} \frac{s^{p+1} K_2 D_1(s) N_2(s) F(s)}{s^{p+q} D_1(s) D_2(s) + K_1 K_2 N_1(s) N_2(s)} \qquad (6\text{-}19)$$

$$= \frac{\lim_{s \to 0}[s^{p+1} F(s)]}{K_1}$$

说明扰动误差 $e_{sf}(\infty)$ 只与扰动作用点以前部分的增益 K_1 和积分环节个数有关。

从前面的分析可知，给定误差 $e_{rs}(\infty)$ 和扰动误差 $e_{rf}(\infty)$ 最终值还与输入信号 $\theta_m^*(s)$ 和扰动信号 $F(s)$ 中所含 s 的阶次有关，取决于给定输入和扰动输入信号的类型。

（3）位置伺服系统在典型给定输入信号下给定误差。在位置伺服系统中，由于被控制对象不同，输入信号有多种不同的形式，比较常见的位置伺服系统给定输入信号有以下 3 种形式：阶跃输入、斜坡输入、抛物线输入。

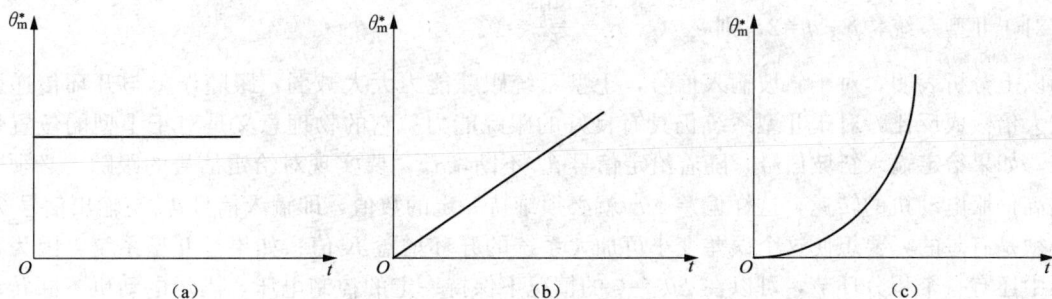

图 6-11 位置伺服系统的典型输入信号
(a) 阶跃输入；(b) 斜坡输入；(c) 抛物线输入

1）阶跃输入。阶跃输入即位置输入，如图 6-11 (a) 所示。工业现场的点位数控机床和轧钢机压下装置的位置伺服系统都具有阶跃输入。

阶跃输入信号一般表示成 $\theta_m^*(t) = |\theta_m^*| \cdot 1(t)$ 的形式，拉普拉斯变换为 $\theta_m^*(s) = \dfrac{|\theta_m^*|}{s}$，特征参数是信号的幅值 $|\theta_m^*|$。

采用单位阶跃输入 $\theta_m^*(t) = 1(t)$，因而 $\theta_m^*(s) = \dfrac{1}{s}$，代入式 (6-18)，得阶跃输入给定误差

$$e_{sr}(\infty) = \frac{\lim_{s \to 0}\left[s^{p+q+1} \cdot \dfrac{1}{s}\right]}{K} = \frac{\lim_{s \to 0}[s^{p+q}]}{K}$$

对于 I 型系统，$p+q=1$，则有

$$e_{sr}(\infty) = \frac{\lim_{s \to 0} s}{K} = 0$$

对于 II 型系统，$p+q=2$，则有

$$e_{sr}(\infty) = \frac{\lim_{s \to 0} s^2}{K} = 0$$

以上分析表明，对于阶跃输入信号，只要 $p+q>0$，系统给定误差就为 0，表明对于阶跃输入信号，伺服系统有足够的跟踪能力。它的物理意义是对于 I 型位置伺服系统，从转速到位移之间

只有一个积分环节，在阶跃输入下，只要有偏差 $\Delta\theta_m \neq 0$，伺服电动机就要转动，不考虑扰动的作用，电动机将一直转到偏差电压为 0 时停止，因此稳态给定误差为 0。

2）斜坡输入。斜坡输入即速度输入，如图 6-11（b）所示。直线插补的数控机床进给系统和连轧机后面的飞剪随动系统是这种输入信号的典型例子。

斜坡输入信号一般表示成 $\theta_m^*(t) = At$，拉普拉斯变换为 $\theta_m^*(s) = \dfrac{A}{s^2}$，特征参数是信号变化的速度 A。

采用单位斜坡输入信号 $\theta_m^*(t) = t \times 1(t)$，则 $\theta_m^*(s) = \dfrac{1}{s^2}$，代入式（6-18），得斜坡输入给定误差

$$e_{sr}(\infty) = \frac{\lim_{s \to 0}\left[s^{p+q+1} \cdot \dfrac{1}{s^2}\right]}{K} = \frac{\lim_{s \to 0}\left[s^{p+q-1}\right]}{K}$$

对于 Ⅰ 型系统，$p+q=1$，则 $e_{sr}(\infty) = \dfrac{\lim\limits_{s \to 0}s^0}{K} = \dfrac{1}{K}$；

对于 Ⅱ 型系统，$p+q=2$，则 $e_{sr}(\infty) = \dfrac{\lim\limits_{s \to 0}s}{K} = 0$。

以上分析表明，对于斜坡输入信号，Ⅰ 型系统跟踪能力大大减弱，跟随误差与开环传递函数的放大倍数成反比，对于 Ⅱ 型系统仍具有良好的跟踪能力。它的物理意义是对于 Ⅰ 型的位置伺服系统，如果给定输入斜坡信号，随着给定信号 θ_m^* 不断增长，要实现对给定信号的跟踪，必须要随时提高伺服电动机的转速，这样偏差 $\Delta\theta_m$ 就必须维持一定的数值，即输入信号 θ_m^* 与输出信号 θ_m 之间必须是有差的，要想使这个误差变小可加大系统的开环增益 K 值；如果是 Ⅱ 型系统，因为在控制器中还有一个积分环节，可以在 $\Delta\theta_m = 0$ 的情况下保持一定的控制电压，满足电动机不断转动的需要，因而给定误差最终为 0。

3）抛物线输入。抛物线输入就是加速度输入，如图 6-11（c）所示。雷达随动系统跟踪空中目标时，输入信号常接近于加速度输入。

抛物线输入信号的表达式可以写成 $\theta_m^*(t) = \dfrac{1}{2}Bt^2$ 的形式，其拉普拉斯变化为 $\theta_m^*(s) = \dfrac{B}{s^3}$，特征参数是信号变化的加速度 B。

采用单位抛物线输入信号 $\theta_m^*(t) = \dfrac{t^2}{2} \times 1(t)$，则 $\theta_m^*(s) = \dfrac{1}{s^3}$，代入式（6-18），得抛物线输入给定误差

$$e_{sr}(\infty) = \frac{\lim_{s \to 0}\left[s^{p+q+1} \cdot \dfrac{1}{s^3}\right]}{K} = \frac{\lim_{s \to 0}\left[s^{p+q-2}\right]}{K}$$

对于 Ⅰ 型系统，$p+q=1$，则 $e_{sr}(\infty) = \dfrac{\lim\limits_{s \to 0}\dfrac{1}{s}}{K} = \infty$；

对于 Ⅱ 型系统，$p+q=2$，则 $e_{sr}(\infty) = \dfrac{\lim\limits_{s \to 0}s^0}{K} = \dfrac{1}{K}$。

以上分析表明，对于抛物线输入信号，Ⅰ 型系统完全丧失跟踪能力，给定误差无穷大；对于 Ⅱ 型系统跟踪能力减弱，跟随误差与开环传递函数开环放大倍数成反比。

与给定误差相似，扰动误差同样是根据扰动信号的形式、系统类型及扰动信号作用点求得，在此对扰动误差不再详细介绍，读者可以根据扰动给定误差的求取方法，自行推导。

习 题

6-1 伺服系统有哪些主要特征，由哪些主要部分组成？

6-2 比较伺服系统与调速系统在性能指标与系统结构上的差异。

6-3 伺服系统的给定误差和扰动误差与哪些因素有关？

6-4 伺服系统的结构如图 6-12 所示，计算 3 种输入下的系统给定误差。

(1) $\theta_{\mathrm{m}}^* = \dfrac{1}{2} \cdot 1(t)$。

(2) $\theta_{\mathrm{m}}^* = \dfrac{t}{2} \cdot 1(t)$。

(3) $\theta_{\mathrm{m}}^* = (1+t+t^2) \cdot 1(t)$。

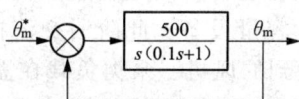

图 6-12 习题 6-4 图

6-5 直流永磁伺服电动机铭牌数据为：额定功率 $P_{\mathrm{N}} = 3\mathrm{kW}$，额定电压 $U_{\mathrm{N}} = 220\mathrm{V}$，额定电流 $I_{\mathrm{N}} = 11.5\mathrm{A}$，额定转速 $n_{\mathrm{N}} = 1500\mathrm{r/min}$，电枢电阻 $R_{\mathrm{s}} = 0.45\Omega$，系统的转动惯量 $J = 0.11\mathrm{kg \cdot m^2}$，机械传动机构的传动比 $\eta = 1$，系统驱动装置的滞后时间常数 $T_{\mathrm{s}} = 0.0002\mathrm{s}$。位置调节器选用 PD 调节器，构成单环位置伺服系统，求出调节器参数的稳定范围。

第 7 章　交流调压调速系统

直流电力拖动和交流电力拖动在 19 世纪先后诞生，它的发展主要分两个阶段。

(1) 20 世纪 70 年代以前，这个阶段高精度的调速系统都是使用直流电力拖动，由于直流调速系统调速范围广、静差率小、稳定性好，并且具有良好的动态性能，所以得到了广泛的应用。但是直流拖动系统关键部件直流电动机一直受到换向问题的困扰，限制直流电动机功率的提高，导致特大容量电力拖动设备无法使用直流拖动设备，限制了直流调速系统进一步发展。交流电动机不存在换向问题，能够拖动大容量设备运行，因此一般不变速的拖动系统采用交流电动机拖动，比如工业现场常用的风机、泵类等大容量设备。此阶段交流拖动系统由于没有理想的调速方案，只能应用于恒速拖动系统，前面所提到的风机、泵类负载在需要调节风量、流量时，只能靠挡板和阀门调节，浪费了大量的能量，这个问题在 20 世纪 70 年代后期，交流调速系统关键问题得到了解决以后发生了改变。

(2) 20 世纪 70 年代以后，70 年代初交流电动机发明了矢量控制技术，较好地解决了交流电动机转矩和磁通的控制问题，获得和直流电动机相仿的高动态性能，使交流电力拖动装置得到了飞速的发展和应用。随着电力电子技术的发展，大规模集成电路和计算机控制的出现，交流调速系统陆续出现了直接转矩、解耦控制等新的控制方法，形成了高性能交流调速系统和交流伺服系统。

7.1　交流调速系统的基本分类

交流电动机总体上可分为异步电动机和同步电动机两大类，每种电动机都有不同类型的调速方法，种类繁多。随着社会的发展，为满足生产现场工艺要求，交流调速方法一直在不断改进。交流调速系统分类示意图如图 7-1 所示。

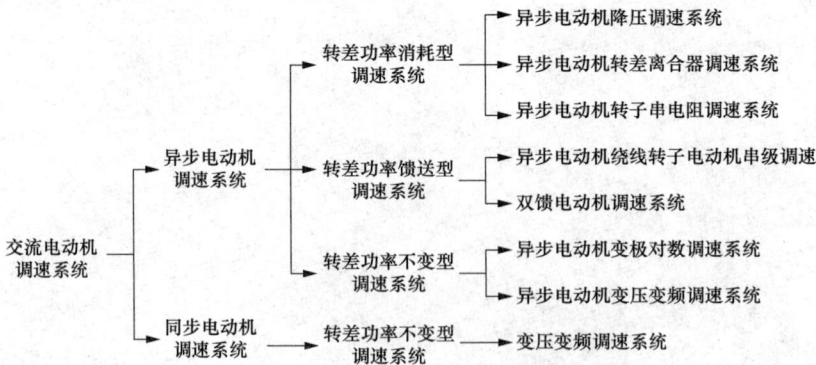

图 7-1　交流调速系统分类示意图

如图 7-1 所示，交流异步电动机可通过对工作原理分析来进行分类，交流异步电动机从定子传入转子的电磁功率 P_m 可分成两部分：①转差功率，$P_s = sP_m$，是传输给转子电路的转差功率，与转差率 s 成正比；②机械功率，是拖动负载的有效功率，机械功率 $P_{mech} = (1-s)P_m$。从能量转换的角度看，转差功率增大还是减小，是消耗掉还是能得到回收，是评价调速系统效率高低的标志，从这点出发，可以把异步电动机的调速系统分成 3 类。

1. 转差功率消耗型调速系统

这种类型的全部转差功率都转换成热能消耗在转子回路上，因此这类系统效率最低，而且越到低速时效率越低，恒转矩负载时是以增加转差功率消耗换取转速降低。这类系统结构简单，设备成本最低，所以还有一定的应用价值。常见的调速方法：①降电压调速；②转差离合器调速；③转子串电阻调速。这些方法都是属于这种类型的调速系统。

2. 转差功率馈送型调速系统

这类系统除转子铜损外，大部分转差功率在转子侧通过变流装置馈出或馈入，转速越低，能馈送的功率越多。无论是馈出还是馈入转差功率，扣除变流装置本身损耗后，最终都转化成有用功率，因此这类系统效率较高，但要增加一些设备。绕线转子电动机串级调速和双馈电动机调速都属于这一类型调速系统。

3. 转差功率不变型调速系统

这类系统转差功率只有转子铜损，无论转速高低，转差功率基本不变，因此效率更高。变极对数调速和变压变频调速都属于这种类型调速系统。变极对数调速由于是有级调速，应用场合有限。变压变频调速可以构成高动态性能交流调速系统，而取代直流调速系统，因此应用范围最为广泛，但是需要在定子电路中配备与电动机容量相当的变压变频器，与其他类型相比，设备成本最高。

对于同步电动机由于没有转差，也就不存在转差功率，所以同步电动机调速系统只能是属于转差功率恒等于 0 的转差功率不变型调速系统。同步电动机转子极对数是固定的，因此变极对数调速也不可行，对于同步电动机只能变压变频调速。同步电动机变压变频调速从频率控制方式来看，可分为他控变频调速和自控变频调速两类。后者利用转子磁极位置的检测信号来控制变压变频装置换相，类似于直流电动机中电刷和换向器的作用，因此有时又称作无换向器电动机调速，或无刷直流电动机调速。

现在交流调速系统发展已经比较成熟，为深入掌握其基本原理，不能满足于这种表面上的罗列，要进一步探讨其本质，认识交流调速系统基本规律。

7.2　异步电动机调压调速系统

7.2.1　异步电动机调压调速的工作原理

根据电机学原理，在下述 3 个假设条件下：①忽略空间和时间谐波；②忽略磁饱和；③忽略铁损，则异步电动机的稳态等效电路如图 7-2 所示。

一般情况下，由于励磁电感 $L_m \gg L_{ls}$，相当于将上述假定条件的第③条忽略铁损改为忽略铁损和励磁电流，因此由图 7-1 可以推导出

$$I_s \approx I_r' = \frac{U_s}{\sqrt{(R_s + \dfrac{R_r'}{s})^2 + \omega_1^2 (L_{ls} + L_{lr}')^2}} \quad (7\text{-}1)$$

异步电动机传递电磁功率

$$P_m = T_e \omega_{m1} = 3 I_r'^2 R_r' / s$$

式中　ω_{m1}——同步机械角转速，$\omega_{m1} = \omega_1 / n_p$；

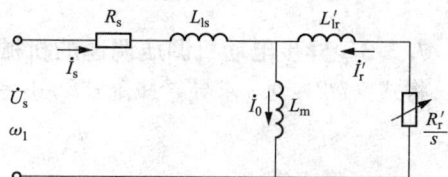

图 7-2　异步电动机稳态等效电路图

U_s—定子相电压；R_s、R_r'—折合到定子侧的转子每相电阻和定子每相电阻；L_{ls}、L_{lr}'—折合到定子侧的转子每相漏感和定子每相漏感；L_m—定子绕组产生气隙主磁通的等效电感，即励磁电感；ω_1—供电角频率；s—转差率

n_p——极对数。

则异步电动机的电磁转矩为

$$T_e = \frac{P_m}{\omega_{m1}} = \frac{3n_p}{\omega_1}I_r'^2\frac{R_r'}{s} = \frac{3n_p U_s^2 R_r'/s}{\omega_1\left[\left(R_s + \frac{R_r'}{s}\right)^2 + \omega_1^2(L_{ls} + L_{lr}')^2\right]} \tag{7-2}$$

式（7-2）为异步电动机的机械特性方程式。

可见当异步电动机定子和转子回路的参数恒定时，在转差率一定的情况下，电磁转矩 T_e 与定子电压 U_s^2 成正比，因此改变电动机定子外加电压就可以改变电动机的电磁转矩，从而改变电动机在一定负载转矩下的转速，这就是交流异步电动机调压调速。

7.2.2 晶闸管相控三相交流调压主电路结构

改变交流电压方法有很多，如在异步电动机定子回路中串入饱和电抗器，或在定子侧加自耦调压变压器，这些装置通常只用于异步电动机的启动。在晶闸管出现以后，就被晶闸管组成的交流调压装置所取代。这种调压装置具有体积小、重量轻、惯性小、控制方便的优点，因此用晶闸管组成调压器成为交流调压调速的主要形式。

交流调压器主电路有多种接线形式，一般用 3 对晶闸管反并联或 3 个双向晶闸管分别串接在三相电路中，通过对相位的控制改变输出电压的大小，晶闸管交流调压器变压调速如图 7-3 所示。

若异步电动机需要可逆运行和制动电路，则可采用如图 7-4 所示晶闸管反并联异步电动机可逆和制动电路，通过选择不同晶闸管工作，得到不同的工作状态。其中：正转运行时，由晶闸管 1～6 控制电动机正转运行；反转或反接制动时，由晶闸管 1、4 和 7～10 提供逆相序电源控制电动机反转或反接制动运行；能耗制动时，可根据控制要求选择几个晶闸管不对称工作，如让晶闸管 1、2、6 导通，其他晶闸管都关断，这时定子绕组流过的是半波直流电流，对旋转着的电动机转子产生制动作用。

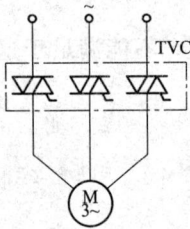

图 7-3　晶闸管交流调压器变压调速　图 7-4　采用晶闸管反并联的异步电动机可逆制动电路
TVC—双向晶闸管交流调压器

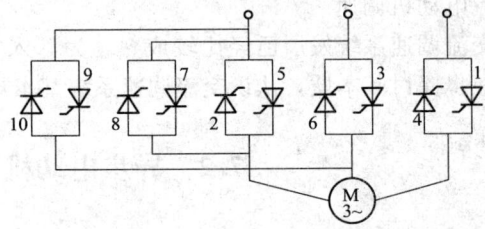

7.2.3 异步电动机调压调速的机械特性

将式（7-2）对 s 求导，并令 $\mathrm{d}T_e/\mathrm{d}s = 0$，可求出最大转矩对应的临界转差率为

$$s_m = \frac{R_r'}{\sqrt{R_s^2 + \omega_1^2(L_{ls} + L_{lr}')^2}} \tag{7-3}$$

最大转矩为

$$T_{emax} = \frac{3n_p U_s^2}{2\omega_1\left[R_s + \sqrt{R_s^2 + \omega_1^2(L_{ls} + L_{lr}')^2}\right]} \tag{7-4}$$

最大转矩又称为临界转矩。

令 $s=1$，利用式 7-2 可求出起动转矩

$$T_{\text{esta}} = \frac{3n_{\text{p}}U_{\text{s}}^2 R_{\text{r}}'}{\omega_1 \left[(R_{\text{s}} + R_{\text{r}}')^2 + \omega_1^2 (L_{\text{ls}} + L_{\text{lr}}')^2 \right]} \tag{7-5}$$

式（7-3）、式（7-4）和式（7-5）表明，随着定子电压的降低，启动转矩 T_{esta} 及最大转矩 T_{emax} 与定子电压平方成正比地降低，而临界转差率 s_{m} 与定子电压无关，保持不变，机械特性如图 7-5 所示双曲线段。

对于风机、泵类负载，异步电动机在不同电压下的机械特性如图 7-5 所示，改变定子电压，稳定运行的工作点为 A、B、C，因此采用调压调速能得到较大的调速范围。

对于恒转矩负载，异步电动机在不同电压下机械特性如图 7-6 所示，普通笼型异步电动机在改变定子电压时，若转差率 s 的变化范围不超过 $0\sim s_{\text{m}}$，稳定工作点为 A、B、C，显然不能实现低速运行。此时若使 $s > s_{\text{m}}$，不但电动机不能稳定运行，随着转子电流增大还可能造成过大电流而损坏电动机，因此调速范围有限。

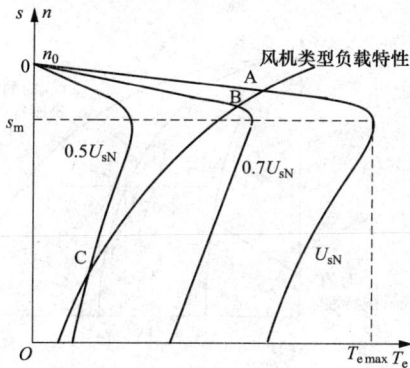

图 7-5　异步电动机风机类负载在不同电压下　　　图 7-6　异步电动机恒转矩负载在不同电压下
的机械特性　　　　　　　　　　　　　　　　　　的机械特性
U_{sN}—额定定子电压

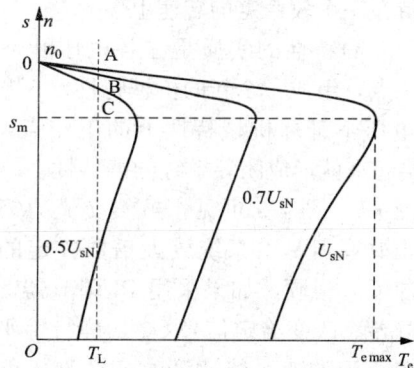

为使电动机在恒转矩负载下能实现低速稳定运行而不至过热，可以采用增加电动机转子电阻的方法，如图 7-7 所示。调节高转差率电动机定子电压，能得到较宽的调速范围，而且在堵转力矩下工作也不致烧坏电动机，因此这种电动机又称为交流力矩电动机。它的主要缺点是特性太软，常不能满足生产机械的要求，而且低速时过载能力较差，负载稍有波动，电动机转速就变化很大。

图 7-7　高转子电阻电动机在不同
电压下的机械特性

从以上分析可以看出，不论是哪一种电动机采用交流调压调速时，如果负载转矩发生变化或电源电压波动，电动机转速都会随之波动，特别是低速时波动尤为明显，因此开环控制系统很难解决这个问题，要想获得高性能控制，交流调速系统必须引入速度反馈，在速度闭环控制下，使异步电动机具有较硬的静特性。

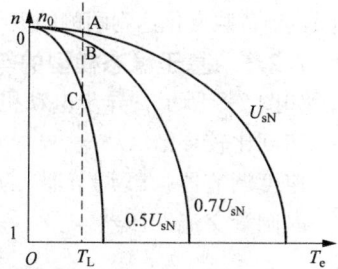

7.2.4　速度闭环控制下调压调速系统的组成和工作原理

普通异步电动机变电压调速时调速范围很窄，高转子电阻力矩电动机调速范围大，特性却很软，因此开环变电压调速系统很难协调二者关系，对于恒转矩负载要求调速范围较大时，可采用图 7-8 所示带转速负反馈的闭环交流调速系统。转速负反馈闭环交流调压调速系统一般由调节器 ASR、晶闸管调压装置、转速反馈装置和异步电动机等部分组成。改变给定信号 U_n^* 大小，可改变电动机的转速。由于某种扰动引起电动机的转速不稳定时，系统可自动调节电动机的转速维持稳定。

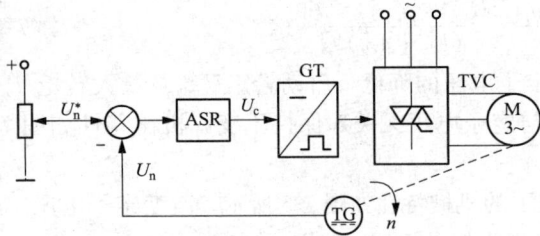

图 7-8　转速负反馈闭环控制的交流调压
调速系统原理图

与闭环直流调速系统静特性类似，假设系统在给定 U_{n1}^* 及负载 T_L 的作用下运行，如图 7-9 所示，系统在 A 点稳定运行。若负载增至 T_{L2} 电动机转速就会下降，通过反馈控制的作用提高定子电压，电动机就会自动过渡到较高电压的机械特性上运转，如图 7-9 中所示运行在右侧电压高一些的机械特性曲线上，找到新的稳定工作点 A′；当负载减至 T_{L1} 转速上升时，通过反馈控制作用，系统将降低定子电压，这时电动机就会过渡到较低电压的机械特性上运转，如图 7-9 所示在左侧电压低一些的机械特性上，找到稳定工作点 A″。所以系统采用闭环控制后，当负载发生变化时，通过转速反馈可自动调整定子电压，使系统维持在一个较稳定的转速上。

系统闭环静特性的实质是在各电压开环机械特性上各取一点，组成一个新的机械特性。A″、A、A′就是不同电压下开环机械特性上的工作点，将 A″、A、A′连接起来就形成闭环系统的静特性。

比较图 7-7、图 7-9 可见，虽然交流力矩电动机机械特性很软，但是由系统放大倍数决定的闭环系统静特性却可以很硬，如果采用 PI 调节器，同样可以达到无静差。改变给定信号 U_n^*，静特性平行上下移动，实现交流调速系统速度改变。改变负载转矩的大小，在静特性上左右变化，速度变化很小，实现交流调速系统对速度的控制。

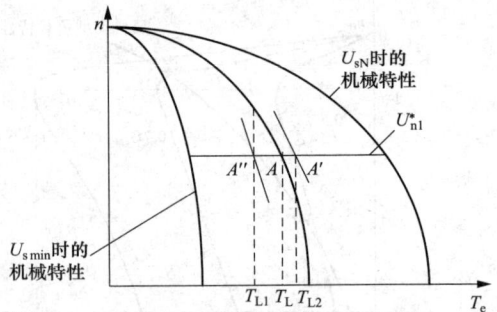

图 7-9　转速负反馈闭环控制的交流调压
调速系统静特性图

异步电动机调压调速系统和直流电动机调压调速系统最大的不同是存在失控区。最小输出电压 U_{smin} 下的机械特性是闭环系统静特性左边的极限，额定电压 U_{sN} 下的机械特性是闭环系统静特性右边的极限，当负载变化达到两侧的极限时，闭环系统便失去了自动调节作用，回到开环机械特性上工作。

7.2.5　基于稳态模型的等效结构图

如图 7-8 所示，异步电动机闭环调压调速系统，各环节关系如下。

速度比较环节 　　　　　　　　　$\Delta U_n = U_n^* - U_n$ 　　　　　　　　　(7-6)

速度调节器：PI 调节器

晶闸管交流调压器 　　　　　　　$U_s = K_s U_c$ 　　　　　　　　　(7-7)

电动机输入与输出关系 　$T_e = \dfrac{P_m}{\omega_{m1}} = \dfrac{3n_p}{\omega_1} I_r'^2 \dfrac{R_r'}{s} = \dfrac{3n_p U_s^2 R_r'/s}{\omega_1 \left[\left(R_s + \dfrac{R_r'}{s} \right)^2 + \omega_1^2 (L_{ls} + L_{lr}')^2 \right]}$ 　(7-8)

转速反馈环节 　$U_n = \alpha n$ 　　　　　(7-9)

可得异步电动机调压调速系统静态结构框图，如图 7-10 所示。

稳态时 $T_e = T_L$，$U_n^* = U_n = \alpha n$。在 U_n^* 恒定不变的情况下，控制电压随负载 T_L 变化而变化，导致定子相电压 U_s 发生相应的变化，二者之间的关系可根据电动机的输入、输出关系计

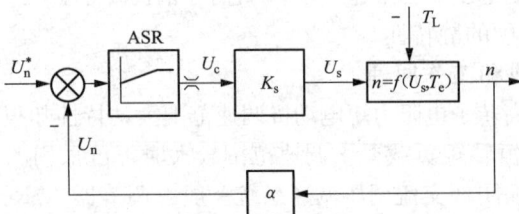

图 7-10　异步电动机调压调速系统静态结构框图

算得出。

7.3　调压调速的应用

调压调速的原理除了在调速系统中应用以外，在软启动器和轻载降压节能运行中也得到广泛的应用。

7.3.1　软启动器

1. 软启动器工作原理

前面已推导出异步电动机的电流方程式（7-1）、转矩方程式（7-2），启动时 $s=1$，可求出启动电流、启动转矩分别为

$$I_{sst} \approx I'_{rst} = \frac{U_s}{\sqrt{(R_s + R'_r)^2 + \omega_1^2 (L_{1s} + L'_{1r})^2}} \tag{7-10}$$

$$T_{est} = \frac{3n_p U_s^2 R'_r}{\omega_1 \left[(R_s + R'_r)^2 + \omega_1^2 (L_{1s} + L'_{1r})^2\right]} \tag{7-11}$$

从式（7-1）、式（7-2）、式（7-10）和式（7-11）可以看出，在异步电动机启动阶段，虽然启动电流比较大，但是启动转矩的变化并不大。对于一般的笼型电动机，启动电流和启动转矩对其额定值的倍数大约为

启动电流倍数　　　　　　　$K_I = \dfrac{I_{sst}}{I_{sN}} = 4 \sim 7$

启动转矩倍数　　　　　　　$K_T = \dfrac{T_{est}}{T_{eN}} = 0.9 \sim 1.3$

因此对于较小容量电动机，只要供电网络和变压器的容量足够大（一般要求比电动机容量大 4 倍以上），而供电线路并不太长，可以直接启动，操作也很简便。但是对于大容量电动机启动电流大，会使电网电压降落过大，影响其他用电设备的正常运行，甚至使电动机根本启动不起来，因此需要在启动环节采取一定的措施。

由式（7-10）可知，启动电流与启动电压有直接关系，若启动电压降低启动电流就会成正比地下降，因此降低启动电压可以有效地使电动机避开启动电流的高峰冲击。但是若考虑此时的启动转矩，式（7-11）又表明启动转矩与电压的平方成正比，启动转矩的减小将比起动电流的降低更快，会出现启动转矩不够的问题，因此降压启动只适用于中、大容量电动机空载或轻载启动的场合。

对于降压启动，传统的方法有：自耦变压器降压启动、星—三角启动、定子串电阻或电抗启动等。它们都是经过一次降压启动，因此在启动过程中会有 2 次电流冲击，如图 7-11 所示。采用降压启动后优点是两次幅值都比直接启动电流低，缺点是启动过程略长，影响了启动的快速性。

随着电力电子技术的发展上述问题得到有效解决，采用晶闸管和微处理相结合方法，产生了一种智能化程度较高的一种新型电机启动装置——软启动器。

2. 软启动器的组成

软启动器实质上是一种三相交流调压设备，主电路采

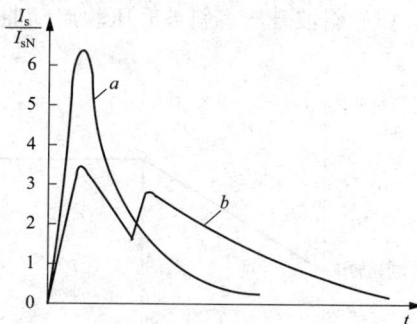

图 7-11　异步电动机的启动过程与电流冲击
a—直接启动；b—一级降压启动

用晶闸管交流调压装置。在启动过程中，通过控制晶闸管导通角，使三相输出电压按预设启动曲线上升，电动机的启动转矩与转速逐渐增加，达到控制启动电流、缩短启动时间的目的。在稳定运行时可用接触器将晶闸管旁路，以免晶闸管不必要地长期工作。

软启动器控制电路以微处理器为核心，包括开关电源、同步信号采样电路、脉冲触发电路、电压检测电路、电流检测电路、控制信号处理电路等。微机控制软启动器硬件结构如图 7-12 所示。

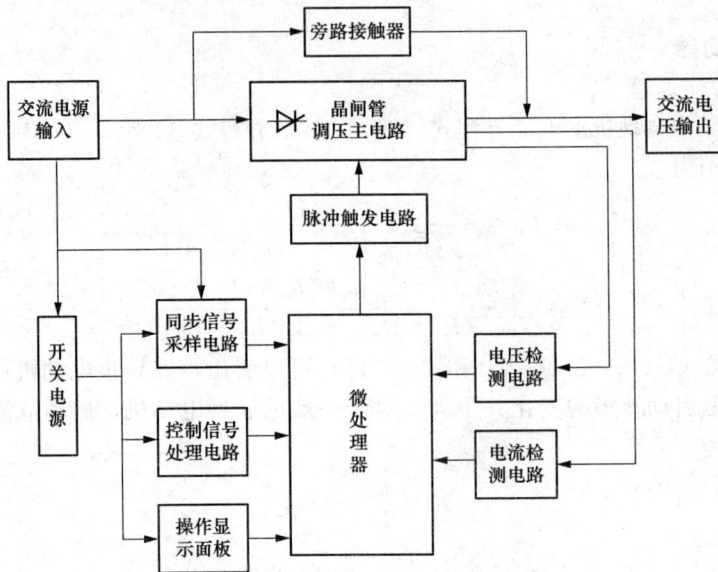

图 7-12　微机控制软启动器硬件结构图

软启动器通常具有以下功能：①良好的人机交互界面，可以方便地对运行参数进行设置，根据需要设置多种启动停止模式，对启动时间、停车时间进行设置；②具有完善的保护功能，可灵活设置相关保护参数；③具有先进的 RS485 等通信功能的系统，可以允许多种（模拟量和数字量）控制信号输入、输出；④工作状态实时监控功能，实时显示电流、电压等的工作状态，具备故障信号报警等功能。

3. 软启动器工作模式

软启动器在使电动机"柔性"启动同时，也可以使电动机"柔性"停止，因此工作模式一般分为启动模式和停车模式。下面是几种常见的启动模式。

（1）斜坡升压。斜坡升压软启动曲线图如图 7-13 所示，这种启动方式首先要设置一个初始电压，在规定的加速时间内，使电动机两端电压均匀上升至全电压，一定时间延时后，旁路接触器闭合，电机启动过程结束，进入正常运行阶段。这种启动方式简单，只需使晶闸管导通角与时间成一定函数关系，不需要电流闭环控制，一般适用空载或轻载启动。

（2）斜坡恒流。恒流软启动曲线图如图 7-14 所示，这种启动方式是在电动机启动初始阶段，启动电流增加到预先设定值 I_0 后，电流值保持恒定，直到电动机的转速达到额定转速，旁路接触器闭合，

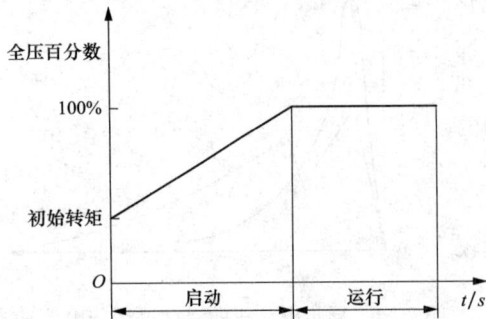

图 7-13　斜坡升压软启动曲线图

电动机电流迅速下降至额定电流 I_e 以内，启动过程完成。启动过程电流的上升率可以根据电动机负载变化调整设定，电流上升速率大，则启动转矩大，启动时间短。

（3）脉冲冲击启动。脉冲冲击启动曲线图如图 7-15 所示，在启动初期先提供短时的脉动转矩，以克服负载的静摩擦力，满足较高启动转矩的负载要求，然后再进入斜坡升压或者斜坡恒流的启动模式。这种启动方式适用于负载静摩擦力较大或带较重负载启动的场合。

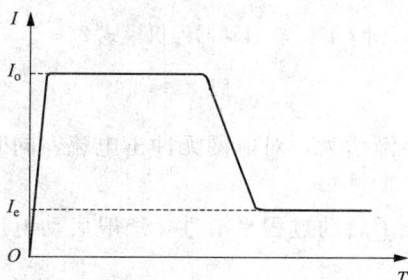

图 7-14　恒流软启动曲线图　　　　　图 7-15　脉冲冲击启动曲线图

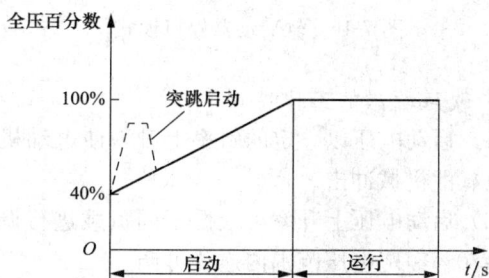

除了以上常用的软启动模式，还有一些根据特别要求而设计的启动模式，例如电流斜坡启动模式、电流电压双闭环启动模式、双斜坡启动模式等，使用时可根据负载特性进行调整，达到尽量减小启动电流、缩短启动时间、顺利启动电动机的最终目的。

通过以上分析可以看出，软启器本质上仍属于降压启动装置，是继常用自耦变压器降压启动和丫-△降压启动之后，采用晶闸管和微处理器控制的电动机启动装置，降压范围更宽，并且可以适当调整，使电动机更好地"柔性"启动。

软启动器在完成启动过程后，需要通过旁路接触器切换到旁路正常运行状态，因此旁路切换点的选取非常重要。切换早了冲击电流非常大，即使在低电压条件下，也会造成断路器跳闸或损坏。切换迟了，会使电动机震动，影响负载正常运行，所以对旁路切换点的硬件检测电路要求很高，相应程序处理也要引起重视。

在现实生活中许多应用场合在需要让电动机"柔性"启动的同时，也需要电动机"柔性"停止，不允许电动机瞬间关机。例如：高层建筑的水泵系统，如果瞬间停机，会产生巨大的"水锤"效应，使管道、水泵遭到损坏。为防止"水锤"效应，需要让电动机逐渐停机，即软停车。软停车是指软启动器在得到停车命令后，使晶闸管从全导通逐渐地减小导通角，经过一定时间过渡到全关闭的过程，让电动机"柔性"停止。

软启动器停车模式常用的有如下几种。

（1）自由停车。软启动器接到停车命令后，断开旁路接触器并禁止晶闸管的调压输出，电动机依靠负载惯性逐渐停车。这种停车方式适用于对停车时间和停车距离都无要求的负载设备。

（2）软停车。接到停车命令后，电动机供电由旁路接触器切换到晶闸管调压输出，输出电压由全压逐渐减小，以使电机转速平稳降低，直至停止。这种停车方式适用于对停车时间和停车距离有要求的负载设备，以及有柔性停机要求的泵类负载场合。软启动器停机模式 1 如图 7-16 所示。

（3）直流制动停车。软启动器接到停车信号后，由旁路接触器切换到晶闸管调压输出，由晶闸管主电路向电动机输入可控直流电流。这种停车方式制动时间可调，用于对停车时间和停车距离有要求的工作场合，因此又称为精确停车控制，一般软启动器不具备此种功能。图 7-17 所示为软启动器停机模式 2。

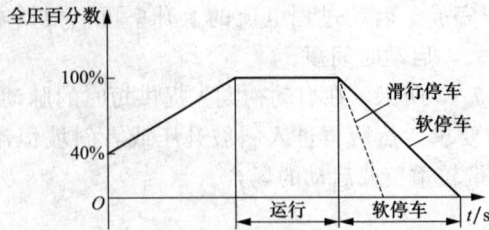

图 7-16　软启动器停机模式 1

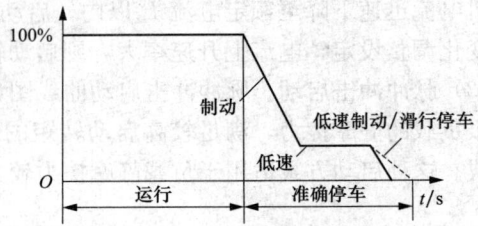

图 7-17　软启动器停机模式 2

4. 软启动器的工作特点

（1）启动电压以一定的斜率上升，使电动机的电流逐渐增大，对电网无冲击电流，同时减小了对负载的机械冲击。

（2）启动电压上升率可依据不同负载进行调节，保证了启动过程平滑性，一般启动电压应在 30%～70% 额定电压范围内连续可调。

（3）根据负载的具体要求，设定与负载相适应的启动时间。

（4）软启动器同时能够实现软停车功能。

（5）软启动器具有故障保护功能，可实现对晶闸管电路的短路、缺相、过热、欠压等方面的保护。

7.3.2　变压节能

三相异步电动机运行时会有损耗，一般包括以下几种：定子铜损耗、铁损耗、转子铜损耗、机械损耗、附加损耗等。

总损耗可用下式表达

$$\sum p = p_{Cus} + p_{Fe} + p_{Cur} + p_{mech} + p_s \tag{7-12}$$

式中　　p_{Cus}——定子铜损；

p_{Fe}——铁损；

p_{Cur}——转子铜损；

p_{mech}——机械损耗；

p_s——附加损耗。

定子铜损可表达为

$$p_{Cus} = 3I_s^2 R_s \tag{7-13}$$

铁损可表达为

$$p_{Fe} = \frac{3U_s^2}{R_{Fe}} \tag{7-14}$$

转子铜损可表达为

$$p_{Cur} = 3I_r'^2 R_r' \tag{7-15}$$

三相异步电动机轴上输入功率与输出功率的关系为

$$P_1 = P_2 + \sum p \tag{7-16}$$

式中　　P_1——输入电功率；

P_2——轴上输出功率。

三相异步电动机的运行效率为

$$\eta = \frac{P_2}{P_1} = \frac{P_2}{P_2 + \sum p} \tag{7-17}$$

电动机在额定工况下运行时，输出功率大，总损耗只占很小的成分，所以额定效率较高，一般可达 75%～95%，电动机容量越大时，效率 η 越高。

电动机空载运行时，理论上因为 $P_2 = 0$，所以效率 $\eta = 0$。但在实际运行中由于生产机械总有一些摩擦负载，也就是说可算作轻载，电磁转矩可表示为

$$T_e = K_T \Phi_m I'_r \cos\phi_r \qquad (7\text{-}18)$$

电动机正常运行时，气隙磁通 Φ_m 基本不变，轻载时电磁转矩很小，因此轻载时转子电流 I'_r 很小，对应的转子铜损 p_{Cur} 很小。

对于定子铜损，由于定子电流为

$$\dot{I}_s = \dot{I}'_r + \dot{I}_0 \qquad (7\text{-}19)$$

受励磁电流 I_0 的制约，定子电流 I_s 并没有转子电流 I'_r 降低得那么多，因此定子铜损没有降很多，铁损 p_{Fe}、机械损耗 p_{mech}、附加损耗 p_s 基本不变。因此轻载时式（7-17）的分母中 $\sum p$ 所占的成分较大，效率 η 将急剧降低。如果电动机长期轻载运行，将无谓地消耗许多电能，因此要设法减少轻载时的能量损耗。

可采用降低定子电压的方法，降低定子电压可以降低气隙磁通 Φ_m，这样可以同时降低铁损 p_{Fe} 和励磁电流 I_0，从而减少轻载时能量损耗，但是过分降低电压和磁通，由式（7-18）可知，转子电流 I'_r 必然增大，则定子电流 I_s 反而可能增加，铁损的降低会被铜损的增加抵消，效率反而更加不好，因此必须找到效率最高时对应的最佳电压值。

图 7-18 所示为实验所得 $\eta = f(U_s)$ 曲线，显示当负载转矩一定时，有一个电压值对应的运行效率最高，此电压值可选为轻载节能的最佳电压值。

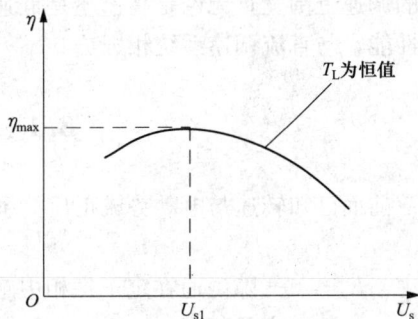

图 7-18　$\eta = f(U_s)$ 曲线

习　题

7-1　对于恒转矩负载，为什么调压调速的调速范围不大？电动机机械特性越软，调速范围越大吗？

7-2　交流异步电动机从定子传入转子的电磁功率可分成转差功率和机械功率两部分，从对转差功率处理的角度出发，可把交流异步电动机调速系统分成哪几类？

7-3　什么是软启动？交流异步电动机采用软启动有哪些优点？

7-4　三相异步电动机运行时损耗一般包括哪几种？

第8章　交流异步电动机变频调速的一般知识

在异步电动机各种调速方法中，异步电动机变频调速方法效率高，性能好，应用非常广，是目前交流调速的发展的一个主要方向。

异步电动机变频调速系统在改变定子电压频率的同时需要相应地改变定子电压幅值，因此也称为变压变频（Variable Votage Variable Frequency，VVVF）调速系统，简称为变频调速系统。它的调速范围宽，无论是高速还是低速，效率都较高，采取一定的技术措施后可以达到良好的调速性能，与直流调速系统相媲美。

8.1　变频调速基本控制方式

前面已知转速与电动势成正比关系，三相异步电动机定子每相电动势有效值为

$$E_g = 4.44 f_1 Nk \Phi_m \tag{8-1}$$

式中　E_g——气隙磁通在定子每相中感应电动势的有效值；

　　　f_1——定子频率；

　　　N——定子每相绕组串联匝数；

　　　k——定子基波绕组系数；

　　　Φ_m——每极气隙磁通量。

由式（8-1）可以看出，每相电动势与定子频率、定子每相绕组串联匝数、定子基波绕组系数、每极气隙磁通量的大小有关。其中定子每相绕组串联匝数、定子基波绕组系数为定值。对于每极气隙磁通量，若磁通太弱，没有充分利用电动机的铁芯，浪费了资源；若磁通太强，会使铁芯饱和，导致过大的励磁电流，严重时会绕组过热，烧毁电动机，因此一般希望保持每极磁通量为额定值不变。在交流异步电动机中，磁通由定子和转子磁动势合成产生，因此保持每极磁通量为额定值就有些困难。由式（8-1）可知要达到控制磁通的目的，只要控制好每相电动势和定子频率的关系。

下面分别介绍额定频率以下和额定频率以上两种情况，额定频率以下称为基频以下，额定频率以上称为基频以上。

8.1.1　基频以下调速

由式（8-1）知，每极气隙磁通量为

$$\Phi_m = \frac{E_g}{4.44 f_1 Nk} \tag{8-2}$$

要保持每极气隙磁通量不变，应使 $\dfrac{E_g}{f_1}$＝常值。

即在调速过程中采用电动势与定子频率比为恒值的控制方式。然而绕组中感应电动势是电动机内部参数，难以直接控制，因此需要找到一个方便控制的替代控制对象。异步电动机稳态等效电路图如图 8-1 所示。

图 8-1 所示为异步电动机稳态等效电路，当电动势值较高时，可以忽略定子绕组漏磁阻抗产生的压降，而认为定子相电压 U_s 近似等于感应电动势 E_g，则上式可近似为

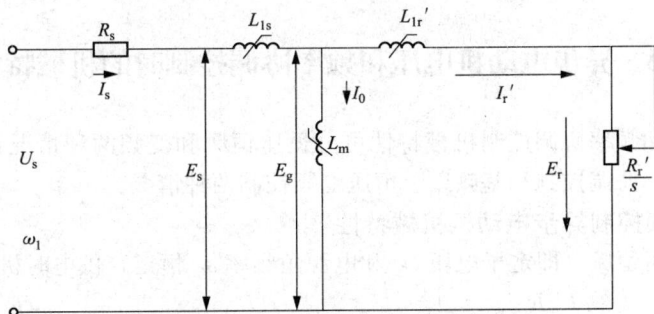

图 8-1　异步电动机稳态等效电路图

U_s—定子相电压；E_g—气隙磁通在每相绕组中的感应电动势；E_s—定子全磁通在
每相绕组中的感应电动势；E_r—转子全磁通在转子绕组中的感应电动势（折合到定子边）

$$\frac{U_s}{f_1} = 常值$$

即采用定子电压与定子频率比为恒值的控制方式，简称为恒压频比控制方式。

　　将定子相电压 U_s 近似为感应电动势 E_g 的误差主要表现在低频阶段，这阶段定子绕组漏磁阻抗产生的压降在整个感应电动势中的比率较高，则定子相电压 U_s 的值与感应电动势 E_g 的值差别较大，不能忽略，需要进行补偿，在低频段将定子相电压 U_s 加大一些，如图 8-2，恒压频比控制特性曲线所示，无补偿时控制曲线为 1，低频段抬高以后控制曲线为 2。

　　如果电动机在不同转速时所带负载都能使电流达到额定值，即都能在允许温升下长期运行，则转矩基本上随磁通变化。而基频以下调速磁通不变，因此转矩也不变，属于"恒转矩调速"，如图 8-3 所示。

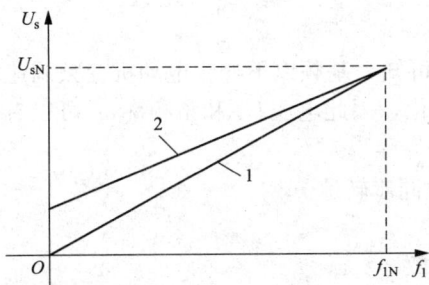

图 8-2　恒压频比控制特性曲线

1—无补偿时控制曲线；2—低频段抬高以后控制曲线

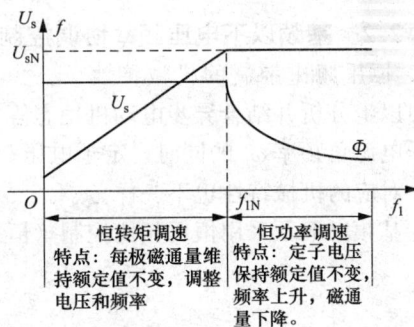

图 8-3　异步电动机变压变频控制特性曲线

8.1.2　基频以上调速

　　基频以上调速顾名思义就是要向额定频率以上调速，根据恒压频比的控制方式，定子电压 U_s 就应调到额定电压 U_{sN} 以上，显然超过额定电压 U_{sN} 是不允许的，定子电压最多只能调到额定电压，即

$$E_g = 4.44 f_1 N k \Phi_m \approx U_s = U_{sN} \tag{8-3}$$

这样上式要维持额定电压 U_{sN} 不变，当频率升高到额定频率 f_{1N} 以上时，只能迫使磁通降低，相当于直流电动机的弱磁升速的情况。因此在基频以上，转速升高时转矩降低，调速基本上属于"恒功率调速"，如图 8-3 所示。

8.2　异步电动机电压和频率协调控制时的机械特性

异步电动机电压和频率协调控制机械特性可分恒压恒频和变频两种情况讨论，变频控制又分为基频以下电压和频率协调控制和基频以上恒压变频控制两种情况。

8.2.1　恒压恒频控制异步电动机机械特性

异步电动机在恒压恒频（即定子电压 U_s 和电源角频率 ω_1 恒定）供电时机械特性方程式为

$$T_e = \frac{3n_p U_s^2 R_r'/s}{\omega_1 \left[\left(R_s + \dfrac{R_r'}{s}\right)^2 + \omega_1^2 (L_{ls} + L_{lr})^2 \right]} = 3n_p \left(\frac{U_s}{\omega_1}\right)^2 \frac{s\omega_1 R_r'}{(sR_s + R_r')^2 + s^2 \omega_1^2 (L_{ls} + L_{lr}')^2} \quad (8\text{-}4)$$

当 s 很小时，可忽略上式分母中含 s 各项，则

$$T_e \approx 3n_p \left(\frac{U_s}{\omega_1}\right)^2 \frac{s\omega_1}{R_r'} \propto s \quad (8\text{-}5)$$

可见转矩与 s 近似成正比，机械特性 $T_e = f(s)$ 是一段直线，如图 8-4，恒压恒频控制异步电动机的机械特性图所示的上半部分。

当 s 接近于 1 时，可忽略式（8-4）分母中 R_r'，则

$$T_e \approx 3n_p \left(\frac{U_s}{\omega_1}\right)^2 \frac{\omega_1 R_r'}{s[R_s^2 + \omega_1^2 (L_{ls} + L_{lr}')^2]} \propto \frac{1}{s} \quad (8\text{-}6)$$

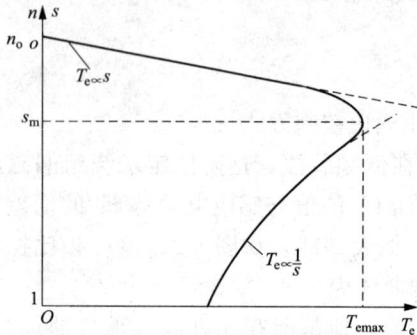

图 8-4　恒压恒频控制异步
电动机的机械特性

转矩近似与 s 成反比，如图 8-4 所示下半部分，这时 $T_e = f(s)$ 是对称于原点的一段双曲线。当 s 为以上两段的中间数值时，机械特性从直线段逐渐过渡到双曲线段，如图 8-4 所示的中间部分。

8.2.2　基频以下电压频率协调控制

1. 恒压频比控制的机械特性

由以上分析并结合异步电动机稳态等效电路图 8-1 可知，基频以下异步电动机变频调速时，改变定子电源角频率 ω_1 的同时，定子电压 U_s 也要相应变化，因此电压 U_s 和角频率 ω_1 可以有不同的配合，对应的机械特性也不一样。

在基频以下须采用恒压频比控制（恒 U_s/ω_1），这时同步转速 n_0

$$n_0 = \frac{60\omega_1}{2\pi n_p} \quad (8\text{-}7)$$

随频率变化而变化。

带负载时转速降落 Δn 与转差率 s 的关系为

$$\Delta n = sn_0 = \frac{60}{2\pi n_p} s\omega_1 \quad (8\text{-}8)$$

在 s 很小时，如图 8-4 所示，机械特性曲线近似直线，由式（8-5）可以导出

$$s\omega_1 \approx \frac{R_r' T_e}{3n_p \left(\dfrac{U_s}{\omega_1}\right)^2} \quad (8\text{-}9)$$

由式（8-9）可知，当 U_s/ω_1 为恒值时，对于同一转矩 T_e，$s\omega_1$ 是基本不变的，由式（8-8）知此时 Δn 也是基本不变。也就是说在恒压频比的条件下，改变角频率 ω_1 时，机械特性基本上是平行移动，如图 8-5 所示。需要注意当转矩增大到最大值以后，转速再降低，特性就折回来了，频率越低最大转矩值越小。

前面已推导出最大转矩

$$T_{emax} = \frac{3n_p U_s^2}{2\omega_1 \left[R_s + \sqrt{R_s^2 + \omega_1^2 (L_{ls} + L'_{lr})^2} \right]} \quad (8-10)$$

整理成恒压频比 (U_s/ω_1) 的形式可得

$$T_{emax} = \frac{3n_p}{2} \left(\frac{U_s}{\omega_1} \right)^2 \frac{1}{\frac{R_s}{\omega_1} + \sqrt{\left(\frac{R_s}{\omega_1} \right)^2 + (L_{ls} + L'_{lr})^2}}$$

$$(8-11)$$

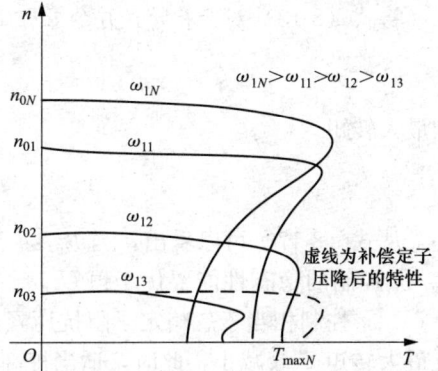

图 8-5　异步电动机恒压频比控制时
变频调速的机械特性

由式（8-11）可知最大转矩 T_{emax} 是随着 ω_1 降低而减小的。在频率很低时，T_{emax} 大小将限制电动机带载能力，因此在频率较低时应采用定子压降补偿的方法，适当地提高定子电压 U_s，可以增强电动机带负载能力，如图 8-5 虚线所示是补偿定子压降后的特性。

从以上分析可以看出，恒压频比 $(U_s/\omega_1 =$ 恒值）变频调速机械特性基本上是平行移动，特性曲线硬度较好，能够满足一般的调速控制要求，控制过程容易实现。主要缺点是低速带载能力有限，须对定子压降实行补偿。

2. 恒 E_g/ω_1 控制时的机械特性

由于 $E_g = 4.44 f_1 N k \Phi_m$，所以恒 E_g/ω_1 控制时，无论频率如何变化，磁通值都为恒值，通过感应电动机等效电路图 8-1 可以看出

$$I'_r = \frac{E_g}{\sqrt{\left(\frac{R'_r}{s} \right)^2 + \omega_1^2 L'^2_{lr}}} \quad (8-12)$$

代入异步电动机电磁转矩基本关系式得机械特性方程式为

$$T_e = \frac{P_m}{\omega_{m1}} = \frac{3n_p}{\omega_1} I'^2_r \frac{R'_r}{s} = \frac{3n_p}{\omega_1} \frac{E_g^2}{\left(\frac{R'_r}{s} \right)^2 + \omega_1^2 L'^2_{lr}} \frac{R'_r}{s} = 3n_p \left(\frac{E_g}{\omega_1} \right)^2 \frac{s\omega_1 R'_r}{R'^2_r + s^2 \omega_1^2 L'^2_{lr}} \quad (8-13)$$

当 s 较小时，可忽略式（8-13）分母中含 s^2 项，则

$$T_e \approx 3n_p \left(\frac{E_g}{\omega_1} \right)^2 \frac{s\omega_1}{R'_r} \propto s \quad (8-14)$$

表明这一段机械特性近似为一条直线。

当 s 接近于 1 时，可忽略式（8-13）分母中的 R'^2_r 项，则

$$T_e \approx 3n_p \left(\frac{E_g}{\omega_1} \right)^2 \frac{R'_r}{s\omega_1 L'^2_{lr}} \propto \frac{1}{s} \quad (8-15)$$

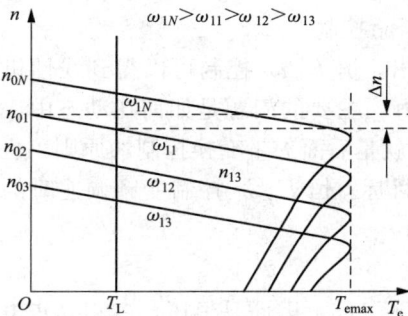

图 8-6　恒 E_g/ω_1 控制变频调速时的机械特性

表明这一段机械特性是一段双曲线。

恒 E_g/ω_1 控制变频调速时的机械特性如图 8-6 所示，s 值为上述两段的中间值时，机械特性在直线和双曲线之间逐渐过渡，整条特性与恒压频比特性相似。

对比式（8-4）和式（8-13）可以看出，恒 E_g/ω_1 特性方程的分母中含 s 项的参数要小于恒 U_s/ω_1 特性方程的同类项，也就是说恒 E_g/ω_1 机械特性的线性段范围会更宽。

将式（8-13）对 s 求导，并令 $\mathrm{d}T_e/\mathrm{d}s=0$，可得恒 E_g/ω_1 控制在最大转矩时的转差率

$$s_m = \frac{R_r'}{\omega_1 L_{lr}'} \tag{8-16}$$

和最大转矩

$$T_{emax} = \frac{3}{2}n_p\left(\frac{E_g}{\omega_1}\right)^2\frac{1}{L_{lr}'} \tag{8-17}$$

从式（8-17）可以看出，当 E_g/ω_1 为恒值时，最大转矩 T_{emax} 恒定不变，如图 8-6 所示。可见恒 E_g/ω_1 控制的稳态性能要优于恒 U_s/ω_1 控制，它正是恒 U_s/ω_1 控制中补偿定子压降所追求的目标。恒 U_s/ω_1 控制相当于忽略定子阻抗压降的恒 E_g/ω_1 控制，但频率较低时，定子阻抗压降不能忽略，故最大转矩 T_{emax} 减小，此时，适当提高定子电压 U_s 来补偿定子阻抗压降的目的，就是可以提高低频时最大转矩，从而提高低频时的带负载能力。

从以上分析可看出，恒 E_g/ω_1 控制是通常对恒压频比控制实行电压补偿的标准，可以在稳态时使磁通为恒定值，从而改善了低速性能。它的主要缺点是机械特性还是非线性的，产生转矩的能力受到限制。

3. 恒 E_r/ω_1 控制时的机械特性

继续分析感应电动机等效电路图 8-1，按照前面的思路，能不能把定子相电压 U_s 再提高一些，把转子漏抗上压降也抵消掉，即恒 E_r/ω_1 控制，它的机械特性会怎样？

由图 8-1 可以写出

$$I_r' = \frac{E_r}{R_r'/s} \tag{8-18}$$

代入异步电动机电磁转矩基本关系式得

$$T_e = \frac{3n_p}{\omega_1}\frac{E_r^2}{\left(\frac{R_r'}{s}\right)^2}\frac{R_r'}{s} = 3n_p\left(\frac{E_r}{\omega_1}\right)^2\frac{s\omega_1}{R_r'} \tag{8-19}$$

式（8-19）即为恒 E_r/ω_1 控制时的机械特性。在推导过程中没有做任何近似，就得出电磁转矩 T_e 与转差率 s 成正比的关系，即机械特性 $T_e = f(s)$ 完全是一条直线，如图 8-7 所示。显然，恒 E_r/ω_1 控制的性能最好，可以获得和直流电动机一样的机械特性。

那么，如何保证 E_r/ω_1 恒定呢？根据电动势与磁通的基本关系式，当频率一定时，电动势与磁通成正比，那么转子全磁通 Φ_r 与转子全磁通感应电动势 E_r 的关系为

$$E_r = 4.44f_1 Nk\Phi_r \tag{8-20}$$

由此可见，只要能够按照转子全磁通 Φ_r 为恒值进行控制，就可以获得恒 E_r/ω_1 控制。

从以上分析可看出，恒 E_r/ω_1 控制可以得到线性机械特性，稳态控制性能最好，主要的问题是如何在动态中保持转子全磁通 Φ_r 恒定，这就是后面矢量变换控制的原则，也是矢量控制系统所追求的目标。恒 E_r/ω_1 控制变频调速时的机械特性如图 8-7 所示。

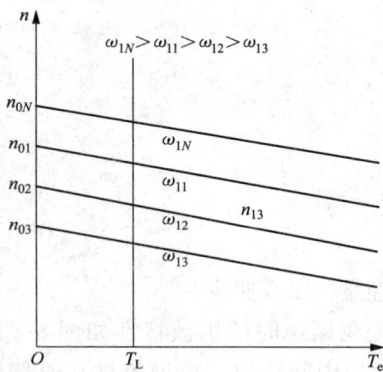

图 8-7　恒 E_r/ω_1 控制变频
调速时的机械特性

8.2.3　基频以上恒压变频控制时机械特性

对于基频以上调速，由于定子电压 U_s 不能大于额定电压 U_{sN}，因此是恒压，三相异步电动机的机械特性可写成

$$T_{\mathrm{e}} = \frac{3n_{\mathrm{p}}U_{\mathrm{s}}^2 R_{\mathrm{r}}'/s}{\omega_1\left[\left(R_{\mathrm{s}} + \dfrac{R_{\mathrm{r}}'}{s}\right)^2 + \omega_1^2\left(L_{\mathrm{ls}} + L_{\mathrm{lr}}'\right)^2\right]}$$

$$= 3n_{\mathrm{p}}U_{\mathrm{sN}}^2 \frac{sR_{\mathrm{r}}'}{\omega_1\left[(sR_{\mathrm{s}} + R_{\mathrm{r}}')^2 + s^2\omega_1^2\left(L_{\mathrm{ls}} + L_{\mathrm{lr}}'\right)^2\right]}$$

$$\tag{8-21}$$

则 (8-11) 最大转矩 T_{emax} 与角频率 ω_1 的关系为

$$T_{\mathrm{emax}} = \frac{3}{2}n_{\mathrm{p}}U_{\mathrm{sN}}^2 \frac{1}{\omega_1\left[R_{\mathrm{s}} + \sqrt{R_{\mathrm{s}}^2 + \omega_1^2\left(L_{\mathrm{ls}} + L_{\mathrm{lr}}'\right)^2}\right]}$$

$$\tag{8-22}$$

同步转速表达式为

$$n_0 = \frac{60\omega_1}{2\pi n_{\mathrm{p}}} \tag{8-23}$$

图 8-8　基频以上恒压变频调速的机械特性

由式 (8-22) 和式 (8-23) 可见，当定子电压 U_{s} 不变时，随着角频率 ω_1 的提高，同步转速 n_0 升高，最大转矩 T_{emax} 却减小，如图 8-8 所示，这种情况可认为输出功率基本上不变，属于弱磁恒功率调速。基频以上恒压变频调速的机械特性如图 8-8 所示。

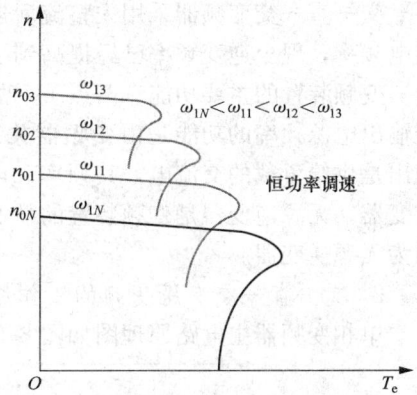

8.3　变频调速系统的基本类型

由于电网提供的是恒压恒频交流电源，而异步电动机变压变频调速是的频率和电压都是变化的，因此在电网和异步电动机之间必须连接一套变流装置，以满足变压变频调速的需要，这种装置通常称为变频器。根据变频器类型的不同，变压变频调速可分为不同的类型。

从结构上看，电力电子变压变频装置可分为交—直—交变频和交—交变频两大类。

(1) 交—直—交变频装置是先将电网的工频交流电通过电力电子装置变换成直流电，再经过逆变器将直流电变换成可控制电压、频率交流的装置。由于这类变频装置在输入恒定频率的交流电和输出变化频率交流之间有一个"中间直流环节"，因此常称为交—直—交变频，又称为间接变频。

(2) 交—交变频装置是将具有恒定电压、频率的交流电源一次变换成可控制电压、频率的交流装置，没有中间直流环节，因此交—交变频也称为直接变频。

目前应用较多的是交—直—交变频装置。

8.3.1　交—直—交变压变频

1. 交—直—交变压变频的电路构成

交—直—交变压变频的电路构成主要包括整流器、滤波器、逆变器 3 部分。

图 8-9 所示变频的原理框图中，交流输入是单相还是三相，需根据变频器的容量和使用要求而定；整流器将固定频率、固定电压的交流电整流为直流电，所用的电力电子器件可以是不可控器件，也可以是可控器件；滤波器是将脉动直流量滤成平直的直流量，它既可以对直流电压滤波，也可以对直流电流滤波，需根据负载使用要求和变频调速的控制方式而定；逆变器是将直流电逆变为交流电，因所使用的滤波器不同可分为电压型和电流型两种，逆变器同样即可以是单相，也可以是三相，需根据供电容量和使用要求而定。

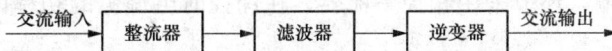

图 8-9　变频器构成原理框图

　　交—直—交变频器采用先整流后逆变的电能变换方式，能够根据需要灵活地改变供应负载的供电频率，现今逆变频率已经提高到了几十、几百千赫，为变频器的广泛使用奠定了坚实的基础。

　　变频装置的主要功能有两点 1）改变对负载的供电频率。2）改变对负载的供电电压。其中改变输出电源频率的功能是由变频器关键部分逆变器完成的。逆变器输入的是经过滤波的直流电，输出是供给负载的交流电，其频率和电压均与交流输入电源无关，且为无源负载，因此称为无源逆变器。无源逆变器是变频装置的核心，掌握了这个核心问题就会迎刃而解，本章所讨论逆变器均为无源逆变器。

　　2. 交—直—交变压变频的工作原理

　　单相变频器主电路原理图如图 8-10 所示，逆变器是由双向可控电力电子器件 S_1、S_2、S_3、S_4 组成，当 S_1 与 S_4 导通、S_2 与 S_3 关断时，负载上得到左正右负的电压；当 S_2 与 S_3 导通、S_1 与 S_4 关断时，负载上得到左负右正的电压。如果电力电子器件 S_1、S_4 和 S_2、S_3 按以上切换顺序按一定规律交替导通，则负载上就可获得一个规律的交变电压，调节电力电子器件切换导通的周期，就可改变负载上交变电压的频率。因此逆变器变频工作原理是：用可控电力电子器件构成能够改变负载电压方向的电路，并按规律控制电力电子器件，切换负载电压方向，将输入直流电逆变为负载需要的交流电。调节电力电子器件的切换周期，就可以方便地改变交流电能频率。

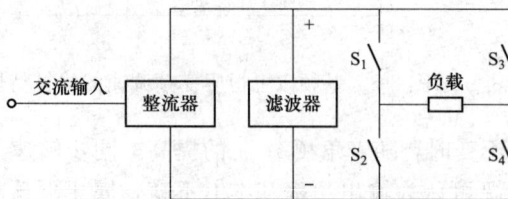

图 8-10　单相变频器主电路原理图

　　3. 交—直—交变压变频常用的调压方法

　　由前面介绍已知，异步电动机变频调速的同时，必须同时改变入端电压，以实现输出频率和电压的协调控制，即恒压/频比控制，这就要求变频装置具备频率、电压配合调节的功能。

　　目前常用的调压方法有以下几种。

　　（1）二极管不可控整流、PWM 逆变器同时实现变压变频，如图 8-11（a）所示。采用二极管不控整流，电路的功率因数高；用 PWM 逆变，通过逆变器自身的电力电子器件进行控制，使输出电压为脉冲列，改变脉冲列的脉冲宽度，便可达到调节输出电压的目的，这种方法可使谐波变少，功率因数高。逆变器需采用全控型开关器件，并用正弦波调制，是目前应用最为广泛的一种结构形式。

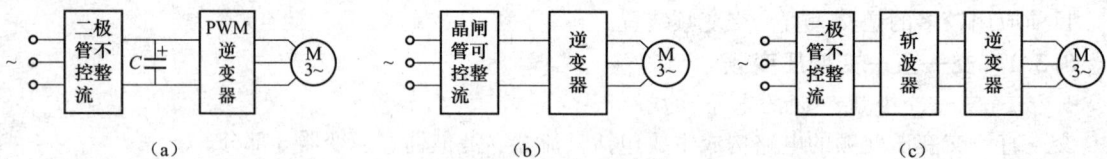

图 8-11　交—直—交变频的几种调压方法
(a) 逆变器调压；(b) 相控调压；(c) 斩波调压

　　（2）相控整流器变压、逆变器变频，如图 8-11（b）所示。根据负载对变频器输出电压的要求，通过相控整流器实现对变频器输出电压的调节。这种控制方式的主要优点是装置结构简单，控制电路分开，但是由于调压和调频分别在两个环节上进行，因此两者要在控制电路上协调配合。这种装置的主要缺点是输入环节采用相控整流器，在深控时电源侧的功率因数很低，输出谐波较大，需要加设滤波装置。

　　（3）二极管不可控整流、斩波器调压、逆变器变频，如图 8-11（c）所示。这种控制方式采用不可控整流器，保证变频器电源侧有较高的功率因数，但是在直流环节中增加了斩波电路。

4. 交—直—交变压变频的基本类型

（1）按直流输入端滤波器分类。异步电动机晶闸管交—直—交变频装置电路如图 8-12 所示，中间部分直流环节含有滤波环节，按照直流环节直流电源性质不同，可分为电流源型和电压源型两大类。

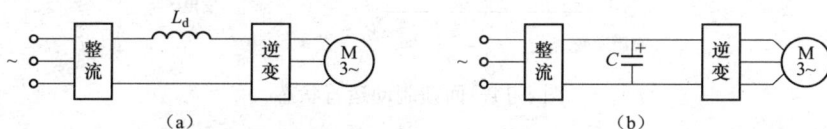

图 8-12　异步电动机晶闸管交—直—交变频装置电路
（a）电流源型；（b）电压源型

1）电流源型逆变器。如图 8-12（a）所示，采用大电感滤波，输出交流电流是矩形波或阶梯波，称为电流源型逆变器，简称电流型逆变器。

在交流调速系统中，逆变器的负载主要是交流电动机，属于感性负载，因此逆变器在直流环节与负载电动机之间，除了传送有功功率之外，还有无功功率的交换，因此电流源型逆变器还可利用大电感缓冲无功功率，使它不至于影响到交流电网。

用电流源型逆变器给异步电动机供电还有一个显著的特点，就是容易实现能量的回馈，从而便于电动机的四象限运行，特别适用于需要回馈制动和经常正、反转的生产机械。下面以图 8-13，电动运行状态所示电流源型交—直—交变压变频调速系统为例，说明电动运行和回馈制动两种状态。

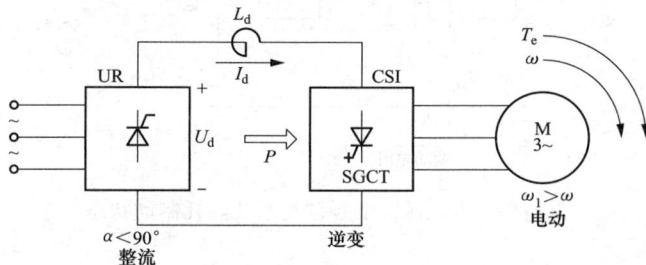

图 8-13　电动运行状态

图 8-13 所示主电路，由晶闸管可控整流器 UR 整流，大电感滤波，与逆变器构成电流源型交—直—交变压变频调速系统。

电动运行时，可控整流器 UR 的控制角 $\alpha<90°$，工作在整流状态，整流回路电压 U_d 的极性为上正下负，电流 I_d 由正端流入逆变器，电能由交流电网经过主电路传输给电机，电功率 P 的传送方向如图 8-13 所示，变频器的输出频率 $\omega_1>$ 电动机转速 ω，电动机处于电动状态。如果减速制动时降低变频器的输出频率 ω_1，或从机械上抬高电机转速 ω，使 $\omega_1<\omega$，同时使晶闸管可控整流器 UR 的控制角 $\alpha>90°$，则异步电动机转入发电状态，逆变器进入整流状态，可控整流器转入有源逆变状态，直流电压 U_d 反向，而电流 I_d 方向不变，电能由电机回馈给交流电网，如图 8-14 所示。

电流源型交—直—交变压变频调速系统为恒流源，因此不适用于多电动机传动，但是由于它的直流电压极性可以迅速改变，所以动态响应比较快，可以满足快速启、制动和可逆运行的要求。

2）电压源型逆变器。如图 8-15 所示，电压源型交—直—交变压变频调速系统，采用大电容滤波，直流电压波形比较平直，对负载来说，在理想情况下是一个内阻为 0 的恒压源，输出交流电压是矩形波或阶梯波，称为电压源型逆变器，简称电压型逆变器。

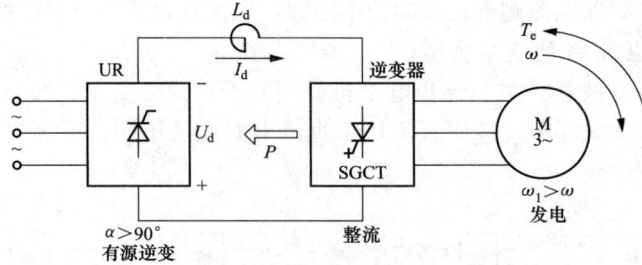

图 8-14　回馈制动运行状态

　　电压源型的交—直—交变压变频调速系统，大电容钳制着电压的极性，电压不可能迅速反向，电流受器件单向导电性的制约也不能反向，所以原装置上无法实现回馈制动，造成了系统回馈制动和四象限运行困难。当系统必须制动时，对于小容量的变频调速系统，在直流环节中并联电阻以实现能耗制动，如图 8-15 所示为带制动电阻的电压源型交—直—交变压变频调速系统；对于中、大容量的变频调速系统，一般采用增加一组反向可控整流器的方法，如图 8-16 所示，电压源型变频调速系统回馈制动状态图所示，与原可控整流器反并联，用以通过反向的制动电流，而保持电压极性不变，实现回馈制动。

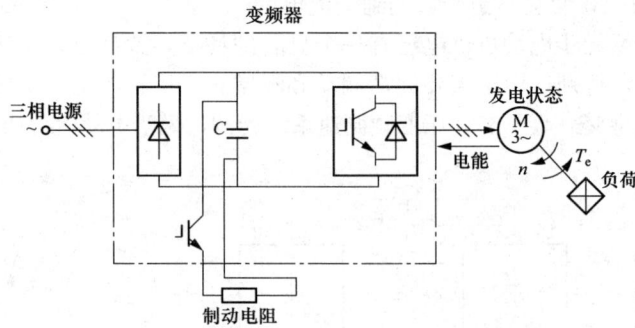

图 8-15　电压源型变频调速系统能耗制动状态

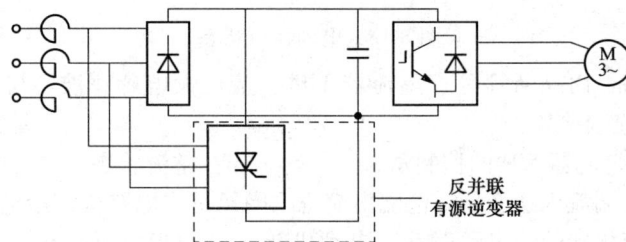

图 8-16　电压源型变频调速系统回馈制动状态

　　电压源型逆变器属恒压源，电压控制响应慢，不易波动，因此适于做多台电动机同步运行时的供电电源，对于单台电动机调速主要适用于不要求快速起、制动的场合。

　　（2）按电力电子开关工作规律分类。

　　交—直—交变频器装置中逆变器一般接成三相桥式电路，主电路由 6 个电力电子器件组成，以便输出三相交流变频电压，如图 8-17 所示。根据逆变器中电力电子器件导通的规律，逆变器又可分为 180°导电型和 120°导电型逆变器。

1）180°导通型逆变器。当三相逆变器的 6 个电力电子器件按顺序相差 60°导通，每个电力电子器件在一个周期导通区间是 180°，称为 180°导通型逆变器。如图 8-18 所示，任何时刻都有 3 个电力电子器件导通，换流在同一桥臂的上、下两器件之间进行，当 VT4 导通时 VT1 关断，当 VT1 导通时 VT4 关断，因此存在的主要问题是换流过程可能的上下直通问题。

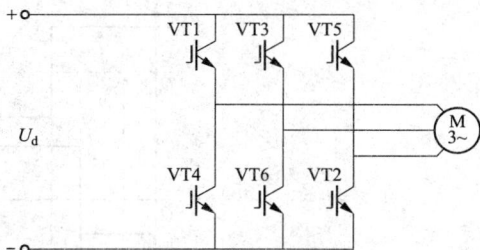

图 8-17　三相桥式逆变器主电路

图 8-18 所示负载为星形连接，由于逆变器的换流是瞬时完成的，若以中性点 N 的电位为参考点，则晶闸管导通顺序为 VT1、VT2、VT3…时，180°导通型逆变器的各电压、电流波形如图 8-19 所示。图中虚线隔开的部分是导通区间，在此区间内各开关器件一直导通，没有替换，以区间 1 到区间 2 为例，从图 8-19 (a)、(b)、(c) 三个电压波形可看出区间 1 导通的管子分别为 VT1、VT6、VT5；到区间 2，管子 VT5 替换为 VT2，因此 2 区间导通的管子分别为 VT1、VT6、VT2，以此类推，180°导通型逆变器除换相期间外，每一时刻总有 3 个开关器件同时导通。

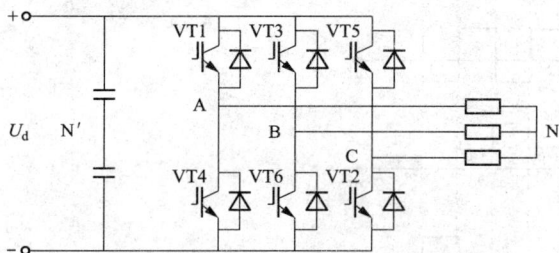

图 8-18　三相电压型桥式逆变器电路

不同导通区的波形可通过图 8-20 所示等值电路求得。例如在区间 1 中，晶闸管 VT1、VT6、VT5 导通，$u_{AN} = u_{CN} = U_d/3$，$u_{BN} = -2U_d/3$；区间 2，晶闸管 VT1、VT6、VT2 导通，$u_{AN} = 2U_d/3$，$u_{BN} = u_{CN} = -U_d/3$；区间 3，晶闸管 VT1、VT3、VT2 导通，$u_{AN} = u_{BN} = U_d/3$，$u_{CN} = -2U_d/3$；区间 4 至 6 与上述过程重复，只是电源极性与上述情况正好相反，由此可画出相电压波形，如图 8-19 (e) (f) (g) 所示。所示相电压 u_{AN}、u_{BN}、u_{CN} 为梯波形，是逆变器输出波形，它们之间的关系类似于三相交流电，三相对称，各相之间互差 120°，因此改变器件导通和关断的时间，即可得到不同的输出频率。

线电压波形可根据相电压波形之差求得，如图 8-19 (h) 所示，线电压 u_{AV} 为矩形波。

根据图 8-19 所示 (e) 所示相电压 u_{UN} 的波形，可以求出相电流波形 i_A，如图 8-19 (i) 所示，i_A 波形除与相电压有关外，还与负载的阻抗角有关，阻抗角不同，i_A 的波形的形状和相位也有所不同。

从图 8-19 的波形可求得逆变器输出线电压和负载相电压有效值

$$U_{AB} = 0.816U_d \tag{8-24}$$

$$U_{AN} = 0.471U_d \tag{8-25}$$

2）120°导通型逆变器。当三相逆变器的 6 个电力电子器件按顺序相差 60°导通，每个电力电子器件在一个周期中导通区间为 120°，称为 120°导通型逆变器。120°导通型换流是在同一排不同桥臂的左、右两管之间进行，每个开关管导通 120°，这样同一相上、下两管留有 60°的间隔，因此避免了上下直通的问题。如果异步电动机绕组是星形联接，其半周期内等值电路如图 8-21 所示，任何时刻只有两相导电，另一相悬空，因此它的电压利用率较低，一般逆变电路多采用 180°导电型。

8.3.2　交—交变压变频器

交—交变压变频器又称为周波变换器，把恒压恒频交流电变换成变压变频交流电。由于仅用了一次变换就实现了变压变频，所以效率较高，适用于大功率交流电动机变频调速系统。

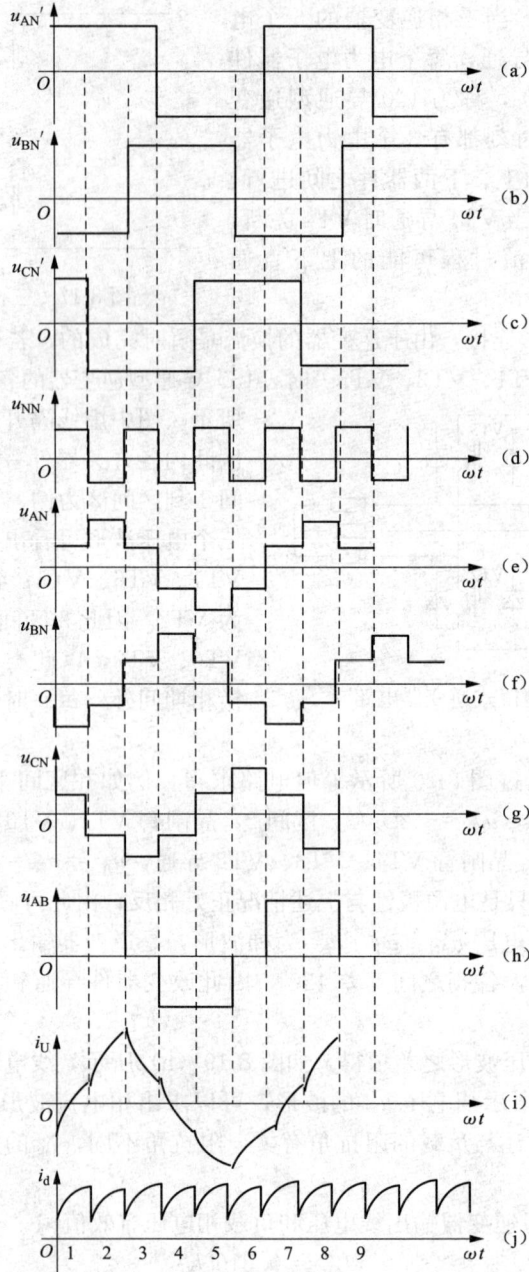

图 8-19 电压型逆变器（180°导电型）输出波形图

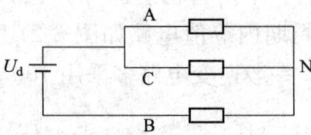

图 8-20 区间 1 导通各器件等值电路图

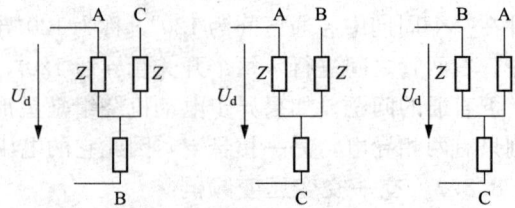

图 8-21 120°导电型逆变器的等值电路

1. 交—交变频器基本结构

常用的交—交变频器主要是三相输出，一般由三个单相输出交—交变频器组成。下面以单相交—交变频器工作原理为例，对工作原理进行分析。单相交—交变频电路原理图如图 8-22 所示。

图 8-22 是由两组反并联的晶闸管可控整流电路构成，与直流电动机可逆调速系统相似。在直流可逆调速系统中，正组与负载组成电路，负载流过正向电流；反组与负载组成电路，则负载流过反向电流。在交—交变频电路中正是利用了这个原理，让两组变流电路按一定频率交替工作，使负载得到该频率的交流电。改变两组整流电路的切换频率，可以改变变频器的输出频率，改变整流电路工作时的控制角 α，就可以改变交流输出电压的幅值。

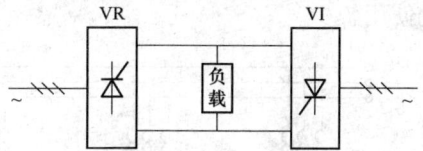

图 8-22　单相交—交变频电路原理图

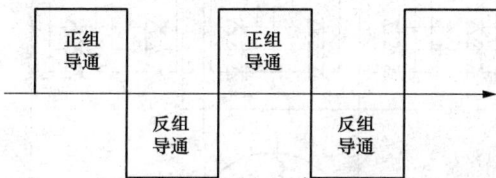

当一个周期内控制角 α 固定不变时，则输出电压波形为矩形波，如图 8-23 所示。由于矩形波中所含的大量谐波对电动机的工作不利，因此希望输出电压波形为正弦波。可采用在每一组整流装置导通期间不断改变控制角 α 的方法，正组导通的半个周期内，让正组变流电路的 α 角从 90° 逐渐减小到 0°，

图 8-23　控制角不变时输出电压的矩形波波形

然后再逐渐增大到 90°，那么正组变流电路平均输出电压按从 0 逐渐增至最大，再逐渐减小到 0，如图 8-24 所示。同样道理在另外半个周期内，对反组整流装置进行同样控制，这样从整体上看就可以得到接近正弦波的输出电压，如图 8-24 虚线所示。

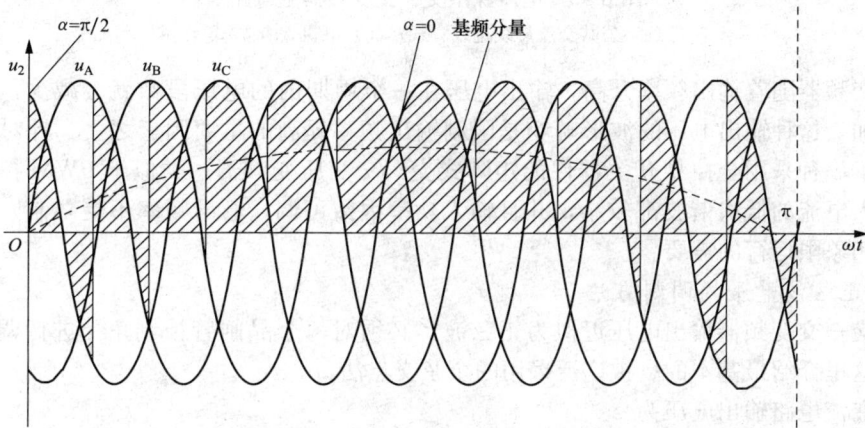

图 8-24　电压源型交—交变频电路正电压半周期的输出电压波形

从产生正弦波的原理上可看出，在输出电压的一个周期内，输出电压并不是平滑的正弦波，它是由若干段电源电压拼接而成的，电源电压的段数越多，输出的波形越像正弦波，同时为使波形不是很差，一般输出最高频率不超过电网频率的 1/2。主要应用于球磨机、轧钢机、大型风机、矿井提升机、水泥回转窑等大容量、低转速的调速系统，供电给低速电动机直接传动时，可以省去庞大的齿轮减速箱。

图 8-22 所示单相交—交变频电路，若正、负两组整流电路都采用三相桥式电路，含 6 个晶闸管，这样在电源电压的一个周期内，输出电压将由 6 段电源线电压组成。若三个单相交—交变频器组合成三相交—交变频器，每组可控整流装置都由三相桥式电路组成，图 8-25 所示为两种形式

三相交—交变频器主电路，共需要 36 个晶闸管，因此交—交变频虽然省去了中间变换环节，但所用晶闸管很多，总体设备庞大。若每组可控整流装置都由三相半波电路组成，则电源电压一个周期内，输出电压将由 3 段电源相电压组成，所用晶闸管也减少一半，但是输出电压波形变差，因此使用较少。

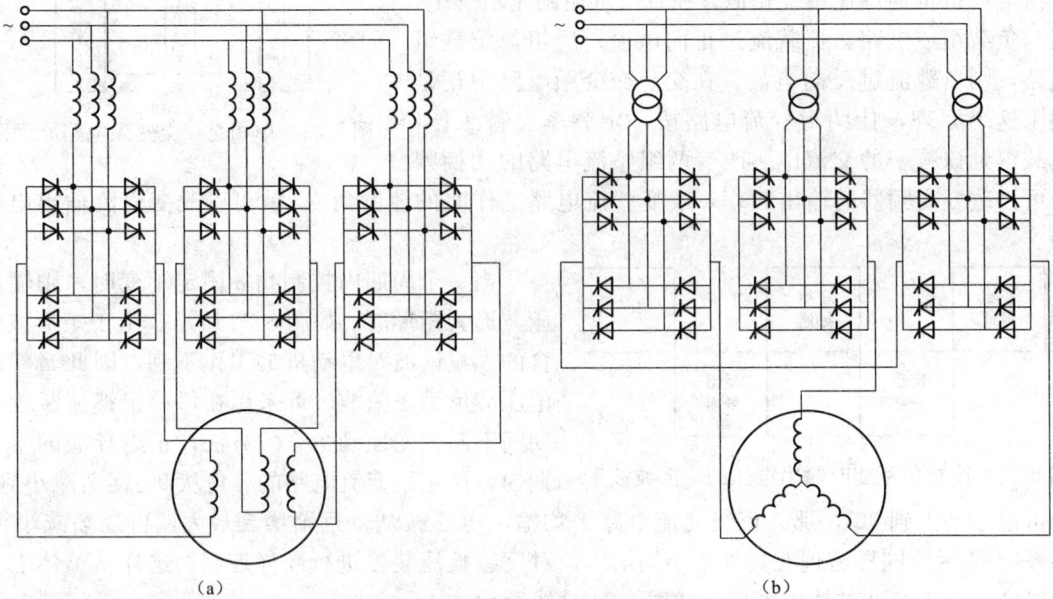

图 8-25   电压源型交—交变频器主电路
(a) 公共交流母线进线方式；(b) 电机 Y 接方式

交—交变频器随着输出频率升高，输出电压在一个周期内的电压段数就会减少，所含的谐波分量就要增加，这种输出电压的波形畸变是限制输出频率提高的主要因素之一。针对这个问题近年来又出现了一种采用全控型开关器件的矩阵式交—交变压变频器，类似于 PWM 控制方式，输出电压和输入电流的低次谐波都较小，并且输入功率因数可调，输出频率不受限制，能量可双向流动，满足四象限运行的需要。

2. 输出正弦波电压的调制方法

为了使交—交变频器输出电压近似为正弦波，必须对每个晶闸管控制角 α 进行调制。调制方法有多种，这里介绍最基本的、被广泛采用的余弦交点法。

晶闸管变流电路输出电压为

$$u_0 = U_{d0} \cos\alpha \tag{8-26}$$

式中 U_{d0}——控制角 $\alpha = 0$ 时的理想空载整流电压；

       u_0——每次控制间隔内输出电压的平均值。

对于交—交变频电路来说，每次控制时 α 角都不同。

设要得到的正弦波输出电压为

$$u_0 = U_m \sin\omega_1 t \tag{8-27}$$

每次控制间隔内输出电压的平均值应与想要得到的正弦波输出电压相等，则由式（8-26）和式（8-27)可得

$$\cos\alpha = \frac{U_m}{U_{d0}} \sin\omega_1 t \tag{8-28}$$

因此
$$\alpha = \arccos\left(\frac{U_{\mathrm{m}}}{U_{\mathrm{d0}}}\right)\sin\omega_1 t \qquad (8\text{-}29)$$

式（8-29）是用余弦交点法求变流电路控制角 α 的基本公式。

下面利用图 8-26 对余弦交点法做进一步说明。图中 $u_1 \sim u_6$ 为电网线电压，相邻两个线电压的交点对应于相位控制角 $\alpha=0$。$u_{s1} \sim u_{s6}$ 为线电压 $u_1 \sim u_6$ 所对应的同步信号，$u_{s1} \sim u_{s6}$ 比对应的 $u_1 \sim u_6$ 超前 30°。也就是说，$u_{s1} \sim u_{s6}$ 的波峰正好对应于相应线电压 $\alpha=0$ 的时刻，即如果以 $\alpha=0$ 为 0 时刻基准，则 $u_{s1} \sim u_{s6}$ 为余弦信号，因此同步信号是对应线电压导通角 α 的余弦，所以称为余弦同步信号。

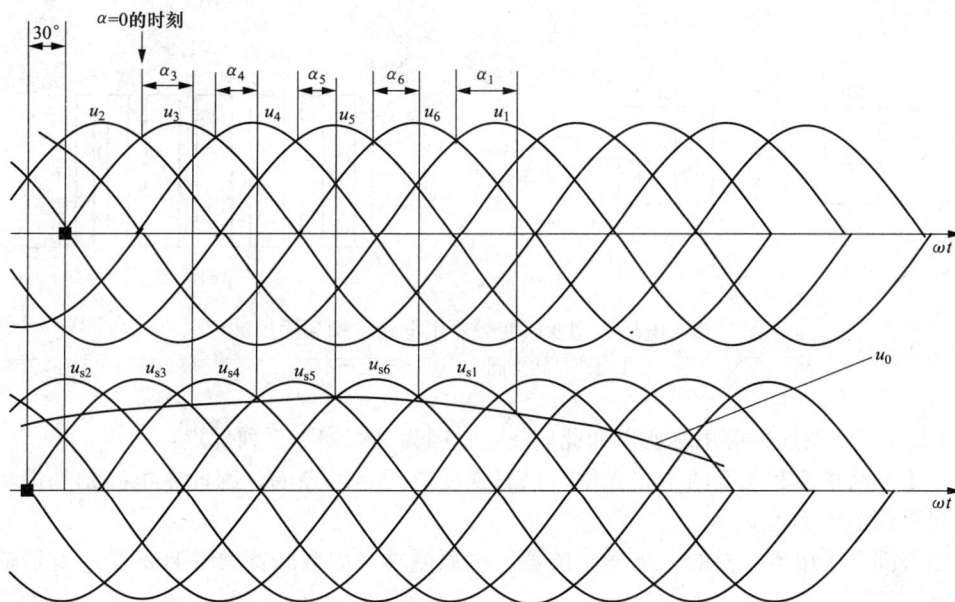

图 8-26　余弦交点法

设希望输出的电压为 u_0，则各晶闸管的触发时刻由相应的同步电压 $u_{s1} \sim u_{s6}$ 的下降段和 u_0 的交点决定，关于余弦交点法的详细资料可参考电力电子方面的书籍。

上述余弦交点方法虽然可以用模拟电路来实现，由于线路复杂实现起来也比较困难，随着计算机技术的进步，可利用计算机实现控制角的计算，使系统获得良好性能。

8.4　脉宽调制（PWM）技术

脉宽调制（PWM）技术是指利用全控型电力电子器件的导通和关断把直流电压变成一定形状的电压脉冲序列。理论基础是：冲量相等而形状不同的窄脉冲加在具有惯性的环节上时，其效果基本相同。以此理论为基础，对开关器件的导通和关断进行控制，使输出端得到一系列幅值相等而宽度不相等的脉冲，用这些脉冲来代替正弦波或其他所需要的波形，并按一定的规则对各脉冲的宽度进行调制，既可改变逆变电路输出电压的大小，也可改变输出频率。

早期的交—直—交变频装置采用的一般是晶闸管，输出的交流波形都是矩形波或六拍阶梯波，如图 8-27 所示。其关断的不可控性和较低的开关频率，导致逆变器的输出波形不可能近似按正弦波变化，因而会产生较大的低次谐波。在全控的电力电子器件出现以后，出现了应用正弦脉宽调制（SPWM）技术的逆变器，如图 8-28，电压源型变压变频器主电路结构和输出波形图所示。

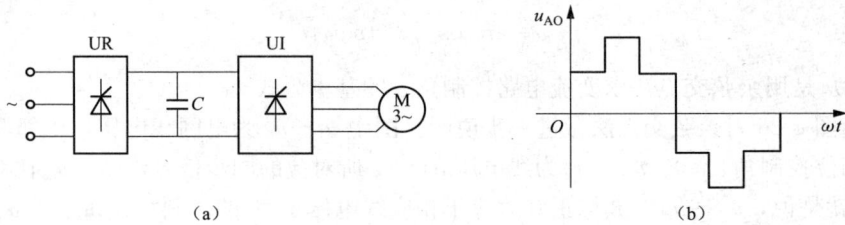

图 8-27　晶闸管变压变频器与输出相电压波形
(a) 主电路结构框图；(b) 输出电压波形

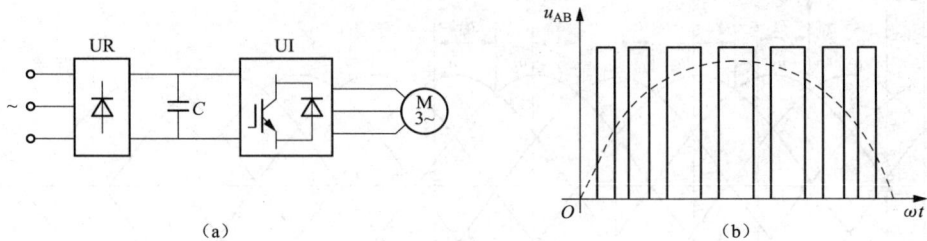

图 8-28　电压源型变压变频器主电路结构和输出波形
(a) 主电路结构框图；(b) 输出电压波形

PWM 变压变频调速的应用之所以如此广泛，是因为具有如下系列优点：

（1）在主电路整流和逆变两个单元中，只有逆变单元是可控的，因此主电路结构简单，既可调节电压也可调节频率。

（2）整流部分采用不可控的二极管整流器，电源侧功率因数较高，并且不受逆变器输出电压大小的影响。

（3）逆变单元采用全控型功率开关器件，通过驱动电压脉冲进行控制，驱动电路简单，效率高，同时实现调压和调频，系统的动态响应不受中间直流环节滤波器参数影响，动态性能得以提高。

（4）输出电压脉冲波形是系列脉宽调制波，正弦基波比重较大，影响电动机运行的低次谐波得到了抑制，因而转矩脉冲小，提高了系统调速范围和稳态性能。

PWM 变压变频常用的全控型功率开关器件有 P-MOSTFET（小容量）、IGBT（中、小容量），GTO（大、中容量）和代替 GTO 的电压控制器件，如 IGCT、IEGT 等。受到开关器件额定电压和电流的限制，对于特大容量电机的变压变频调速仍采用半控型的晶闸管。

8.4.1　正弦脉宽调制（SPWM）技术的基本原理和实现方法

从图 8-28 可以看出，由于采用了 SPWM 控制技术，获得的一系列等幅不等宽的 PWM 波形与期望的正弦波等效。SPWM 引用通信技术中"调制"的概念，以所期望的正弦波作为调制波（modulating wave），而它受调制的信号称为载波（carrier wave）。

1. SPWM 工作原理

SPWM 以正弦波作为逆变器输出期望波形，以频率比期望波高得多的等腰三角波作为载波，用频率和期望波相同的正弦波作为调制波，利用调制波与载波相比较，由三角载波与正弦调制波的交点来确定逆变器功率开关器件的开关时刻，从而获得在正弦调制波的正半个周期内呈两边窄中间宽的一系列等幅不等宽的矩形波，这种调制方法称为正弦波脉宽调制，即为 SPWM，这种序列的矩形波称作 SPWM 波。按照波形面积相等的原则，这个序列的矩形波与期望正弦波等效。

SPWM 有单极性和双极式两种控制方式。

（1）单极式控制。在正弦调制波的半个周期内，三角载波只在正或负的一个极性范围内变化，所得到的 SPWM 波也只处于一个极性的范围内，称为单极式控制，SPWM 脉宽调制方法与单极式控制方式波形如图 8-29 所示。

（2）双极式的调制方法与单极式原理大致相同，只是在正弦调制波的半个周期内，三角载波在正、负极性之间连续变化，所得到的 SPWM 波也处于正、负极性的范围内，称为双极式控制。SPWM 脉宽调制方法与双极式 PWM 控制方式波形如图 8-30 所示。

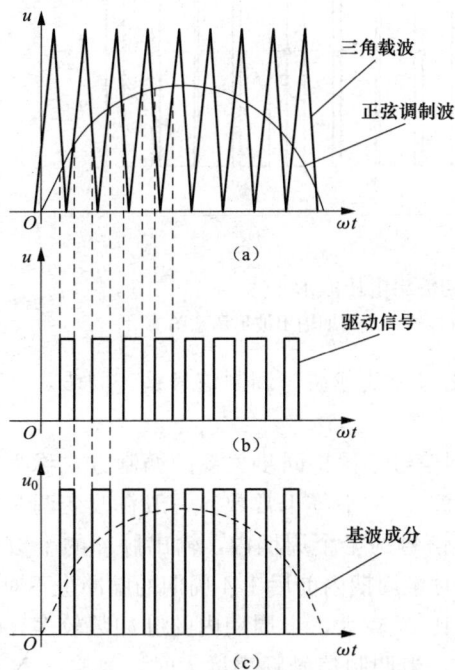

图 8-29　SPWM 脉宽调制方法与
单极式控制方式波形
（a）正弦调制波与三角载波；（b）开关器件的驱动信号；
（c）单极式 SPWM 输出电压波形

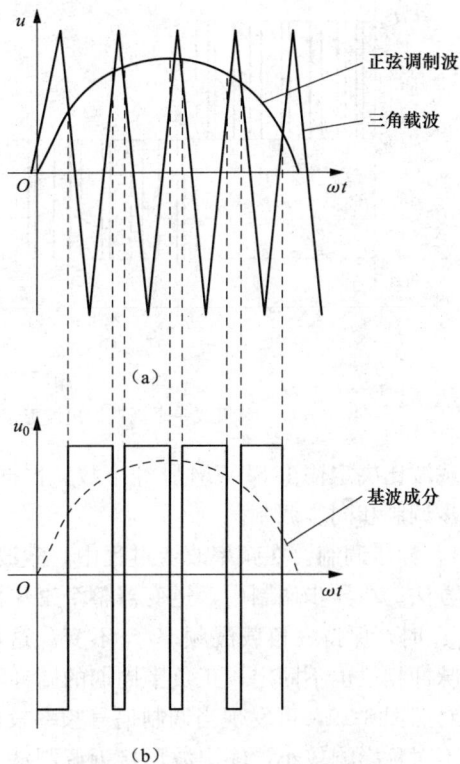

图 8-30　SPWM 脉宽调制方法与
双极式 PWM 控制方式波形
（a）正弦调制波与三角载波；
（b）双极式 SPWM 输出电压波形

图 8-31 所示为单极式一个周期输出波形示意图和双极式一个周期输出波形示意图的对比，u_r、u_t 分别代表正弦调制波和三角载波。

2. SPWM 的调制方法

（1）调制比。正弦调制波电压的幅值 U_{rm} 与三角载波电压幅值 U_{tm} 的比值称为调制比。

$$M = \frac{U_{rm}}{U_{tm}} \qquad (8-30)$$

（2）载波比。载波频率 f_t 与正弦波调制频率 f_r 之比为载波比 N，即

$$N = f_t / f_r \qquad (8-31)$$

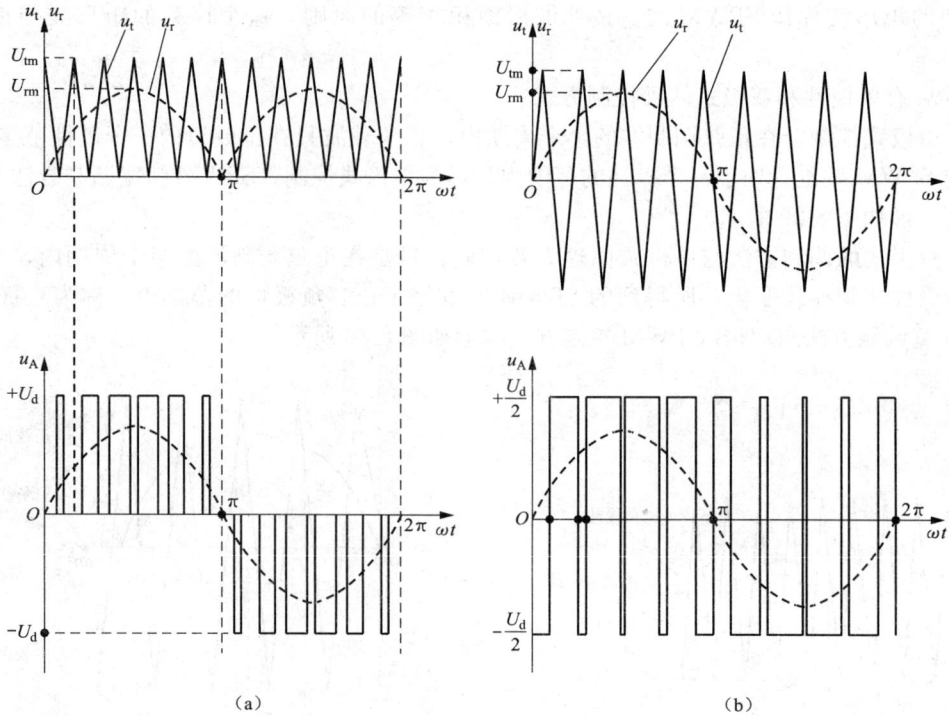

图 8-31　单、双极性一个周期输出电压波形

(a) 单极式一个周期输出波形示意图 ；(b) 双极式一个周期输出波形示意图

载波比决定输出 SPWM 脉冲个数。根据载波比变化与否及载波与调制信号是否同步，又可分为异步调制和同步调制。

1) 异步调制。在频率改变过程中，载波信号和调制信号不保持同步关系的调制方式称为异步调制方法。在异步调制中，逆变器整个工作范围内，载波比 N 不等于常数。一般在改变调制信号频率 f_r 时，保持三角载波频率 f_t 不变。这样，在调制信号的半个周期内，输出脉冲的个数不固定，脉冲相位也不固定，正负半周期的脉冲不对称，同时半周期内前后 1/4 周期的脉冲也不对称。

对照图 8-29，可发现当调制信号频率较低时，载波比 N 较大，半周期内的脉冲数较多，输出脉冲不对称影响较小，输出波形接近调制波——正弦波；当调制信号频率增大时，载波比 N 就减小，半周期内的脉冲数减小，输出脉冲的不对称性影响就变大，还会出现脉冲的跳动。同时输出波形和正弦波之间的差异也变大，电路输出特性变坏，对于三相 PWM 型逆变器来说，三相输出的对称性也变差。因此，采用异步调制方式时，要尽量提高载波频率，以使调制频率较高时仍能保持较大的载波比，改善输出特性。

2) 同步调制。变频时载波信号和调制信号始终保持同步，即载波比 N 等于常数的调制方式称为同步调制。在同步调制方式中，当逆变器需要改变频率时，三角载波与正弦调制波的频率是同步变化的，因而逆变器输出电压半周期内的脉冲数是固定的，脉冲相位也是固定的。

如果取 N 等于 3 的倍数，则同步调制能保持逆变器输出波形的正、负对称，并能严格保证三相输出波形间具有互差 120° 的关系。但是当输出频率很低时，其载波频率也很低，在一个周期内输出的脉冲数只有几个，则相邻脉冲间的间距增大，谐波会显著增大，若负载为电动机，会产生较大的脉动转矩和较强噪声，给电动机正常工作带来不利影响；当输出频率过高时，要注意可能会超出开关器件工作极限。

3) 分段同步调制。为了克服上述两种调制方法存在的缺点，可以将两种方法结合起来，把逆变器的输出频率分成若干频段，每个频段内都保持载波比 N 为恒定，对于不同频段取不同的 N 值，即为分段同步调制。这样，在一定范围内，采用同步调制，保持输出波形对称的优点。当频率降低较多时，使载波比有级地增加，又采纳了异步调制改善低频工作的长处。考虑到对称问题，各段的载波比都应该取 3 的整数倍。

3. SPWM 波的生成方法

SPWM 波的生成方法有自然采样法和规则采样法两种最基本的方法。

（1）自然采样法。如图 8-32 所示，根据 SPWM 逆变器的工作原理，当载波比为 N 时，在逆变器的一个周期内，正弦调制波与三角载波应有 $2N$ 个交点。或者说，三角载波变化一个周期之间，它与正弦波相交两次，相应的逆变器功率器件导通与关断各一次。

要准确地生成这样的 SPWM 波形，就得尽量精确地计算功率器件导通时刻和关断时刻。功率器件导通区间就是脉冲宽度，其关断区间就是脉冲关断宽度。正确计算这些区间宽度即可产生 SPWM波形。

按照正弦波和三角波的交点进行脉冲宽度与关断宽度的采样，从而生成 SPWM 波形，叫做自然采样法。

生成 SPWM 波的自然采样法如图 8-32 所示。

在图 8-32 中截取了任意一段正弦调制波与三角载波在一个周期内的相交情况。三角载波一个周期时间为 T_c，图中交点 A 是发出脉冲时刻，B 点是结束脉冲时刻，A 点和 B 点之间的时间 t_2 是逆变器中功率电力电子器件导通的工作区间，称为导通时间，其余时间均为电力电子器件的关断工作时间，称为关断时间，它在导通时间前后各有一段，分别用 t_1 和 t_3 表示。

设三角载波的峰值为 U_{tm}，正弦调制波的幅值为 U_{rm}，可得调制比为 $M = U_{rm}/U_{tm}$。M 可在 $0 \sim 1$ 之间变化，以便调节输出电压的幅值。

为简化计算，可设三角波峰值为标么值为 1，则正弦调制波可写成

$$U_r = M\sin\omega_1 t$$

式中　ω_1——正弦调制波的角频率。

由于 A、B 两点对三角载波中心线的不对

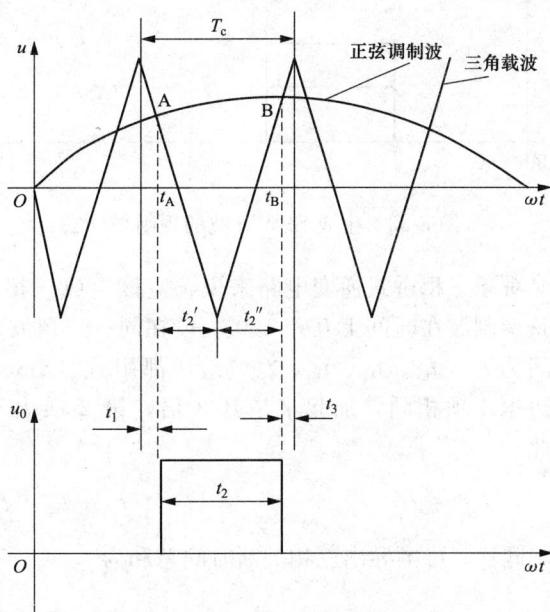

图 8-32　生成 SPWM 波的自然采样法

称，须把导通时间 t_2 分成 t_2' 和 t_2'' 两部分分别求解。按相似直角三角形的几何关系可知

$$\frac{2}{1 + M\sin\omega_1 t_A} = \frac{T_c/2}{t_2'}$$

$$\frac{2}{1 + M\sin\omega_1 t_B} = \frac{T_c/2}{t_2''}$$

经整理得

$$t_2 = t_2' + t_2'' = \frac{T_c}{2}\left[1 + \frac{M}{2}(\sin\omega_1 t_A + \sin\omega_1 t_B)\right] \tag{8-32}$$

式（8-32）中，T_c、M、ω_1 已知，交点时刻 t_A 和 t_B 都是未知数，是一个超越方程，求解过程

非常麻烦，需要花费较多的计算时间。因此，自然采样法虽然能真实地反映脉冲产生与结束的时刻，却难以在实时控制中在线计算。

（2）规则采样法。规则采样法是一种应用较广的工程实用方法，其原则是：在三角载波每一个周期的固定时刻，找到正弦调制波上的对应电压值，用此值对三角载波进行采样，以决定功率开关器件的导通与关断时刻。

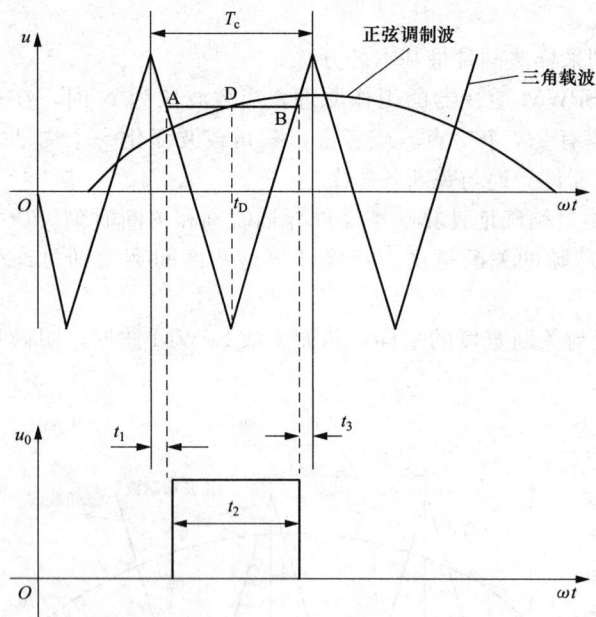

图 8-33 所示是其中一种规则采样法。它固定在三角载波每一周期负峰值找到正弦调制波上的对应点，即图中的 D 点，采样电压为 u_{sd}。由 u_{sd} 水平线与三角载波的交点得 A、B 两点，从而确定导通时间 t_2。这时，由于 A、B 两点以相应的三角波中点（即负峰点）为对称，使计算大大简化。

在规则采样法中，每个周期的采样时刻都是确定的，它所产生的 SPWM 脉冲宽度和位置都可预先计算出来。根据脉冲电压对三角载波的对称性，可得下面的计算公式：

导通时间为

$$t_2 = \frac{T_c}{2}(1 + M\sin\omega_1 t_D) \qquad (8\text{-}33)$$

关断时间为

$$t_1 = t_3 = \frac{1}{2}(T_c - t_2) \qquad (8\text{-}34)$$

图 8-33 生成 SPWM 波的规则采样法

对于三相桥式逆变电路来说，应该生成三相的 SPWM 波形。通常三角载波是共用的，三相正弦调制波在时间上互差 120°。设在同一三角波周期内三相的导通时间分别为 t_{a2}、t_{b2}、t_{c2}，关断时间为 t_{a1}、t_{a3}、t_{b1}、t_{b3}、t_{c1}、t_{c3}，都用式（8-33）计算，求三相脉宽时间的总和，式（8-33）右边第 1 项相同，加起来是其 3 倍，第 2 项由于是同一时刻三相正弦调制波电压之和为 0，因此

$$t_{a2} + t_{b2} + t_{c2} = \frac{3}{2}T_c \qquad (8\text{-}35)$$

同样，可推导出三相关断时间总和为

$$t_{a1} + t_{b1} + t_{c1} + t_{a3} + t_{b3} + t_{c3} = \frac{3}{2}T_c$$

由于脉冲两侧的关断时间相等，所以有

$$t_{a1} + t_{b1} + t_{c1} = t_{a3} + t_{b3} + t_{c3} = \frac{3}{4}T_c \qquad (8\text{-}36)$$

利用式（8-35）和式（8-36）可以简化生成三相 SPWM 波形的计算。

8.4.2　输出电压为 SPWM 波的控制技术

SPWM 生成环节控制电路原理框图如图 8-34 所示。

图中频率、幅值可调的三相对称正弦电压调制信号由正弦波发生器产生，三角载波信号由三角波发生器产生，二者信号进行比较，当正弦参考电压高于三角波电压时，比较器输出电压为"正"电平，反之输出为"0"，只要正弦调制波最大值小于三角波的幅值，就会产生如图 8-31 所示

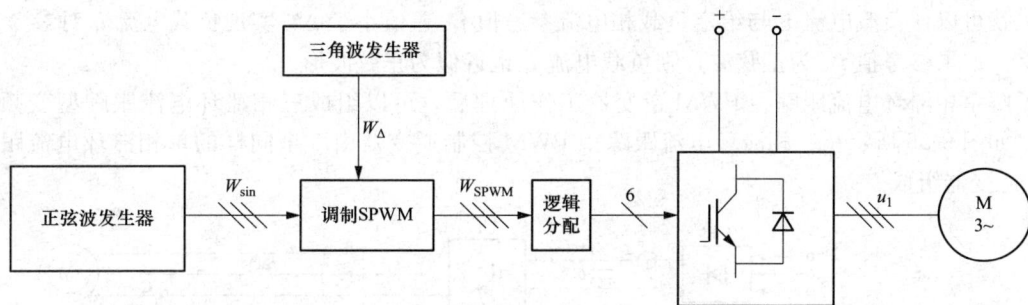

图 8-34　SPWM 生成环节控制电路原理框图

的等幅不等宽并且中间宽两头窄的 SPWM 脉冲序列，"正"和"0"两种电平作为变频器电力电子开关器件的驱动信号，分别对应功率器件的通和断两种状态。

8.4.3　电流跟踪 PWM（CFPWM）控制技术

前面所讲的都是以输出电压近似正弦波为目标的电压正弦 PWM。在实际运行中对于交流电动机来说，交流电动机绕组中通入三相平衡的正弦波电流，其合成的电磁转矩才能为恒定值。如何才能保证得到正弦波电流？电流跟踪 PWM 以逆变器输出电流作为控制对象，通过改变逆变器输出电压达到控制电流的目的。当然实现电流跟踪型 PWM 控制的方法有很多，下面以常用的滞环电流跟踪型 PWM 控制技术为例，说明这类 PWM 控制方法基本工作原理。

1. 电流滞环控制型

电流滞环控制是一种非线性控制方法，单相滞环电流跟踪型 PWM 逆变器工作原理如图 8-35 所示。

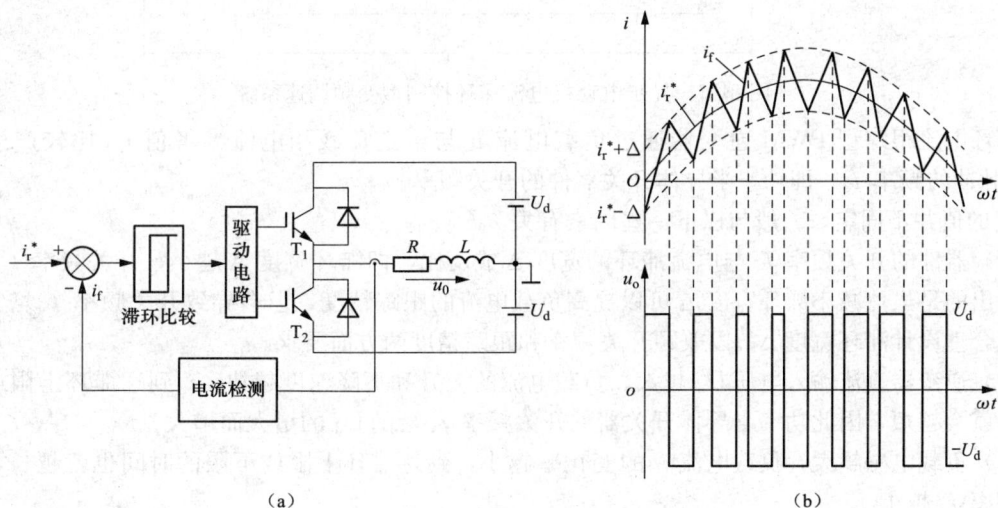

图 8-35　滞环电流跟踪型 PWM 逆变器工作原理
(a) 电流跟踪控制电路；(b) 电流波形

给定的负载相电流参考值 i_r^*，是负载电流 i_f 的跟踪目标。为了避免逆变器开关状态变换的速度过快，在 i_r^* 的基础上设计了上、下两个误差滞环，分别为 $i_r^*+\Delta$ 和 $i_r^*-\Delta$。当负载电流 $i_f>i_r^*+\Delta$ 时，T_2 导通 T_1 截止，负载电压 $u_0=-U_d$ 负载电流 i_f 下降；当负载电流下降到 $i_f<i_r^*-\Delta$ 后，T_2 截止 T_1 导通，负载电压 $u_0=U_d$，负载电流 i_f 上升。通过电流滞环控制器控制 T_1 和 T_2 的

通断，就可以使负载电流 i_f 与给定负载相电流参考值 i_r^* 差值小于 Δ，实现负载电流 i_f 对参考值 i_r^* 的跟踪。如果参考值 i_r^* 为正弦波，则负载电流 i_f 也近似为正弦波形。

了解单相滞环电流跟踪型 PWM 逆变器工作原理后，可以组成三相滞环电流跟踪型变频调速系统，如图 8-36 所示。三相滞环电流跟踪型 PWM 控制逆变器由 3 个同样的单相滞环电流跟踪型 PWM 逆变器组成。

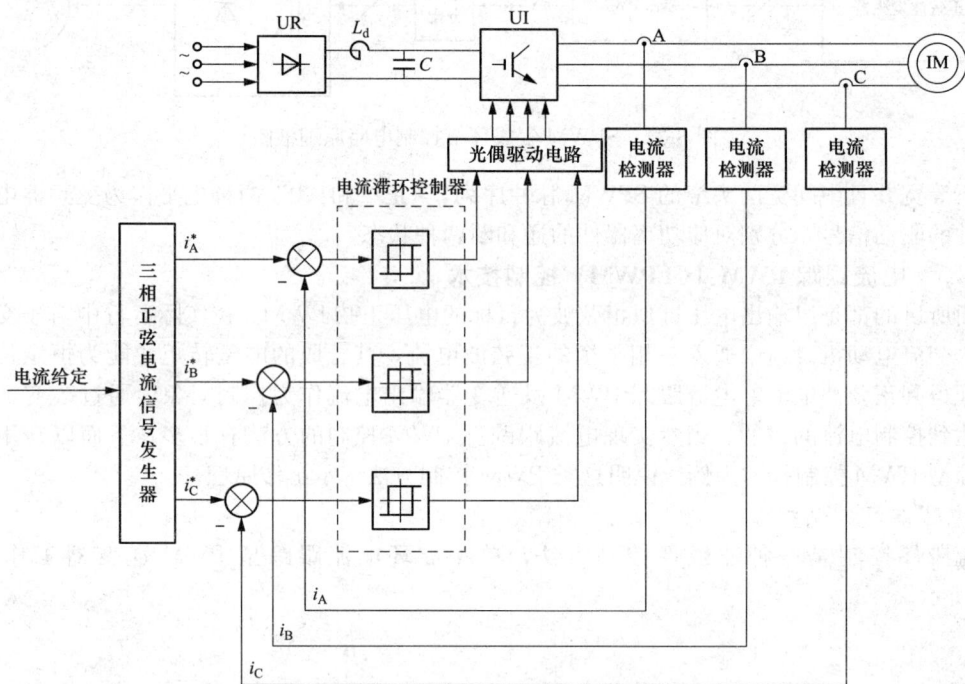

图 8-36　异步电动机电流滞环控制型变频调速系统

滞环电流跟踪型 PWM 逆变器通过负载电流 i_f 与给定负载相电流参考值 i_r^* 比较产生输出 PWM 脉冲的频率 f_s，即功率半导体开关器件的开关频率。

f_s 的值并不固定，一般与以下一些因素有关。

（1）器件的开关频率 f_s 与电流滞环的宽度 Δ 成反比，即滞环宽度 Δ 越小，开关频率 f_s 越大。需要指出的是虽然减小滞环宽度 Δ 可以提高负载电流的跟踪精度，但会导致开关频率 f_s 增大，因此必须合理设计滞环宽度 Δ，以兼顾开关频率和跟踪精度两方面要求。

（2）逆变器直流输入电压 U_d 越大，负载电流的上升和下降速度越快，i_f 到达滞环上限或下限的时间就会越短，因此功率半导体开关器件开关频率 f_s 会随 U_d 的增大而增大。

（3）负载电感越大，负载电流 i_f 的变化率越小，到达滞环上限或下限的时间也就越长，导致开关频率 f_s 越小。

（4）开关频率 f_s 与给定负载相电流参考值 i_r^* 的变化率 di_r*/dt 有关系，di_r*/dt 越大开关频率 f_s 越小（比如正弦波过零点附近）。

通过以上分析可知，滞环电流跟踪型 PWM 逆变器的开关频率 f_s 并不固定，随电动机运行状态的变化而变化，所以具有固定滞环宽度的电流跟踪型逆变器存在明显的缺陷，即在不同的条件下逆变器开关频率 f_s 的变化和差异很大。如果在某些运行点开关频率高于功率器件允许的开关频率时，就会威胁到开关器件的安全工作；如果在某些运行点开关频率太低，将会影响电流的波形，造成电流波形畸变谐波成分加大。为了克服这些缺点，可以采用具有固定开关频率的电流控制器。

2. 固定开关频率型

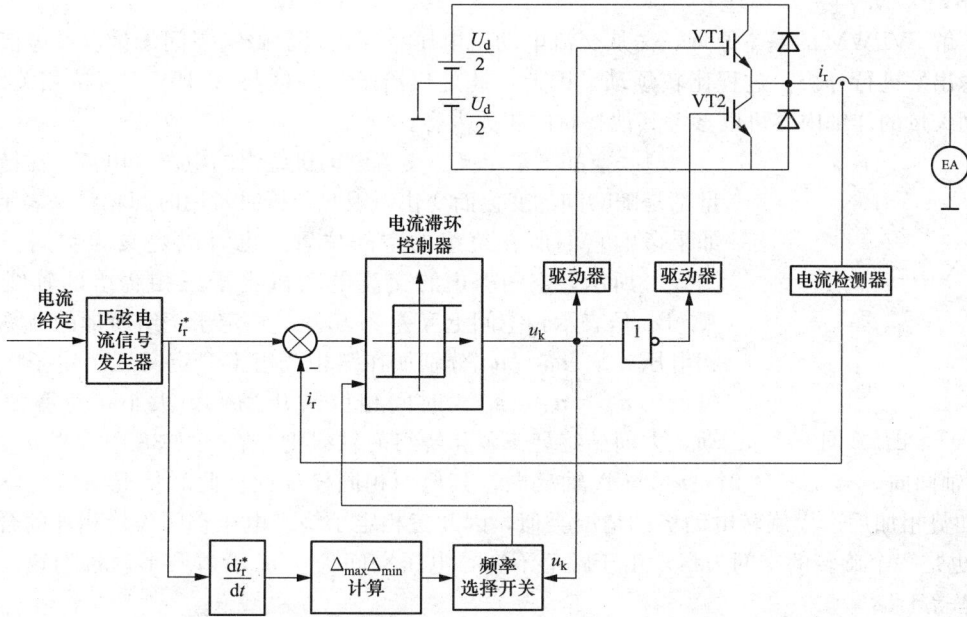

图 8-37　一种固定开关频率型的电流滞环控制逆变器控制一相系统原理图

考虑到给定负载相电流参考值 i_r^* 的变化率 $\mathrm{d}i_r*/\mathrm{d}t$ 直接决定开关频率 f_s，所以可以根据 $\mathrm{d}i_r*/\mathrm{d}t$ 来调整滞环宽度 Δ。给定负载相电流参考值 i_r^* 经过微分运算求出 $\mathrm{d}i_r*/\mathrm{d}t$，通过环宽计算环节确定最大环宽 $\Delta_{\max}$ 和最小环宽 $\Delta_{\min}$，再结合滞环控制器输出 u_k 的电平，自动选择是最大还是最小环宽送入电流滞环控制器，实现环宽随给定负载相电流参考值的变化率的变化而变化，达到逆变器输出的 PWM 脉冲频率在一个周期内基本不变的目的。

滞环电流跟踪型 PWM 兼有电压型逆变器和电流型逆变器的优点，控制电路核心是滞环比较器，硬件十分简单；控制方式属于实时控制，与通过电压间接控制电流的方法相比，负载电流的响应速度要快很多；由于没有载波，逆变器输出电压中不包含特定频率的谐波分量，从而可以避免特定谐波可能对负载运行产生的不利影响，比如谐振和噪声等，电流跟踪型 PWM 的这些特点使其适用于高性能的交流电机调速控制系统。

8.4.4　磁链跟踪 PWM 控制技术

前面介绍 PWM 控制方法都是从电源的角度出发，SPWM 控制使变频器输出电压尽可能逼近正弦波形，没有顾及电流波形的问题，CFPWM 控制使变频器输出的电流波形尽可能逼近正弦波形，比只要求电压为正弦波进了一步，然而交流电动机需要输入正弦电流真正的目的是什么？是为了在交流电动机空间形成圆形旋转磁场，从而产生恒定的电磁转矩。因此，如果从跟踪圆形旋转磁场角度控制逆变器工作，将会取得更好的控制效果，磁链跟踪 PWM 控制技术就是在这种背景下产生的。

磁链跟踪 PWM 控制技术又称为电压空间矢量脉宽调制技术（SVPWM），即从交流电动机的角度出发，以控制交流电动机磁链空间矢量轨迹逼近圆形为调制目的，从而达到减小交流电动机转矩脉动、改善交流电动机的运行性能的目的。与传统的 SPWM 方法相比，SVPWM 将逆变器和交流电动机视为一个整体，物理意义直观，数学模型简单，易于微机实时控制，具有直流电压利用率更高、电机的谐波电流和转矩脉动更小、电压和频率控制能同时完成以及实现简单等优点，目前无论在开环调速系统或闭环调速系统中都得到广泛的应用。

1. SVPWM 的基本原理

要了解 SVPWM 的基本原理，需从交流电动机电压空间矢量、磁链空间矢量以及电流空间矢量的概念出发进行分析，过程比较烦琐。因此，此处仅给出了一些与 SVPWM 直接相关的结论，关于空间矢量的详细内容可以参考其他教材的相关内容。

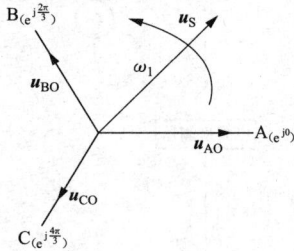

图 8-38　电压空间矢量

（1）空间矢量定义。交流电动机绕组的电压、电流、磁链等物理量都是随时间的变化而变化，因此分析时常用时间相量来表示，但是如果考虑它们所在绕组的空间位置，也可以定义为空间矢量。如图 8-38 所示，空间静止的交流电动机定子三相绕组的轴线分别用 A、B、C 表示，空间上互差 $2\pi/3$。三相定子绕组所加的对称的定子相电压 u_{AO}、u_{BO}、u_{CO} 分别加在三相绕组上，定义三个定子电压空间矢量为 u_{AO}、u_{BO}、u_{CO}，时间相位错开 $2\pi/3$，大小按正弦波规律波动，方向始终处于各相绕组的轴线上，在图 8-38 中，当 $u_{AO}>0$ 时，u_{AO} 与 A 轴同向，当 $u_{AO}<0$ 时，u_{AO} 与 A 轴反向，其他两相同样如此。此时情况与电机学中三相脉动电动势相加后产生旋转电动势的情况类似，因此三相定子绕组电压空间矢量相加的合成空间矢量 u_s 也是一个旋转的空间矢量，由于幅值不变，电压空间矢量 u_s 沿着圆形轨迹匀速运动，其运动速率等于 ω_1。

假设交流电动机由理想对称的正弦电压供电，三相定子相电压的瞬时值分别为 u_{AO}、u_{BO}、u_{CO}，可以定义电压空间矢量为

$$u_{AO} = ku_{AO}e^{j0} \tag{8-37}$$

$$u_{BO} = ku_{BO}e^{j\frac{2\pi}{3}} \tag{8-38}$$

$$u_{CO} = ku_{CO}e^{j\frac{4\pi}{3}} \tag{8-39}$$

式中　k——待定系数。

采用电压空间矢量的概念，定子电压合成空间矢量 u_s 可定义为

$$u_s = k(u_{AO} + u_{BO}e^{j\frac{2\pi}{3}} + u_{CO}e^{j\frac{4\pi}{3}}) \tag{8-40}$$

同样，交流电动机的定子电流空间矢量 I_s 可定义为

$$I_s = k(i_{AO} + i_{BO}e^{j\frac{2\pi}{3}} + i_{CO}e^{j\frac{4\pi}{3}}) \tag{8-41}$$

式中　i_{AO}，i_{BO}，i_{CO}——三相定子电流的瞬时值。

交流电动机定子磁链空间矢量 ψ_s 可定义为

$$\psi_s = k(\Psi_{AO} + \Psi_{BO}e^{j\frac{2\pi}{3}} + \Psi_{CO}e^{j\frac{4\pi}{3}}) \tag{8-42}$$

式中　Ψ_{AO}，Ψ_{BO}，Ψ_{CO}——电动机的三相定子磁链的瞬时值。

按照空间矢量功率与三相瞬时功率相等的原则，可求得 $k=\sqrt{\dfrac{2}{3}}$，推导过程从略。则空间矢量的表达式为

$$u_s = \sqrt{\frac{2}{3}}(u_{AO} + u_{BO}e^{j\frac{2\pi}{3}} + u_{CO}e^{j\frac{4\pi}{3}}) \tag{8-43}$$

$$I_s = \sqrt{\frac{2}{3}}(i_{AO} + i_{BO}e^{j\frac{2\pi}{3}} + i_{CO}e^{j\frac{4\pi}{3}}) \tag{8-44}$$

$$\Psi_s = \sqrt{\frac{2}{3}}(\Psi_{AO} + \Psi_{BO}e^{j\frac{2\pi}{3}} + \Psi_{CO}e^{j\frac{4\pi}{3}}) \tag{8-45}$$

当三相定子相电压 u_{AO}、u_{BO}、u_{CO} 为三相平衡正弦电压时，三相合成空间矢量

$$\boldsymbol{u}_\mathrm{s} = k(u_\mathrm{AO} + u_\mathrm{BO}\mathrm{e}^{\mathrm{j}\frac{2\pi}{3}} + u_\mathrm{CO}\mathrm{e}^{\mathrm{j}\frac{4\pi}{3}}) = \sqrt{\frac{2}{3}}\Big[U_\mathrm{m}\cos\omega_1 t + U_\mathrm{m}\cos\Big(\omega_1 t - \frac{2\pi}{3}\Big)\mathrm{e}^{\mathrm{j}\frac{2\pi}{3}} + U_\mathrm{m}\cos\Big(\omega_1 t - \frac{4\pi}{3}\Big)\mathrm{e}^{\mathrm{j}\frac{4\pi}{3}}\Big]$$

$$= \sqrt{\frac{2}{3}}U_\mathrm{m}\mathrm{e}^{\mathrm{j}\omega_1 t} = U_\mathrm{s}\mathrm{e}^{\mathrm{j}\omega_1 t} \tag{8-46}$$

因此 $\boldsymbol{u}_\mathrm{s}$ 是一个以电源角频率 ω_1 为角速度恒速旋转的空间矢量，幅值是相电压幅值的 $\sqrt{\dfrac{2}{3}}$ 倍。

（2）电压与磁链空间矢量的关系。交流电动机定子电压方程可以利用空间矢量表示为

$$\boldsymbol{u}_\mathrm{s} = \frac{\mathrm{d}\boldsymbol{\Psi}_\mathrm{s}}{\mathrm{d}t} + R_\mathrm{s}\boldsymbol{I}_\mathrm{s} \tag{8-47}$$

式中　R_s——定子电阻。

在频率不是太低的情况下，可以忽略定子电阻压降的影响，因此有

$$\boldsymbol{u}_\mathrm{s} \approx \frac{\mathrm{d}\boldsymbol{\psi}_\mathrm{s}}{\mathrm{d}t} \tag{8-48}$$

可见，定子磁链空间矢量 $\boldsymbol{\psi}_\mathrm{s}$ 可通过对定子电压空间矢量 $\boldsymbol{u}_\mathrm{s}$ 积分近似得到

$$\boldsymbol{\psi}_\mathrm{s} \approx \int \boldsymbol{u}_\mathrm{s}\mathrm{d}t \tag{8-49}$$

当交流电动机由三相对称正弦电压供电时，电动机定子磁链幅值恒定，其空间矢量以恒速旋转，磁链矢量顶端的运动轨迹为圆形，简称磁链圆。

假设定子磁链旋转矢量可表示为

$$\boldsymbol{\psi}_\mathrm{s} = \psi_\mathrm{m}\mathrm{e}^{\mathrm{j}\omega_1 t} \tag{8-50}$$

式中　$\boldsymbol{\psi}_\mathrm{m}$——磁链旋转矢量 $\boldsymbol{\psi}_\mathrm{s}$ 的幅值；

　　　ω_1——旋转角速度。

由式（8-48）和式（8-50）可得

$$\boldsymbol{u}_\mathrm{s} \approx \frac{\mathrm{d}(\psi_\mathrm{m}\mathrm{e}^{\mathrm{j}\omega_1 t})}{\mathrm{d}t} = \mathrm{j}\omega_1\psi_\mathrm{m}\mathrm{e}^{\mathrm{j}\omega_1 t} = \omega_1\psi_\mathrm{m}\mathrm{e}^{\mathrm{j}\left(\omega_1 t + \frac{\pi}{2}\right)} \tag{8-51}$$

上式表明当磁链的幅值 ψ_m 一定时，合成电压空间矢量 $\boldsymbol{u}_\mathrm{s}$ 与旋转角速度 ω_1 成正比，方向与磁链矢量 $\boldsymbol{\psi}_\mathrm{s}$ 正交，即磁链圆的切线方向，如图 8-39 所示。

当磁链空间旋转一周，合成电压空间矢量也连续地按磁链圆的切线方向运动 2π 弧度，运动轨迹与磁链圆重合。这样交流电动机旋转磁场的形状问题就可以转化为合成电压空间矢量运动轨迹问题，进而转化成磁链空间矢量运动轨迹问题，这也是电压空间矢量脉宽调制技术（SVPWM）名称的由来。电压空间矢量脉宽调制技术正是以调节交流电动机定子磁链空间矢量 ψ_s 轨迹为目的，对合成电压空间矢量 u_s 进行控制的一种调制方法。

2. 逆变器输出电压矢量和正六边形磁链轨迹控制

三相逆变器—异步电动机调速系统主电路原理图如图 8-40 所示。

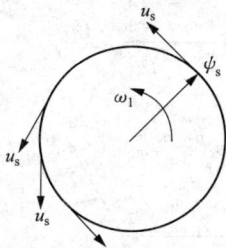

图 8-39　旋转磁场与电压空间
矢量的运动轨迹的关系

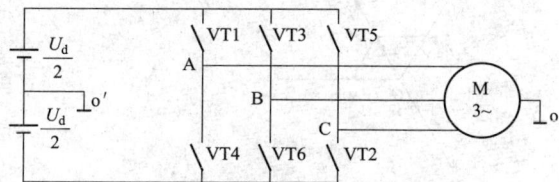

图 8-40　三相逆变器—异步电动机
调速系统主电路原理图

图 8-40 所示二电平三相桥式逆变器，为使电动机对称工作，须三相同时供电，即任一时刻都有处于不同桥臂下的 3 个开关器件同时导通，这样 6 个开关器件总共可产生 8 种有效的开关组合模式，即

VT6、VT1、VT2 导通；VT1、VT2、VT3 导通；VT2、VT3、VT4 导通；VT3、VT4、VT5 导通；

VT4、VT5、VT6 导通；VT5、VT6、VT1 导通；VT1、VT3、VT5 导通；VT2、VT4、VT6 导通。

如用 S_A，S_B，S_C 分别表示逆变器三个桥臂的状态，并规定当上桥臂开关器件导通而下桥臂开关器件截止时桥臂状态为 1；当下桥臂开关器件导通而上桥臂开关器件截止时桥臂状态为 0。如 $\{S_A, S_B, S_C\} = \{1, 0, 0\}$ 就表示 A 相上桥臂开关器件导通，B 相和 C 相都是下桥臂开关器件导通。

上述逆变器的 8 种开关组合模式，所对应的三相输出相电压瞬时值为

$$\begin{bmatrix} u_{AO} \\ u_{BO} \\ u_{CO} \end{bmatrix} = \frac{U_d}{3} \begin{bmatrix} 2 & -1 & -1 \\ -1 & 2 & -1 \\ -1 & -1 & 2 \end{bmatrix} \begin{bmatrix} S_A \\ S_B \\ S_C \end{bmatrix} \tag{8-52}$$

8 种有效的开关组合模式按照 ABC 相序可分别表示为：100、110、010、011、001、101、111、000，从逆变器正常工作情况看，前 6 个状态为有效工作状态，后两个逆变器没有输出电压，为无效工作状态。

在逆变器输出的每个周期中，如果 6 种有效的工作状态各出现一次，就是 6 拍阶梯波逆变器。这种逆变器每隔 $\pi/3$ 切换一次工作状态，切换工作状态即换相。设开始的工作状态为 100，对应 V6、VT1、VT2 导通，则电动机定子对应的 A 点电位为正，B、C 点的电位为负，它们对应直流侧电源中点的电压幅值都为 $|U_d/2|$，存在的时间为 $\pi/3$。如图 8-41 所示，三相电压空间矢量的相位分别处于 A、B、C 3 根轴线上，3 相的合成空间矢量叠加为 u_1，幅值为 U_d。

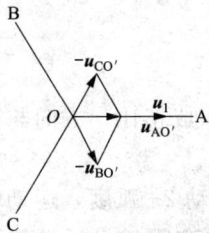

下一个工作状态为 110，同样的道理，电动机定子对应的 A、B 点电位为正，C 点的电位为负，对应直流侧电源中点的电压幅值都为 $|U_d/2|$，如图 8-42 所示，则三相的合成空间矢量叠加为 u_2，幅值为 U_d。很显然 u_1 与 u_2 大小相等，空间上 u_2 滞后 u_1 的相位为 $\pi/3$。以此类推，随着工作状态的切换，其他 4 个工作状态对应的空间矢量分别为 u_3、u_4、u_5、u_6，空间矢量的幅值为 U_d 不变，相位每次旋转 $\pi/3$，持续时间为 $\pi/3$。这样 6 个工作状态一个周期，6 个电压空间矢量正好转过 2π 弧度，u_6 与 u_1 首尾相接，形成一个由电压空间矢量运动所形成的正六边形运动轨迹，也可以看作是异步电动机定子磁链矢量端点的运动轨迹，如图 8-43 所示。VT1、VT3、VT5 导通和

图 8-41 工作状态 100 的合成电压空间矢量

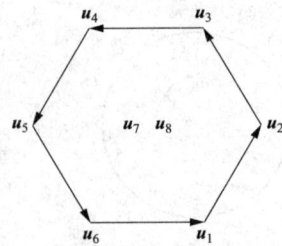

VT2、VT4、VT6 导通时的工作状态分别为无效工作状态 111、000，对应的空间矢量为 u_7、u_8，由于它们对应的幅值为 0，可以认为坐落在六边形的中心点上，称为"零矢量"。

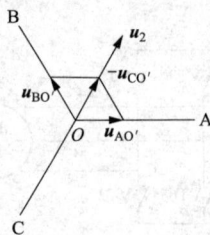

图 8-42 工作状态 110 的合成电压空间矢量　　　图 8-43 每个周期六边形合成电压空间矢量

　　由于 u_7、u_8 所处的位置相同，逆变器输出电压空间矢量只可能处于 7 个离散的位置上，也就是说从理论的角度来讲，不可能产生真正意义上的连续电压空间矢量运动轨迹的，即在逆变器供电的情况下，不可能产生真正圆形定子磁链矢量运动轨迹。

　　如果在某个时间间隔 Δt 内，逆变器的输出电压空间矢量为 u_x（$x=0\sim7$），根据式（8-48）可表示为

$$\Delta \psi_x = u_x \Delta t \tag{8-53}$$

　　即在 Δt 内，如果 $|u_x| \neq 0$，ψ_x 将沿着与 u_x 相同的方向运动，运动的速率与 $|u_x|$ 成正比；如果 $|u_x|=0$，则 ψ_x 停止移动。设逆变器开始工作时初始位置为 A 点，对应的定子磁链空间矢量为 ψ_1，在第一个持续时间为 $\pi/3$ 的工作状态期间，交流电动机上施加的电压空间矢量为 u_1，$\pi/3$ 所对应的时间 Δt 内，定子磁链空间矢量产生了一个增量 $\Delta \psi_1 = u_1 \Delta t$，它的幅值与 $|u_1|$ 成正比，方向与 u_1 保持一致，六拍逆变器工作时电压空间矢量与磁链的关系如图 8-44 所示。定子磁链空间矢量沿着 u_1 的方向，即 AB 方向移动，到达 B 点时得到新的磁链 $\psi_2 = \psi_1 + \Delta \psi_1$。以此类推，在一个周期内，6 个磁链空间矢量尾部都在 O 点，呈放射状，其顶端的运动轨迹就是 6 个电压空间矢量所围成的正六边形。

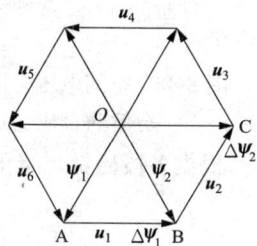

图 8-44　六拍逆变器
工作时电压空间
矢量与磁链的关系

　　从以上分析不难理解，虽然逆变器理论上不可能产生真正沿圆形轨迹运动的电压空间矢量，但是通过对 6 个非零矢量和 2 个零矢量的"合理组合"，控制逆变器产生合适的输出电压矢量，可以实现对交流电动机定子磁链空间矢量旋转方向和旋转速率的控制，使其运动轨迹逼近多边形甚至圆形。

　　3. 电压空间矢量线性组合

　　在所有定子磁链的轨迹中，图 8-43 所示的正六边形是最简单的一种，虽然容易实现，但缺点也较明显。与理想的圆形轨迹相比，显然正六边形磁链的畸变大，导致输出电压和定子磁链中的谐波含量较高，并且大部分为低次谐波，这将导致转矩与转速的脉动。其原因是一个周期内只切换 6 次工作状态，形成 6 个电压空间矢量。如果想获得更好的控制，需要增加工作状态，获得更多边数的多边形就会更逼近圆形的旋转磁场。因此可以做出如下推断：如果能够控制逆变器的输出电压矢量依次在正 n 边形的 n 个顶点位置上跳动，就能控制交流电动机产生正 n 边形的定子磁链轨迹。显然 n 越大，正 n 边形的磁链轨迹就越接近于所期望的圆形，同时为了确保三相逆变器输出电压的对称性，还要求 n 为 6 的倍数。但是现在逆变器只能在 7 个固定位置上输出大小相对恒定的电压空间矢量，因此接下来要解决的问题就是让逆变器如何在每一个 $\pi/3$ 期间内出现多个工作状态，以便形成更多的相位不同的电压空间矢量。

　　通过增加切换次数，合成如图 8-45 所示的多段逼近圆形的磁链增量轨迹，可以取得较好的控制效果。但是逆变器只有 8 个基本电压矢量，能不能用这 8 个基本矢量合成出需要的多种不同的矢量呢？可以利用空间矢量平行四边形法则，相邻的两个有效的工作矢量合成期望的输出矢量，这就是电压空间矢量 PWM 的基本控制思想。

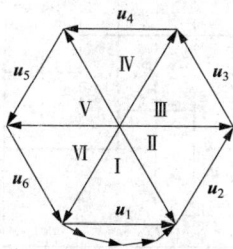

图 8-45　逼近圆形时
磁链增量轨迹示意图

　　如图 8-45 所示，将电压空间矢量分为 6 个对称的扇区，从研究输出电压矢量合成方法可以看出，理论上讲 u_s 可以在任意 2 个或 2 个以上的方向上进行矢量的分解。但是在实际的设计中一般都是将 u_s 在其所在 60°扇区边界的 2 个方向上进行分解，并利用这 2 个相邻的非零矢量来合成 u_s，如图 8-46 所示。将 u_s 在其所在 60°扇区边界的 2 个方向上进行分解的好处，

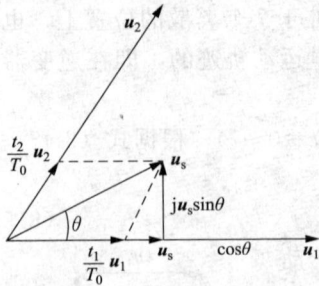

图 8-46 空间电压矢量的
分解与合成

主要是因为这种矢量分解的方法相对来说比较简单，能够提高直流环节电压利用率，减小输出电压的谐波含量，并且能降低逆变器开关器件的开关频率。

在一个开关周期 T_0 中，电压空间矢量 $\boldsymbol{u}_1$、$\boldsymbol{u}_2$ 的线性组合构成期望的电压矢量 $\boldsymbol{u}_s$。

$$\boldsymbol{u}_s = \frac{t_1}{T_0}\boldsymbol{u}_1 + \frac{t_2}{T_0}\boldsymbol{u}_2 = \boldsymbol{u}_s\cos\theta + \mathrm{j}\boldsymbol{u}_s\sin\theta \qquad (8\text{-}54)$$

式中 t_1——$\boldsymbol{u}_1$ 的作用时间；

t_2——$\boldsymbol{u}_2$ 的作用时间；

θ——期望的输出电压矢量与起始边的夹角。

根据各段磁链增量的相位求出 $\boldsymbol{u}_1$、$\boldsymbol{u}_2$ 作用的时间 t_1、t_2，可得出（推导从略）

$$t_1 = \left(\frac{\boldsymbol{u}_s}{U_d}\cos\theta - \frac{1}{\sqrt{3}}\frac{\boldsymbol{u}_s}{U_d}\sin\theta\right)T_0 \qquad (8\text{-}55)$$

$$t_2 = \frac{2\boldsymbol{u}_s T_0}{\sqrt{3}U_d}\sin\theta \qquad (8\text{-}56)$$

值得注意的是开关周期 T_0 与 $t_1 + t_2$ 未必相等，它由旋转磁场所需的频率决定，其间隙时间可用零矢量 $\boldsymbol{u}_7$ 或 $\boldsymbol{u}_8$ 填补，也就是说可输出电压矢量由 2 个非零矢量和 1 个零矢量组成。为了减少功率器件的开关次数，一般使 $\boldsymbol{u}_7$、$\boldsymbol{u}_8$ 各占一半。

因此在实际计算过程中，可以先根据输出电压矢量的角度判断出它所处的扇区，把每一扇区再分成若干个对应于时间 T_0 的小区间，插入若干个线性组合的新电压空间矢量，求出它相对于扇区起始矢量方向的角度 θ，就可以计算 SVPWM 所需空间矢量所占的时间。

4. SVPWM 矢量组合模式的选择

通过前面分析知道，输出电压矢量合成由 2 个非零矢量和 1 个零矢量组成，其中的零矢量可以是 $\boldsymbol{u}_7$ 也可以是 $\boldsymbol{u}_8$。设计时选择哪个零矢量，以及 3 个矢量的作用方式和顺序，取决于不同的 SVPWM 矢量组合模式。

设计 SVPWM 矢量组合模式的关键之一是尽量降低逆变器的开关频率，以减少开关状态变化时引起的开关损耗。下面以图 8-46 所示利用 2 个非零矢量和 1 个零矢量合成电压矢量 $\boldsymbol{u}_s$ 为例，来说明这个问题。为了降低开关状态变化引起的开关损耗，不同开关状态的顺序必须遵守最小开关损耗原则：逆变器在切换开关状态时，只切换其中一个桥臂上功率器件的状态。例如，前面所列第 1 扇区的矢量组合模式为 $\boldsymbol{u}_1$、$\boldsymbol{u}_2$、$\boldsymbol{u}_7$、$\boldsymbol{u}_8$，即 100、110、111、000 4 种工作状态，形成电压空间矢量的作用序列为 1278，其中 1 表示电压空间矢量 $\boldsymbol{u}_1$ 作用，$\boldsymbol{u}_2$ 等类推。为使电压波形对称，把每种状态的作用时间都一分为二，这样形成电压空间矢量的作用序列为 12788721，对应的一个开关周期 T_0 时间内，逆变器开关状态序列为 100、110、111、000、000、111、110、100，检查一下每次切换是否只切换一个功率器件，会发现由 7 切换到 8 时出现了 A、B、C 三相的功率开关同时切换的情况，需改变切换顺序，调整零矢量的位置，改为 81277218 就可满足每次只切换一个功率开关的要求，SVPWM 在第一扇区开关序列与逆变器三相电压波形如图 8-47 所示。

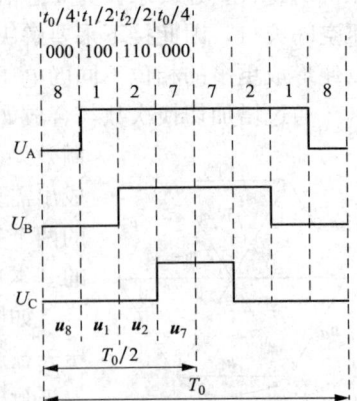

图 8-47 SVPWM 在第一扇区开关
序列与逆变器三相电压波形图

根据以上分析可总结 SVPWM 控制模式特点如下：

（1）无论 u_s 在哪个扇区，逆变器输出电压矢量的组合都以零矢量开始，并以零矢量结束。

（2）u_s 在正 n 边形顶点间的每次旋转跳动，逆变器中 6 个开关器件就都需要完成一次开关动作，因此在每个开关周期，各相桥臂的状态都会发生两次跳转，导致开关频率成比例提高。因此虽然从原理上讲分成的小区间越多，ψ_s 的轨迹就可以越接近理想圆形，SVPWM 的性能也越好，但是由于开关频率也相应地成比例提高，使 n 值的增大也将受到限制。

（3）虽然每个小区间内有多次开关状态切换，但是总起来每次切换只涉及一个功率开关器件，开关损耗较小。

（4）利用电压空间矢量直接生成 PWM 波，计算简便。

习　题

8-1　异步电动机变频调速时，为什么采用电压协调控制？在整个调速范围内，保持电压恒定是否可行？为什么在基频以下时采用恒压频比控制，在基频以上保持电压恒定？

8-2　异步电动机变频调速可分为恒功率、恒转矩 2 种调速方式，基频以下和基频以上分别属于那种调速方式？为什么？恒功率或恒转矩调速方式，是否指输出功率或转矩恒定？若不是，恒功率或恒转矩调速究竟是指什么？

8-3　简述异步电动机在下面不同电压频率协调控制时的机械特性，并进行比较。

（1）恒压恒频正弦波供电时异步电动机的机械特性。

（2）基频以下电压—频率协调控制时异步电动机的机械特性。

（3）基频以上恒压变频控制时异步电机的机械特性。

8-4　如何区别交—直—交变压变频器是电流源变频器还是电压源变频器？性能上有什么差别？

8-5　如何改变由晶闸管组成的交—交变频器的输出电压和频率？这种变频器主要适用于什么场合？

8-6　交流 PWM 常用 SPWM、CFPWM 和 SVPWM　3 种控制方式，分别论述它们的基本特征、优缺点。

8-7　分析电流滞环跟踪 PWM 控制中，环宽对电流波动与开关频率的影响。

8-8　三相异步电动机丫联结，能否将中性点与直流侧参考点短接？为什么？

8-9　采用 SVPWM 控制，用有效工作电压矢量合成期望的输出电压矢量，由于期望输出电压矢量是连续可调的，因此，定子磁链矢量轨迹可以是圆，这种说法是否正确？为什么？

8-10　若三相电压分别为 u_{AO}、u_{BO}、u_{CO}，如何定义三相定子电压空间矢量 u_{AO}、u_{BO}、u_{CO} 和合成矢量 u_s？写出它们的表达式。

8-11　2 电平 PWM 逆变器主回路，采用双极性调制时，用"1"表示上桥臂开通，"0"表示上桥臂关断，共有几种开关状态，写出其开关函数。根据开关状态写出其电压空间矢量表达式，画出空间电压矢量图。

第9章　基于稳态模型的恒压频比控制变频调速系统

基于稳态数学模型的恒压频比控制的基本原理在第8章已作论述，采用恒压频比控制时，交流异步电动机在基频以下能获得较硬的机械特性曲线，如果生产机械对系统的性能要求不高，采用转速开环恒压频比带低频电压补偿控制的调速系统就可达到性能要求，风机、泵类等节能调速就常采用这种系统。如果生产机械对系统的性能要求较高，就需要采用转速闭环控制的变压变频调速系统，如将在后续章节中介绍的转差频率控制、矢量变换控制和直接转矩控制等。

9.1　转速开环恒压频比控制调速系统

9.1.1　转速开环电压型变频调速系统

图9-1是来源于实际的电压源型变压变频调速系统，下面以它为例，说明这类系统的基本组成及各控制单元的作用。

1. 系统的组成

转速开环电压型变频调速系统原理图如图9-1所示，主电路由2个功率变换环节组成，即整流装置和逆变器，中间环节采用电容滤波。整流装置是由二极管组成的三相桥式不可控整流电路，逆变器是由 IGBT（或 IGCT、IEGT 等）组成的三相桥式电路。其他各单元将在后面部分介绍。

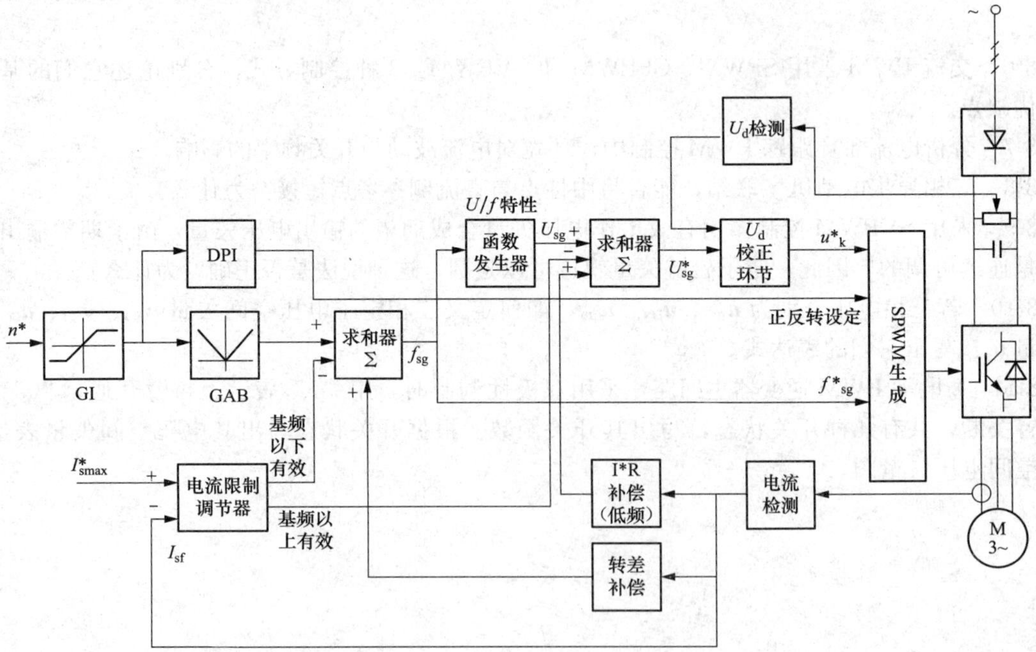

图 9-1　转速开环电压型变频调速系统原理图

该系统采用 SPWM 控制技术实现变压变频控制，变频与变压均由逆变器完成，要求逆变器输

出的电压 U_s 和频率 f_s 保持严格的比例协调关系。

2. 控制单元说明

（1）转速给定积分环节（GI）。由于转速是开环的，若将阶跃给定信号直接加到控制系统上，会产生较大的冲击电流，因此要将阶跃给定信号转变为斜坡信号，以消除阶跃给定对系统产生的过大电流冲击，使输入电源频率与电动机转速平稳地上升或下降，提高系统运行的可靠性和平稳性，满足生产机械的工艺要求。

（2）绝对值器（GAB）。转速给定积分环节送出的信号正、负变化，而交流异步电动机的旋转方向取决于变频电压的相序，因此并不需要控制电压、频率的信号反映极性，绝对值器就是将转速给定积分环节送出的正、负变化的信号变为单一极性的信号，信号值大小不变。

（3）函数发生器（U/f 特性）。本环节主要是根据给定频率信号 f_{sg} 产生一个对应于定子电压的给定信号 U_{sg}，以实现电压、频率的协调控制，主要作用如下。

1）根据不同负载要求，设定不同的 U/f 特性曲线。

2）当变频器在基频以上工作时，采用恒功率调速方式，这就要求变频器输出电压不能高于电动机的额定输入电压，可通过函数发生器的输出限幅来保证。

3）电动机轻载工作时，通过改变 U_s/f_s 曲线的斜率，适当降低电压，可以使输出电流下降，减小损耗。

4）当工作在较低频率时，通过改变 U_s/f_s 曲线低频段的斜率，适当提高定子电压 U_s，以保证气息磁通恒定不变。

（4）电流检测。电流检测主要用于过载保护、输出电压的修正等。通过检测输出电流，进行过载计算。当判断为过载时，发出触发脉冲封锁信号封锁触发器，停止变频器运行，确保变频器和电动机的安全。同时检测出的电流值还可以用于系统的补偿环节，稍后在补偿环节详细说明。

（5）电流限制调节器。本系统没有电流闭环控制，当负载加重或电动机发生堵转时，如果输出电流超过电动机允许的最大电流 I_{smax}^*，变频器不能对输出电流进行控制。这时如果电流进一步增加或较长时间超负荷工作，会损坏变频器和电动机。为了避免这一现象发生，设置了电流限制调节器，在基频以下时，当 $I_{sf}<I_{smax}^*$ 时，电流限制调节器输出为 0；当 $I_{sf}>I_{smax}^*$，电流限制调节器有相应的输出，使变频器输出电压降低，保证变频器输出不发生过电流的情况。

（6）极性鉴别器（DPI）。当 DPI 输入端得到一个信号，经极性鉴别器判断信号的极性，根据信号的极性决定逆变桥开关器件的导通顺序，从而控制电动机转动方向。

（7）SPWM 生成。SPWM 生成环节与驱动电路框图如图 9-2 所示，其工作原理第 8 章已详细介绍，不再赘述。

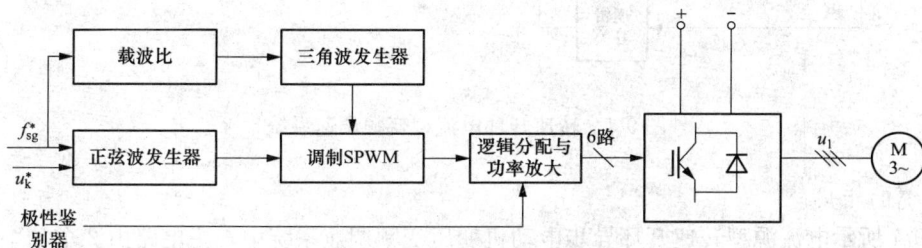

图 9-2 SPWM 生成环节及主电路框图

（8）补偿、校正环节。为了优化控制系统性能，根据控制要求对一些控制环节进行补偿或校正。

1) I^*R 补偿环节。通过第 8 章对基频以下调速的分析，可知在低频时为保证磁通恒定，需进行低频补偿，适当提高定子电压，因此电压控制引入了 I^*R 补偿环节，可根据负载电流值适当提高 U_{sg}，修正 U_s/f_s 特性曲线，使 U_{sg}^* 控制的输出电压 U_d 满足低频运行的要求。

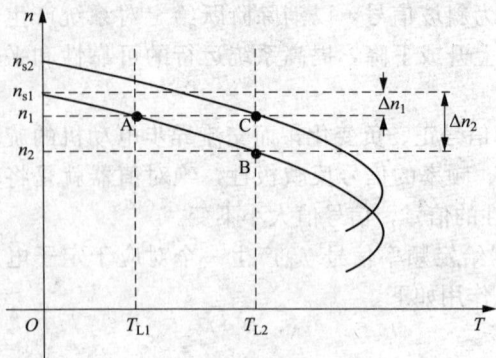

图 9-3 转差补偿原理图

2) U_d 校正环节。图 9-1 所示系统如果没有输出电压反馈控制，当直流电压 U_d 发生波动时，将引起恒 U_s/f_s 关系失调。为避免这种情况的发生，系统设立 U_d 校正环节，对 U_d 实现闭环控制，以保证 U_s/f_s 的协调关系。

3) 转差补偿环节。本系统采用开环频率控制，系统的机械特性较软，转差补偿原理图如图 9-3 所示，当负载由 T_{L1} 增大到 T_{L2} 时，电动机转速由 n_1 降到 n_2，工作点由 A 点移动到 B 点，转差值由 Δn_1 增加到 Δn_2，其差值 $\Delta n_2 - \Delta n_1 = \Delta n$ 较大，如果希望提高机械特性的硬度，可以在系统中设置了转差补偿环节。当转差由 Δn_1 增加到 Δn_2 时，按照 Δn 值相应提高同步转速 n_s，将其由 n_{s1} 提高到 n_{s2}，使机械特性曲线平行上移，这时工作点为 C 点，使转速在系统负载增加时基本保持不变，达到补偿转差的目的。

9.1.2 转速开环电流型变频调速系统

图 9-4 所示为电流源型变压变频调速系统，下面以它为例，说明这类系统的基本组成及各控制单元的作用。

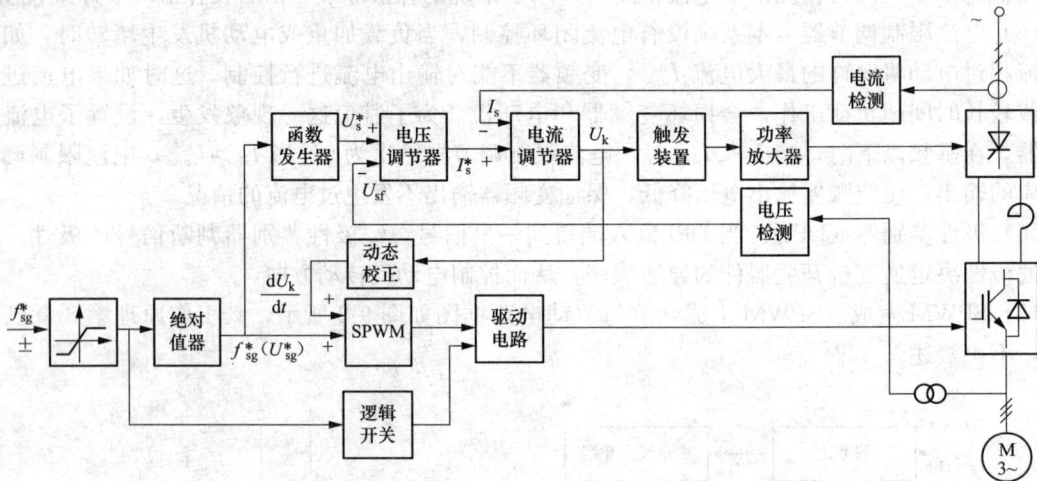

图 9-4 转速开环电流型变频调速系统

1. 系统的组成

在图 9-4 所示电流源型转速开环异步电动机变压变频调速系统中，主电路由 2 个功率变换环节组成，即桥式整流装置和逆变器，中间环节采用电感滤波。整流装置是由晶闸管组成的三相桥式可控整流电路，逆变器是由 IGBT（或其他全控器件）组成的三相桥式电路。系统采用整流装置和逆变器分别控制的方式，即电压控制回路控制整流装置，频率控制回路控制逆变器，分别进行调压与调频控制。为操作方便，总体采用一个给定信号控制，并通过函数发生器，使 2 个回路协调地工作。

在转速开环电流源型变频调速系统中，除了设置电流闭环外，仍需设置电压闭环，以保证调压调频过程中对逆变器输出电压的稳定性要求，实现恒压频比的控制方式。

2. 控制单元说明

（1）给定积分。给定积分环节的目的是消除阶跃给定信号对系统产生的过大冲击，将阶跃给定信号转变为斜坡信号，使系统中的电压、电流、频率和电动机转速稳步上升和下降，以提高系统的可靠性，满足生产机械的性能要求。

（2）函数发生器。在变压变频调速系统中 $U_s = f(f_s)$，即定子电压是定子频率的函数，函数发生器就是根据给定积分器输出的频率信号，产生一个对应于定子电压的给定值，以实现恒压频比。

（3）电压调节器。电压调节器采用 PI 调节器，其输出作为电流调节器的给定值。

（4）电流调节器。电流调节器采用 PI 调节器，输入为电压调节器输出的电流给定值和实际电流信号值，根据二者偏差，实时调整触发控制角，使现场电流值跟随给定电流值。

（5）绝对值器和 SPWM 生成。绝对值器和 SPWM 生成环节的原理与电压源变频调速系统类似，不再赘述。

（6）动态校正环节。当电源电压波动使逆变器输出电压发生变化时，电压闭环控制系统根据电压给定值自动调节逆变器的输出电压值，但是在电压调节过程中没有调节逆变器的输出频率，因此 U_s/f_s 的关系在此动态过程中得不到维持，导致磁场不断交替发生过激或欠激的情况，使电动机输出转矩大幅度波动。为了避免上述情况的发生，加入了动态校正环节。

加入动态校正环节的目的是让频率随电压变化协调变化，那么动态校正环节的输入信号应从什么位置提取？分析系统可发现，每当电流调节器输出发生改变时，整流桥的触发角 α 将改变，使整流电压改变，而逆变桥输出的三相交流电压 U_s 的大小又直接与整流电压的大小成比例，因此电流调节器的输出信号可以作为动态校正环节的输入信号。取出这个信号，经微分运算，与频率给定信号 $U*_{sg}$ 相叠加，作为频率控制信号送到 SPWM 环节，这样输出电压 U_s 变化时，频率 f_s 也随着做相应的变化，实现在动态过程中恒压频比控制。当系统进入稳态后，微分校正环节自动不起作用。

该系统由于电流源输出的交流电流是矩形波，因而波形中含大量谐波分量，由此带来了电动机内部损耗增大和转矩脉动影响等问题，为提高电流源型变压变频调速系统的性能，一般对电流型逆变器的每一相输出电流都采用 SPWM 控制，以改善输出电流波形。需要指出的是在实际应用过程中，电流源型变压变频调速系统多用转差频率控制方式。

9.1.3　通用变频调速系统的构成

现代通用变频器一般采用交—直—交变压变频器，所谓"通用"是指可以与通用的笼型异步电动机配套使用，并且可根据不同性质的负载选择不同的功能。

如图 9-5 所示，为数字控制 IGBT-SPWM 异步电动机变频调速原理图，主要包括主电路、驱动电路、控制电路、保护及信号采集电路几部分。

主电路采用交—直—交的电路形式，一般为电压源型。由二极管构成不控整流电路，采用电容滤波，同时兼有无功功率交换的作用，全控开关器件 IGBT 组成逆变器。为了避免主电路在刚合上电源开关通电时产生过大的充电电流，在整流电路和滤波电容之间串接限流电阻 R_0，为减少损耗，一般延时一段时间后利用开关 K_1 将电阻 R_0 短接。由于二极管整流电路不能为异步电动机的再生制动提供反向电流通路，因此主电路还设计了专门的制动回路吸收制动能量。减速制动时异步电动机进入发电状态，经逆变器的续流二极管向中间的大电容充电，当电容两端的电压高于一定的值以后，通过泵升限制电路使开关器件 VT_b 导通，制动电阻 R_b 消耗异步电动机制动释放出的能量。

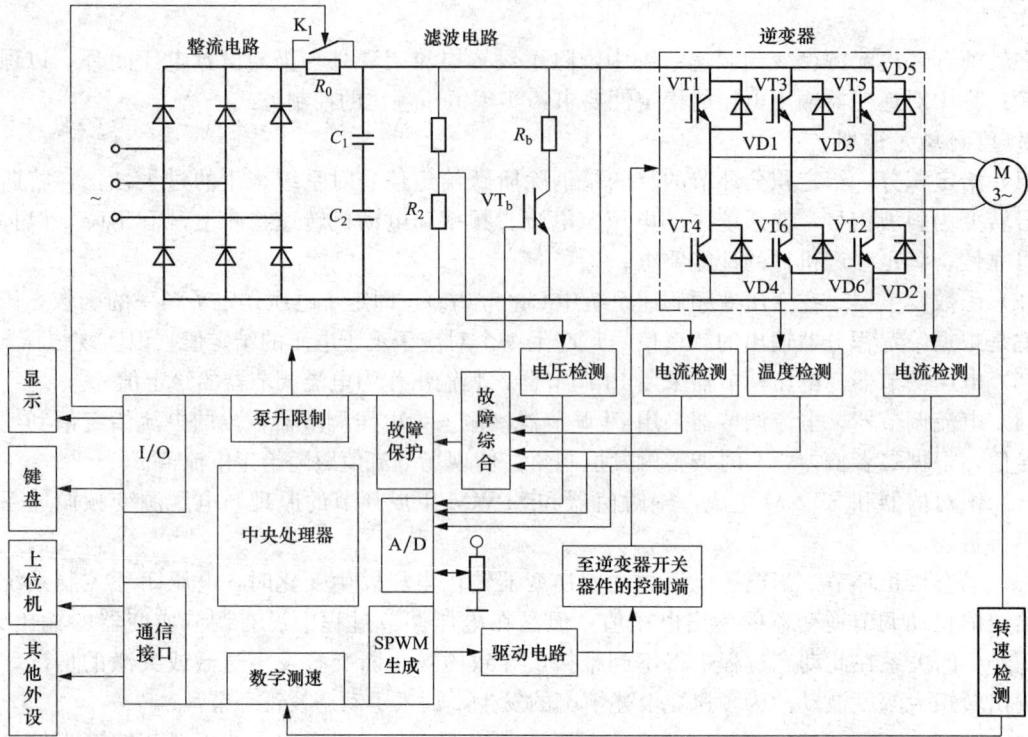

图 9-5　数字控制 IGBT-SPWM 异步电动机变频调速原理图

　　现代变频器的控制电路一般以微处理器为控制核心，其主要功能是接收外部的各种设定信息和指令，根据要求形成驱动逆变器工作的 PWM 信号。

　　系统需要设定的信息主要有 U/f 特性、工作频率、频率升高时间、频率下降时间等，因为是转速开环恒压频比控制系统，根据前面分析可知，低频时误差较大，因此需要改变 U/f 特性来补偿。补偿的方法一般有 2 种：一种是直接在微处理器中存储多条不同斜率和折线段的 U/f 函数，由用户根据需要选择最佳特性；另一种办法就是利用电流传感器检测电流大小，系统按电流大小自动补偿定子电压。

　　信号采集电路采集现场各种需要的信号，经信号处理电路处理后，进入 A/D 转换器送入 CPU 作为控制算法依据，这些信号还可用于故障保护电路，产生保护信号和显示信号。

　　逆变器功率开关器件的开、关信号可利用专用的 PWM 生成电路芯片或者是软件生成法来产生。图 9-5 所示系统的 PWM 信号由微机综合各种数据、系统设定后由软件产生，它的基本控制作用如图 9-6 所示，产生脉冲驱动逆变器的功率开关器件，实现恒压频比调速。

　　由于系统自身没有自动限制启、制动电流的作用，因此频率设定必须通过积分产生平缓的升速或减速信号，积分时间可根据负载和性能要求由现场操作人员选择设定。

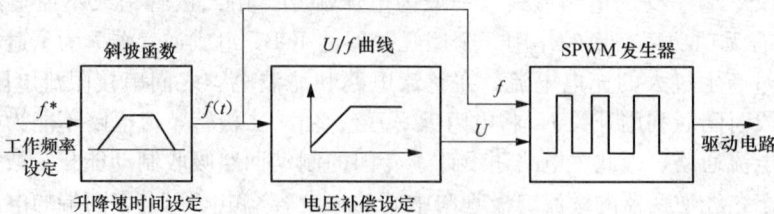

图 9-6　SPWM 变压变频器基本控制原理

该系统因为是变频器向异步电动机供电，没有转速反馈，因此是开环变频调速系统，既然是开环控制，那么定子电压的补偿就可能会出现过补偿或者是欠补偿，这是转速开环电压源变频调速系统的不足之处，但是转速实际值可以通过转速传感器输入微机作为速度显示。

9.2　异步电动机转速闭环转差频率控制的变压变频调速系统

9.2.1　转差频率控制的基本原理

为了提高转速开环调速系统的性能，只能添加补偿环节，这样会引起过补偿或欠补偿的问题，因此当对系统静、动态性能有较高要求时，应该采用闭环控制，在原系统的基础上增加转速反馈，让速度反馈去影响系统的输出频率，从而避免上述问题。

很显然采用速度负反馈构成的速度闭环控制系统可以提高系统的静态性能，那么能不能提高动态性能呢？我们知道任何电力拖动自动控制系统都服从基本的运动方程

$$T_e - T_L = \frac{J}{n_p} \frac{d\omega}{dt} \tag{9-1}$$

因此只要控制电磁转矩，就可以控制系统的转速变化率 $d\omega/dt$，进而可以提高系统的动态性能。

影响交流异步电动机转矩的因素很多，交流异步电动机在恒磁通控制时，可采用恒 E_g/ω_1 控制，对应的电磁转矩公式为

$$T_e = 3n_p \left(\frac{E_g}{\omega_1}\right)^2 \frac{s\omega_1 R_r'}{R_r'^2 + s^2 \omega_1^2 L_{lr}'^2} \tag{9-2}$$

令 $\omega_s = s\omega_1$，并定义为转差角频率，则上式可写为

$$T_e = 3n_p \left(\frac{E_g}{\omega_1}\right)^2 \frac{\omega_s R_r'}{R_r'^2 + \omega_s^2 L_{lr}'^2} \tag{9-3}$$

当交流异步电动机稳定运行时，对应的 s 很小，因而 ω_s 很小，因此可以认为 $\omega_s L_{lr}' \ll R_r'$，则转矩关系式可近似为

$$T_e \approx 3n_p \left(\frac{E_g}{\omega_1}\right)^2 \frac{\omega_s}{R_r'} = 3n_p (\varphi_m)^2 \frac{\omega_s}{R_r'} \tag{9-4}$$

式（9-4）表明，在 s 很小时，只要能维持 E_g/ω_1 不变，即保持气隙磁通 $\varPhi_m$ 恒定不变，交流异步电动机的电磁转矩就近似与转差角频率 ω_s 成正比。也就是说，在交流异步电动机的恒气隙磁通控制中，控制 ω_s 就和直流电动机中控制电流一样，能够达到间接控制转矩的目的，这就是转差频率控制的基本概念。

9.2.2　转差频率控制规律

虽然式（9-4）得到了电磁转矩 T_e 与转差角频率 ω_s 近似成正比的关系，但须保证气隙磁通 $\varPhi_m$ 恒定不变（即 $E_g/\omega_1 =$ 常数），如何保持气隙磁通 $\varPhi_m$ 不变？$T_e \propto \omega_s$ 应满足什么样的条件？

1. 保持气隙磁通恒定

已经知道，若采用恒 E_g/ω_1 控制，就可保持气隙磁通 $\varPhi_m$ 恒定。但是在交流异步电动机中 E_g、ω_1 一般不可直接测量，而直接可控、可测的是定子电压和电流，因此必须要寻找气隙磁通 $\varPhi_m$ 与定子电压或电流的关系。

在交流异步电动机中，$\varPhi_m$ 由励磁电流 I_0 所决定，而 I_0 不是一个独立的变量，由图 8-1 所示的异步电动机稳态等效电路可知，它由下式决定

$$\dot{I}_s = \dot{I}_r' + \dot{I}_0 \tag{9-5}$$

将 $I_0 = E_g / j\omega_1 L_m$ 和 $I_r' = E_g / \left(\dfrac{R_r'}{s} + j\omega_1 L_{1r}'\right)$ 代入式（9-5）可求得

$$I_s = E_g / (j\omega_1 L_m) + E_g / \left(\frac{R_r'}{s} + j\omega_1 L_{1r}'\right) = I_0 \frac{R_r' + j\omega_s (L_m + L_{1r}')}{R_r' + j\omega_s L_{1r}'} \tag{9-6}$$

取等式两侧向量的幅值相等，则有

$$I_s = I_0 \sqrt{\frac{R_r'^2 + \omega_s^2 (L_m + L_{1r}')^2}{R_r'^2 + \omega_s^2 L_{1r}'^2}} \tag{9-7}$$

根据式（9-7），当 Φ_m 恒定时，I_s 随转差频率 ω_s 变化的规律如图 9-7 所示，它具有如下性质。①当 $\omega_s = 0$ 时，$I_s = I_0$，理想空载时定子电流等于励磁电流；②若转差频率 ω_s 增大，式（9-7）中分子含 ω_s 项系数大于分母中含 ω_s 项系数，所以 I_s 也相应增大；③当 ω_s 趋于无穷时，I_s 趋于 $I_0 \dfrac{L_m + L_{1r}'}{L_{1r}'}$；④$\omega_s$ 为正、负值时，I_s 对应的值不变。

其他的方法可参考相关文献。

2. 对转差角频率 ω_s 的限制

对于式（9-3），取 $\dfrac{\mathrm{d}T_e}{\mathrm{d}_{\omega s}} = 0$ 可求得

$$\omega_{smax} = \frac{R_r'}{L_{1r}'} = \frac{R_r}{L_{1r}} \tag{9-8}$$

因此在转差频率控制系统中，只要 ω_s 小于机械特性最大转矩对应的临界转差角频率 ω_{smax}，就可以保持电磁转矩与转差角频率之间的正比关系，这就意味着可以用转差频率控制来代表转矩控制，这是转差频率控制的基本规律之一。

通常为保证电磁转矩 T_e 与 ω_s 的线性关系，常限制 ω_s 在 $0 \sim \omega_{sm}$ 的范围内。气隙磁通恒定时，电磁转矩与转差频率的关系曲线如图 9-8 所示。

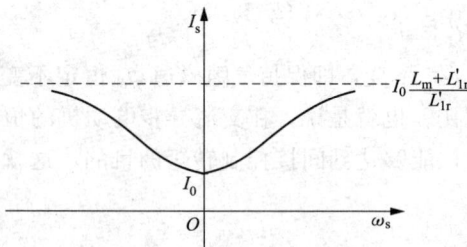

图 9-7　保持气隙磁通 ϕ 恒定时，定子
电流与转差频率的关系曲线

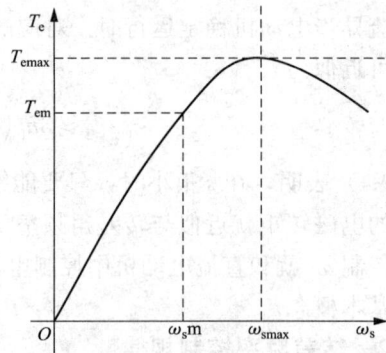

图 9-8　保持气隙磁通恒定时，电磁
转矩与转差频率的关系曲线

综上所述，转差频率控制的条件如下：

（1）按式（9-7）或图 9-7 所示的 $I_s = f(\omega_s)$ 函数关系，控制定子电流 I_s，就可以保持气隙磁通 Φ_m 恒定。

（2）在气隙磁通不变的情况下，保证 $\omega_s \leqslant \omega_{sm}$，就可以保证转矩 T_e 基本上与 ω_s 成正比。

9.2.3　电流型转差频率控制变频调速系统

转差频率控制的电流源型交—直—交变频调速系统原理图如图 9-9 所示。

主电路采用交—直—交电流型逆变器，整流电路和逆变电路分别调节电压和频率。

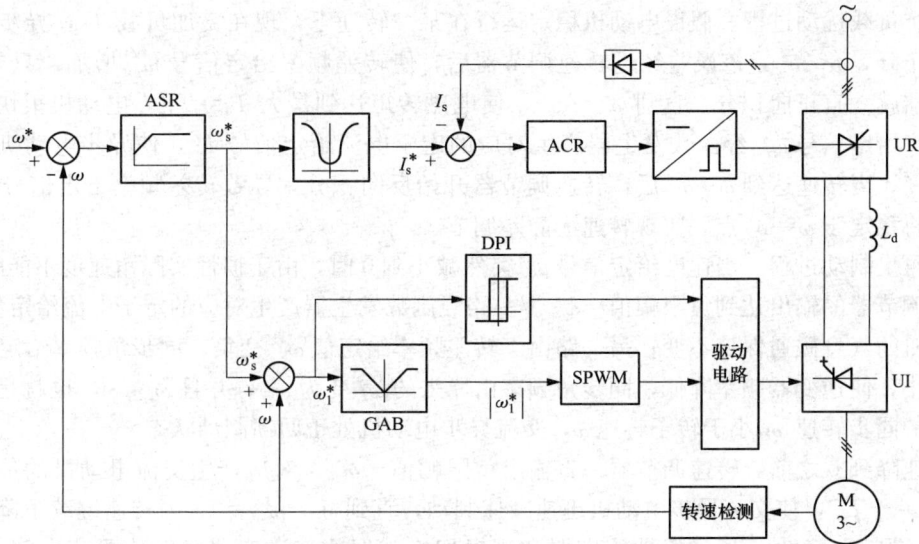

图 9-9　转差频率控制的电流源型交—直—交变频调速系统原理图

电流型转差频率控制变频调速系统包含有 2 个环，转速外环和电流内环。对于转速闭环控制系统而言，转速调节器的输出为电动机转矩的给定值，由转差频率控制的原理知道，异步交流电动机的电磁转矩与转差角频率成正比，因此可认为转速调节器的输出就是转差角频率给定值 ω_s^*，代表转矩给定，其输出限幅 $\pm\omega_{sm}$ 用以限制最大转矩 $\pm T_{em}$，因此通常转速调节器为带输出限幅的比例—积分调节器，电流调节器为比例—积分调节器。转差频率给定值 ω_s^* 的控制作用分两路，分别作用于可控整流装置 VR 和逆变器 VI：①作用于可控整流装置 VR 上的转差角频率给定值 ω_s^*，通过函数发生器按 ω_s^* 的大小，产生相应的定子电流给定信号 I_s^*，通过电流调节器控制定子电流；②作用于逆变器 VI 上的另一路，按 $\omega_s^* + \omega = \omega_1^*$ 的规律产生同步角频率给定值，经绝对值调节器控制 SPWM 产生脉冲控制信号，决定逆变器的输出频率。

当转速给定信号 ω^* 反向时，ω_1^* 反向，极性鉴别器 DPI 判断 ω_1^* 的极性，决定驱动电路的输出相序。而 ω_1^* 信号本身经过绝对值调节器决定输出频率的高低，这样方便地实现可逆运行。

下面分析一下系统各种工作情况。

（1）启动过程。突加转速给定信号 ω^*，转速调节器迅速饱和，其输出转差角频率给定值达到限幅值 ω_{sm}^*。转差角频率给定值通过函数发生器产生对应的定子电流给定信号 I_s^*，使异步电动机的气息磁通 Φ_m 保持不变，在额定磁通下，电动机以与 ω_{sm}^* 对应的最大电磁转矩 $T_e = T_{em}$ 运行，如图 9-10 所示，系统从 A 点启动。转速上升过程中，只要未达到最大给定值 ω_{sm}^*，转速调节器始终饱和，系统始终保持限幅转差角频率 ω_{sm}^* 和限幅转矩 T_{em} 不变，工作点沿特性曲线的包络线直线上升，直到稳态，实现了快速启动的控制要求。

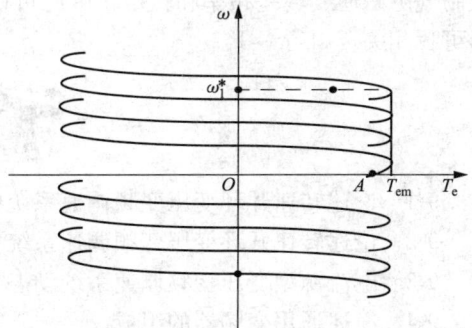

图 9-10　转差频率控制系统运行特性

当转速上升到 $\omega \geqslant \omega^*$ 时，转速调节器退饱和，ω_s^* 由最大限幅值下降到与 $T_e = T_1$ 的对应值上，变频调速系统稳定运行在给定值对应的转速上。

因此启动过程可分为：转矩上升、恒转矩加速和转速调节 3 个阶段。

（2）抗负载扰动过程。假设电动机稳定运行在某一转速下，现在突加负载 T_L，异步电动机角速度 ω 将下降，$\omega < \omega^*$，该误差经过转速调节器后，使转差频率给定信号 ω_s^* 增加，只要 $\omega < \omega^*$，转速调节器就一直正向积分，直到 $\omega_s^* = \omega_{sm}$，使电磁转矩达到最大 $T_e = T_{em}$，电动机很快加速。同时转差频率给定信号 ω_s^* 经函数发生器产生对应的定子电流给定信号 I_s^*，使异步电动机的气息磁通保持不变。当转速达到 $\omega > \omega^*$ 后，转速调节器开始反向积分，导致转差频率给定信号 ω_s^* 下降，转速最终将稳定于 $\omega = \omega^*$ 点，实现转速无静差调节。

（3）再生制动过程。当速度给定信号 ω^* 突然减小到 0 时，由于惯性实际角速度不能瞬间变化，这时转速调节器的输出达到负限幅值 $-\omega_{sm}$。一路经函数发生器产生对应的定子电流给定信号 I_s^* 使异步电动机的气息磁通保持不变；另一路由于转差频率给定值 ω_s^* 变负，同步角频率给定值 $\omega*_1 = \omega_s^* + \omega$ 变小，使逆变器频率降低，同步角频率由原来的 ω_1 变为 ω_{s1}，并且 $\omega_1' < \omega$，也就是说此时异步电动机的同步转速 ω_1 小于转子转速 ω，交流异步电动机处于回馈制动状态。

在转速降到 0 之前，转速调节器一直输出负限幅值 $-\omega_{sm}^*$，对应产生交流电动机的最大反向电磁转矩 $T_e = -T_{em}$，使交流异步电动机迅速减速制动，直到 $\omega_1 - \omega_{sm} = 0$。当转速继续下降，转子转速 $\omega < \omega_{sm}$，则 $\omega_1 < 0$ 时，通过极性鉴别器和逻辑切换装置改变逆变器触发装置产生信号的相序，电动机进入反接制动状态，因转速调节器 ASR 输出未变，对应电磁转矩 $T_e = T_{em}$ 也未变，所以交流异步电动机很快制动到转子转速为 0。

根据以上对工作情况的分析，可以看出转差频率控制方式比恒压频比控制方式前进了一步。该系统在稳定工作时可以实现无静差调节，并且在给定信号变化较大时，能够使电动机电磁转矩在接近最大值情况下完成动态过程，实现四象限运行。

该系统的控制方法类似于直流电动机双闭环控制系统，因此系统的动、静态特性都有一定的提高。但是，如果认真考查一下它的静、动态性能，会发现这个系统与直流双闭环调速系统的性能相比还是有差距的，由于其基本关系式都是从稳态方程中导出的，没有考虑到电动机电磁惯性的影响以及在动态过程中 Φ_m 的变化，所以，严格来说，动态转矩与磁通并未得到圆满的控制，正因如此转差频率控制方式逐渐被转差型矢量控制方式所取代。

电流型转差频率控制变频调速系统通过控制定子电流间接控制电磁转矩，而交流异步电动机直接可控的除了定子电流外，还有定子电压。分析交流异步电动机等效电路可知，定子相电压是励磁电流、定子频率和转差率的函数，因此通过控制定子电压即可间接地控制励磁电流，也可以控制气隙磁通、转差频率和转矩，由此可以设计电压型转差频率控制变频调速系统，感兴趣的读者可找相关资料看一下。

习 题

9-1 论述转速开环变压变频调速系统中给定积分环节的原理与作用。

9-2 论述转速开环变压变频调速系统中转差补偿环节的原理与作用。

9-3 电流源型变压变频调速系统动态校正环节的作用是什么？

9-4 简述通用变频器的组成。

9-5 转差频率控制系统的控制规律是什么？分析说明它与恒压频比控制的异同点。

第 10 章　基于动态模型的异步电动机变频调速系统

本章首先介绍三相交流异步电动机原始动态数学模型，在分析该模型特点的基础上，针对如何简化其数学模型和解耦控制，建立通过矢量变换后的数学模型；重点介绍按转子磁场定向的矢量变换变频调速系统和按定子磁场定向的直接转矩变频调速系统。

10.1　概　　述

第 9 章所讲述的恒压频比控制和转差频率控制的交流异步电动机变压变频调速系统，虽然能够在一定范围内实现平滑调速，也能在一定程度上满足如风机、泵类等负载拖动的需要，但这类调速系统性能是在稳态数学模型的基础上得到的，因而对动态调速性能要求较高的系统，就不能完全适应了。在研究基频以下变压和变频协调控制的机械特性时，按恒转子磁通控制时，其机械特性与直流电动机一致。直流调速系统之所以具有较高的动静态性能，除了是在动态数学模型的基础上进行设计外，主要原因还在于励磁电流和电枢电流是解耦的，也就是说决定磁场的励磁电流和决定转矩的电枢电流是独立的。那么问题是能否寻找到一种方法把异步电动机变换为等效的直流电动机，进而用直流电动机的控制思想控制交流电动机的转速呢？

长期以来，国内外专家学者们一直在努力探索新的交流调速控制系统方案，并在 20 世纪 70 年代初就取得了两项突破性的研究成果，他们是德国西门子公司的 F. Blaschke 等提出的"感应电机磁场定向的控制原理"（1971 年）和美国的 P. C. Custman 与 A. A. Clark 申请的"感应电机定子电压的坐标变换控制"专利。这两项成果从交流异步电动机的动态数学模型出发，在对标量幅值控制的同时，引入了相位控制，从而奠定了矢量控制的基础。这一原理是以旋转的转子磁通空间矢量作为参考坐标，利用从静止坐标系到旋转坐标系之间的变换，把定子电流分解为励磁电流分量与转矩电流分量，实现解耦控制。这样，通过坐标变换重建的交流异步电动机模型就可等效为一台直流电动机，从而可用与控制直流电动机相类似的原理去控制交流异步电动机。矢量控制成功地解决了交流异步电动机定子电流转矩分量和励磁分量的耦合问题，其性能已经可以与直流调速系统的性能相媲美，甚至超过了直流调速系统的性能，目前已得到了广泛应用。

虽然矢量控制较好地解决了交流调速电动机的调速问题，但是，在实际应用中，由于转子磁链难于准确观测，系统特性受电动机参数的影响较大，以及在模拟直流电动机控制过程中所用到的矢量旋转变换的复杂性，使得难以达到理论分析的结果。这是矢量控制的不足之处。

1985 年德国鲁尔大学的德彭布罗克（M. Depenbrock）教授通过对瞬时空间理论的研究，首次提出了直接转矩控制的理论——直接自控制（DSC）方案，发表了文章（德文）"Depenbrock M. Direkte Selbstregelung（DSR）fur Hoch Dynamische Drehfeldantriebe mit Umrichterspeisung［Z］. ETZ-Archiv 1985：211"。这种控制技术不必考虑如何通过解耦将定子电流分解为励磁电流分量和转矩电流分量，而是利用定子电压和电流的空间矢量计算电动机的定子磁链和转矩，并根据与给定值比较所得的差值实现磁链和转矩的直接控制，从而使得直接转矩控制变得简单，并对电动机参数不再敏感，这在很大程度上解决了矢量控制中计算复杂、实际性能难于达到理论分析结果的一些重大问题。随后在 1986 年，日本学者 Takahashi I 和 Noguchi T. 等也提出了类似的控制方案，并发表文章"A new Quick-response and High Efficiency Control Strategy of an Induction Motor [J]. IEEE Trans. Ind. Appl. 1986；820"。M. Depenbrock 和 Takahashi I 的研究成果奠定了直接转矩控制的应用基础，1995 年，ABB 公司率先推出了直接转矩控制的 ACS600 系列通用变频器，目前直接转矩控制技术已日趋成熟，并得到广泛应用。

10.2 异步电动机的多变量非线性数学模型

对他励直流电动机来说，磁通由励磁绕组独立产生，在电动机电枢电源合上以前就可以建立起磁通，并不参与系统的动态过程调节（弱磁调速除外），因此它的动态数学模型只有一个电枢电压输入变量和一个转速输出变量。在考虑了机电时间常数 T_m 和电枢回路电磁时间常数 T_L 以及电力电子变换装置滞后时间常数 T_s 后。一般可以描述成单输入、单输出的三阶线性系统，完全可以应用经典的线性控制理论和它发展出来的工程设计方法进行分析与设计。但是，交流异步电动机的数学模型和直流电动机数学模型相比有着本质上区别。

10.2.1 异步电动机动态数学模型的性质

（1）异步电动机变压变频调速时，需要对电压（或电流）和频率进行协调控制，有电压（电流）和频率两种独立的输入变量。在输出变量中，除转速外，磁通也是一个独立的输出变量，这是因为电动机只有一个三相输入电源，磁通的建立和转速的变化是同时进行的，为了获得良好的动态性能，也希望对磁通施加某种控制，使它在动态过程中尽量保持恒定，才能产生较大的动态转矩。由于这些原因，异步电动机是一个多变量（多输入、多输出）系统，而电压（电流）、频率、磁通、转速之间互相都有影响，所以又是强耦合的多变量系统。

（2）在异步电动机中，电流乘磁通产生转矩，转速乘磁通得到感应电动势，由于它们都是同时变化的，在数学模型中就含有 2 个变量的乘积项。这样一来，即使不考虑磁饱和等因素，数学模型也是非线性的。

（3）三相异步电动机定子有 3 个绕组，转子也可等效为 3 个绕组，每个绕组产生磁通时都有自己的电磁惯性，再算上运动系统的机电惯性和转速与转角的积分关系，即使不考虑变频装置的滞后因素，也是一个高阶系统。

因此，异步电动机的动态数学模型是一个高阶、非线性、强耦合的多变量系统。

10.2.2 三相坐标系上异步电动机原始数学模型

在研究异步电动机的多变量非线性数学模型时，常作如下的假设：

（1）忽略空间谐波设三相绕组对称，在空间互差 120°电角度，所产生的磁动势沿气隙周围按正弦规律分布。

（2）忽略磁路饱和各绕组的自感与互感都是恒定的。

（3）忽略铁芯损耗。

（4）不考虑频率变化和温度变化对绕组电阻的影响。

无论电机转子是绕线型还是笼型的，都将它等效成三相绕线转子，并折算到定子侧，折算后的定子和转子绕组匝数都相等。这样，电动机绕组就等效成图 10-1 所示的三相异步电动机的物理模型。图 10-1 中，定子三相绕组轴线 A、B、C 在空间是固定的，以 A 轴为参考坐标轴；转子绕组轴线 a、b、c 随转子旋转，转子 a 轴和定子 A 轴间的电角度 θ 为空间角位移变量。规定各绕组电压、电流、磁链的正方向符合电动机惯性和右手螺旋定则。这时，异步电动机的数学模型由下述电压方程、磁链方程、转矩方程以及运动方程组成。

1. 电压方程

三相定子绕组的电压平衡方程为

$$u_A = i_A R_s + \frac{d\psi_A}{dt}$$

$$u_B = i_B R_s + \frac{d\psi_B}{dt}$$

$$u_C = i_C R_s + \frac{d\psi_C}{dt}$$

与此对应，三相转子绕组折算到定子侧后的电压方程为

$$u_a = i_a R_r + \frac{d\psi_a}{dt}$$

$$u_b = i_b R_r + \frac{d\psi_b}{dt}$$

$$u_c = i_c R_r + \frac{d\psi_c}{dt}$$

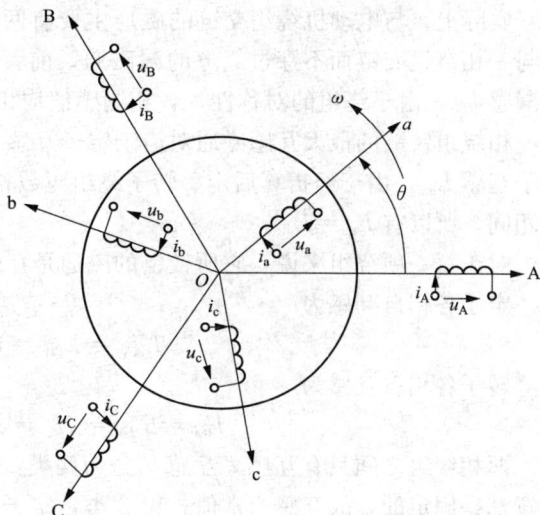

图 10-1　三相异步电机的物理模型

式中　u_A, u_B, u_C, u_a, u_b, u_c——定子和转子相电压的瞬时值；

　　　i_A, i_B, i_C, i_a, i_b, i_c——定子和转子相电流的瞬时值；

　　Ψ_A, Ψ_B, Ψ_C, Ψ_a, Ψ_b, Ψ_c——定子和转子绕组的全磁链；

　　　　　　　　　R_s, R_r——定子和转子绕组电阻。

上述各量都已折算到定子侧，为了简单起见，表示折算的上角标 "'" 均省略，以下同此。

将电压方程写成矩阵形式，并以微分算子 p 代替微分符号 d/dt，则有

$$
\begin{bmatrix} u_A \\ u_B \\ u_C \\ u_a \\ u_b \\ u_c \end{bmatrix} = \begin{bmatrix} R_s & 0 & 0 & 0 & 0 & 0 \\ 0 & R_s & 0 & 0 & 0 & 0 \\ 0 & 0 & R_s & 0 & 0 & 0 \\ 0 & 0 & 0 & R_r & 0 & 0 \\ 0 & 0 & 0 & 0 & R_r & 0 \\ 0 & 0 & 0 & 0 & 0 & R_r \end{bmatrix} \begin{bmatrix} i_A \\ i_B \\ i_C \\ i_a \\ i_b \\ i_c \end{bmatrix} + p \begin{bmatrix} \psi_A \\ \psi_B \\ \psi_C \\ \psi_a \\ \psi_b \\ \psi_c \end{bmatrix}
\tag{10-1}
$$

或写成

$$u = Ri + p\Psi \tag{10-2}$$

2. 磁链方程

每个绕组的磁链是它本身的自感磁链和其他绕组对它的互感磁链之和，因此，6 个绕组的磁链可表达为

$$
\begin{bmatrix} \psi_A \\ \psi_B \\ \psi_C \\ \psi_a \\ \psi_b \\ \psi_c \end{bmatrix} = \begin{bmatrix} L_{AA} & L_{AB} & L_{AC} & L_{Aa} & L_{Ab} & L_{Ac} \\ L_{BA} & L_{BB} & L_{BC} & L_{Ba} & L_{Bb} & L_{Bc} \\ L_{CA} & L_{CB} & L_{CC} & L_{Ca} & L_{Cb} & L_{Cc} \\ L_{aA} & L_{aB} & L_{aC} & L_{aa} & L_{ab} & L_{ac} \\ L_{bA} & L_{bB} & L_{bC} & L_{ba} & L_{bb} & L_{bc} \\ L_{cA} & L_{cB} & L_{cC} & L_{ca} & L_{cb} & L_{cC} \end{bmatrix} \begin{bmatrix} i_A \\ i_B \\ i_C \\ i_a \\ i_b \\ i_c \end{bmatrix}
\tag{10-3}
$$

或写成

$$\Psi = Li \tag{10-4}$$

式中　　　　　　　　　L——6×6 电感矩阵；

　L_{AA}、L_{BB}、L_{CC}、L_{aa}、L_{bb}、L_{cc}——各有关绕组的自感。

其余各项则是绕组间的互感。

实际上，与电动机绕组交链的磁通主要有两类：一类是穿过气隙的相间互感磁通；另一类是只与一相绕组交链而不穿过气隙的漏磁通，前者是主要的。定子各相漏磁通所对应的电感称为定子漏感 $L_{s\sigma}$，由于绕组的对称性，各相漏感值均相等；转子各相漏磁通则对应于转子漏感 $L_{r\sigma}$。与定子一相绕组铰链的最大互感磁通对应于定子互感 L_{ms}，与转子一相绕组铰链的最大互感磁通对应于转子互感 L_{mr}。由于经折算后定、转子绕组匝数相等，并且各绕组产生的互感磁通都通过气隙，磁阻相同，所以有 $L_{ms}=L_{mr}$。

对于每一项绕组来说，它所铰链的磁通是互感磁通与漏感磁通之和。

定子各相自互感为

$$L_{AA}=L_{BB}=L_{CC}=L_{ms}+L_{s\sigma} \tag{10-5}$$

转子各相自互感为

$$L_{aa}=L_{bb}=L_{cc}=L_{mr}+L_{r\sigma}=L_{ms}+L_{r\sigma} \tag{10-6}$$

两相绕组之间只有互感，互感又分为两类：第 1 类，定子三相彼此之间和转子三相彼此之间位置都是固定的，故互感为常值；第 2 类，定子任一相与转子任一相之间的位置是变化的，互感是角位移 θ 的函数。

现在先讨论第 1 类，三相绕组轴线彼此在空间的相位差是 $\pm120°$，在假定气隙磁通为正弦分布的条件下，互感值应为 $L_{ms}\cos120°=L_{ms}\cos(-120°)=-\dfrac{1}{2}L_{ms}$

于是

$$L_{AB}=L_{BC}=L_{CA}=L_{BA}=L_{CB}=L_{AC}=-\frac{1}{2}L_{ms} \tag{10-7}$$

$$L_{ab}=L_{bc}=L_{ca}=L_{ba}=L_{cb}=L_{ac}=-\frac{1}{2}L_{mr}=-\frac{1}{2}L_{ms} \tag{10-8}$$

至于第 2 类，即定、转子绕组间的互感，由于相互间位置的变化（见图 10-1），可分别表示为

$$L_{Aa}=L_{aA}=L_{Bb}=L_{bB}=L_{Cc}=L_{cC}=L_{ms}\cos\theta \tag{10-9}$$

$$L_{Ab}=L_{bA}=L_{Bc}=L_{cB}=L_{Ca}=L_{aC}=L_{ms}\cos(\theta+120°) \tag{10-10}$$

$$L_{Ac}=L_{cA}=L_{Ba}=L_{aB}=L_{Cb}=L_{bC}=L_{ms}\cos(\theta-120°) \tag{10-11}$$

当定、转子两相绕组轴线一致时，两者之间的互感值最大，就是每相最大互感值 L_{ms}。

将式（10-7）～式（10-11）都代入式（10-3），即得完整的磁链方程。显然这个矩阵方程是比较复杂的，为了方便起见，可将它写成分块矩阵的形式

$$\begin{bmatrix} \boldsymbol{\Psi}_s \\ \boldsymbol{\Psi}_r \end{bmatrix}=\begin{bmatrix} \boldsymbol{L}_{ss} & \boldsymbol{L}_{sr} \\ \boldsymbol{L}_{rs} & \boldsymbol{L}_{rr} \end{bmatrix}\begin{bmatrix} \boldsymbol{i}_s \\ \boldsymbol{i}_r \end{bmatrix} \tag{10-12}$$

其中

$$\boldsymbol{\Psi}_s=\begin{bmatrix} \psi_A & \psi_B & \psi_C \end{bmatrix}^T$$

$$\boldsymbol{\Psi}_r=\begin{bmatrix} \psi_a & \psi_b & \psi_c \end{bmatrix}^T$$

$$\boldsymbol{i}_s=\begin{bmatrix} i_A & i_B & i_C \end{bmatrix}^T$$

$$\boldsymbol{i}_r=\begin{bmatrix} i_a & i_b & i_c \end{bmatrix}^T$$

$$\boldsymbol{L}_{ss}=\begin{bmatrix} L_{ms}+L_{s\sigma} & -\dfrac{1}{2}L_{ms} & -\dfrac{1}{2}L_{ms} \\[2mm] -\dfrac{1}{2}L_{ms} & L_{ms}+L_{s\sigma} & -\dfrac{1}{2}L_{ms} \\[2mm] -\dfrac{1}{2}L_{ms} & -\dfrac{1}{2}L_{ms} & L_{ms}+L_{s\sigma} \end{bmatrix} \tag{10-13}$$

$$\boldsymbol{L_{rr}} = \begin{bmatrix} L_{ms} + L_{r\sigma} & -\dfrac{1}{2}L_{ms} & -\dfrac{1}{2}L_{ms} \\[2mm] -\dfrac{1}{2}L_{ms} & L_{ms} + L_{r\sigma} & -\dfrac{1}{2}L_{ms} \\[2mm] -\dfrac{1}{2}L_{ms} & -\dfrac{1}{2}L_{ms} & L_{ms} + L_{r\sigma} \end{bmatrix} \tag{10-14}$$

$$\boldsymbol{L_{rs}} = \boldsymbol{L_{sr}}^{T} = \boldsymbol{L_{ms}} \begin{bmatrix} \cos\theta & \cos(\theta - 120^\circ) & \cos(\theta + 120^\circ) \\ \cos(\theta + 120^\circ) & \cos\theta & \cos(\theta - 120^\circ) \\ \cos(\theta - 120^\circ) & \cos(\theta + 120^\circ) & \cos\theta \end{bmatrix} \tag{10-15}$$

值得注意的是，L_{sr} 和 L_{rs} 2 个分块矩阵互为转置，且均与转子位置 θ 有关，它们的元素都是变参数，这是系统非线性的一个根源。为了把变参数转换成常参数需利用坐标变换，后面将详细讨论这个问题。

如果把磁链方程 $\boldsymbol{\Psi} = Li$ 代入电压方程 $\boldsymbol{u} = Ri + p\boldsymbol{\Psi}$ 中，即得展开后的电压方程

$$\boldsymbol{u} = Ri + p(Li) = Ri + L\frac{\mathrm{d}i}{\mathrm{d}t} + \frac{\mathrm{d}L}{\mathrm{d}t}i = Ri + L\frac{\mathrm{d}i}{\mathrm{d}t} + \frac{\mathrm{d}L}{\mathrm{d}\theta}\cdot\omega i \tag{10-16}$$

式中　$L\mathrm{d}i/\mathrm{d}t$——电磁感应电动势中的脉变电动势（或称变压器电动势）；

$(\mathrm{d}L/\mathrm{d}\theta)\omega i$——电磁感应电动势中与转速 ω 成正比的旋转电动势。

3. 转矩方程

根据机电能量转换原理，在多绕组电动机中，在线性电感的条件下，磁场的储能和磁共能为

$$W_m = W_m' = \frac{1}{2}i^T\boldsymbol{\psi} = \frac{1}{2}i^T Li \tag{10-17}$$

而电磁转矩等于机械角位移变化时磁共能的变化率 $\dfrac{\partial W_m'}{\partial\theta_m}$（电流约束为常值），且机械角位移 $\theta_m = \theta/n_p$，于是有

$$T_e = \frac{\partial W_m'}{\partial\theta_m}\bigg|_{i=常量} = n_p\frac{\partial W_m'}{\partial\theta}\bigg|_{i=常量} \tag{10-18}$$

将式（10-17）代入式（10-18），并考虑到电感的分块矩阵关系式（10-13）~式（10-15），得

$$T_e = \frac{1}{2}n_p i^T\frac{\partial L}{\partial\theta}i = \frac{1}{2}n_p i^T \begin{bmatrix} 0 & \dfrac{\partial L_{sr}}{\partial\theta} \\[2mm] \dfrac{\partial L_{rs}}{\partial\theta} & 0 \end{bmatrix}i \tag{10-19}$$

又由于 $i^T = \begin{bmatrix} i_s^T & i_r^T \end{bmatrix} = \begin{bmatrix} i_A & i_B & i_C & i_a & i_b & i_c \end{bmatrix}$，代入式（10-19）得

$$T_e = \frac{1}{2}n_p\left[i_r^T\cdot\frac{\partial L_{rs}}{\partial\theta}i_s + i_s^T\cdot\frac{\partial L_{sr}}{\partial\theta}i_r \right] \tag{10-20}$$

将式（10-15）代入式（10-20）并展开，舍去负号，即电磁转矩的正方向为使 θ 减小的方向，则

$$T_e = n_p L_{ms}\big[(i_A i_a + i_B i_b + i_C i_c)\sin\theta + (i_A i_b + i_B i_c + i_C i_a)\sin(\theta + 120^\circ) + (i_A i_c +$$
$$i_B i_a + i_C i_b)\sin(\theta - 120^\circ) \big] \tag{10-21}$$

应该指出，上述公式是在线性磁路、磁动势在空间按正弦分布的假定条件下得出来的，但对定、转子电流未作任何假定，式中的 i 都是瞬时值。因此，上述电磁转矩公式完全适用于变压变频器供电的含有电流谐波的三相异步电动机调速系统。

4. 运动方程

$$T_e = T_L + \frac{J}{n_p}\frac{\mathrm{d}\omega}{\mathrm{d}t} + \frac{D}{n_p}\omega + \frac{K}{n_p}\theta \tag{10-22}$$

式中　T_e——电动机的电磁转矩；

T_L——负载转矩；

J——系统的总转动惯量；

ω——电动机角速度；

n_p——极对数；

D——与转速成正比的转矩阻尼系数；

K——扭转弹性转矩系数，对恒转矩负载，$D=0$，$K=0$。

5. 异步电动机在静止轴系上的数学模型

将磁链方程 $\boldsymbol{\Psi}=Li$ 代入电压方程 $\boldsymbol{u}=Ri+p\boldsymbol{\Psi}$ 可得

$$\boldsymbol{u} = Ri + L\frac{\mathrm{d}i}{\mathrm{d}t} + \frac{\mathrm{d}L}{\mathrm{d}t}i = Ri + L\frac{\mathrm{d}i}{\mathrm{d}t} + \omega\frac{\mathrm{d}L}{\mathrm{d}\theta}i \tag{10-23}$$

电压方程式（10-23）、磁链方程式（10-3）、运动方程式（10-22）、转矩方程式（10-21）及 $\omega=\mathrm{d}\theta/\mathrm{d}t$ 归纳在一起便构成了恒转矩负载下的异步电动机在静止轴系上的数学模型

$$\left. \begin{array}{l} \boldsymbol{u} = Ri + L\dfrac{\mathrm{d}i}{\mathrm{d}t} + \omega\dfrac{\mathrm{d}L}{\mathrm{d}\theta}i \\[2mm] \boldsymbol{\Psi} = Li \\[2mm] T_e = T_L + \dfrac{J}{n_p}\dfrac{\mathrm{d}\omega}{\mathrm{d}t} \\[2mm] T_e = f(i_A, \quad i_B, \quad i_C, \quad i_a, \quad i_b, \quad i_c) \\[2mm] \omega = \dfrac{\mathrm{d}\theta}{\mathrm{d}t} \end{array} \right\} \tag{10-24}$$

由式（10-24）可以看出，这组方程充分体现了异步电动机的动态数学模型是一个高阶、非线性、强耦合、多变量的特点。

10.3 矢 量 变 换

分析和求解式（10-24）方程组是非常困难的，即使绘制一个清晰的结构图也并非容易。为了使异步电动机数学模型具有可控性、可观性，必须借鉴直流电动机转矩产生的机理，对其进行变换、解耦，使其成为一个线性、解耦的系统。

10.3.1 基本思想及其坐标变换的条件

1. 基本思想

我们知道当交流电动机三相对称静止绕组 A、B、C 通以三相平衡正弦交流电时，将产生以同步转速旋转的合成磁动势 F，物理模型如图 10-2（a）所示。

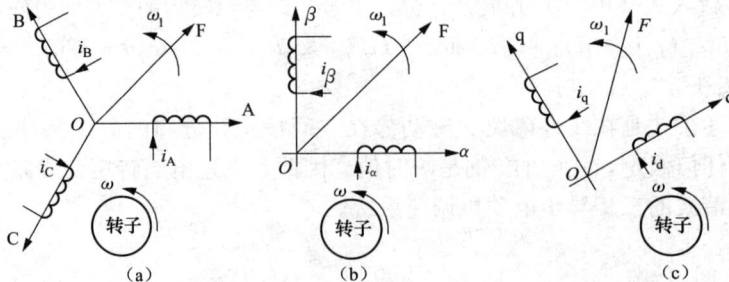

图 10-2 等效的交流电动机绕组和直流电动机绕组物理模型

（a）三相交流绕组；（b）两相交流绕组；（c）旋转的直流绕组

　　由交流电动机原理知，这一旋转的磁动势 F 切割转子绕组产生转子电流，从而受力旋转。然而，旋转磁动势并不一定非要三相不可，除单相以外，二相、三相、四相、……等任意对称的多相绕组，通以平衡的多相电流，都能产生旋转磁动势。图 10-2（b）中绘出了具有两相静止绕组 α 和 β 的物理模型，它们在空间互差 90°，通以时间上互差 90°的两相平衡交流电流，也产生旋转磁动势 F。由图 10-2（a）和（b）的两个旋转磁动势大小和转速都相等时，认为图 10-2（b）的两相绕组与图 10-2（a）的三相绕组对同一转子的作用是等效的。

　　在图 10-2（c）的两个匝数相等且互相垂直的绕组 d 和 q 中分别通以直流电流 i_d 和 i_q，产生的合成磁动势 F，其位置相对于绕组是固定的。若让包含两个绕组在内的整个铁芯以同步转速旋转，则磁动势 F 自然也随之旋转起来，成为旋转磁动势。如果这样的旋转磁动势的大小和转速与图 10-2（a）和图 10-2（b）中的磁动势一样，那么这里旋转的直流绕组就和前面静止的交流绕组等效了。当观察者站到铁芯上和绕组一起旋转时，在他看来，d 和 q 是两个通以直流而相互垂直的静止绕组。如果控制磁通的位置在 d 轴上，就和直流电机物理模型没有本质上的区别了。这时，绕组 d 相当于励磁绕组，q 相当于伪静止的电枢绕组。

　　由此可见，以产生同样的旋转磁动势为准则，图 10-2（a）的三相交流绕组、图 10-2（b）的两相交流绕组和图 10-2（c）中整体旋转的直流绕组对同一转子而言是彼此等效的。或者说，在三相坐标系上的 i_A、i_B、i_C，在两相坐标系上的 i_α、i_β 和在旋转两相坐标系上的直流 i_d、i_q 是等效的，它们能产生相同的旋转磁动势。有意思的是，就图 10-2（c）的 d、q 两个绕组而言，当观察者站在坐标系外看上去，它们是与三相交流绕组等效的旋转直流绕组；如果站到旋转着的坐标系上看，它就是一个直流电动机模型了。因此，既然等效，它们之间必存在着联系，也就是说三相对称静止绕组与二相对称静止绕组以及二相垂直的直流绕组间存在着变换关系，且是双向可逆的。如果以三相静止绕组、二相静止绕组以及二相旋转绕组的轴线为坐标，那它们间的关系就是坐标变换关系了。这样，通过坐标系的变换，可以找到与交流三相绕组等效的直流电机模型，进而可以用与直流电动机同样的控制原理和方法控制交流电动机了。这就是矢量变换控制的基本思想。

2. 矢量坐标变换的原则

矢量坐标变换遵循功率不变的原则。

设在原坐标系上电路或系统的电压、电流向量分别是 u 和 i，在新坐标系上电压、电流向量为 u' 和 i'，即

$$u=\begin{bmatrix}u_1\\u_2\\\vdots\\u_n\end{bmatrix},i=\begin{bmatrix}i_1\\i_2\\\vdots\\i_n\end{bmatrix}\text{和}\quad u'=\begin{bmatrix}u_1'\\u_2'\\\vdots\\u_n'\end{bmatrix},i'=\begin{bmatrix}i_1'\\i_2'\\\vdots\\i_n'\end{bmatrix}$$

定义新向量与原向量的坐标变换关系为 $u=C_u u'$ 和 $i=C_i i'$

变换前的功率为

$$P = u_1 i_1 + u_2 i_2 + \cdots + u_n i_n = i^T u \tag{10-25}$$

变换后的功率为

$$P' = u_1' i_1' + u_2' i_2' + \cdots + u_n' i_n' = i'^T u' \tag{10-26}$$

而 $P=i^T u=(C_i i')^T C_u u'=i'^T C_i^T C_u u'$，若 $P=P'$，则

$$P = i'^T C_i^T C_u u' = i'^T u' = P'$$

因此，$C_i^T C_u=E$ 为单位矩阵。

一般情况下，为使变换和具体实现简单，通常把电流和电压变换阵取为同一矩阵，即令

$$C_i = C_u = C \tag{10-27}$$

则 $$C^{\mathrm{T}}C = E \tag{10-28}$$

得 $$C^{-1} = C^{\mathrm{T}} \tag{10-29}$$

结论：在功率不变，且电流、电压选取相同变换矩阵的条件下，变换阵的逆阵与其转置矩阵相等，即变换矩阵 C 为正交矩阵。

10.3.2 坐标的矢量变换和变换矩阵

坐标的矢量变换包括：三相静止坐标系 A、B、C 到两相静止坐标系 α、β 的变换，简称 3s/2s 变换，其中 s 表示静止；两相静止坐标系 α、β 到两相旋转坐标系 d、q 的变换，简称 2s/2r 变换，其中 r 表示旋转；直角坐标到极坐标的变换，简称 K/P 变换。注意，上述变换均是可逆的。

1. 3s/2s 变换

图 10-3 中同时绘出了 A、B、C 和 α、β 两个静止坐标系，为方便起见，取 A 轴和 α 轴重合。

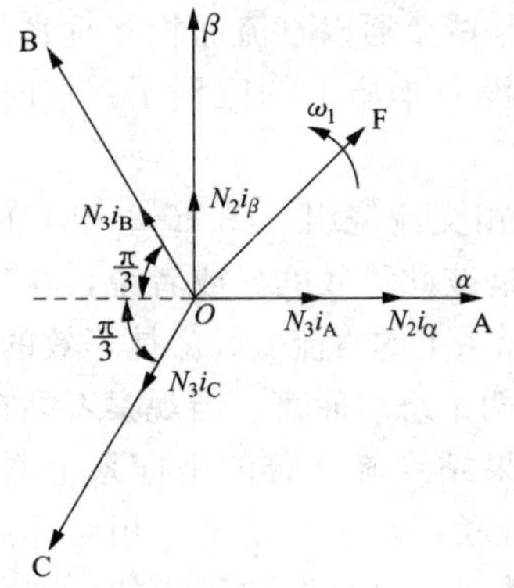

图 10-3　3s/2s 坐标变换

设三相绕组每相有效匝数为 N_3，两相绕组每相有效匝数为 N_2，各相磁动势为有效匝数与电流的乘积，其空间矢量均位于相应相的坐标轴上。由于交流磁动势的大小随时间瞬时变化，3s/2s 坐标变换如图 10-3 所示，图中磁动势矢量的长度是随意的。

设磁动势波形是正弦分布的，当三相总磁动势与二相总磁动势相等时，两套绕组瞬时磁动势在 α、β 轴上的投影对应相等，即

$$N_2 i_\alpha = N_3 i_{\mathrm{A}} - N_3 i_{\mathrm{B}} \cos 60^\circ - N_3 i_{\mathrm{C}} \cos 60^\circ = N_3 \left(i_{\mathrm{A}} - \frac{1}{2} i_{\mathrm{B}} - \frac{1}{2} i_{\mathrm{C}} \right)$$

$$N_2 i_\beta = N_3 i_{\mathrm{B}} \sin 60^\circ - N_3 i_{\mathrm{C}} \sin 60^\circ = \frac{\sqrt{3}}{2} (i_{\mathrm{B}} - i_{\mathrm{C}})$$

为求逆矩阵，需使电流变换为非奇异矩阵，为此引入另一个独立于 i_α 和 i_β 的新变量 i_0，称为零序电流，并定义 i_0 为

$$N_2 i_0 = K N_3 i_{\mathrm{A}} + K N_3 i_{\mathrm{B}} + K N_3 i_{\mathrm{C}}$$

式中　K——待定系数。

写成矩阵形式

$$\begin{bmatrix} i_\alpha \\ i_\beta \\ i_0 \end{bmatrix} = \frac{N_3}{N_2} \begin{bmatrix} 1 & -\dfrac{1}{2} & -\dfrac{1}{2} \\ 0 & \dfrac{\sqrt{3}}{2} & -\dfrac{\sqrt{3}}{2} \\ K & K & K \end{bmatrix} \begin{bmatrix} i_{\mathrm{A}} \\ i_{\mathrm{B}} \\ i_{\mathrm{C}} \end{bmatrix}$$

因此变换矩阵为

$$C_{3s/2s} = \frac{N_3}{N_2} \begin{bmatrix} 1 & -\dfrac{1}{2} & -\dfrac{1}{2} \\ 0 & \dfrac{\sqrt{3}}{2} & -\dfrac{\sqrt{3}}{2} \\ K & K & K \end{bmatrix} \tag{10-30}$$

根据矢量坐标变换遵循功率不变的原则，要求变换矩阵为正交矩阵，即 $C^{-1} = C^{\mathrm{T}}$，得到

$$\frac{N_3}{N_2} = \frac{2}{3} \frac{N_2}{N_3} \ \text{及} \ K = \frac{1}{2K}$$

从而求得

$$\frac{N_2}{N_3} = \sqrt{\frac{3}{2}} \ \text{及} \ K = \frac{1}{\sqrt{2}}$$

即得三相—两相的变换矩阵为

$$C_{3s/2s} = \sqrt{\frac{2}{3}} \begin{bmatrix} 1 & -\dfrac{1}{2} & -\dfrac{1}{2} \\ 0 & \dfrac{\sqrt{3}}{2} & -\dfrac{\sqrt{3}}{2} \\ \dfrac{1}{\sqrt{2}} & \dfrac{1}{\sqrt{2}} & \dfrac{1}{\sqrt{2}} \end{bmatrix} \tag{10-31}$$

而两相—三相的变换矩阵则为

$$C_{2s/3s} = C_{3s/2}^{-1} = C_{3s/2s}^{T} = \sqrt{\frac{2}{3}} \begin{bmatrix} 1 & 0 & \dfrac{1}{\sqrt{2}} \\ -\dfrac{1}{2} & \dfrac{\sqrt{3}}{2} & \dfrac{1}{\sqrt{2}} \\ -\dfrac{1}{2} & \dfrac{\sqrt{3}}{2} & \dfrac{1}{\sqrt{2}} \end{bmatrix} \tag{10-32}$$

如果三相绕组是 Y 形联结不带中性线，则有 $i_A + i_B + i_C = 0$，或 $i_C = -i_A - i_B$。代入式（10-31）和式（10-32）并整理后得

$$\begin{bmatrix} i_\alpha \\ i_\beta \end{bmatrix} = \begin{bmatrix} \sqrt{\dfrac{3}{2}} & 0 \\ \dfrac{1}{\sqrt{2}} & \sqrt{2} \end{bmatrix} \begin{bmatrix} i_A \\ i_B \end{bmatrix} \tag{10-33}$$

$$\begin{bmatrix} i_A \\ i_B \\ i_C \end{bmatrix} = \sqrt{\frac{2}{3}} \begin{bmatrix} 1 & 0 \\ -\dfrac{1}{2} & \dfrac{\sqrt{3}}{2} \\ -\dfrac{1}{2} & -\dfrac{\sqrt{3}}{2} \end{bmatrix} \begin{bmatrix} i_\alpha \\ i_\beta \end{bmatrix} \tag{10-34}$$

按照所采用的条件，电压变换阵，磁链变换阵均与电流变换阵相同。

2. 2s/2r 变换（VR 变换）

两相静止坐标系 α、β 到两相旋转坐标系 d、q 的变换也称 VR 变换，把个坐标系画在一起，即得图 10-4。图 10-4 中静止坐标系的两相交流电流 i_α、i_β 和旋转坐标系的两个直流电流 i_d、i_q，产生同样的以同步转速 ω_1 旋转的合成电流矢量 i_s 和磁动势矢量 F。

在图 10-4 中，d 轴、q 轴和合成磁动势矢量 $F(i_s)$ 都以 ω_1 转速旋转，α、β 轴是静止的，α 轴与 d 轴的夹角 φ 随时间而变化，因此 i_s 在 α、β 轴上的分量 i_α、i_β 相当于 α、β 绕组交流磁动势的瞬时值。

图 10-4　2s/2r 坐标变换

由图 10-4 可见，i_α、i_β 和 i_d、i_q 之间存在下列关系

$$i_\alpha = i_d \cos\varphi - i_q \sin\varphi$$
$$i_\beta = i_d \sin\varphi + i_q \cos\varphi$$

写成矩阵形式，得

$$\begin{bmatrix} i_\alpha \\ i_\beta \end{bmatrix} = \begin{bmatrix} \cos\varphi & -\sin\varphi \\ \sin\varphi & \cos\varphi \end{bmatrix} \begin{bmatrix} i_d \\ i_q \end{bmatrix} = C_{2r/2s} \begin{bmatrix} i_d \\ i_q \end{bmatrix} \tag{10-35}$$

式中

$$C_{2r/2s} = \begin{bmatrix} \cos\varphi & -\sin\varphi \\ \sin\varphi & \cos\varphi \end{bmatrix} \tag{10-36}$$

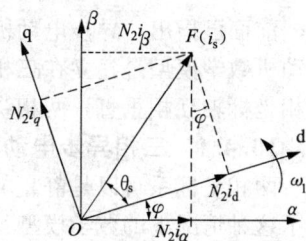

$C_{2r/2s}$ 是两相旋转坐标系变换到两相静止坐标系的变换阵。对式（10-35）两边都左乘以变换阵的逆矩阵，即得

$$\begin{bmatrix} i_d \\ i_q \end{bmatrix} = \begin{bmatrix} \cos\varphi & -\sin\varphi \\ \sin\varphi & \cos\varphi \end{bmatrix}^{-1} \begin{bmatrix} i_\alpha \\ i_\beta \end{bmatrix} = \begin{bmatrix} \cos\varphi & \sin\varphi \\ -\sin\varphi & \cos\varphi \end{bmatrix} \begin{bmatrix} i_\alpha \\ i_\beta \end{bmatrix} \tag{10-37}$$

则两相静止坐标系变换到两相旋转坐标系的变换阵为

$$C_{2s/2r} = \begin{bmatrix} \cos\varphi & \sin\varphi \\ -\sin\varphi & \cos\varphi \end{bmatrix} \tag{10-38}$$

电压和磁链的旋转变换阵也与电流（磁动势）旋转变换阵相同。

3. 直角坐标/极坐标变换（K/P 变换）

在图 10-4 中令矢量 i_s 和 d 轴的夹角为 θ_s，已知 i_d、i_q，求 i_s 和 θ_s，就是直角坐标/极坐标变换，简称 K/P 变换。显然，其变换式应为

$$i_s = \sqrt{i_d^2 + i_q^2} \tag{10-39}$$

$$\theta_s = \arctan \frac{i_q}{i_d} \tag{10-40}$$

当 θ_s 在 $0°\sim90°$之间变化时，$\tan\theta_s$ 的变化范围是 $0\sim\infty$，这个变化幅度太大，很难在实际变换器中实现，因此常改用下列方式来表示 θ_s 的值，即

$$\tan\frac{\theta_s}{2} = \frac{\sin\dfrac{\theta_s}{2}}{\cos\dfrac{\theta_s}{2}} = \frac{\sin\dfrac{\theta_s}{2}\left(2\cos\dfrac{\theta_s}{2}\right)}{\cos\dfrac{\theta_s}{2}\left(2\cos\dfrac{\theta_s}{2}\right)} = \frac{\sin\theta_s}{1+\cos\theta_s} = \frac{i_q}{i_s + i_d}$$

这样

$$\theta_s = 2\arctan\frac{i_q}{i_s + i_d} \tag{10-41}$$

式（10-41）可用来代替式（10-40），作为 θ_s 的变换式。

10.4　矢量变换数学模型

前面已指出，异步电动机的数学模型比较复杂，坐标变换的目的就是要简化数学模型。异步电动机数学模型是建立在三相静止的 A、B、C 坐标系上的，如果把它变换到两相坐标系上，由于两相坐标轴互相垂直，两相绕组之间没有磁的耦合，仅此一点，就会使数学模型简单了许多。

10.4.1　三相异步电动机在两相任意旋转坐标系上的数学模型

两相坐标系可以是静止的，也可以是旋转的，其中以任意转速旋转的坐标系为最一般的情况，有了这种情况下的数学模型，要求出某一具体两相坐标系上的模型就比较容易了。

设两相坐标系 d 轴与三相坐标系 A 轴的夹角为 φ，而 $p\varphi = \omega_{dqs}$ 为 d、q 坐标系相对于定子的角转速，ω_{dqr} 为 d、q 坐标系相对于转子的角转速。要把三相静止坐标系上的电压方程、磁链方程和转矩方程都变换到两相旋转坐标系上来，可以先利用 3s/2s 变换将方程式中定子和转子的电压、电流、磁链和转矩都变换到两相静止坐标系 α、β 上，然后再用旋转变换 2s/2r 将这些变量变换到两相旋转坐标系 d、q 上。具体的变换过程请读者参考相关资料，此处从略。下面是变换后的数学模型。

1. 磁链方程

$$\begin{bmatrix} \psi_{sd} \\ \psi_{sq} \\ \psi_{rd} \\ \psi_{rq} \end{bmatrix} = \begin{bmatrix} L_s & 0 & L_m & 0 \\ 0 & L_s & 0 & L_m \\ L_m & 0 & L_r & 0 \\ 0 & L_m & 0 & L_r \end{bmatrix} \begin{bmatrix} i_{sd} \\ i_{sq} \\ i_{rd} \\ i_{rq} \end{bmatrix} \tag{10-42}$$

或写成

$$\left.\begin{array}{l}\psi_{sd}=L_s i_{sd}+L_m i_{rd}\\[2pt]\psi_{sq}=L_s i_{sq}+L_m i_{rq}\\[2pt]\psi_{rd}=L_m i_{sd}+L_r i_{rd}\\[2pt]\psi_{rq}=L_m i_{sq}+L_r i_{rq}\end{array}\right\}\qquad(10\text{-}43)$$

式中　L_m——d、q 坐标系定子与转子同轴等效绕组间的互感，$L_m=\dfrac{3}{2}L_{ms}$；

　　　　L_s——d、q 坐标系定子等效两相绕组的自感，$L_s=\dfrac{3}{2}L_{ms}+L_{s\sigma}=L_m+L_{s\sigma}$；

　　　　L_r——d、q 坐标系转子等效两相绕组的自感，$L_r=\dfrac{3}{2}L_{ms}+L_{r\sigma}=L_m+L_{r\sigma}$。

　　应该注意，两相绕组互感 L_m 是原三相绕组中任意两相间最大互感（当轴线重合时）L_{ms} 的 3/2 倍，这是因为用两相绕组等效地取代了三相绕组的缘故。

　　异步电动机变换到 d、q 坐标系上时，定子和转子的等效绕组均落在了 d 轴和 q 轴上，两轴互相垂直，它们之间没有耦合关系，互感磁链只在同轴绕组间存在，所以式中每个磁链分量只剩下 2 项，电感矩阵比 A、B、C 坐标系的 6×6 矩阵简单多了。异步电机变换到 d、q 坐标系上的物理模型如图 10-5 所示。

2. 电压方程

$$\left.\begin{array}{l}U_{sd}=R_s i_{sd}+p\psi_{sd}-\omega_{dps}\psi_{sq}\\[2pt]U_{sq}=R_s i_{sq}+p\psi_{sq}-\omega_{dps}\psi_{sd}\\[2pt]U_{rd}=R_r i_{rd}+p\psi_{rd}-\omega_{dqr}\psi_{rq}\\[2pt]U_{rq}=R_r i_{rq}+p\psi_{rq}-\omega_{dqr}\psi_{rd}\end{array}\right\}\qquad(10\text{-}44)$$

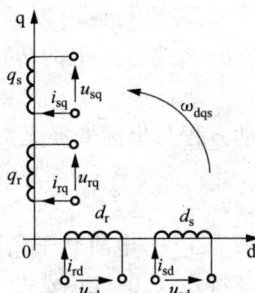

图 10-5　异步电动机在两相旋转坐标系 d、q 上的物理模型

将磁链方程式（10-43）代入式（10-44）中，得到 dq 坐标系上的电压方程式为

$$\begin{bmatrix}U_{sd}\\U_{sq}\\U_{rd}\\U_{rq}\end{bmatrix}=\begin{bmatrix}R_s+L_s P & -\omega_{dqs}L_s & L_m P & -\omega_{dqs}L_m\\ \omega_{dps}L_s & R_s+L_s P & \omega_{dqs}L_m & L_m P\\ L_m P & -\omega_{dqr}L_m & R_r+L_r P & -\omega_{dqr}L_r\\ \omega_{dqr}L_m & L_m P & \omega_{dqr}L_r & R_r+L_r P\end{bmatrix}\begin{bmatrix}i_{sd}\\i_{sq}\\i_{rd}\\i_{rq}\end{bmatrix}\qquad(10\text{-}45)$$

　　对比式（10-45）和式（10-42）可知，两相坐标系上的电压方程是 4 维的，它比三相坐标系上的 6 维电压方程降低了 2 维。

　　在电压方程式（10-45）等号右侧的系数矩阵中，含 R 项表示电阻压降，含 Lp 项表示电感压降，即脉变电动势，含 ω 项表示旋转电动势。为了使物理概念更清楚，可以把它们表示为式（10-46）的形式，即

$$\begin{bmatrix}U_{sd}\\U_{sq}\\U_{rd}\\U_{rq}\end{bmatrix}=\begin{bmatrix}R_s & 0 & 0 & 0\\ 0 & R_s & 0 & 0\\ 0 & 0 & R_r & 0\\ 0 & 0 & 0 & R_r\end{bmatrix}\begin{bmatrix}i_{sd}\\i_{sq}\\i_{rd}\\i_{rq}\end{bmatrix}+\begin{bmatrix}L_s p & 0 & L_m p & 0\\ 0 & L_s p & 0 & L_m p\\ L_m p & 0 & L_r p & 0\\ 0 & L_m p & 0 & L_r p\end{bmatrix}\begin{bmatrix}i_{sd}\\i_{sq}\\i_{rd}\\i_{rq}\end{bmatrix}+\begin{bmatrix}0 & -\omega_{dqs} & 0 & 0\\ \omega_{dqs} & 0 & 0 & 0\\ 0 & 0 & 0 & -\omega_{dqr}\\ 0 & 0 & \omega_{dqr} & 0\end{bmatrix}\begin{bmatrix}\psi_{sd}\\\psi_{sq}\\\psi_{rd}\\\psi_{rq}\end{bmatrix}$$

$$(10\text{-}46)$$

令 $u=\begin{bmatrix}U_{sd} & U_{sq} & U_{rd} & U_{rq}\end{bmatrix}^T$，

　$i=\begin{bmatrix}i_{sd} & i_{sq} & i_{rd} & i_{rq}\end{bmatrix}^T$，

　$\psi=\begin{bmatrix}\psi_{sd} & \psi_{sq} & \psi_{rd} & \psi_{rq}\end{bmatrix}^T$

$$R = \begin{bmatrix} R_s & 0 & 0 & 0 \\ 0 & R_s & 0 & 0 \\ 0 & 0 & R_s & 0 \\ 0 & 0 & 0 & R_s \end{bmatrix}, \quad L = \begin{bmatrix} L_s & 0 & L_m & 0 \\ 0 & L_s & 0 & L_m \\ L_m & 0 & L_r & 0 \\ 0 & L_m & 0 & L_r \end{bmatrix}$$

旋转电动势向量为

$$e_r = \begin{bmatrix} 0 & -\omega_{dqs} & 0 & 0 \\ \omega_{dqs} & 0 & 0 & 0 \\ 0 & 0 & 0 & -\omega_{dqr} \\ 0 & 0 & \omega_{dqr} & 0 \end{bmatrix} \begin{bmatrix} \psi_{sd} \\ \psi_{sq} \\ \psi_{rd} \\ \psi_{rq} \end{bmatrix}$$

则式（10-46）变成

$$u = Ri + Lpi + e_r \tag{10-47}$$

式（10-47）就是异步电机在 d、q 坐标系上的非线性动态电压方程式。

3. 转矩和运动方程

d、q 坐标系上的转矩方程为

$$T_e = n_p L_m (i_{sq} i_{rd} + i_{sd} i_{rq}) \tag{10-48}$$

运动方程与坐标变换无关，仍为

$$T_e = T_L + \frac{J}{n_p} \frac{d\omega}{dt}$$

其中　ω——电机转子角速度，$\omega = \omega_{dqs} - \omega_{dqr}$。

将式（10-44）或式（10-45）在 d、q 坐标系上的电压方程绘成动态等效电路，如图 10-6 所示，其中，图 10-6（a）是 d 轴电路，图 10-6（b）是 q 轴电路，它们之间靠 4 个旋转电动势互相耦合。图 10-6 中所有表示电压或电动势的箭头都是按电压降的方向画的。

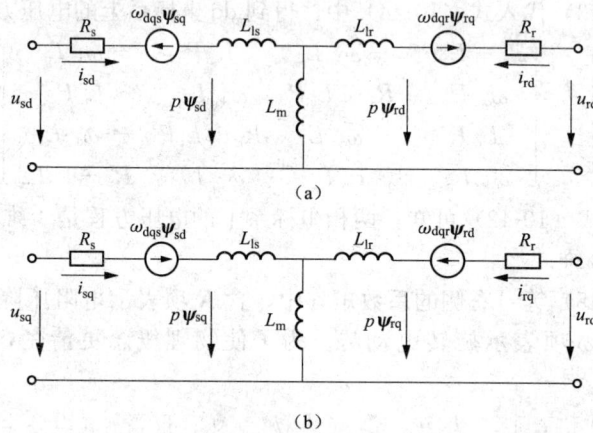

图 10-6　异步电动机在 d、q 坐标系上的动态等效电路

(a) d 轴电路；(b) q 轴电路

可见，它们之间靠旋转电动势 $\omega_{dqs}\Psi_{sq}$、$\omega_{dqr}\Psi_{rq}$、$\omega_{dqs}\Psi_{sd}$ 和 $\omega_{dqr}\Psi_{rd}$ 互相耦合而作用。

10.4.2　三相异步电机在两相静止坐标系上的数学模型

在静止坐标系 α、β 上的数学模型是任意旋转坐标系数学模型当坐标转速等于 0 且 d 与 α 重合时的特例。此时 $\omega_{dqs} = 0$，$\omega_{dqr} = -\omega$。将式（10-19）下角标 d、q 改成 α、β，就得到 α、β 坐标系下

的电压矩阵方程为

$$
\begin{bmatrix} u_{s\alpha} \\ u_{s\beta} \\ u_{r\alpha} \\ u_{r\beta} \end{bmatrix} = \begin{bmatrix} R_s + L_s p & 0 & L_m p & 0 \\ 0 & R_s + L_s p & 0 & L_m p \\ L_m p & \omega L_m & R_r + L_r p & \omega L_r \\ -\omega L_m & L_m p & -\omega L_r & R_r + L_r p \end{bmatrix} \begin{bmatrix} i_{s\alpha} \\ i_{s\beta} \\ i_{r\alpha} \\ i_{r\beta} \end{bmatrix} \tag{10-49}
$$

同理式（10-42）的磁链方程可改为

$$
\begin{bmatrix} \Psi_{s\alpha} \\ \Psi_{s\beta} \\ \Psi_{r\alpha} \\ \Psi_{r\beta} \end{bmatrix} = \begin{bmatrix} L_s & 0 & L_m & 0 \\ 0 & L_s & 0 & L_m \\ L_m & 0 & L_r & 0 \\ 0 & L_m & 0 & L_r \end{bmatrix} \begin{bmatrix} i_{s\alpha} \\ i_{s\beta} \\ i_{r\alpha} \\ i_{r\beta} \end{bmatrix} \tag{10-50}
$$

利用两相旋转变换阵 $C_{2s/2r}$，可得

$$
i_{sd} = i_{s\alpha} \cos\theta + i_{s\beta} \sin\theta
$$
$$
i_{sq} = -i_{s\alpha} \sin\theta + i_{s\beta} \cos\theta
$$
$$
i_{rd} = i_{r\alpha} \cos\theta + i_{r\beta} \sin\theta
$$
$$
i_{rq} = -i_{r\alpha} \sin\theta + i_{r\beta} \cos\theta
$$

代入式（10-48）并整理后，即得到 α、β 坐标上的电磁转矩

$$
T_e = n_p L_m (i_{s\beta} i_{r\alpha} - i_{s\alpha} i_{r\beta}) \tag{10-51}
$$

式（10-49）~式（10-51）及运动方程式便构成了 α、β 坐标系上的异步电动机数学模型。这种在两相静止坐标系上的数学模型又称作 Kron 异步电动机方程式或双轴原型电机（Two Axis Primitive Machine）基本方程式。

10.4.3　三相异步电动机在两相同步旋转坐标系上的数学模型

另一种很有用的坐标系是两相同步旋转坐标系，其坐标轴仍用 d、q 表示，只是坐标轴的旋转速度 ω_{dqs} 等于定子频率的同步角转速 ω_1。而转子的转速为 ω，因此 d、q 轴相对于转子的角转速 $\omega_{dqr} = \omega_1 - \omega = \omega_s$，即转差角转速。代入式（10-45），即得同步旋转坐标系上的电压方程为

$$
\begin{bmatrix} u_{sd} \\ u_{sq} \\ u_{rd} \\ u_{rq} \end{bmatrix} = \begin{bmatrix} R_s + L_s p & -\omega_1 L_s & L_m p & -\omega_1 L_m \\ \omega_1 L_s & R_s + L_s p & \omega_1 L_m & L_m p \\ L_m p & -\omega_1 L_m & R_r + L_r p & -\omega_s L_r \\ \omega_s L_m & L_m p & \omega_s L_r & R_r + L_r p \end{bmatrix} \begin{bmatrix} i_{sd} \\ i_{sq} \\ i_{rd} \\ i_{rq} \end{bmatrix} \tag{10-52}
$$

磁链方程、转矩方程和运动方程均不变。

两相同步旋转坐标系的突出特点是：当三相 A、B、C 坐标系中的电压和电流为正弦函数时，变换到 d、q 坐标系上就成为直流。

10.5　按转子磁场定向的异步电动机矢量控制系统

在前述的两相同步旋转坐标变换动态模型分析中，只规定了 d、p 两轴的相互垂直关系和定子频率同步的旋转速度，并未规定两轴与电动机旋转磁场的相对位置，对此是有选择余地的。如果取 d 轴沿着转子总磁链矢量 ψ_r 的方向，称为 M 轴，取 q 轴为逆时针旋转 90°，即垂直于 ψ_r，称为 T 轴。这样的两相同步旋转坐标规定为 M－T 坐标系，即按转子磁链定向的旋转坐标系，如图 10-7 所示。这种按转子全磁链定向的异步电动机矢量控制系统称为异步电动机按转子磁链定向的矢量控制系统。

10.5.1 矢量控制的基本方程

1. 按转子磁链定向的三相异步电动机数学模型

(1) 电压方程。从图 10-7 中可以看出，由于 M 轴取向于转子全磁链 ψ_r 轴，T 轴垂直于 M 轴，因而使 ψ_r 在 T 轴上的分量为 0，表明了转子全磁链 ψ_r 唯一由 M 轴绕组中的电流产生，可知定子电流矢量 $i_s(F_s)$ 在 M 轴上的分量 i_{sm} 是纯励磁电流分量；在 T 轴上的分量 i_{st} 是纯转矩电流分量。

由于 ψ_r 本身就是以 ω_1 速度旋转的矢量，显然有 $\psi_{rm}=\psi_r$，$\psi_{rt}=0$。这样 ψ_r 在 M-T 坐标系上分量表示为

$$L_m i_{sm} + L_r i_{rm} = \psi_r \tag{10-53}$$

$$L_m i_{st} + L_r i_{rt} = 0 \tag{10-54}$$

考虑到异步电动机转子实际上是闭合路径，于是 $u_{rd}=u_{rq}=0$，将式（10-53）、式（10-54）代入式（10-52）中，则得到 M-T 坐标系上的电压方程为

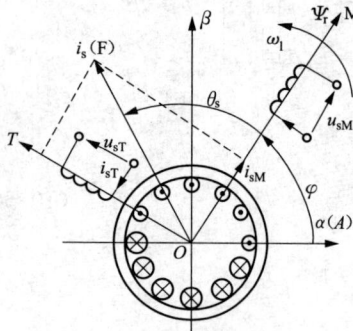

图 10-7 转子磁场定向

$$\begin{bmatrix} u_{sm} \\ u_{st} \\ 0 \\ 0 \end{bmatrix} = \begin{bmatrix} R_s+L_sP & -\omega_1 L_s & L_m P & -\omega_1 L_m \\ \omega_1 L_s & R_s+L_sP & \omega_1 L_m & L_m P \\ L_m P & 0 & R_r+L_rP & 0 \\ \omega_s L_m & 0 & \omega_s L_r & R_r \end{bmatrix} \cdot \begin{bmatrix} i_{sm} \\ i_{st} \\ i_{rm} \\ i_{rt} \end{bmatrix} \tag{10-55}$$

式（10-55）是以转子全磁链轴线为定向轴的同步旋转坐标系上的电压方程，也称为磁场定向方程式。可见矩阵中出现了 3 个为 0 的元素，减少了耦合关系，使模型得到了简化。可以根据这一电压方程建立矢量控制系统依据的控制方程式。

(2) 转矩方程。由式（10-53）和式（10-54）得到

$$i_{sm} = \frac{\psi_r - L_r i_{rm}}{L_m} \tag{10-56}$$

$$i_{rt} = -\frac{L_m i_{st}}{L_r} \tag{10-57}$$

将式（10-56）和式（10-57）代入式（10-48），并将 dq 换成 mt，即

$$T_e = n_p L_m (i_{st} i_{rm} - i_{sm} i_{rt}) = n_p L_m \left[i_{st} i_{rm} - \frac{\psi_r - L_r i_{rm}}{L_m} \left(-\frac{L_m i_{st}}{L_r} \right) \right]$$

$$= n_p L_m \left(i_{st} i_{rm} + \frac{\psi_r}{L_m} - i_{rm} i_{st} \right) = C_m \psi_r i_{st} \tag{10-58}$$

式中 C_m——转矩系数，$C_m = n_p \dfrac{L_m}{L_r}$。

式（10-58）表明，在按转子磁链定向的同步旋转坐标系上，异步电动机的电磁转矩方程与直流电动机的电磁转矩方程完全一样了。

(3) 控制方程。在矢量控制系统中，由于可测量的被控制变量是定子电流矢量 i_s，因此必须从式（10-55）中找到定子电流矢量各分量与其物理量之间的关系。由式（10-55）第 3 行可得到

$$0 = R_r i_{rm} + p(L_m i_{sm} + L_r i_{rm}) = R_r i_{rm} + p\psi_r$$

求出

$$i_{rm} = \frac{p\psi_r}{R_r} \tag{10-59}$$

将式（10-59）代入式（10-53）中，求出

$$i_{sm} = \frac{T_r p + 1}{L_m} \psi_r \tag{10-60}$$

或写成

$$\psi_r = \frac{L_m}{T_r p + 1} i_{sm} \tag{10-61}$$

式中，T_r——转子电路时间常数，$T_r = \dfrac{L_r}{R_r}$。

由式（10-55）第 4 行可得

$$0 = \omega_s (L_m i_{sm} + L_r i_{rm}) + R_r i_{rT} = \omega_s \psi_r + R_r i_{rT}$$

求出

$$\omega_s = \frac{L_m i_{st}}{T_r \psi_r}$$

即

$$\omega - \omega_1 - \omega_s = \omega_1 - \frac{L_m i_{st}}{T_r \psi_r} \tag{10-62}$$

将式（10-62）代入式（10-54）中，求得

$$i_{st} = -\frac{L_r}{L_m} i_{rt} = \frac{T_r \psi_r}{L_m} \omega_s \tag{10-63}$$

式（10-58）、式（10-61）和式（10-63）就是构成异步电动机矢量控制系统所依据的基本控制方程式，亦称为基本方程。

式（10-61）所表明的物理意义是，转子磁链唯一由定子电流矢量的励磁电流分量 i_{sm} 产生，与定子电流矢量的转矩电流分量 i_{st} 无关，充分说明了异步电动机矢量控制系统按转子全磁链定向可以实现定子电流的转矩分量和励磁分量的完全解耦；还表明了，ψ_r 和 i_{sm} 之间的传递函数是一个一阶惯性环节，当 i_{sm} 为阶跃变化时，ψ_r 按时间常数 T_r 呈指数规律变化，这和直流电动机励磁绕组的惯性的作用是一致的。

2. 转子磁链定向的矢量控制系统的基本结构

用矢量控制方程式描述的同步旋转坐标系上的三相异步电动机等效直流电动机模型结构如图10-8 所示。由图看出，等效直流电动机模型可分为转速（ω）子系统和磁链（ψ_r）子系统。这里需要指出的是，按转子磁链定向的矢量控制系统虽然可以实现定子电流的转矩分量和励磁分量的完全解耦，然而，从 ω、ψ_r 两个子系统来看，T_e 因同时受到 i_{st} 和 ψ_r 的影响，两个子系统在动态过程中仍然是耦合的。

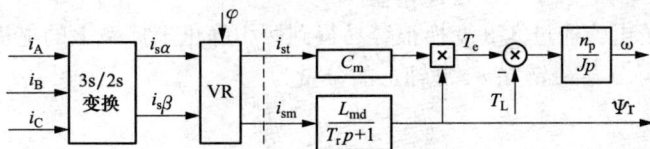

图 10-8　三相异步电动机等效直流电动机模型

矢量控制系统原理结构图如图 10-9 所示。

依据异步电动机的等效直流电动机模型，可以按照图 10-9 所示结构进行控制，并可设置磁链调节器 AψR 和转速调节器 ASR 分别控制 ψ_r 和 ω，带除法环节的解耦矢量控制系统如图 10-10 所示。

比较直观的办法是，把 ASR 的输出信号除以 ψ_r，当控制器的坐标反变换与电动机中的坐标变

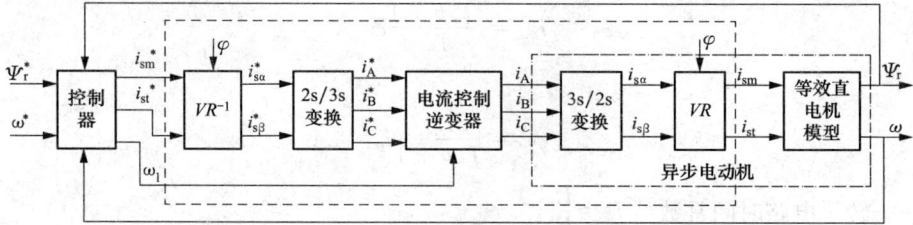

图 10-9 矢量控制系统原理结构图

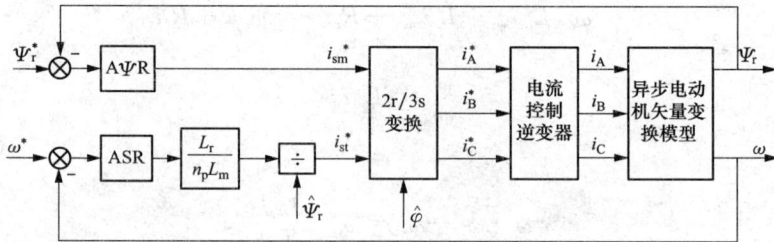

图 10-10 带除法环节的解耦矢量控制系统

换对消，且变频器的滞后作用可以忽略时，此处的（$\div \psi_r$）便可与电动机模型中的（$\times \psi_r$）对消，两个子系统就完全解耦了。这时，带除法环节的矢量控制系统可以看成是两个独立的线性子系统，可以采用经典控制理论的单变量线性系统综合方法或相应的工程设计方法来设计两个调节器 AψR 和 ASR。

应该注意，在异步电动机矢量变换模型中的转子磁链 ψ_r 和它的定向相位角 φ 都是实际存在的，而用于控制器的这两个量都难以直接检测，只能采用观测值或模型计算值，在图 10-10 中冠以符号"^"以示区别。因此，两个子系统完全解耦只有在下述 3 个假定条件下才能成立。

（1）子磁链的计算值 $\hat{\psi}_r$ 等于其实际值 ψ_r。

（2）子磁场定向角的计算值 $\hat{\varphi}$ 等于其实际值 φ。

（3）忽略电流控制变频器的滞后作用。

10.5.2 转子磁链模型

在按转子磁链定向的矢量控制系统中，无论是磁链闭环还是磁链的定向，获得磁链信号的大小和相位都是必需的。人们曾经尝试过实测，但均不成功，目前大都采用估计的方法来获取，即通过检测电动机转子电压、电流以及转速间接求出转子磁链的幅值和相位。

1. 在两相静止坐标系上的转子磁链模型

由实测的三相定子电流通过 3/2 变换很容易得到两相静止坐标系上的电流 $i_{s\alpha}$ 和 $i_{s\beta}$，再利用式（10-50）第 3、4 行计算转子磁链在 α、β 轴上的分量为

$$\psi_{r\alpha} = L_m i_{s\alpha} + L_r i_{r\alpha}$$
$$\psi_{r\beta} = L_m i_{s\beta} + L_r i_{r\beta}$$

$$i_{r\alpha} = \frac{1}{L_r}(\psi_{r\alpha} - L_m i_{s\alpha}) \tag{10-64}$$

$$i_{r\beta} = \frac{1}{L_r}(\psi_{r\beta} - L_m i_{s\beta}) \tag{10-65}$$

又由式（10-49）的 α、β 坐标系电压矩阵方程第 3、4 行，并令 $u_{r\alpha} = u_{r\beta} = 0$ 得

$$L_m p i_{s\alpha} + L_r p i_{r\alpha} + \omega(L_m i_{s\beta} + L_r i_{r\beta}) + R_r i_{r\alpha} = 0$$
$$L_m p i_{s\beta} + L_r p i_{r\beta} - \omega(L_m i_{s\alpha} + L_r i_{r\alpha}) + R_r i_{r\beta} = 0$$

或

$$p\psi_{r\alpha} + \omega\psi_{r\beta} + \frac{1}{T_r}(\psi_{r\alpha} - L_m i_{s\alpha}) = 0$$

$$p\psi_{r\beta} - \omega\psi_{r\alpha} + \frac{1}{T_r}(\psi_{r\beta} - L_m i_{s\beta}) = 0$$

整理后得转子磁链模型

$$\psi_{r\alpha} = \frac{1}{T_r p + 1}(L_m i_{s\alpha} - \omega T_r \psi_{r\beta}) \tag{10-66}$$

$$\psi_{r\beta} = \frac{1}{T_r p + 1}(L_m i_{s\beta} + \omega T_r \psi_{r\alpha}) \tag{10-67}$$

按式（10-66）、式（10-67）构成转子磁链分量的运算框图如图 10-11 所示。有了 $\psi_{r\alpha}$ 和 $\psi_{r\beta}$，要计算 ψ_r 的幅值和相位就很容易了。

图 10-11 转子磁链模型适合于模拟控制，用运算放大器和乘法器就可以实现。采用微机数字控制时，由于 $\psi_{r\alpha}$ 与 $\psi_{r\beta}$ 之间有交叉反馈关系，离散计算时可能不收敛。

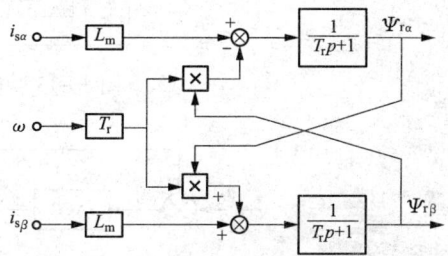

图 10-11　在两相静止坐标系上的转子磁链模型

2. 按磁场定向两相旋转坐标系上的转子磁链模型

图 10-12 所示是另一种转子磁链模型的运算框图。三相定子电流 i_A、i_B、i_C 经 3/2 变换变成两相静止坐标系电流 $i_{s\alpha}$、$i_{s\beta}$，再经同步旋转变换并按转子磁链定向，得到 M，T 坐标系上的电流 i_{sm}、i_{st}，利用矢量控制方程式（10-62）和式（10-61）可以获得 ψ_r 和 ω_s 信号，由 ω_s 与实测转速 ω 相加得到定子频率信号 ω_1，再经积分即为转子磁链的相位角 φ，它也就是同步旋转变换的旋转相位角。

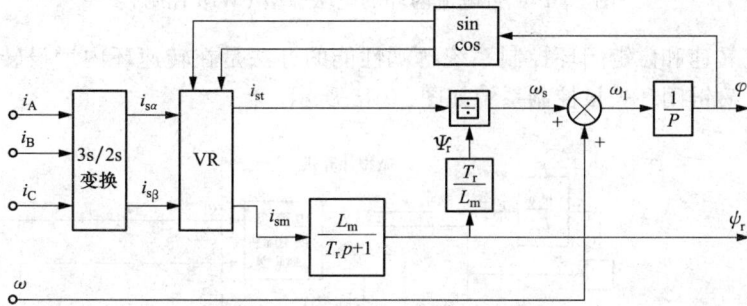

图 10-12　在按转子磁链定向两相旋转坐标系上计算转子磁链的电流模型

和第一种模型相比，这种模型更适合于微机实时计算，容易收敛，也比较准确。

上述两种转子磁链模型的应用都比较普遍，但也都受电动机参数变化的影响，例如电动机温升和频率变化都会影响转子电阻 R_r，从而改变时间常数 T_r，磁饱和程度将影响电感 L_m 和 L_r，从而 T_r 也改变。这些影响都将导致磁链幅值与相位信号失真，而反馈信号的失真必然使磁链闭环控制系统的性能降低。

10.5.3　转速、磁链闭环控制的矢量控制系统

电流控制变频器可以采用如下 2 种控制方式：

（1）电流滞环跟踪的 CHBPWM 控制（图 10-13）。

（2）带电流内环的电压源型 PWM 控制（图 10-14）。

带转速和磁链闭环控制的矢量控制系统又称直接矢量控制系统。

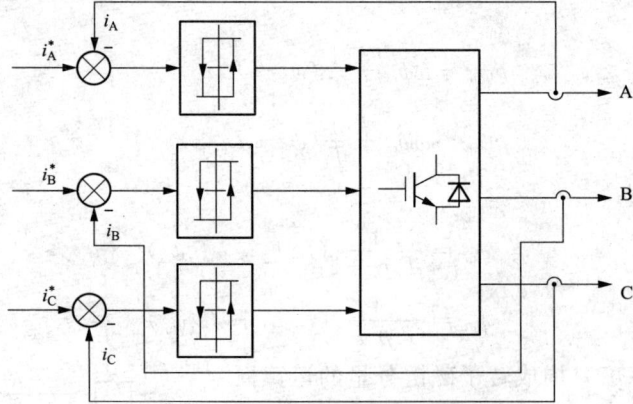

图 10-13　电流滞环跟踪的 CHBPWM 控制

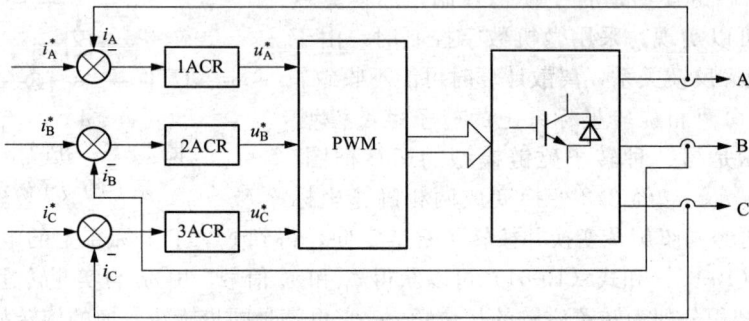

图 10-14　带电流内环的电压源型 PWM 控制

另外一种提高转速和磁链闭环控制系统解耦性能的办法是在转速环内增设转矩控制内环，带转矩内环的转速、磁链闭环矢量控制系统如图 10-15 所示。

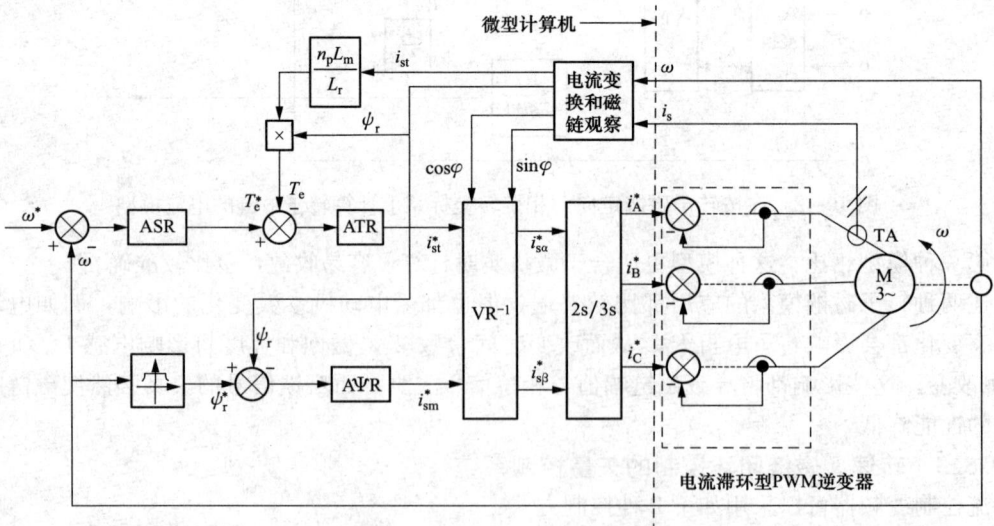

图 10-15　带转矩内环的转速、磁链闭环矢量控制系统

图 10-15 所示系统主电路采用了电流滞环跟踪控制的 CHBPWM 变频器。该系统可以实现转速

正、反向和弱磁升速，磁链给定信号由函数发生程序获得。转速调节器 ASR 的输出作为转矩给定信号，弱磁时它还受到磁链给定信号的控制。在转矩内环中，磁链对控制对象的影响相当于一种扰动作用，因而受到转矩内环的抑制，从而改造了转速子系统，使它少受磁链变化的影响。

10.5.4　磁链开环电流型转差型矢量控制系统

在磁链闭环控制的矢量控制系统中，转子磁链反馈信号是由磁链模型获得的，其幅值和相位都受到电动机参数 T_r 和 L_m 变化的影响，造成控制不准确。

有鉴于此，很多人认为，与其采用磁链闭环控制而反馈不准，不如采用磁链开环控制，系统反而会简单一些。在这种情况下，常利用矢量控制方程中的转差公式，构成转差型的矢量控制系统，又称间接矢量控制系统。

它继承了基于稳态模型转差频率控制系统的优点，同时用基于动态模型的矢量控制规律克服了它的大部分不足之处。图 10-16 绘出了转差型矢量控制系统的原理图，其中主电路采用了交—直—交电流源型变频器，适用于数千瓦的大容量装置，在中、小容量装置中多采用带电流控制的电压源型 PWM 变压变频器。

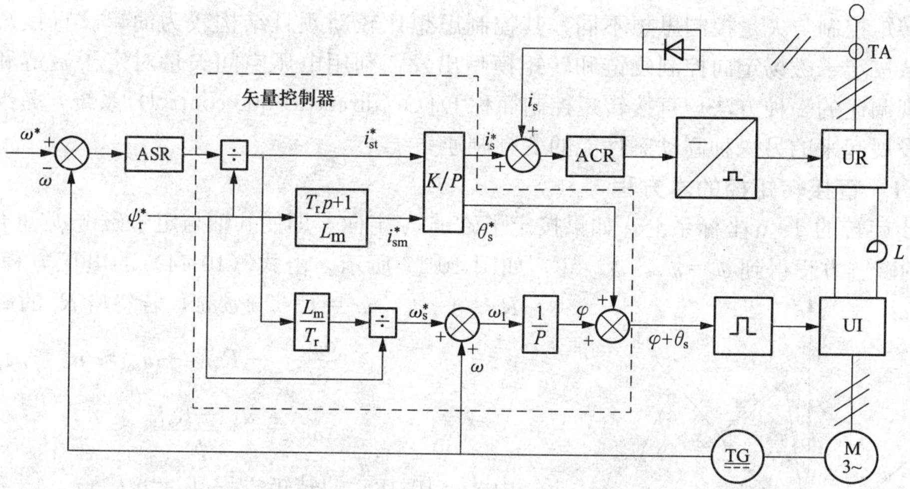

图 10-16　磁链开环转差型矢量控制系统原理图

该系统的主要特点如下。

（1）转速调节器 ASR 的输出正比于转矩给定信号，实际上是 $\frac{L_r}{n_p L_m} T_e^*$，由矢量控制方程式可求出定子电流转矩分量给定信号 i_{st}^* 和转差频率给定信号 ω_s^*，其关系为

$$i_{st}^* = \frac{L_r}{n_p L_m \psi_r} T_e^* \tag{10-68}$$

$$\omega_s^* = \frac{L_m}{T_r \psi_r} i_{st}^* \tag{10-69}$$

二式中都应除以转子磁链 ψ_r，因此两个通道中各设置一个除法环节。

（2）定子电流励磁分量给定信号 i_{sm}^* 和转子磁链给定信号 ψ_r^* 之间的关系是靠式 $i_{sm} = \frac{T_r p + 1}{L_m} \psi_r$ 建立的，其中的比例微分环节 $T_r p + 1$ 使 i_{sm} 在动态中获得强迫励磁效应，从而克服实际磁通的滞后。

（3）i_{sm}^* 和 i_{st}^* 经直角坐标/极坐标变换器 K/P 合成后，产生定子电流幅值给定信号 i_s^* 和相角给

定信号 θ_s^*。前者经电流调节器 ACR 控制定子电流的大小，后者则控制逆变器换相的时刻，从而决定定子电流的相位。定子电流相位能否得到及时的控制对于动态转矩的发生极为重要。极端来看，如果电流幅值很大，但相位落后 $90°$，所产生的转矩仍只能是 0。

（4）转差频率给定信号 ω_s^* 按矢量控制方程式 $\omega_1 - \omega = \omega_s = \dfrac{L_m i_{st}}{T_r \psi_r}$ 算出，实现转差频率控制功能。

由以上特点可以看出，磁链开环转差型矢量控制系统的磁场定向由磁链和转矩给定信号确定，靠矢量控制方程保证，并没有实际计算转子磁链及其相位，所以属于间接矢量控制。

10.6 按定子磁场控制的异步电动机直接转矩控制系统

按转子磁场定向的矢量控制系统具有动态性能好，调速范围宽等优点，在实践中已获得普遍的应用。但也存在控制精度受电动机参数影响、旋转变换运算量大等的不足。为了进一步完善矢量控制方案，除了在参数辨识和自适应控制等方面不断研究外，还致力于对新型控制方案的探索，直接转矩控制就是在这一背景下诞生的。

直接转矩控制与矢量控制思想不同，其控制思想比较新颖且结构较为简单。直接转矩控制的本质是：从按定子磁场定向控制磁链和转矩模型出发，利用电压空间矢量对定子磁链和转矩的控制作用实现调速的一种方法。直接转矩控制简称 DTC（direct torque control）系统，是继矢量控制系统之后发展起来的另一种高动态性能的变频调速系统。

10.6.1 直接转矩控的本方程

在同步旋转的 d、q 坐标系上，如果按定子磁链 ψ_s 定向，即使 d 轴与定子磁链 ψ_s 重合，则由式（10-43）的磁链方程得到 $\psi_s = \psi_{sd}$，$\psi_{sq} = 0$，如图 10-17 所示。由式（10-44）的电压方程得到 $u_{sd} = R_s i_{sd} + p\psi_s$，$u_{sq} = R_s i_{sq} + \psi_s \omega_1$，若忽略 R_s 的影响，则有

$$\frac{\mathrm{d}\psi_s}{\mathrm{d}t} = -R_s i_{sd} + u_{sd} \approx u_{sd} \tag{10-70}$$

$$\omega_1 = \frac{u_{sq} - R_s i_{sq}}{\psi_s} \approx \frac{u_{sq}}{\psi_s} \tag{10-71}$$

由式（10-48）的转矩方程 $T_e = n_p L_m (i_{sq} i_{rd} + i_{sd} i_{rq})$ 得到

$$T_e = n_p i_{sq} \psi_s \tag{10-72}$$

式（10-70）、式（10-71）和式（10-72）即是直接转矩控制的基本方程。可见，当把电压矢量 u_s 分解为 u_{sd} 和 u_{sq} 两个分量时，则 u_{sd} 决定着定子磁链幅值的增减，u_{sq} 决定着磁链矢量的旋转角速度，由于 $\omega_s = \omega_1 - \omega$，因此 u_{sq} 又决定着转差频率和电磁转矩。换言之，如能保持定子磁场 ψ_s 不变，则电磁转矩与定子电流 q 轴分量成正比，其调速性能也将与直流调速一样。

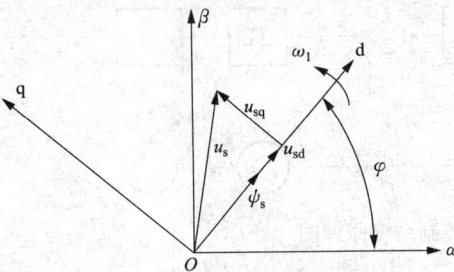

图 10-17 d 轴与定子磁链矢量重合

10.6.2 定子电压空间矢量对定子磁链与电磁转矩的控制作用

在 8.4.4 介绍的磁链跟踪 PWM 控制技术中，逆变器可输出 8 种电压空间矢量，其中 6 个为有效工作矢量 $u_1 \sim u_6$，2 种无效工作矢量 u_7 和 u_8，即零矢量。如果将期望的定子磁链圆轨迹分为 6 个扇区，那么在不同扇区施加 6 个有效工作电压空间矢量，将产生不同的磁链增量，如图 10-18（a）所示。如在第 Ⅰ 扇区施加 u_1，其 d 轴分量和 q 轴分量将使定子磁链产生正的增量，ψ_s Ⅰ 幅值增加，同时反向旋转，即电磁转矩都减小，如图 10-18（b）所示。. 当施加 u_4 时，其 d 轴分量和 q 轴分量将使定子磁链产生负的增量，ψ_s Ⅰ 幅值减小，同时正向旋转，即电磁转矩都增加，如图 10-18（c）所示。用同样的方法可以分析其他电压空间矢量作用的情况。其他扇区的规律与第 Ⅰ 扇区相仿。需要注意的是 d 轴始终设置在定子磁链 ψ_s 的方向上。读者可以根据图 10-18（a）自行分析第

Ⅲ扇区的情况。

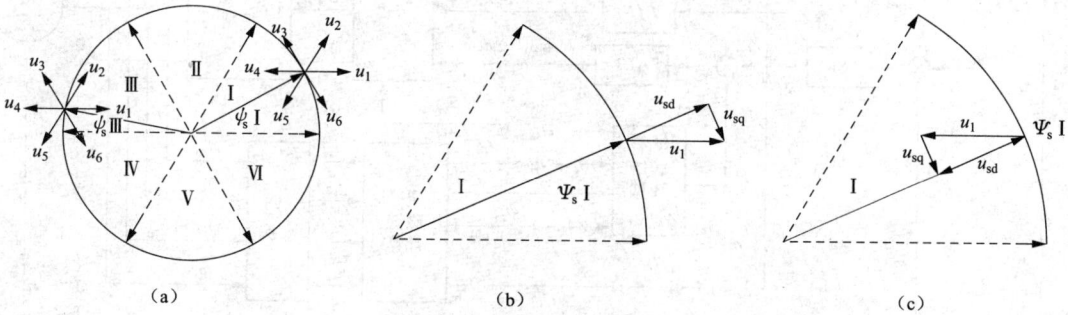

图 10-18　定子磁链圆轨迹扇区图及电压矢量分解图
(a) 定子磁链圆轨迹扇区图；(b) 电压矢 u_1 作用；(c) 电压矢 u_4 作用

图 10-19 为第Ⅰ扇区定子磁链与电压空间矢量图。电压空间矢量对磁链和电磁转矩（旋转方向）的影响如表 10-1 所示，其中左边的符号表示 u_{sd} 的极性，右边的符号表示 u_{sq} 的极性。

如果忽略定子电阻压降，当所施加的电压空间矢量 d 轴分量 u_{sd} 为"+"时，定子磁链产生正的增量，幅值增加；当 u_{sd} 为"−"时，定子磁链产生负的增量，幅值减小；u_{sd} 为"0"时，定子磁链产生的增量也为 0，幅值维持不变。当所施加的电压空间矢量 q 轴分量 u_{sq} 为"+"时，定子磁链矢量正向旋转，转差频率增大，电磁转矩加大；当 u_{sq} 为"−"时，定子磁链矢量反向旋转，电磁转矩变负，产生制动转矩；当 u_{sq} 为"0"时，定子磁链矢量停在原地，$\omega_1 = 0$，转差频率 ω_s 为负，电磁转矩减小。

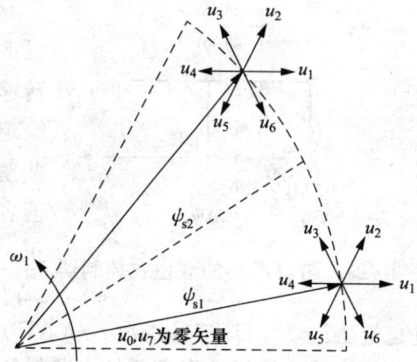

图 10-19　定子磁链与电压空间矢量图

表 10-1　　　　电压空间矢量分量（u_{sd}、u_{sq}）对磁链幅值和电磁转矩的影响

磁链位置	u_1	u_2	u_3	u_4	u_5	u_6	u_0、u_7
0	+，0	+，+	−，+	−，0	−，+	+，−	0，0
$0 \sim \dfrac{\pi}{6}$	+，−	+，+	−，+	−，+	−，+	+，−	0，0
$\dfrac{\pi}{6}$	+，−	+，+	0，+	−，+	−，−	0，−	0，0
$\dfrac{\pi}{6} \sim \dfrac{\pi}{3}$	+，−	+，+	+，+	−，+	−，−	−，−	0，0
$\dfrac{\pi}{3}$	+，−	+，0	+，+	−，+	−，0	−，−	0，0

10.6.3　基于定子磁链控制的直接转矩控制系统

直接转矩的控制原理结构框图如图 10-20 所示，这是一个三闭环系统，除由速度调节器 ASR 构成的速度闭环控制外，还设置了定子磁链调节器 AψR 和转矩调节器 ATR，两者均采用带有滞环的双位式控制器，构成定子磁链和转矩的闭环控制。

两调节器的输出分别为定子磁链幅值偏差 $\Delta\psi_s$ 的符号函数 Sgn（$\Delta\psi_s$）和电磁转矩偏差 ΔT_e 的符号函数 Sgn（ΔT_e）。带有滞环的双位式控制器的特性如图 10-21 所示。定子磁链的给定值 ψ_s^* 与

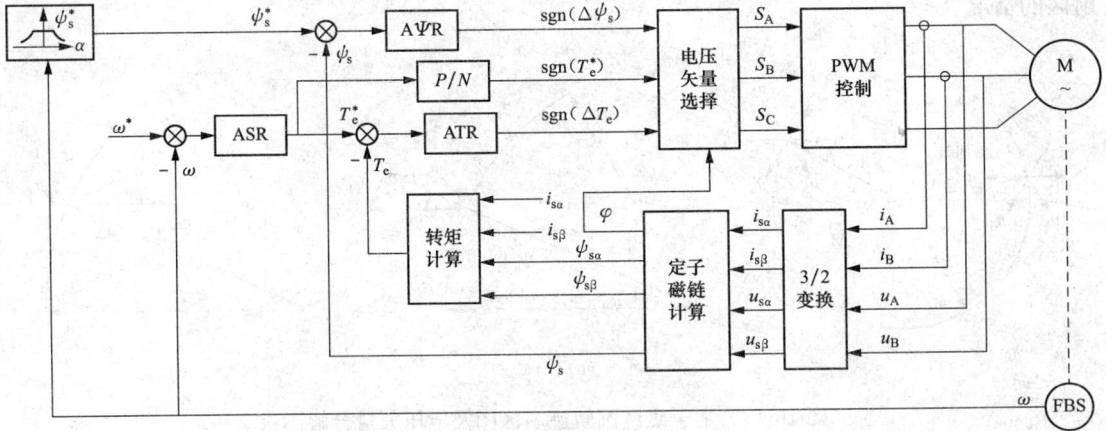

图 10-20 直接转矩控制系统原理结构图

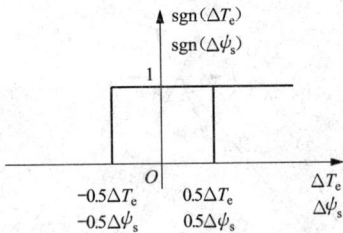

图 10-21 带有滞环的双位式控制器

实际转速 ω 有关，在额定转速以下，ψ_s* 保持恒定，在额定转速以下，采用弱磁控制。转矩的给定值 T_e* 由给定转速 $\omega*$ 与实际转速 ω 比较后，从速度调节器 ASR 的输出端获得。$P/N=1$ 为给定转矩极性鉴别器，当期望的电磁转矩为正时，$P/N=1$，当期望的电磁转矩为负时，$P/N=1=0$，对于不同的电磁转矩期望值，同样符号函数的控制效果是不同的。当期望的电磁转矩为正，即 $P/N=1$ 时，若电磁转矩偏差 $\Delta T_e>0$，其符号函数 Sgn $(\Delta T_s)=1$，应使定子磁场正向旋转，使实际转矩增加。若电磁转矩偏差 $\Delta T_e<0$，其符号函数 Sgn$(\Delta T_e)=0$，一般采用定子磁场停止转动，使电磁转矩减小，实际控制中可施加 0 矢量。当期望的电磁转矩为负，即 $P/N=0$ 时，若电磁转矩偏差 $\Delta T_e<0$，其符号函数 Sgn$(\Delta T_e)=0$，应使定子磁场反向旋转，使实际电磁转矩反向增加；若电磁转矩偏差 $\Delta T_e>0$，其符号函数 Sgn$(\Delta T_e)=1$，一般采用定子磁场停止转动，使电磁转矩减小，实际控制中可施加 0 矢量。

按照上述控制规则，对定子磁链矢量位于第 I 扇区的分析结果列于表 10-2 中。电压空间矢量可按 P/N、Sgn $(\Delta\psi_s)$ 和 Sgn (ΔT_e) 的值采用查表选取，0 矢量可按开关损耗最小的原则选取。其他扇区以此类推。

表 10-2 电压空间矢量选择表

P/N	Sgn $(\Delta\psi_s)$	Sgn $(\Delta\psi_e)$	0	$0\sim\frac{\pi}{6}$	$\frac{\pi}{6}$	$\frac{\pi}{6}\sim\frac{\pi}{3}$	$\frac{\pi}{3}$
1	1	1	u_2	u_2	u_3	u_3	u_3
		0	u_1	u_0，u_7	u_0，u_7	u_0，u_7	u_0，u_7
	0	1	u_3	u_3	u_4	u_4	u_4
		0	u_4	u_0，u_7	u_0，u_7	u_0，u_7	u_0，u_7
0	1	1	u_1	u_0，u_7	u_0，u_7	u_0，u_7	u_0，u_7
		0	u_6	u_6	u_6	u_1	u_1
	0	1	u_4	u_0，u_7	u_0，u_7	u_0，u_7	u_0，u_7
		0	u_5	u_5	u_5	u_6	u_6

按表 10-2 的控制规则可以绘制出第 I 扇区的磁链轨迹，如图 10-22 所示。

10.6.4 定子磁链和转矩计算模型

直接转矩控制系统除采用双位式控制外，就是定子磁链和转矩反馈信号的获取问题，通常并不采用直接检测的办法，而是采用根据定子电压和定子电流估计的计算模型。由于按定子磁链定向，可以用静止坐标系的电压和电流即可计算出定子磁链和转矩，从而避开了旋转变换。

1. 定子磁链计算模型

两相静止坐标系（α、β）上定子电压方程为

$$u_{s\alpha} = R_s i_{s\alpha} + p\psi_{s\alpha}$$
$$u_{s\beta} = R_s i_{s\beta} + p\psi_{s\beta} \tag{10-73}$$

移项并积分整理得

$$\psi_{s\alpha} = \int (u_{s\alpha} - R_s i_{s\alpha}) dt$$

$$\psi_{s\beta} = \int (u_{s\beta} - R_s i_{s\beta}) dt \tag{10-74}$$

式（10-74）就是定子磁链的计算模型，在反馈系统中，可以通过定子的三相电压和电流的 3s/2s 的变换获得两相电压和电流。其模拟结构如图 10-23 所示。如果忽略定子电阻的影响，只要采用定子电压就可以实现定子磁链的估算，其算法更为简单。

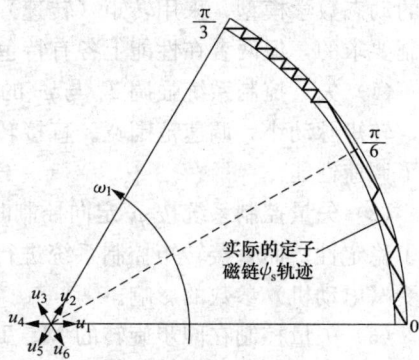

图 10-22　第一扇区定子磁链轨迹图

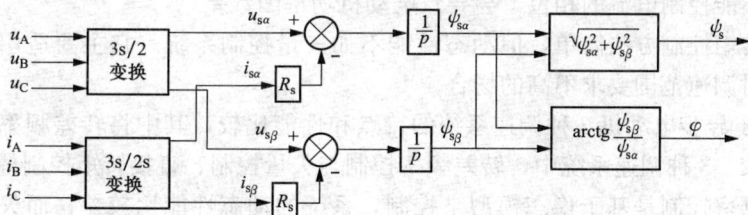

图 10-23　定子磁链计算模型

2. 转矩计算模型

在 α、β 静止两相坐标系上，电磁转矩的计算公式为

$$T_e = n_p L_m (i_{s\beta} i_{r\alpha} - i_{s\alpha} i_{r\beta}) \tag{10-75}$$

由式（10-50）知电流与磁链间的关系为

$$i_{r\alpha} = \frac{1}{L_m}(\psi_{s\alpha} - L_s i_{\alpha 1})$$

$$i_{r\beta} = \frac{1}{L_m}(\psi_{s\beta} - L_s i_{s\beta}) \tag{10-76}$$

将式（10-76）代入式（10-75），整理得

$$T_e = n_p (i_{s\beta} \psi_{s\alpha} - i_{s\alpha} \psi_{s\beta}) \tag{10-77}$$

式（10-77）即为转矩的计算模型，其模拟结构如图 10-24 所示。

将定子磁链计算模型与转矩计算模型相结合，得到如图 10-25 所示的 T_e 和 ψ_s 计算模型模拟结构图。

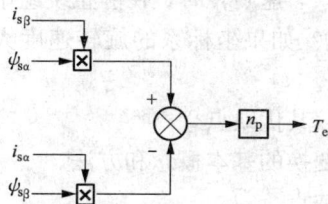

图 10-24　电磁转矩模型

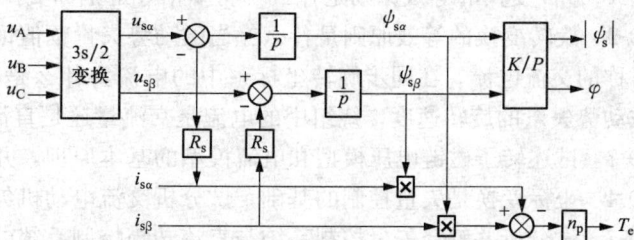

图 10-25　T_e 和 ψ_s 计算模型模拟结构图

10.6.5 直接转矩控制系统与矢量控制系统的分析比较

由于其良好的性能，直接转矩和矢量变换控制系统都已获得广泛应用，两者都采用异步电动机的动态数学模型，采用转矩（转速）和磁链分别控制，这是符合异步电动机数学模型所需要的控制要求的，但两者在性能上各有特色。

（1）矢量控制系统强调 T_e 与 ψ_r 的解耦，有利于分别设计转速与磁链调节器，实现的是连续控制，转矩脉动小，调速范围宽。直接转矩控制因采用双位式控制，不可避免的产生转矩脉动，降低了调速性能。

（2）矢量控制系统按 ψ_r 定向控制时，采用按转子磁链定向受电动机转子参数变化的影响，降低了稳定性。而直接转矩控制系统进行转矩的双位式控制，控制定子磁链 ψ_s 而不是转矩磁链 ψ_r，不受（电动机）参数的影响。

（3）矢量控制在同步旋转的 M、T 坐标系上完成控制，需要进行坐标的旋转变换，显然控制程序复杂。而直接转矩控制是在静止 α、β 坐标系上完成控制，避开了旋转坐标的变换，简化了控制结构。

（4）矢量控制系统相对于相位的控制，能够保证电动机有比较高的功率因数和高的效率。而直接转矩控制因不能控制电流的相位，会导致电动机功率因数差。

因此，直接转矩控制方法简单，但动态性能不如矢量控制系统。它主要适用于风机、水泵以及牵引力传动等对调速范围要求不高的场合。

表 10-3 列出了异步电动机 3 种调速系统的特点和性能比较，其中将转差频率控制方法也列在表中一并进行比较。3 种调速系统中，转差频率控制与矢量控制、直接转矩控制最大的差异是在磁链控制上，转差频率控制是基于稳态模型来控制，系统的动态性能比较差；而矢量控制、直接转矩控制都能够对瞬态磁通变化进行控制，因此动态性能优于转差频率控制方法。

表 10-3 　　　　　　　　　　　异步电动机三种调速系统的比较

特点与性能	直接转矩控制系统	矢量控制系统	转差角速度控制系统
磁链控制	定子磁链，瞬态	转子磁链，瞬态	气隙磁链，稳态
转矩控制	砰—砰控制，脉动	连续控制，光滑	连续控制，转差
旋转坐标变换	不需要	需要	不需要
电动机参数变化影响	无	有	有
调速范围	不够宽	较宽	较宽
动态性能	比较好	好	比较差

习 题

10-1　3/2 变换的等效原则是什么？功率相等是坐标变换的必要条件吗？

10-2　旋转变换的等效原则是什么？当磁动势矢量幅值恒定、匀速旋转时，在静止绕组中通入正弦对称的交流电流，在同步旋转坐标系中的电流为什么是直流？如果坐标系的旋转速度大于或小于磁动势矢量的旋转速度，绕组中的电流是交流量还是直流量？

10-3　试述转子磁链电压模型和电流模型的基本原理，并比较其优缺点。

10-4　坐标变换是矢量控制的基础，试分析交流电动机矢量变换的基本概念和方法。

10-5　试分析并解释矢量控制系统与直流转矩控制系统的优缺点。

10-6　按磁动势等效、功率相等的原则，三相坐标系变换到两相静止坐标系的变换矩阵为

$$C_{3/2} = \sqrt{\frac{2}{3}} \begin{bmatrix} 1 & -\dfrac{1}{2} & -\dfrac{1}{2} \\ 0 & \dfrac{\sqrt{3}}{2} & -\dfrac{\sqrt{3}}{2} \end{bmatrix}$$

现有三相正弦对称电流 $i_A = I_m \cos(\omega t)$，$i_B = I_m \cos\left(\omega t - \dfrac{2\pi}{3}\right)$，$i_C = I_m \cos\left(\omega t + \dfrac{2\pi}{3}\right)$，求变换后两相静止坐标系中的电流 $i_{s\alpha}$ 和 $i_{s\beta}$，并分析两相电流的基本特征与三相电流的关系。

第 11 章　同步电动机变压变频调速系统

异步电动机和同步电动机是目前工程中最常用的两种交流电动机类型。异步电动机具有结构简单、制造方便、价格低等优点，但同时也存在功率因数滞后，轻载功率因数低等不足。同步电动机运行稳定，功率因数高，在不同的工业现场也具有较好的应用，但同步电动机直接投入电网运行时，存在无法调速和失步及启动困难等问题，这些也制约着同步电动机的广泛应用。随着变频技术的发展与成熟，不仅实现了同步电动机的调速，同时也解决了失步与启动问题，得到了日益广泛的应用。尤其是近年来永磁同步电动机的发展与应用，提高了运行效率与稳定性，降低了设备体积和制造价格。本章重点介绍永磁同步电动机的变频调速系统。

11.1　同步电动机调速的基本原理

同步电动机由定子和转子两部分构成。定子部分包括铁芯、定子绕组，转子部分包括主磁极、励磁绕组、启动绕组和电刷。当定子绕组通入频率为 f_1 的三相对称电压时，则在空间产生一个的旋转磁场，磁场转速为 $n_0 = 60f_1/n_p$，n_0 是同步转速。当转子的励磁绕组中通入直流电流时，则在空间产生一个与直流电流相对应的恒定直流磁场。该转子磁场与定子磁场相互作用，产生电磁转矩，使转子转速与定子磁场旋转速度相同，即 $n = n_0$，从而将电能转换为机械能输出，这就是同步电动机的基本工作原理。

11.1.1　同步电动机调速的特点

（1）交流电动机旋转磁场的同步转速 ω_1 与定子电源频率 f_1 有确定的关系，同步电动机的稳态转速等于同步转速，转差 $\omega_s = 0$。

（2）异步电动机的磁场仅靠定子供电产生，而同步电动机除定子磁动势外，转子侧还有独立的直流励磁，或者用永久磁钢励磁。

（3）同步电动机的气隙有隐极与凸极之分。凸极式转子上有明显凸出的成对磁极和励磁线圈。隐极式同步电动机转子上没有凸出的磁极，气隙均匀。凸极式则不均匀，两轴的电感系数不等，造成数学模型上的复杂性。但凸极效应能产生平均转矩，单靠凸极效应运行的同步电动机称作磁阻式同步电动机。

（4）同步电动机通过调节转子的直流励磁电流，改变输入功率因数，可以滞后或超前。

（5）异步电动机要依靠加大转差才能提高转矩，而同步电动机只须加大功角就能增大转矩，同步电动机比异步电动机具有更快的动态响应，在同样的条件下，调速范围比异步电动机更宽。

11.1.2　同步电动机变频调速的基本类型

同步电动机变频调速系统按励磁方式分为可控励磁同步电动机变频调速系统和永磁同步电动机变频调速系统 2 种。可控励磁同步电动机变频调速系统又可分为他控和自控 2 种。所谓他控变频调速系统是指采用独立的变压变频装置给同步电动机供电的系统。所谓自控变频调速系统是指采用电动机本身轴上所带转子位置检测器或反电动势提供的转子位置信号，来控制变压变频装置换相时刻的变频调速系统。

对于永磁同步电动机，由于转子磁钢的几何形状不同，使得转子磁场在空间的分布可分为正弦波和梯形波 2 种。当转子旋转时，在定子上产生的反电动势也有 2 种：一种为正弦波；另一种为梯形波。这样就造成两种同步电动机在原理、模型及控制方法上有所不同，为了区别它们，定义了两种类型的永磁同步电动机。

（1）正弦波永磁同步电动机。磁极采用永磁材料，但输入方波电流，气隙磁场为正弦分布，称作正弦波永磁同步电动机，或简称永磁同步电动机。

（2）梯形波永磁同步电动机。磁极仍为永磁材料，但输入方波电流，气隙磁场呈梯形波分布，性能更接近于直流电动机。用梯形波永磁同步电动机构成的自控变频同步电动机又称做无刷直流电动机。

11.1.3 同步电动机的多变量动态数学模型

为了便于分析，在建立数学模型时，做如下假定：

（1）忽略空间谐波，设定子三相绕组对称，在空间中互差 $\frac{2\pi}{3}$ 电角度，所产生的磁动势沿气隙按正弦规律分布。

（2）忽略铁芯损耗。

（3）忽略磁路饱和，各绕组的自感和互感都是恒定的。

（4）不考虑频率变化和温度变化对绕组电阻的影响。

带有阻尼绕组的同步电动机物理模型如图 11-1 所示。

如图 11-1 所示，定子三相绕组轴线 A、B、C 是静止的，u_A、u_B、u_C 为三相定子电压，i_A、i_B、i_C 为三相定子电流，转子以角速度 ω 旋转，转子上的励磁极绕组在励磁电压 U_f 供电下流过励磁电流 I_f。沿励磁磁极的轴线为 d 轴，与 d 轴正交的是 q 轴，d、q 坐标系固定在转子上，与转子同步旋转，d 轴与 A 轴之间的夹角为变量 θ_r。阻尼绕组是多导条类似笼型的绕组，把它等效成在 d 轴和 q 轴各自短路的两个独立的绕组，i_{rd}、i_{rq} 分别为阻尼绕组的 d 轴和 q 轴电流。

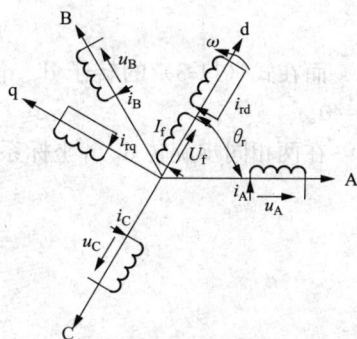

图 11-1 带有阻尼绕组的同步电动机物理模型

考虑同步电动机的凸极效应和阻尼绕组，则同步电动机的动态电压方程式可写成

$$\begin{cases} u_A = R_s i_A + \dfrac{\mathrm{d}\psi_A}{\mathrm{d}t} \\[2mm] u_B = R_s i_B + \dfrac{\mathrm{d}\psi_B}{\mathrm{d}t} \\[2mm] u_C = R_s i_C + \dfrac{\mathrm{d}\psi_C}{\mathrm{d}t} \\[2mm] U_f = R_f I_f + \dfrac{\mathrm{d}\psi_f}{\mathrm{d}t} \\[2mm] 0 = R_{rd} i_{rd} + \dfrac{\mathrm{d}\psi_{rd}}{\mathrm{d}t} \\[2mm] 0 = R_{rq} i_{rq} + \dfrac{\mathrm{d}\psi_{rq}}{\mathrm{d}t} \end{cases} \tag{11-1}$$

式（11-1）中前 3 个方程是定子 A、B、C 三相电压方程，第 4 个方程是励磁绕组直流电压方程，最后 2 个方程为阻尼绕组的等效电压方程。实际阻尼绕组是多导条类似笼型的绕组，这里把它等效成在 d 轴和 q 轴各自短路的 2 个独立绕组。所有符号的意义及其正方向都和分析异步电动机时一致。

按照坐标变换原理，将 ABC 坐标变换到 dq 同步旋转坐标系，并用 p 表示微分算子，则 3 个定

子电压方程变换成式以下 2 个方程

$$\begin{cases} u_{sd} = R_s i_{sd} + p\psi_{sd} - \omega\psi_{sq} \\ u_{sq} = R_s i_{sq} + p\psi_{sq} - \omega\psi_{sd} \end{cases} \tag{11-2}$$

由式 (11-2) 可以看出，从三相静止坐标系变换到两相旋转坐标系后，d、q 轴电压方程等号右侧由电阻压降、电动势和旋转电动势 3 项构成，其物理意义与异步电动机中相同。

3 个转子电压方程不变，因为它们已经在 d、q 轴上了，可以写成

$$\begin{cases} U_f = R_f I_f + \dfrac{d\psi_f}{dt} \\[2mm] 0 = R_{rd} i_{rd} + \dfrac{d\psi_{rd}}{dt} \\[2mm] 0 = R_{rq} i_{rq} + \dfrac{d\psi_{rq}}{dt} \end{cases} \tag{11-3}$$

而在式 (11-3) 的转子 d、q 方程中没有旋转电动势项，因为转子转速就是同步转速，转差 $\omega_s = 0$。

在两相同步旋转 d、q 坐标系上的磁链方程为

$$\begin{cases} \psi_{sd} = L_{sd} i_{sd} + L_{md} I_f + L_{md} i_{rd} \\ \psi_{sq} = L_{sq} i_{sq} + L_{mq} i_{rq} \\ \psi_f = L_{md} i_{sd} + L_f I_f + L_{md} i_{rd} \\ \psi_{rd} = L_{md} i_{sd} + L_{md} I_f + L_{rd} i_{rd} \\ \psi_{rq} = L_{mq} i_{sq} + L_{rq} i_{rq} \end{cases} \tag{11-4}$$

式中　L_{sd}——等效两相定子绕组 d 轴自感，$L_{sd} = L_{ls} + L_{md}$；

　　　L_{sq}——等效两相定子绕组 q 轴自感，$L_{sq} = L_{ls} + L_{mq}$；

　　　L_{ls}——等效两相定子绕组漏感；

　　　L_{md}——d 轴定子与转子绕组间的互感，相当于同步电动机原理中的 d 轴电枢反应电感；

　　　L_{mq}——q 轴定子与转子绕组间的互感，相当于 q 轴电枢反应电感；

　　　L_f——励磁绕组自感，$L_f = L_{lf} + L_{md}$；

　　　L_{lf}——励磁绕组漏感；

　　　L_{rd}——d 轴阻尼绕组自感，$L_{rd} = L_{lrd} + L_{md}$；

　　　L_{lrd}——d 轴阻尼绕组漏感；

　　　L_{rq}——q 轴阻尼绕组自感，$L_{rq} = L_{lrq} + L_{mq}$；

　　　L_{lrq}——q 轴阻尼绕组漏感。

由于凸极效应，d 轴和 q 轴上的电感式不一样的。此外，由于阻尼绕组沿转子表面不对称分布，阻尼绕组 d 轴和 q 轴的等效电阻和漏感也不同。

同步电动机在 d、q 坐标系上的转矩和运动方程分别为

$$T_e = n_p(\psi_{sd} i_{sq} - \psi_{sq} i_{sd}) \tag{11-5}$$

$$\frac{d\omega}{dt} = \frac{n_p}{J}(T_e - T_L) = \frac{n_p^2}{J}(\psi_{sd} i_{sq} - \psi_{sq} i_{sd}) - \frac{n_p}{J} T_L \tag{11-6}$$

把式 (11-4) 代入式 (11-6)，转矩方程变为

$$T_e = n_p L_{md} I_f i_{sq} + n_p(L_{sd} - L_{sq}) i_{sd} i_{sq} + n_p(L_{md} i_{rd} i_{sq} - L_{mq} i_{rq} i_{sd}) \tag{11-7}$$

分析式 (11-7) 各项的物理意义。第 1 项 $n_p L_{md} I_f i_{sq}$ 是转子励磁磁动势和定子电枢反应磁动势转矩分量相互作用所产生的转矩，它是同步电动机主要的电磁转矩。第 2 项 $n_p(L_{sd} - L_{sq}) i_{sd} i_{sq}$ 是由凸极效应造成的磁阻变化在电枢反应磁动势作用下产生的转矩，称作反应转矩或磁阻转矩，它

是凸极电机特有的转矩，在隐极电机中 $L_{sd}=L_{sq}$，反应转矩项为 0。第三项 n_p $(L_{md} i_{rd} i_{sq} - L_{mq} i_{rq} i_{sd})$ 是电枢反应磁动势与阻尼绕组磁动势相互作用的转矩，如果没有磁阻绕组，或者在稳态运行时阻尼绕组中没有感应电流，该项都是 0。只有在动态中，产生阻尼电流，才有阻尼转矩，帮助同步电动机尽快达到稳态工作点。

将式（11-4）求导后，代入式（11-2）和式（11-3），整理后可得同步电动机的电压矩阵方程式

$$
\begin{bmatrix} u_{sd} \\ u_{sq} \\ U_f \\ 0 \\ 0 \end{bmatrix} = \begin{bmatrix} R_s+L_{sd}p & -\omega L_{sq} & L_{md}p & L_{md}p & -\omega_1 L_{mq} \\ \omega L_{sd} & R_s+L_{sq}p & \omega L_{md} & \omega L_{md} & L_{mq}p \\ L_{md}p & 0 & R_f+L_f p & L_{md}p & 0 \\ L_{md}p & 0 & L_{md}p & R_{rd}+L_{rd}p & 0 \\ 0 & L_{mq}p & 0 & 0 & R_{rq}+L_{rq}p \end{bmatrix} \begin{bmatrix} i_{sd} \\ i_{sq} \\ I_f \\ i_{rd} \\ i_{rq} \end{bmatrix} \tag{11-8}
$$

相应的运动方程为

$$
\frac{d\omega}{dt} = \frac{n_p}{J}(T_e - T_L) = \frac{n_p^2}{J}[L_{md}I_f i_{sq} + (L_{sd}-L_{sq})i_{sd}i_{sq} + (L_{md}i_{rd}i_{sq} - L_{mq}i_{rq}i_{sd})] - \frac{n_p}{J}T_L \tag{11-9}
$$

式（11-8）和式（11-9）是带阻尼绕组的凸极同步电动机动态数学模型。与鼠笼异步电动机相比较，励磁绕组的存在增加了变量的尾数，提高了微分方程的阶次，而凸极效应则使得 d 轴和 q 轴参数不等，这增加了数学模型的复杂性。

11.2　正弦波永磁同步电动机变频调速系统

与普通的同步电动机不同，永磁同步电动机的转子是由永磁材料构成，一般采用稀土材料，如钐钴合金、钕铁硼合金等。由于其较好的性能，近年来得到越来越广泛应用。

11.2.1　正弦波永磁同步电动机的工作原理

对于正弦波永磁同步电动机，为保证定子绕组中的感应电动势具有正弦波形，除在磁路结构和绕组分布上设计外，外施的定子电压和电流也应为正弦波（它们一般靠交流 PWM 变频器提供）。另外，在永磁同步电动机轴上需要安装能检测出磁极位置和转子相对于定子绝对位置的检测器，用于控制变压变频器电流的频率和相位，使定子和转子的磁动势保持确定的相位关系，以产生恒定的转矩。

永磁同步电动机的工作原理与同步电动机是相似，区别只是其转子磁通是永久磁铁产生的。当定子通入三相交流电时，三相交流电流在气隙中形成转速为 ω 的旋转磁场，永磁体的转子在此磁场的作用下以同步速度旋转。

11.2.2　正弦波永磁同步电动机的数学模型

当正弦波永磁同步电动机的定子通入三相交流电时，三相电流在定子绕组上产生电压降。由三相交流电产生的旋转电枢磁动势及建立的电枢磁场，一方面切割定子绕组，并在定子绕组中产生感应电动势；另一方面以电磁力拖动转子以同步转速旋转。电枢电流还会产生仅与定子绕组相交链的定子绕组漏磁通，并在定子绕组中产生感应漏电动势。此外，转子永磁体产生的磁场也以同步转速切割定子绕组，从而产生空载电动势。

正弦波永磁同步电动机一般没有阻尼绕组，转子磁通由永久磁铁决定，为恒定不变的。可采用转子磁链定向控制，即将两相旋转坐标系的 d 轴定在转子磁链 ψ_f 方向上，无须再采用任何计算磁链模型。在分析同步电动机的数学模型时，常采用两相同步旋转 d、q 坐标系和两相静止 α、β 坐标系。图 11-2 给出永磁同步电动机在 d、q 旋转坐标系下的数学模型。

考虑凸极效应，根据式（11-4），永磁同步电动机在 d、q 坐标上的磁链方程简化为

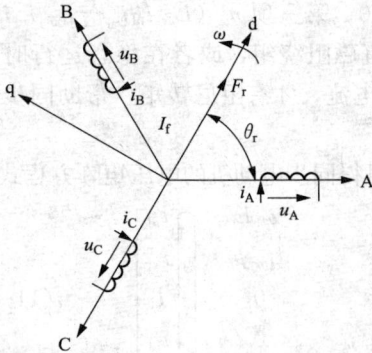

图 11-2　永磁同步电动机物理模型

$$\begin{cases} \psi_{sd} = L_{sd} i_{sd} + L_{md} I_f \\ \psi_{sq} = L_{sq} i_{sq} \\ \psi_f = L_{md} i_{sd} + L_f I_f \end{cases} \tag{11-10}$$

则电压方程为

$$\begin{cases} u_{sd} = R_s i_{sd} + p\psi_{sd} - \omega\psi_{sq} \\ u_{sq} = R_s i_{sq} + p\psi_{sq} + \omega\psi_{sd} \end{cases} \tag{11-11}$$

转矩方程变为

$$T_e = n_p(\psi_{sd} i_{sq} - \psi_{sq} i_{sd}) = n_p[L_{md} I_f i_{sq} + (L_{sd} - L_{sq}) i_{sd} i_{sq}] \tag{11-12}$$

在基频以下的恒转矩工作区中，控制定子电流矢量使之落在 q 轴上，即令 $i_{sd}=0$，$i_{sq}=i_s$，此时磁链、电压和转矩方程成为

$$\begin{cases} \psi_{sd} = L_{md} I_f \\ \psi_{sq} = L_{sq} i_s \\ \psi_f = L_f I_f \end{cases} \tag{11-13}$$

电磁转矩方程为

$$T_e = n_p \frac{L_{md}}{L_f} \psi_f i_s \tag{11-14}$$

根据式（11-14）可知，由于永久磁铁产生的转子磁链 ψ_f 是恒定的，电磁转矩 T_e 与定子电流 i_s 的幅值成正比。也就是说只要控制定子电流幅值就能很好地控制转矩，这种控制规律和直流电动机是完全一样的。

定义永磁同步电动机的额定转速为基速，调速可分为基速以下调速和基速以上调速。如图 11-3 所示按转子磁链定向并使 $i_{sd}=0$ 时永磁同步电动机的矢量图。图 11-3（a）为基速以下的恒转矩调速方式，该方式下只要控制定子电流相位和感应电动势的一致，使电流仅有 q 轴分量，没有 d 轴分量。因此，如果能准确地检测出转子 d 轴的空间位置，仅控制逆变器输出使三相定子的合成电流 i_s（或磁动势）矢量位于 q 轴上就可以了，这种控制方式比异步电动机矢量控制系统要简单得多。如果需要基速以上的弱磁调速，可利用直轴去磁电枢反应，即定子直轴电流 i_{sd} 与转子磁通反向，起去磁作用，如图 11-3（b）所示。但由于永磁同步电动机的转子磁阻很大，等价于定子、转子间有很大的等效气隙，因此永磁同步电动机不适合在基速以上工作。

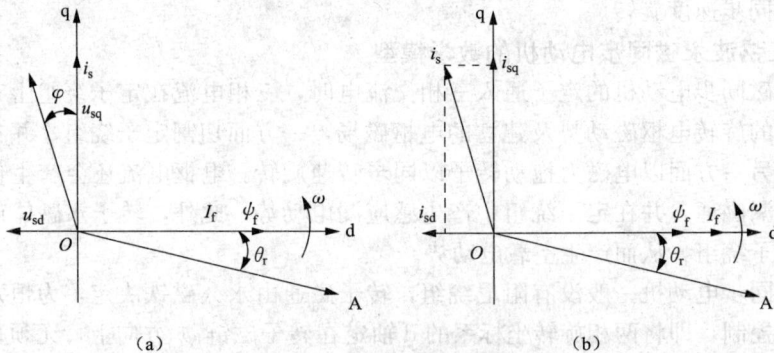

图 11-3　永磁同步电动机转子磁链定向空间矢量图
(a) $i_{sd}=0$ 恒转矩调速；(b) $i_{sd}<0$ 弱磁恒功率调速

根据图 11-3（a）的矢量图可知

$$i_A^* = i_s^* \cos(90° + \theta_r) = -i_s^* \sin\theta_r \tag{11-15}$$

$$i_B^* = -i_s^* \sin(\theta_r - 120°) \tag{11-16}$$

$$i_C^* = -i_s^* \sin(\theta_r + 120°) \tag{11-17}$$

θ_r 角是旋转的 d 轴与静止的 A 轴之间的夹角，可由转子位置检测器测出。电流给定信号 i_{sq}^* 经过正弦调制后，得三相电流给定信号 i_A^*、i_B^*、i_C^*。

图 11-4 为按转子磁链定向并使 $i_{sd} = 0$ 的永磁同步电动机矢量控制系统结构图，图中的交流 PWM 变压变频器须用电流控制，可以用带电流内环控制的电压源型 PWM 变压变频器，也可以以用电流滞环跟踪控制的变压变频器。

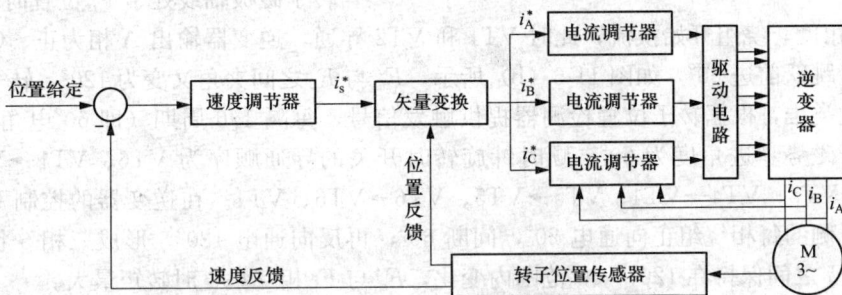

图 11-4　按转子磁链定向并使 $i_{sd} = 0$ 的永磁同步电动机矢量控制系统结构图

在图 11-4 系统中，速度调节器 ASR 输出定子电流给定值 $i_s^* = i_{sq}^*$ 后，转子位置传感器 BQ 检测到磁极位置 θ_r，并根据式（11-15）、式（11-16）和式（11-17）计算三相电流给定值 i_A^*、i_B^*、i_C^*。电流调节器 ACR 通过控制加在逆变器上的三相 PWM 电压 u_A、u_B 和 u_C，来控制电机定子电流 i_A、i_B 和 i_C，使之跟踪 i_A^*、i_B^*、i_C^* 的变化，实现系统的矢量控制。

11.3　无刷直流电动机变频调速系统

作为永磁同步电动机的一种，无刷直流电动机变频调速有着广泛的应用前景。

11.3.1　无刷直流电动机的工作原理

用梯形波永磁同步电动机构成的自控变频同步电动机又称为无刷直流电动机。无刷直流电动机的定子是线圈绕组电枢，转子是永磁体。无刷直流电动机的工作原理与直流电动机相似。直流电动机的转子磁极转过 90° 电角度时，电刷同时顺转动方向移动 90° 一次，移动电刷的绕组元件电流方向发生一次变化。只要直流电动机的转子电枢电势方向一直超前定子主磁极磁势，电动机就在电磁转矩作用下旋转起来。根据直流电动机的工作原理，如果用电力电子器件代替换向器和电刷，只要保证电枢磁势超前磁极磁势一个角度，也能获得同样的控制效果。

无刷直流永磁电动机主要由电动机本体、转子位置传感器和电子开关线路 3 部分组成。其定子绕组一般制成多相（三相、四相、五相不等），转子由永久磁铁按一定极对数（$n_p = 2, 4, \cdots$）组成。图 11-5 所示为三相两极无刷直流电动机主电路连接示意图，直流电源经逆变器把直流电逆变为三相交流电给电动机供电。位置传感器的跟踪转子与电动机转轴相联结，检测转子磁极位置，通过改变逆变器的开关次序来改变电枢三相绕组电流的方向，只要电枢磁势超前磁极磁势一个角度，无刷直流电动机就能正常转动起来。

给无刷直流电动机供电的电子开关线路的导通次序是与转子转角同步的，因而起到了机械换

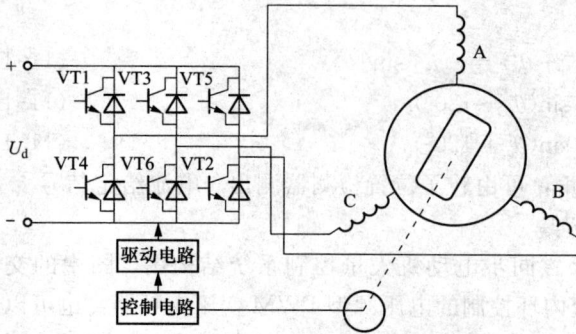

图 11-5 无刷直流电动机主电路连接示意图

向器的换向作用。如图 11-6 所示为各开关导通情况及无刷直流电动机各磁势的关系。

当转子处于图 11-6（a）位置时，开关 VT1 和 VT6 导通，逆变器输出 A 相为正，B 相为负，定子合成磁势 F_a 与转子磁极轴线 F_{f1} 夹角为 120°电角度，在磁动力作用下转子顺时针旋转，F_{f1} 与 F_a 的夹角减小，当 F_{f1} 与 F_a 相互垂直时（90°电角度）转矩最大，随着转子的转动，F_{f1} 与 F_a 的夹角继续减小。当转子磁极轴线处于 F_{f2} 位置时，F_{f2} 与 F_a 之

夹角为 60°电角度，绕组开始换流，此时 VT1 和 VT2 导通，逆变器输出 A 相为正、C 相为负，定子磁势顺时针跳跃前进 60°，如图 11-6（b）所示，F_a 与 F_{f1} 之间夹角又变为 120°，转子沿原方向继续旋转。以此类推，根据转子位置检测器提供触发信号，每隔 1/6 周期（即 60°电角度），开关切换一次，定子磁势步进角度为 60°。顺时针旋转时开关的导通顺序为 VT6、VT1→VT1、VT2→VT2、VT3→VT3、VT4→VT4、VT5→VT5、VT6→VT6、VT1。在逆变器的控制下，一个周期内电动机定子侧的每相绕组正向通电 20°，间断 60°，再反向通电 120°，形成三相 6 状态通电控制规律。F_a 与 F_f 之间保持在 120°~60°范围内变化，F_a 与 F_f 相互垂直时转矩最大。

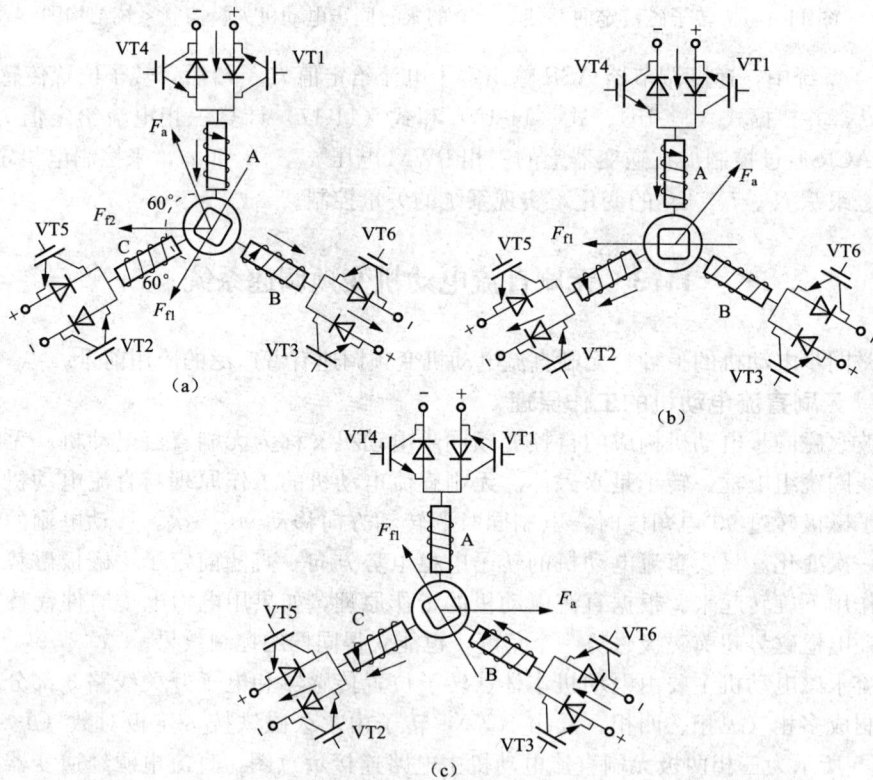

图 11-6 无刷直流电动机各磁势的关系

根据无刷直流电动机的工作原理，其自身构成了频率闭环控制。如果电动机的转速（频率）加快，受控于转子位置检测的电枢电流的切换速度也自动加快。因此，无刷直流电动机不存在普

通同步电动机运行失步的问题。

无刷直流电动机的转子磁极采用瓦形磁钢，经专门的磁路设计，可获得梯形波的气隙磁场，定子采用集中整距绕组，因而感应的电动势也是梯形波的。由逆变器提供与电动势严格同相的方波电流，同一相（例如 A 相）的电动势 e_A 和电流 i_A 波形图如图 11-7 所示。由于电磁惯性，无刷直流电动机的定子电流实际上为梯形波，而无法产生方波电流，并由集中绕组供电，所以无刷直流电动机较永磁同步电动机脉动力矩大。

电动机电源每次换相时平均电磁转矩都会降低一些，如图 11-8 所示。实际的转矩波形每隔 60°都出现一个缺口，而用 PWM 调压调速又使平顶部分出现纹波，这样的转矩脉动使梯形波永磁同步电动机的调速性能低于正弦波的永磁同步电动机。另外，由于绕组电感的作用，换相时电流波形不可能突跳，其波形实际上只能是近似梯形的，因而通过气隙传送到转子的电磁功率也是梯形波。

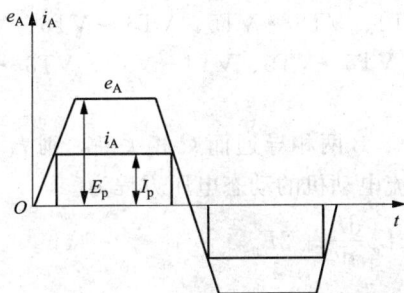

图 11-7　无刷直流同步电动机的电动势与电流波形图　　　图 11-8　无刷直流电动机的转矩脉动

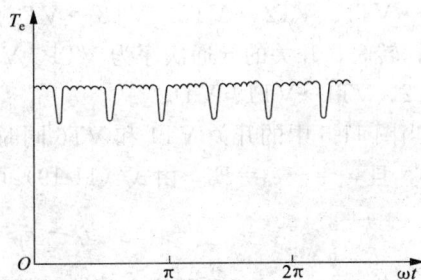

11.3.2　无刷直流电动机动态数学模型

方波电压驱动的无刷直流同步电动机，其电压、电流和电动势都是非正弦的，不能简单地用矢量表示，因而旋转坐标也不适用，只能在静止的 ABC 坐标上用电动机本身的相变量来建立电动机的数学模型。当电动机中点与直流母线负极共地时，电动机的电压方程可以用下式表示

$$\begin{bmatrix} u_A \\ u_B \\ u_C \end{bmatrix} = \begin{bmatrix} R_s & 0 & 0 \\ 0 & R_s & 0 \\ 0 & 0 & R_s \end{bmatrix} \begin{bmatrix} i_A \\ i_B \\ i_C \end{bmatrix} + \begin{bmatrix} L_\sigma & 0 & 0 \\ 0 & L_\sigma & 0 \\ 0 & 0 & L_\sigma \end{bmatrix} \cdot p \begin{bmatrix} i_A \\ i_B \\ i_C \end{bmatrix} + \begin{bmatrix} e_A \\ e_B \\ e_C \end{bmatrix} \tag{11-18}$$

式中　u_A、u_B、u_C——三相输入对地电压；

$\quad\quad i_A$、i_B、i_C——三相电流；

$\quad\quad e_A$、e_B、e_C——三相电动势；

$\quad\quad R_s$——定子每相电阻；

$\quad\quad L_\sigma$——定子每相绕组的磁通所对应的电感。

由于三相定子绕组对称，故有 $i_A + i_B + i_C = 0$，则 $L_m i_B + L_m i_C = -L_m i_A$，$L_m i_C + L_m i_A = -L_m i_B$，$L_m i_A + L_m i_B = -L_m i_C$，代入式（11-18），并整理后得

$$\begin{bmatrix} u_A \\ u_B \\ u_C \end{bmatrix} = \begin{bmatrix} R_s & 0 & 0 \\ 0 & R_s & 0 \\ 0 & 0 & R_s \end{bmatrix} \begin{bmatrix} i_A \\ i_B \\ i_C \end{bmatrix} + \begin{bmatrix} L_s - L_m & 0 & 0 \\ 0 & L_s - L_m & 0 \\ 0 & 0 & L_s - L_m \end{bmatrix} p \begin{bmatrix} i_A \\ i_B \\ i_C \end{bmatrix} + \begin{bmatrix} e_A \\ e_B \\ e_C \end{bmatrix} \tag{11-19}$$

当逆变器两相导通时，从逆变器直流侧看，无刷直流电动机两相绕组串联。设逆变器的直流电压为 U_d，图 11-8 中方波电流的峰值为 I_p，电动势的峰值为 E_p，则电磁功率为 $P_m = 2E_p I_p$。电磁转矩为

$$T_{\mathrm{e}} = \frac{P_{\mathrm{m}}}{\omega_{\mathrm{m}}} = \frac{P_{\mathrm{m}}}{\omega / n_{\mathrm{p}}} = \frac{2n_{\mathrm{p}}E_{\mathrm{p}}I_{\mathrm{p}}}{\omega} = 2n_{\mathrm{p}}\psi_{\mathrm{p}}I_{\mathrm{p}} \tag{11-20}$$

式中 ψ_{p}——梯形波磁链的峰值；

ω_{m}——电源角频率；

ω——电动机转子旋转角速度。

由此可见，无刷直流电动机的转矩与电流 I_{p} 成正比，和一般的直流电动机相当。这样，其控制系统与直流系统也一样，要求不高时，可采用开环调速，对于动态性能要求较高的负载，可采用转速、电流双闭环控制系统。无论是开环还是闭环系统，都必须检测转子位置，并根据转子位置发出换相信号，使变频器输出与电动势严格同相的 $\frac{2\pi}{3}$ 方波电压，而通过对 $\frac{2\pi}{3}$ 方波电压的 PWM 调制控制方波电流的幅值，进而控制无刷直流电动机的电磁转矩。

由无刷直流电动机的工作原理图 11-5 可知，当控制电动机正转时，开关的导通次序为 VT6、VT1→VT1、VT2→VT2、VT3→VT3、VT4→VT4、VT5→VT5、VT6→VT6、VT1；VT6、VT1；转时，开关的导通次序为 VT1、VT6→VT6、VT5→VT5、VT4→VT4、VT3→VT3、VT2→VT2、VT1→VT1、VT6。

当图 11-5 中的开关 VT1 和 VT6 同时导通时，A、B 两相导通而 C 相关断，则 $i_{\mathrm{A}} = -i_{\mathrm{B}} = I_{\mathrm{p}}$，$i_{\mathrm{C}} = 0$，且 $e_{\mathrm{A}} = -e_{\mathrm{B}} = E_{\mathrm{p}}$，由式 (11-19) 可得无刷直流电动机的动态电压方程为

$$u_{\mathrm{A}} - u_{\mathrm{B}} = 2R_{\mathrm{s}}I_{\mathrm{p}} + 2L_{\sigma}\frac{\mathrm{d}I_{\mathrm{p}}}{\mathrm{d}t} + 2E_{\mathrm{p}} \tag{11-21}$$

式中 $u_{\mathrm{A}} - u_{\mathrm{B}}$——A、B 两相之间输入的平均线电压。

采用 PWM 控制时，设占空比为 ρ，则 $u_{\mathrm{A}} - u_{\mathrm{B}} = \rho U_{\mathrm{d}}$，于是，式 (11-21) 可改写成

$$2R_{\mathrm{s}}I_{\mathrm{p}} + 2L_{\sigma}\frac{\mathrm{d}I_{\mathrm{p}}}{\mathrm{d}t} = \rho U_{\mathrm{d}} - 2E_{\mathrm{p}} \tag{11-22}$$

或写成状态方程

$$\frac{\mathrm{d}I_{\mathrm{p}}}{\mathrm{d}t} = -\frac{1}{T_{\mathrm{l}}}I_{\mathrm{p}} - \frac{E_{\mathrm{p}}}{L_{\sigma}} + \frac{\rho U_{\mathrm{d}}}{2L_{\sigma}} \tag{11-23}$$

式中 T_{l} 为电枢漏磁时间常数，$T_{\mathrm{l}} = \frac{L_{\sigma}}{R_{\mathrm{s}}}$。

其他 5 种工作状态与此相同。

根据电动机和电动机拖动系统基本理论，可知

$$E_{\mathrm{p}} = K_{\mathrm{e}}\omega \tag{11-24}$$

$$T_{\mathrm{e}} = \frac{n_{\mathrm{p}}}{\omega}2E_{\mathrm{p}}I_{\mathrm{p}} = 2n_{\mathrm{p}}k_{\mathrm{e}}I_{\mathrm{p}} \tag{11-25}$$

$$\frac{\mathrm{d}\omega}{\mathrm{d}t} = \frac{np}{J}(T_{\mathrm{e}} - T_{\mathrm{L}}) \tag{11-26}$$

把式 (11-23)～式 (11-26) 结合起来，可以绘出无刷直流电动机的动态结构框图，可得到无刷直流电动机的状态方程

$$\begin{cases} \dfrac{\mathrm{d}\omega}{\mathrm{d}t} = \dfrac{n_{\mathrm{p}}^2}{J}2k_{\mathrm{e}}I_{\mathrm{p}} - \dfrac{n_{\mathrm{p}}}{J}T_{\mathrm{L}} \\[2mm] \dfrac{\mathrm{d}I_{\mathrm{p}}}{\mathrm{d}t} = -\dfrac{1}{T_{\mathrm{l}}}I_{\mathrm{p}} - \dfrac{k_{\mathrm{e}}\omega}{L_{\mathrm{s}}} + \dfrac{\rho U_{\mathrm{d}}}{2L_{\mathrm{s}}} \end{cases} \tag{11-27}$$

无刷直流电动机动态结构如图 11-9 所示。

无刷直流电动机调速系统如图 11-10 所示，图 11-11 为无刷直流电动机调速系统结构图。

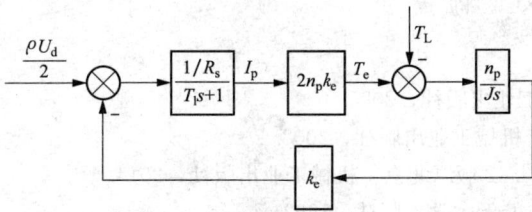

图 11-9　无刷直流电动机的动态结构图　　　　　图 11-10　刷直流电动机调速系统

无刷直流电动机调速系统结构与直流调速系统相同，图 11-10、图 11-11 中调节器 ASR 和 ACR 的设计可以采用相同的设计方法，此处不再赘述。

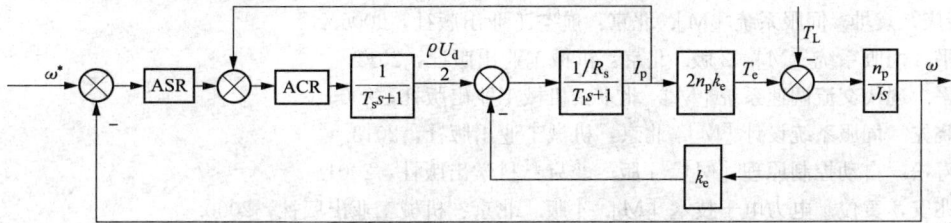

图 11-11　双闭环无刷直流电动机调速系统结构图

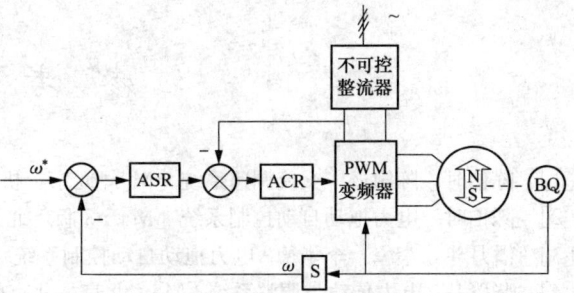

习　　题

11-1　试描述永磁同步电动机的调速方法。

11-2　试分析各开关的导通情况与无刷直流电动机各磁势间关系。

参 考 文 献

[1]　陈伯时，陈敏逊. 交流调速系统 [M]. 北京：机械工业出版社，2005.

[2]　陈伯时. 电力拖动自动控制系统 [M]. 3 版. 北京：机械工业出版社，2008.

[3]　潘月斗，李擎，李华德. 电力拖动自动控制系统 [M]. 2 版. 北京：机械工业出版社，2014.

[4]　柴肇基. 电力传动与调整系统 [M]. 北京：北京航空航天大学出版社，1992.

[5]　彭鸿才. 电机原理及拖动 [M]. 北京：机械工业出版社，1996.

[6]　陈霞. 电力拖动自动控制系统原理与设计方法 [M]. 北京：中国电力出版社，2010.

[7]　李宁，白晶，陈桂. 电力拖动与自动控制系统 [M]. 北京：高等教育出版社，2009.

[8]　卢志刚，吴杰，吴潮. 数字伺服控制系统与设计 [M]. 北京：机械工业出版社. 2007.

[9]　敖荣庆，袁坤. 伺服系统 [M]. 北京：航空工业出版社，2006..

[10]　钱平. 伺服系统 [M]. 2 版. 北京：机械工业出版社，2011.

[11]　钱平. 现代交流调速系统 [M]. 北京：机械工业出版社，2005.

[12]　姚晓先. 伺服系统设计 [M]. 北京：机械工业出版社，2013.

[13]　胡寿松. 自动控制原理 [M]. 4 版. 北京：科学出版社，2001.

[14]　王兆安，黄俊. 电力电子技术 [M]. 4 版. 北京：机械工业出版社，2000.

[15]　张显库，金一丞. 控制系统建模与数字仿真 [M]. 大连：大连海事大学出版社，2004.

[16]　李友善. 离散系统理论：数字控制系统的分析与综合 [M]. 北京：国防工业出版社，1985.